Die Partizipation Minderjähriger im Verfahren der freiwilligen Gerichtsbarkeit

Schriften zum Verfahrensrecht

Herausgegeben von
Jens Adolphsen, Christoph Althammer, Peter Gottwald und Ulrich Haas

Band 52

PL ACADEMIC RESEARCH

Carmen Schauberger

Die Partizipation Minderjähriger im Verfahren der freiwilligen Gerichtsbarkeit

Eine Analyse der Beteiligung und der Verfahrensfähigkeit in Familien- und Erbrechtsverfahren

PL ACADEMIC RESEARCH

Bibliografische Information der Deutschen Nationalbibliothek
Die Deutsche Nationalbibliothek verzeichnet diese Publikation in der Deutschen Nationalbibliografie; detaillierte bibliografische Daten sind im Internet über http://dnb.d-nb.de abrufbar.

Zugl.: Konstanz, Univ., Diss., 2015

Dissertation der Universität Konstanz
Tag der mündlichen Prüfung: 22.06.2015
Referent: Prof. Dr. Christoph Althammer
Referent: Prof. Dr. Rainer Hausmann

D 352
ISSN 1619-344X
ISBN 978-3-631-67003-3 (Print)
E-ISBN 978-3-653-06152-9 (E-Book)
DOI 10.3726/978-3-653-06152-9

PL Academic Research ist ein Imprint der Peter Lang GmbH.
Peter Lang – Frankfurt am Main · Bern · Bruxelles · New York · Oxford · Warszawa · Wien

Diese Publikation wurde begutachtet.

www.peterlang.com

Inhaltsverzeichnis

Abkürzungsverzeichnis ... 9

A. Einleitung ... 13

B. Beteiligtenstellung und Verfahrensfähigkeit von Minderjährigen in FamFG-Verfahren ... 19

I. Potentielle Akteure in FamFG-Verfahren mit Kindesbezug ... 19

1. Das Familiengericht ... 19
2. Der Psychologische Sachverständige ... 21
3. Das Jugendamt ... 23
4. Die Beratungsstelle ... 27
5. Der Mediator ... 28
6. Der Verfahrensbevollmächtigte ... 29
7. Der Beistand ... 31
8. Ergänzungspfleger ... 32
9. Verfahrensbeistand ... 33

II. Kinder als Beteiligte ... 34

1. Beteiligtenstellung Minderjähriger nach § 7 FamFG ... 36
   a) § 7 I FamFG ... 36
   b) § 7 II Nr. 1 FamFG ... 37
   c) § 7 II Nr. 2 FamFG ... 37
   d) § 7 III FamFG ... 38
2. Beteiligtenfähigkeit ... 39
3. Rechte und Pflichten eines Beteiligten ... 40
   a) Rechtliche Aspekte ... 40
   b) Tatsächliche Aspekte ... 44

III. Verfahrensfähigkeit ... 48

1. Allgemeine Regelung des § 9 FamFG ... 49
   a) Eigene Verfahrensfähigkeit des minderjährigen Kindes ... 49

aa) Verfahrensfähigkeit gem. § 9 I Nr. 2 FamFG 50
bb) Verfahrensfähigkeit gem. § 9 I Nr. 3 FamFG 50
(1) Verfahren, die die Person des Kindes betreffen 53
(2) Dem Kind nach bürgerlichem Recht zustehende Rechte 57
(3) Geltendmachung 61
(4) Fazit zu § 9 I Nr. 3 FamFG 63
cc) Die Regelung des § 9 I Nr. 4 FamFG 64
dd) Folgen der eigenen Verfahrensfähigkeit des Kindes 64
b) Verfahrensfähigkeit des Kindes bei Vertretung, § 9 II FamFG 67
aa) Grundsätze der Vertretung des Kindes nach dem BGB 68
bb) Problematik bei Interessenkollision 68
(1) Personenrechtliche Angelegenheiten 69
(a) Vertretung Minderjähriger in Kindschaftssachen 69
(aa) Rechtsprechung 69
(bb) Stellungnahme 76
(b) Vertretung Minderjähriger in Abstammungssachen 84
(aa) Rechtsprechung 84
(bb) Ansichten in der Literatur 88
(cc) Stellungnahme 97
α) Vaterschaftsanfechtungsverfahren 103
αα) Antragstellung durch das Kind, § 1600 I Nr. 4 BGB 103
ββ) Antragstellung durch einen Elternteil, § 1600 I Nr. 1, 3 BGB 104
γγ) Antragstellung durch die anfechtungsberechtigte Behörde, § 1600 I Nr. 5 BGB oder den potentiellen leiblichen Vater, § 1600 I Nr. 2 BGB 106
β) Vaterschaftsfeststellungsverfahren 106
(c) Vertretung Minderjähriger in Adoptionssachen 111
(aa) Gesetzliche Struktur der verschiedenen Adoptionsverfahren 111
α) § 186 Nr. 1 FamFG: Die Annahme als Kind 111
β) § 186 Nr. 2 FamFG: Die Ersetzung der Einwilligung zur Annahme als Kind 112

γ) § 186 Nr. 3 FamFG: Die Aufhebung des Annahmeverhältnisses 113
δ) § 186 Nr. 4 FamFG: Die Befreiung vom Eheverbot des § 1308 I BGB 114
(bb) Rechtsprechung 114
α) § 186 Nr. 1 FamFG: Die Annahme als Kind 114
β) § 186 Nr. 2-4 FamFG 119
(cc) Stellungnahme 119
(2) Vermögensrechtliche Angelegenheiten 124
(a) Erbausschlagungsverfahren 124
(aa) Rechtsprechung 124
(bb) Stellungnahme 125
(b) Erbscheinsverfahren 129
(aa) Rechtsprechung 130
(bb) Stellungnahme 131
2. Spezielle Regelungen der Verfahrensfähigkeit 135

C. Die Interessenvertretung des Kindes 137

I. Ergänzungspfleger vs. Verfahrensbeistand 137
1. Die Institution Ergänzungspfleger 137
a) Bestellung des Ergänzungspflegers 138
b) Aufgaben 140
c) Vergutung 141
d) Erleben des Kindes 142
e) Fazit 144
2. Die Institution Verfahrensbeistand 144
a) Bestellung 146
b) Aufgaben 152
c) Vergütung 159
d) Erleben des Kindes 167
e) Fazit 168
3. Vergleich 169

a) Bestellung ... 169
b) Aufgaben ... 169
c) Vergütung ... 170
d) Erleben des Kindes ... 171
II. Kindesvertretung im österreichischen und schweizerischen Recht ... 173
1. Rechtslage in Österreich ... 175
a) Prozessfähigkeit Minderjähriger nach österreichischer ZPO und ABGB ... 175
b) Verfahrensfähigkeit nach dem Außerstreitgesetz (AußStrG) ... 179
c) Kindesbefragung gemäß § 105 AußStrG ... 180
d) Der Kinderbeistand gemäß § 104a AußStrG ... 180
2. Rechtslage in der Schweiz ... 184
a) Rechtslage nach der Gesetzesänderung im Jahr 1998 ... 185
b) Kindesschutzrecht nach der Gesetzesänderung im Jahr 2013 ... 187
c) Vertretungsbeistandschaft nach der Gesetzesänderung im Jahr 2013 ... 189
3. Ergebnisse des Rechtsvergleichs ... 192
a) Kinderbeistand vs. Verfahrensbeistand ... 192
b) Vertretungsbeistand vs. Verfahrensbeistand ... 193

D. Zusammenfassung und Ausblick ... 195

Literaturverzeichnis ... 203

Abkürzungsverzeichnis

§	Paragraph
€	Euro
%	Prozent
a.A.	andere Ansicht
ABGB	Allgemeines Bürgerliches Gesetzbuch (Österreich)
Abs.	Absatz
a.E.	am Ende
a.F.	alte Fassung
AG	Amtsgericht
Alt.	Alternative
Art.	Artikel
AS	Amtliche Sammlung (Schweiz)
AsylVfG	Asylverfahrensgesetz
Az.	Aktenzeichen
Aufl.	Auflage
BAG	Bundesarbeitsgemeinschaft Verfahrenspflegschaft für Kinder und Jugendliche e.V.
BayObLG	Bayerisches Oberstes Landesgericht
BayObLGZ	Amtliche Sammlung der Entscheidungen des Bayerischen Obersten Landesgerichts in Zivilsachen
Bd.	Band
BtG	Betreuungsgesetz – Gesetz zur Reform des Rechts der Vormundschaft und Pflegschaft für Volljährige
BGB	Bürgerliches Gesetzbuch
BGBl	Bundesgesetzblatt (Österreich)
BBl	Bundesblatt (Schweiz)
BGH	Bundesgerichtshof
BGHZ	Amtliche Sammlung der Entscheidungen des Bundesgerichtshofs
BeckRS	Beck-Rechtsprechung
BGFJ	Bundesministerium für Gesundheit, Familie und Jugend (Österreich)
BMJ	Bundesministerium für Justiz und Verbraucherschutz
BR-Drucks.	Drucksache des Bundesrates
BT-Drucks.	Drucksache des Bundestages
BVerfG	Bundesverfassungsgericht
BVerfGE	Amtliche Sammlung der Entscheidungen des Bundesverfassungs-gerichts
BVG	Bundesverfassungsgesetz (Österreich)
DAVorm	Der Amtsvormund (Fortsetzung JAmt)
Ders.	Derselbe

d.h.	das heißt
Dies.	Dieselbe
DIJuF	Deutsches Institut für Jugendhilfe und Familienrecht e.V.
DNotZ	Deutsche Notar-Zeitschrift
e.A.	eine Ansicht
ebd.	ebenda
EF-Z	Zeitschrift für Ehe- und Familienrecht (Österreich)
EuKRK	Europäische Kinderrechtskonvention
e.V.	eingetragener Verein
f.	folgende
ff.	fortfolgende
FamFG	Gesetz über das Verfahren in Familiensachen und in den Angelegenheiten der freiwilligen Gerichtsbarkeit
FamFR	Familienrecht und Familienverfahrensrecht (Zeitschrift)
FamGKG	Gesetz über Gerichtskosten in Familiensachen
FamRZ	Zeitschrift für das gesamte Familienrecht mit Betreuungsrecht, Erbrecht, Verfahrensrecht, Öffentlichem Recht
FGG	Gesetz über die Angelegenheiten der freiwilligen Gerichtsbarkeit
Fn.	Fußnote
FPR	Familie, Partnerschaft Recht(Zeitschrift)
FuR	Familie und Recht (Zeitschrift)
GBO	Grundbuchordnung
gem.	gemäß
GewSchG	Gewaltschutzgesetz
GG	Grundgesetz
ggf.	gegebenenfalls
GJS	Göttinger Juristische Schriften
GVG	Gerichtsverfassungsgesetz
GVG-E	Gerichtsverfassungsgesetz-Entwurf
grds.	grundsätzlich
h.M.	herrschende Meinung
HKÜ	Haager Übereinkommen über die zivilrechtlichen Aspekte internationaler Kindesentführung
Hs.	Halbsatz
i.E.	im Ergebnis
iFamZ	Interdisziplinäre Zeitschrift für Familienrecht (Österreich)
insb.	insbesondere
IPRax	Praxis des Internationalen Privat- und Verfahrensrechts
i.S.v.	im Sinne von
i.Ü.	im Übrigen
i.V.m.	in Verbindung mit
JAmt	Das Jugendamt – Zeitschrift für Jugendhilfe und Familienrecht (vorher: DAVorm)
jurisPR-FamR	juris Praxisreport Familien- und Erbrecht

JVEG	Gesetz über die Vergütung von Sachverständigen, Dolmetscherinnen, Dolmetschern, Übersetzerinnen und Übersetzern sowie die Entschädigung von ehrenamtlichen Richterinnen, ehrenamtlichen Richtern, Zeuginnen, Zeugen und Dritten
Kap.	Kapitel
KG	Kammergericht (Berlin)
Kind-Prax	Zeitschrift Kindschaftsrechtliche Praxis (Fortsetzung: ZKJ)
KindRÄG	Kindschaftsrechtsänderungsgesetz (Österreich)
KindRG	Kindschaftsrechtsreformgesetz
KostO	Kostenordnung
LG	Landgericht
LPartG	Lebenspartnerschaftsgesetz
lit.	Litera (lat. Buchstabe)
LVerfG	Landesverfassungsgericht
m.E.	meines Erachtens
MediationsG	Mediationsgesetz
Mio.	Millionen
MittBayNot	Mitteilungen des Bayerischen Notarvereins, der Notarkasse und der Landesnotarkammer Bayern
m.w.N.	mit weiteren Nachweisen
n.F.	neue Fassung
NJW	Neue Juristische Wochenschrift
Nr.	Nummer
NZFam	Neue Zeitschrift für Familienrecht
OGH	Oberster Gerichtshof (Österreich)
OLG	Oberlandesgericht
RegE	Regierungsentwurf
RelKEG	Gesetz über die religiöse Kindererziehung
RG	Reichsgericht
RNotZ	Rheinische Notar-Zeitschrift
Rpfleger	Der Deutsche Rechtspfleger
RPflG	Rechtspflegergesetz
RGZ	Amtliche Sammlung der Entscheidungen des Reichsgerichts
RVG	Gesetz über die Vergütung der Rechtsanwältinnen und Rechtsanwälte
RZ	Richterzeitung (Österreich)
S.	Seite
SGB	Sozialgesetzbuch
s.o.	siehe oben
s.u.	siehe unten
sog.	Sogenannt
u.a.	unter anderem
UN-KRK	UN-Kinderrechtskonvention
u.U.	unter Umständen

v.a.	vor allem
VAK	Verband Anwalt des Kindes e.V.
VBVG	Gesetz über die Vergütung von Vormündern und Betreuern
Vgl.	Vergleiche
VO	Verordnung
VV	Vergütungsverzeichnis
VwGO	Verwaltungsgerichtsordnung
ZGB	Zivilgesetzbuch (Schweiz)
ZKJ	Zeitschrift für Kindschaftsrecht und Jugendhilfe (vorher: Kind-Prax)
ZPO	Zivilprozessordnung
z.B.	zum Beispiel
z.T.	zum Teil

A. Einleitung

Tempora mutantur et nos mutamur in illis.
Die Zeiten ändern sich und wir verändern uns in ihnen.

Jede bedeutsame Änderung der gesellschaftlichen Anschauungen und Verhältnisse bringt zwangsläufig die Notwendigkeit der Anpassung des geltenden Rechts mit sich. Dies ist hinlänglich bekannt und wird insbesondere auf dem Gebiet des Familienrechts deutlich. Seit Langem ist ein tiefgreifender Wandel in Bezug auf die Einstellung der Gesellschaft zum Institut der Ehe festzustellen. Zwar wird vonseiten der katholischen Kirche auch heute noch die „Unauflöslichkeit der Ehe" postuliert, angesichts der folgenden Fakten kann dieses Postulat zumindest in den modernen westlichen Gesellschaften jedoch mit Fug und Recht als überkommen bezeichnet werden.

Ausweislich der vom *Statistischen Bundesamt* 2010 veröffentlichten Scheidungsstatistik ist die Zahl der jährlichen Scheidungen von 1990 bis 2010 um knapp 21 % von im Jahr 1990 154.786 auf im Jahr 2010 187.027 Scheidungen gestiegen.[1] Wirft man gleichzeitig einen Blick auf die Zahl der Eheschließungen, so ergibt sich das bemerkenswerte Verhältnis von 187.027 Ehescheidungen zu 382.047 Eheschließungen, also 48,95 %. Damit steht fest, dass fast jede zweite Ehe durch Scheidung aufgelöst wird.[2] Dementsprechend hat sich auch die Zahl der betroffenen Kinder[3] deutlich erhöht. Wurden 1990 noch 118.340 Scheidungskinder registriert, so waren es 2010 schon 145.146. Dies bedeutet einen Anstieg von fast 23 %.[4]

Angesichts dieser Zahlen ist es nicht verwunderlich, dass mit dem Gesetz über das Verfahren in Familiensachen und in den Angelegenheiten der freiwilligen Gerichtsbarkeit (FamFG) vom 17. Dezember 2008 am 01. September 2009 ein reformiertes Regelungswerk in Kraft trat, welches das Kindeswohl bei der Lösung der elterlichen Konflikte in den Vordergrund stellt, zumal schon seit Längerem die Tendenz erkennbar ist, die Rechte der Kinder zu stärken und im Spannungsfeld zwischen individuellen Menschenrechten und dem Eltern-Kind-Verhältnis eine

1 Scheidungsstatistik 2010, S. 12.
2 Scheidungsstatistik 2010, S. 8.
3 Abweichend von der Definition in § 1 JSchG sind Kinder im Rahmen dieser Arbeit nicht nur Personen, die noch nicht 14 Jahre alt sind, und Jugendliche Personen, die 14 aber noch nicht 18 Jahre alt sind, sondern ist der Begriff „Kind" im Sinne von „Abkömmling ersten Grades" zu verstehen, d.h. als Sohn oder Tochter unabhängig vom Alter. Der Begriff des Minderjährigen ist im Vergleich dazu weiter, da er nur auf das Alter und nicht zugleich auf ein Verwandtschaftsverhältnis abstellt.
4 Scheidungsstatistik 2010, S. 12.

Entwicklung vom fremdbestimmten Objekt hin zum selbstbestimmten mündigen Subjekt zu gewährleisten.[5]

Die Vorgängerregelung im Gesetz über die Angelegenheiten der freiwilligen Gerichtsbarkeit vom 20. Mai 1898 (FGG) war zusammen mit dem BGB vor mehr als 100 Jahren, am 01. Januar 1900, in Kraft getreten. Insgesamt wurde das FGG in der Zeit zwischen seinem Inkrafttreten und seiner Ablösung durch das bereits erwähnte FamFG insgesamt 94 Änderungen unterzogen.[6]

Grund für die neueste, umfassende Reform war, wie sich aus der Gesetzesbegründung entnehmen lässt, die Erkenntnis, dass das FGG kein in sich geschlossenes System, sondern lediglich „ein lückenhaftes Rahmengesetz"[7] darstellte, das eine Vielzahl undifferenzierter Verweisungen auf die Zivilprozessordnung (ZPO) und unsystematischer Sonderregelungen enthielt und insbesondere durch seine unübersichtliche Regelungstechnik auffiel. Die geringe Transparenz der bisherigen Gesetzeslage hatte nicht nur für die Betroffenen, sondern auch für den professionellen Rechtsanwender oft nur schwere Verständlichkeit und mangelnde Vorhersehbarkeit zur Folge.

Gerade auf diesem Gebiet, das den innersten Lebensbereich des Einzelnen und v.a. auch des Kindes betrifft, sah sich der Gesetzgeber nun zu Recht in der Verantwortung, eine „moderne und allgemein verständliche Verfahrensordnung zu schaffen, in der materielles Recht schnell und effektiv durchgesetzt werden kann, aber zugleich die Rechte des Einzelnen, insbesondere der Anspruch auf rechtliches Gehör, garantiert sind"[8].

Dieser garantierte Anspruch auf rechtliches Gehör resultiert aus Art. 103 I GG, welcher keine Unterscheidung zwischen Minderjährigen und Volljährigen trifft, sondern für jeden gilt, „der an einem gerichtlichen Verfahren als Partei oder in ähnlicher Stellung beteiligt ist oder unmittelbar rechtlich von dem Verfahren betroffen wird"[9]. Allerdings kann er in seiner „Reinform" wegen Art. 92 GG nur für Verfahren Geltung beanspruchen, die vor einem Richter geführt und von einem solchen entschieden werden. Um jedoch auch außerhalb seines Anwendungsbereichs zu verhindern, dass „der Einzelne zum bloßen Objekt staatlicher Entscheidung"[10] wird, hat das Bundesverfassungsgericht den Anspruch auf rechtliches Gehör im Verfahren vor dem Rechtspfleger aus den in den Art. 2 I GG i.V.m. Art. 20 II GG verankerten wesentlichen Grundsätzen eines rechtsstaatlichen Verfahrens hergeleitet, zu denen insbesondere das Recht auf ein faires Verfahren gehört.

Bereits mit der am 01. Juli 1998 in Kraft getretenen Reform des Kindschaftsrechts wurde im Sinne von Art. 12 i.V.m. Art. 3 der UN-Kinderrechtskonvention (UN-KRK) die Subjektstellung des Kindes mehr betont, indem seine Anhörung in Form der

---

5 Vgl. *Scheiwe* ZKJ 2009, 7 ff.
6 Vgl. *Musielak/Borth*, Einl. Rn. 3.
7 BT-Drucks. 16/6308, S. 1.
8 BT-Drucks. 16/6308, S. 1.
9 BVerfGE 65, 233 f.
10 BVerfG NJW 2000, 1709 ff.

Beteiligung an der Beratung zur zukünftigen Wahrnehmung der elterlichen Sorge in § 50b FGG (unter 14 Jahren nach Ermessen, über 14 Jahren zwingend), die Möglichkeit der Bestellung eines Verfahrenspflegers zur Wahrung seiner Interessen in § 50 FGG sowie in § 59 FGG ein eigenes Beschwerderecht geregelt wurde.

All dies geschah und geschieht im Dienste des Kindeswohls. Was aber ist eigentlich unter dem „Wohl des Kindes" zu verstehen? Wie unterscheidet sich dieses vom „Kindeswillen" und vom „Kindesinteresse"? Und in welchem Verhältnis stehen diese Begriffe zueinander und zu anderen Begriffen wie „Elternrecht"?

Das Kindeswohl[11] ist ein objektiver Begriff, der die Komponenten „Grundbedürfnisse des Kindes" und „Grundrechte des Kindes" vereint. Ein am Kindeswohl orientiertes Handeln erfordert die Berücksichtigung beider Komponenten und die Wahl der ausgewogensten Handlungsalternative.[12] Wesentlich für das Kindeswohl ist primär die Achtung der Würde des Kindes sowie seines Rechts auf freie Entfaltung seiner Persönlichkeit. Weiter wird der Begriff des Kindeswohls durch folgende Aspekte ausgefüllt: die Eltern-Kind- sowie die Kind-Geschwister-Beziehungen, das Prinzip der Aufrechterhaltung von Kontinuität, die Kooperationsbereitschaft und -fähigkeit der Eltern, die Versorgungsrealität sowie die Einschränkungen der Erziehungsfähigkeit und ganz besonders den Kindeswillen.[13]

Der Kindeswille[14] wiederum ist von der zutiefst subjektiven Sichtweise des Kindes geprägt. Für seine Berücksichtigung müssen vier Voraussetzungen erfüllt sein: Zielorientierung, Intensität, Stabilität und Autonomie.[15] Grundsätzlich gilt, dass der Kindeswille sowohl in materiell-rechtlicher als auch verfahrensrechtlicher Hinsicht umso eingehender zu berücksichtigen sein wird, je stärker diese vier Merkmale ausgeprägt sind.[16] Die Pflicht zur verfahrensrechtlichen Berücksichtigung des Kindeswillens kann dabei aber nicht so verstanden werden, dass damit die Verfahrensentscheidung in dessen Hände gelegt würde. In der Regel veranlasst das Familiengericht eine Anhörung von Kindern im Familiengerichtsverfahren ab einem Alter von drei Jahren mit dem Ziel, sich von den kindlichen Vorstellungen, Vorlieben, Prioritäten, Wünschen sowie der Meinung des Kindes zu dem Gesamtgeschehen ein Bild zu machen. Für gewöhnlich werden nach der Anhörung die Eltern und etwaige andere Verfahrensbeteiligte durch den/die Richter/in über Inhalt und Ergebnis der Kindesanhörung in Kenntnis gesetzt, jedoch können auf Wunsch des Kindes einzelne Informationen vertraulich behandelt werden. Durch diese mittelbare Kenntniserlangung von den Sorgen, Ängsten und Wünschen ihrer Kinder wird

---

11 Für Einzelheiten zur Bestimmung des Kindeswohls vgl. Salgo et al./*Ziegenhain*, Rn. 621 ff.

12 Vgl. Röchling/*Röchling*, § 15 Rn. 16.

13 Vgl. Salgo et al./*Zitelmann*, Rn. 490-505; *Günter*, Kindeswohl, S. 5, www.medizin.uni-tuebingen.de (Zugriff am 25.07.2012); *Fegert*, Fragen des Kindeswohls, S. 30 ff.

14 Für Einzelheiten zum Konzept des Kindeswillens vgl. Salgo et. al./*Ziegenhain*, Rn. 531 ff.

15 Vgl. dazu eingehend Röchling/*Röchling*, § 15 Rn. 9; *Balloff/Koritz*, S. 70 ff.

16 Vgl. Röchling/*Röchling*, § 15 Rn. 10.

bei den Eltern häufig das Gefühl ihrer elterlichen Verantwortung wieder geweckt. Auf dieser Grundlage kann dann oftmals eine einvernehmliche Lösung gefunden werden.[17]

Vor der jüngsten Reform des FGG schienen Kindeswohl und Kindeswille unweigerlich Antagonisten zu sein. Dieser unveränderlich geglaubte Gegensatz wurde im Zuge der FGG-Reform harmonisiert, indem die neue Vorschrift des § 158 III 1 FamFG nun auf den Oberbegriff des Kindesinteresses abstellt, indem er im Hinblick auf die Aufgabe des Verfahrensbeistandes (früher: Verfahrenspfleger) bestimmt: „Der Verfahrensbeistand hat das Interesse des Kindes festzustellen und im gerichtlichen Verfahren zur Geltung zu bringen." Das Kindesinteresse setzt sich aus der objektiven Komponente des Kindeswohls und der subjektiven Komponente des Kindeswillens zusammen. Anders als noch unter Geltung des FGG wurde die anhaltende Unsicherheit und Uneinigkeit[18] über die Frage, ob der Verfahrenspfleger (nun: Verfahrensbeistand) ausschließlich die subjektiven oder gleichzeitig auch die objektiven Interessen des Kindes zu vertreten hat, nun durch die Festsetzung einer umfassenden Interessenvertretung geklärt.[19]

Betreffend das Verhältnis Elternrecht – in seiner Ausprägung als elterliche Sorge i.S.v. §§ 1626 ff. BGB – und Kindesinteresse als Verbindung von Kindeswohl und Kindeswille ist festzustellen, dass diese in Wechselbeziehungen stehen. Augenfällig ist vor allem die Beziehung von Kindeswille und Elternrecht. Der Kindeswille wird durch Letzteres um- aber auch begrenzt, wobei die anfänglich rigiden Grenzen im Verhältnis zum Alter des Kindes und seiner Fähigkeit zu eigener Willensbildung und selbstständigem Handeln zunehmend aufgeweicht werden müssen.[20]

Ausgehend von der vorstehend aufgezeigten Gesetzesmetamorphose und den definierten Begrifflichkeiten steht im Fokus der folgenden Untersuchung die Vertretung der Kindesinteressen in den einzelnen familiengerichtlichen Verfahren nach dem FamFG. Im Kernpunkt der Untersuchung steht die Frage, welche Schwierigkeiten und Probleme durch die Novation neu entstanden sind und welche Komplikationen sich im Verhältnis zum materiellen Recht ergeben.

In diesem Zusammenhang wird im Folgenden insbesondere untersucht, ob und inwiefern die Gesetzesänderungen im Rahmen der Reform des Verfahrens in Familiensachen und in den Angelegenheiten der freiwilligen Gerichtsbarkeit unter schwerpunktmäßiger Betrachtung der Verfahrensfähigkeit von Minderjährigen dem Anspruch gerecht werden, dem Kindeswohl und der vernünftigen Verwirklichung des Kindesinteresses weiter zu dienen. Gleichzeitig wird aufgezeigt, wie sich die Neuregelung der Verfahrensbeistandschaft auf die Frage auswirkt, durch wen die

---

17 Vgl. Salgo et. al./*Zitelmann*, Rn. 515-530; *Benesch*, Kinder vor Gericht, www.heinerkrabbe.de (Zugriff am 06.06.2013).

18 Vgl. *Balloff/Koritz*, S. 68 ff.

19 Vgl. dazu ausführlich Salgo et al./*Zitelmann*, Rn. 471-486; *Büchner/Gartenhof*, Das Kind im Familiengerichtsverfahren, S. 6, www.justiz.bayern.de (Zugriff am 05.06.2013).

20 Vgl. *Scheiwe* ZKJ 2009, 9; Röchling/*Röchling*, § 15 Rn. 2; *Balloff/Koritz*, S. 72 ff.

Vertretung der Kindesinteressen im Fall einer Interessenkollision optimal gewährleistet werden kann. Im Einzelnen geht es dabei um die Gefahr einer Kindeswohlgefährdung in Fällen, in denen die Interessen des regulären gesetzlichen Vertreters des Kindes und die Interessen des Kindes selbst divergieren. Problematisch ist dabei die Abwägung zwischen dem Bestreben um einen möglichst milden Eingriff in das (elterliche) Sorgerecht einerseits und dem Ziel, das Kindesinteresse optimal zur Geltung zu bringen, andererseits.

Abschließend erfolgt eine an den Ergebnissen der geschilderten Untersuchung orientierte Betrachtung verschiedener nationaler und internationaler Institute zur Gewährleistung der Interessenvertretung des Kindes, wobei die entsprechende Entwicklung der Gesetzeslage zur vorgenannten Problematik speziell in zwei europäischen Nachbarländern, nämlich in Österreich und der Schweiz, beleuchtet wird.

Sodann wird unter Zusammenfassung der gefundenen Ergebnisse betreffend die Beteiligung und die Verfahrensfähigkeit von Minderjährigen in Familien- und Erbrechtsverfahren ein Ausblick auf die zu erwartende bzw. wünschenswerte weitere Entwicklung der Partizipation Minderjähriger im Verfahren der freiwilligen Gerichtsbarkeit nach dem FamFG gegeben.

B. Beteiligtenstellung und Verfahrensfähigkeit von Minderjährigen in FamFG-Verfahren

I. Potentielle Akteure in FamFG-Verfahren mit Kindesbezug

Die Akteure eines FamFG-Verfahrens mit Kindesbezug lassen sich (nach dem rein tatsächlichen Lebenssachverhalt) grundsätzlich in drei Kategorien einteilen: zum einen sind hier die mehr oder weniger freiwillig gerichtliche Hilfe beanspruchenden Familienangehörigen zu nennen; zum anderen die (obligatorisch oder fakultativ) auf die ein oder andere Weise involvierten Dritten. Eine etwas exponierte Stellung nimmt aufgrund seiner verfassungsrechtlich gebotenen Unabhängigkeit und Unvoreingenommenheit das mit dem Verfahren befasste Gericht ein.

All diese Akteure – trotz der geforderten objektiven Distanz auch das Gericht – stehen nach der gesetzgeberischen Vorstellung während des gesamten Verfahren in regelmäßigem gegenseitigen Austausch, aus welchem Verständnis und Zusammenwirken resultieren sollen und welcher letztlich idealerweise zu einem für alle Seiten zufriedenstellenden Interessenausgleich führt. Sicher ist, dass die effiziente Umsetzung des FamFG nur durch interdisziplinäre Kooperation[21] mit dem gemeinsamen Leitmotiv des Kindeswohls gelingen kann, für welche elementar ist, dass Rolle und Auftrag der Professionen klar abgegrenzt, d.h. die Schnittstellen und Grenzen der Zusammenarbeit eindeutig benannt sind. Die die Hoheit über das Verfahren innehabende richterliche Instanz bildet dabei das Fundament einer gelingenden Kooperation.[22]

1. Das Familiengericht

Eine zentrale Rolle im familiengerichtlichen Verfahren spielt selbstverständlich das Familiengericht. Im Rahmen der FGG-Reform wurde durch die neuen Aufgabenzuweisungen in den §§ 151, 186, 210, 266 FamFG, § 23b GVG-E das sog. „Große Familiengericht" geschaffen. Mit dieser Neuschaffung einher ging die Auflösung des Vormundschaftsgerichts, da die Vormundschaft seit dem Inkrafttreten des

---

21 Vgl. dazu AFET ZKJ 2010, 28 f.; *Hornikel*, Impulsreferat, S. 4, www.amtsgericht-ulm.de (Zugriff am 28.05.2013); *Vogel* FamRZ 2010, 1874; *Bergmann* ZKJ 2009, 404, 406; *Trenczek* ZKJ 2009, 97 mit besonderem Verweis auf BT-Drucks. 16/6308, S. 236 ff., 427, wo vor allem der Kooperation von Familiengericht und Jugendhilfe besondere Bedeutung beigemessen wird; ebs. *Landua* ZKJ 2010, 26, wo insofern von einem „Kulturschock für das Familiengericht" die Rede ist.

22 Vgl. *Rieger* ZKJ 2009, 313.

Betreuungsgesetzes am 01. Januar 1992 nur noch Minderjährige betraf und als Ersatz für die elterliche Sorge sachlich in die Zuständigkeit des Familiengerichts gehört.[23]

Obwohl der 5. Deutsche Familiengerichtstag bereits im Jahre 1983 empfohlen hatte, die Zuständigkeit des Familiengerichts schrittweise zu erweitern, erfolgten bis zum Jahr 1998 nur kleinere Zuständigkeitskorrekturen, ehe durch das Kindschaftsrechtsreformgesetz am 01. Juli 1998 ein größerer Schritt in Richtung auf das Ziel eines Großen Familiengerichts getan wurde. In den Jahren 2001 und 2002 erfolgten noch einmal Erweiterungen der Zuständigkeit des Familiengerichts durch das Lebenspartnerschaftsgesetz (LPartG) und das Gewaltschutzgesetz (GewSchG), bis schließlich im Juni 2003 die Konferenz der Justizministerinnen und Justizminister feststellte, dass die Schaffung eines „Großen Familiengerichts“ notwendig sei, um tatsächlich zusammenhängende Rechtsstreitigkeiten auch zusammenhängend entscheiden zu können.[24]

Der Kreis der Familiensachen i.S.v. § 23b I 2 GVG wurde durch das FamFG in mehrfacher Hinsicht erweitert, indem ein Teil der Verfahren, für die bislang das Vormundschaftsgericht zuständig war (nunmehr § 151 Nr. 4, 5 und § 186 FamFG), diejenigen Verfahren nach den §§ 1, 2 GewSchG, für die bislang das Zivilgericht zuständig war (nunmehr § 210 FamFG) sowie bestimmte Zivilrechtsstreitigkeiten, die durch eine besondere Nähe zu familienrechtlichen Rechtsverhältnissen gekennzeichnet sind bzw. mit der Auflösung eines solchen Rechtsverhältnisses eng zusammenhängen, zu Familiensachen bestimmt wurden. Zudem entscheidet das Familiengericht nun unter Geltung des FamFG über alle durch den sozialen Verband von Ehe und Familie sachlich verbundenen Rechtsstreitigkeiten, wodurch „ineffektive und zudem alle Beteiligten belastende Verfahrensverzögerungen, Aussetzungen und Mehrfachbefassungen von Gerichten vermieden“[25] werden sollen.

Verfahrensrechtlich gesehen hat das Familiengericht zum einen das Recht und die Pflicht, im Wege von Amtsverfahren das auf Art. 6 II 2 GG basierende staatliche Wächteramt auszuüben – eine Aufgabe, die vor allem bei Fragen der Pflege und der Erziehung von Kindern enorme Bedeutung erlangt. Zum anderen nimmt es auch in Antragsverfahren eine wichtige Stellung ein, da diese im Rahmen des FamFG gem. § 26 FamFG vom Amtsermittlungsgrundsatz beherrscht sind. Im Gegensatz zu Verfahren nach der ZPO, in der die Dispositionsmaxime regiert, liegt es im familiengerichtlichen Verfahren beim Familiengericht, den Sachverhalt von Amts wegen festzustellen.

Gerade in Kindschaftsverfahren weist das Gesetz dem Familiengericht nun eine noch bedeutsamere Aufgabe zu, indem es in § 156 FamFG bestimmt, dass das Gericht vorbehaltlich eines etwaigen Widerspruchs zum Kindeswohl in jeder Lage

---

23 BT-Drucks. 16/6308, S. 169; die restlichen vormundschaftsgerichtlichen Zuständigkeiten gingen im Wesentlichen auf das neu geschaffene Betreuungsgericht über; vgl. auch *Zorn* Rpfleger 2009, 421.

24 BT-Drucks. 16/6308, S. 169.

25 BT-Drucks. 16/6308, S. 168 f.

des Verfahrens auf ein Einvernehmen der Beteiligten hinwirken soll. Bereits an der detaillierten Ausgestaltung der Regelung zeigt sich, dass das geforderte Hinwirken auf Einvernehmen deutlich über das allgemeine, etwa in § 278 I ZPO zum Ausdruck gebrachte Gebot, in jeder Lage des Verfahrens auf eine gütliche Einigung bedacht zu sein, hinausgeht.[26] Zudem ergibt sich die Aufgabe des Gerichts, auf Einvernehmen hinzuwirken, auch aus § 165 I 1 FamFG sowie aus dem Umstand, dass das Gericht auf die Beratungsmöglichkeiten der Jugendhilfe und die Möglichkeit der Mediation hinweisen soll.

2. Der Psychologische Sachverständige

Die verfahrensrechtliche Regelung des Tätigwerdens eines (psychologischen) Sachverständigen findet sich in § 30 I FamFG, der für den Fall einer förmlichen Beweisaufnahme auf die Vorschriften der Zivilprozessordnung, mithin auf §§ 402 ff. ZPO verweist.

Grundsätzlich entscheidet das Gericht nach pflichtgemäßem Ermessen, ob es die entscheidungserheblichen Tatsachen durch eine förmliche Beweisaufnahme feststellt. Insofern kann auf die allgemeinen Grundsätze zur Auswahl und Bestellung von Sachverständigen zurückgegriffen werden. Eine förmliche Beweisaufnahme hat gem. § 30 II FamFG stattzufinden, wenn dies im FamFG vorgesehen ist.[27]Eine förmliche Beweisaufnahme soll dagegen gem. § 30 III FamFG stattfinden, wenn das Gericht seine Entscheidung maßgeblich auf die Feststellung einer bestimmten Tatsache stützen will und deren Richtigkeit von einem Beteiligten ausdrücklich bestritten wird. Zumindest in Sorgerechts„streit"igkeiten wird daher regelmäßig eine förmliche Beweisaufnahme durch einen Sachverständigen anzuordnen sein, da das Wohl des Kindes der ausschlaggebende Gesichtspunkt für die Entscheidung ist und damit ihr Fundament darstellt.

Wesentliches Merkmal des Sachverständigenbeweises ist die Vermittlung von dem Gericht fehlender Sachkunde durch den Sachverständigen zum Zwecke der Ermöglichung der Bewertung feststehender oder festzustellender Tatsachen und der Ableitung von Schlussfolgerungen daraus.[28] Psychologische Sachverständige kommen auch in familiengerichtlichen Verfahren zum Einsatz, wenn das Gericht eine Begutachtung von Personen oder Umständen für notwendig erachtet, um bestimmte Beweisfragen zu klären. In Kindschaftsverfahren kann eine solche Frage etwa lauten: „Welche Sorgerechts- bzw. Aufenthaltsbestimmungsregelung dient dem Wohl des Kindes am besten?".[29] Auch in Adoptions- oder Abstammungssachen stellen sich Fragen, die von einem psychologischen Sachverständigen mithilfe seiner berufsspezifischen Sachkunde pflichtgemäß beantwortet werden müssen, wie

---

26 Vgl. *Vogel* FamRZ 2010, 1870; *Rüntz/Viefhues* FamRZ 2010, 1288.

27 Vgl. z.B. § 280 FamFG (Notwendigkeit von bestimmten Betreuungsmaßnahmen) oder § 321 FamFG (Notwendigkeit der Unterbringung).

28 Vgl. SBW/*Brinkmann*, § 30 Rn. 59.

29 Vgl. Meysen et al./*Meysen*, A.VI Rn. 76.

z.B. folgende: „Dient die Adoption dem Kindeswohl und ist zu erwarten, dass ein Eltern-Kind-Verhältnis entsteht?“[30].

Abgesehen von der Klärung von Beweisfragen bestimmt § 163 II FamFG, dass das Gericht in Verfahren, die die Person des Kindes betreffen, anordnen kann, dass der Sachverständige bei der Erstellung des Gutachtenauftrags auch auf die Herstellung des Einvernehmens zwischen den Beteiligten hinwirken soll. Diese Regelung unterscheidet sich von der den Verfahrensbeistand zur Mitwirkung bei der Herstellung des Einvernehmens verpflichtenden Regelung des § 158 IV FamFG, da dem Sachverständigen durch § 163 II FamFG gleichsam richterliche Funktionen zugewiesen werden, was mit dem Abverlangen von entsprechend mehr Initiative bzw. damit korrelierend mit der Einräumung eines weiteren Handlungsspielraums einhergeht.[31]

Zwar erscheint die Förderung einvernehmlicher Regelung *per se* sinnvoll, jedoch ist die Regelung insofern problematisch, als mit dieser Aufgabenzuteilung unvermeidlich eine Diffusion der Rolle des psychologischen Sachverständigen und der des Gerichts verbunden ist.[32]

Eine weitere potentielle Rollenvermengung resultiert daraus, dass mitunter vertreten wird, das nach § 163 II FamFG erforderliche Hinwirken auf Einvernehmen durch den Sachverständigen könne unter Anwendung mediativer Techniken im Rahmen einer lösungsorientierten Begutachtung realisiert werden.[33] Sowohl ein Sachverständiger als auch ein Mediator haben die gleichlautende Verpflichtung zu neutralem und objektivem Vorgehen. Letztlich hätten sie dann auch den gleichermaßen lösungsorientierten Auftrag.

Grundsätzlich hat sich der Sachverständige bei der Begutachtung zeitgemäßer wissenschaftlicher und methodisch anerkannter Strategien zu bedienen.[34] Hilfreiche mediative Techniken sind z.B. eine wertschätzende, allparteiliche Haltung, die Herausarbeitung der hinter den vordergründigen Streitthemen stehenden Interessen und Bedürfnisse, die gängigen Frage- und Kommunikationstechniken sowie die generelle Zukunftsorientierung bei der Lösungsfindung. Wichtig ist jedoch bei alldem, dass der Sachverständige sich der Unterschiede zwischen den Rollen und Aufgaben eines Sachverständigen und eines Mediators sowie der spezifischen Anwendungsmöglichkeiten der einzelnen mediativen Techniken bewusst ist, denn nicht jede mediative Technik lässt sich sinnvoll auf jedem Eskalationsniveau anwenden.[35]

---

30 Vgl. Meysen et al./*Meysen*, A.VI Rn. 76 f.

31 Vgl. *Vogel* FamRZ 2010, 1871 f.; *Salzgeber/Fichtner* ZKJ 2009, 334; VAK, Stellungnahme vom 10.10.2005, 5. Spiegelstrich, www.v-a-k.de (Zugriff am 06.06.2013).

32 Vgl. *Salzgeber* FamRZ 2008, 659; *Trenczek* ZKJ 2009, 101, m.w.N. zur Kritik an der Regelung.

33 Vgl. *Gruber/Salzgeber* ZKJ 2011, 408.

34 Vgl. Meysen et al./*Meysen*, A.VI Rn. 77.

35 Vgl. *Gruber/Salzgeber* ZKJ 2011, 408: Um die zu befürchtende Rollendiffusion zu vermeiden, befürworten *Gruber/Salzgeber* Mediation und Begutachtung in der Weise zu verbinden, dass durch eine erste Datenerhebung im Rahmen einer Begutachtung eine daran anschließende – von einem beizuziehenden unabhängigen Mediator

Dies alles ist außerdem im Lichte des (die bisher nach § 411 I 2 ZPO geltende Rechtslage verschärfenden) § 163 I FamFG zu sehen, der bestimmt, dass für den Fall der Anordnung einer schriftlichen Begutachtung das Gericht dem Sachverständigen zugleich eine Frist setzen muss, innerhalb derer er das Gutachten einzureichen hat. Dabei kommt man nicht umhin, einen gewissen Widerspruch zwischen der in § 163 I FamFG als Ausdruck des Beschleunigungsgebots normierten zeitlichen Vorgabe und dem verstärkten Hinwirken auf Einigung gem. § 163 II FamFG zu konstatieren, denn ein solches Hinwirken auf Einvernehmen bedarf naturgemäß einiger Zeit, wenn es sich nicht nur auf psychoedukative Gespräche mit den Eltern beschränken soll, was ausweislich der Begründung des Regierungsentwurfs nicht die Intention des Gesetzgebers war.[36]

3. Das Jugendamt

Dass Jugendämter in Verfahren vor den Gerichten für Familiensachen eine zentrale Stellung einnehmen, lässt sich bereits daran erkennen, dass sie von Gesetzes wegen in nahezu allen Familiensachen auftreten. Die Verfahrensrolle des Jugendamtes kann dabei jeweils unterschiedlich sein: Es tritt je nach Einzelfall entweder als Amtsvormund bzw. Amtspfleger, als Beistand i.S.v. § 1712 ff. BGB, als Verfahrenspfleger i.S.v. § 50 FGG (jetzt Verfahrensbeistand i.S.v. § 158 FamFG) als einfacher Mitwirkender oder als Sozialleistungsträger auf.[37]

Die Ausübung der Personen- und/oder Vermögenssorge durch das Jugendamt als Amtsvormund- oder Amtspfleger (bzw. einzelne seiner Bediensteten, vgl. § 55 II 1 SGB VIII) erfolgt entweder aufgrund Bestellung[38] (Vormundschaft: § 1791b BGB; Pflegschaft: § 1791b i.V.m. §§ 1909 I, 1915 I 1 BGB) oder kraft Gesetzes (§ 1791c BGB).

Das Jugendamt ist in einem einen übertragenen Aufgabenkreis der Personen- oder Vermögenssorge betreffenden Verfahren (z.B. § 151 Nr. 2 FamFG), im Falle der Beantragung der Genehmigung von Geschäften oder Angelegenheiten (§§ 1802 ff. BGB) oder wenn Verfahrensgegenstand seine Bestellung oder Entlassung ist (§ 1791b, 1887, 1889 II BGB), in seiner Eigenschaft als Amtsvormund- oder Amtspfleger selbst Verfahrensbeteiligter. Ist es zum Umgangspfleger bestellt, ist

---

geleitete – Mediationsphase vorbereitet wird, bei deren erfolgreichem Abschluss die erzielten Ergebnisse dem Sachverständigen mitgeteilt werden, der dann gegebenenfalls eine weitere Begutachtung durchführt bzw. bei Erfolglosigkeit der Mediation in der Rolle eines Coaches oder diagnostizierenden Beraters die Arbeit mit den Beteiligten mithilfe anderer Konfliktlösungsmethoden fortführt oder im Falle des endgültigen Scheiterns der Einigungsbemühungen die gerichtliche Frage aufgrund der gewonnenen Daten beantwortet.

36 BT-Drucks. 16/6308, S. 242; *Salzgeber/Fichtner* ZKJ 2009, 335.

37 Vgl. *Flemming* ZKJ 2009, 315 ff.; vgl. detailliert zur Rolle der Jugendämter in den einzelnen Verfahren Meysen et al./*Meysen*, A.IV Rn. 23.

38 Vgl. zur Bestellung des Jugendamtes als „Reservepfleger“ in einer Erbausschlagungsangelegenheit KG FamRZ 2010, 1998 f.

seine Beteiligung in den das Umgangsrecht betreffenden Kindschaftsverfahren verpflichtend (vgl. § 7 I, II Nr. 1 FamFG).[39] Im Rahmen der Vertretung eines beteiligten Kindes gem. § 9 II FamFG wird das Jugendamt als dessen gesetzlicher Vertreter tätig, wenn der Aufgabenkreis des Amtsvormunds bzw. -pflegers im konkreten Einzelfall die Vertretung umfasst. Nach §§ 1837 ff. BGB (ggf. i.V.m. §§ 1909 I, 1915 I 1 BGB) steht das Jugendamt als Amtsvormund bzw. -pfleger unter der Aufsicht des Familiengerichts.

Auf schriftlichen Antrag eines Elternteils wird das Jugendamt (mit Zugang des Antrags, vgl. § 1714 S. 1 BGB) kraft Gesetzes Beistand (§ 55 SGB VIII) des Kindes für die Feststellung der Vaterschaft und/oder die Geltendmachung von Unterhaltsansprüchen bzw. die Verfügung über diese Ansprüche (vgl. § 1712 BGB).

Wird das Kind in Abstammungs- oder Unterhaltssachen durch das Jugendamt als Beistand vertreten, ist die Vertretung durch den sorgeberechtigten Elternteil (ggf. *ex nunc*) ausgeschlossen (vgl. §§ 173, 234 FamFG).

Gem. § 50 FGG/§ 158 FamFG konnte/kann das Gericht nach pflichtgemäßem Ermessen einen Verfahrenspfleger/Verfahrensbeistand bestellen, wobei auch die Auswahl der Person im konkreten Einzelfall im Ermessen des Gerichts stand/steht.

Nach den Vorstellungen des Gesetzgebers gehören insbesondere Sozialpädagogen, Sozialarbeiter und Kinderpsychologen zu den grundsätzlich für diese Aufgabe geeigneten Berufsgruppen, jedoch kommt auch die Bestellung engagierter Laien, wozu auch Verwandte des Kindes zu zählen sind, in Betracht. Soweit es jedoch wesentlich auf Rechtskunde ankommt, wird das Gericht einen Rechtsanwalt zu bestellen haben. Bei der Verfahrenspfleger- bzw. -beistandsbestellung hat das Gericht darauf zu achten, dass durch die Bestellung das Konfliktpotential nicht weiter erhöht wird.[40]

Grundsätzlich kommt auch die Bestellung von Jugendamtsmitarbeitern in Betracht. In der Literatur wurden jedoch seither Stimmen laut, die in diesem Zusammenhang darauf hinwiesen, dass diese Art der Interessenvertretung nicht von Jugendamtsmitarbeitern wahrgenommen werden dürfe, da hier die Gefahr einer Interessenkollision besonders nahe liege.[41]

---

39 Vgl. Meysen et al./*Meysen*, A.IV Rn. 27.

40 BT-Drucks. 13/4899, S. 130.

41 Vgl. *Althammer* GJS 2012, 209; *DIJuF*, Stellungnahme vom 28.10.2009, S. 1 f., www.dijuf.de (Zugriff am 04.06.2013); *Rabe* ZKJ 2007 S. 442 mit Verweis darauf, dass in der Praxis dennoch einige Fälle von Bestellungen aus dem Jugendamt bekannt geworden seien, was durch die Ergebnisse des von der Volkswagen-Stiftung geförderten und von November 2005 bis März 2008 an der TU Berlin unter Leitung von Prof. Dr. Münder durchgeführten Forschungsprojekts „Innovationsprozesse in Wirtschaft und Gesellschaft – Untersuchung am Beispiel der Rechtsinstitution Anwalt des Kindes" bestätigt wird, in dessen Fokus die Umsetzungspraxis des § 50 FGG bei den Familienrichter/innen und Verfahrenspfleger/innen sowie die Kooperation zu angrenzenden Professionen, wie beispielsweise dem Jugendamt, stand.

Die Mitwirkung[42] des Jugendamtes in Verfahren vor den Familiengerichten stellt schließlich eine „andere Aufgabe der Jugendhilfe“ i.S.v. § 2 III Nr. 6 SGB VIII dar und ist näher in § 50 SGB VIII geregelt, der betreffend die genaue Art der Mitwirkung im Rahmen der jeweiligen Verfahrensart weiter auf die spezielleren Vorschriften des FamFG verweist; im Einzelnen verweist er auf:

- § 162 FamFG für Kindschaftssachen
- § 172 II, 176 FamFG für Abstammungssachen
- §§ 188 II, 189 S. 2, 194,195 FamFG für Adoptionssachen
- §§ 204 II, 205 FamFG für Ehewohnungssachen
- §§ 212, 213 FamFG für Gewaltschutzsachen.

Zu beachten ist allerdings, dass § 50 I SGB VIII keine abschließende Auflistung enthält, sondern weitere Anhörungspflichten sich aus anderen Vorschriften, gegebenenfalls i.V.m. dem umfassenden Auftrag der Jugendhilfe zur Förderung und zum Schutz des Kindeswohls gem. § 1 I, III SGB VIII, ergeben können (z.B. §§ 1779 I, 1618 S. 4, 1630 II BGB).[43]

Als wesentliche Formen der Mitwirkung sind die Beteiligung des Jugendamtes (vgl. §§ 162 II, 172 II, 188 II, 204 II, 212 FamFG) sowie seine Anhörung (§§ 162 I, 176, 194 f., 205, 213) vorgesehen.

Aus der gesetzlichen Regelung geht hervor, dass der Gesetzgeber das Jugendamt nicht in jedem das Kind betreffenden Verfahren zwingend als formell Beteiligten definieren wollte, sondern die Beteiligtenstellung des Jugendamtes als Frage des Einzelfalls angesehen hat; einem Umstand, dem er dadurch gerecht zu werden gedachte, dass er dem Jugendamt insoweit ein Wahlrecht einräumte.[44]

Grundsätzlich wird sich das Jugendamt immer dann für die Wahrnehmung seiner Beteiligungsoption zu entscheiden haben, wenn das Verfahren einen Verlauf nimmt, der von seiner sozialpädagogischen Einschätzung nicht getragen werden kann und es sich dadurch selbst – auch aus seiner Steuerungsverantwortung nach § 36a SGB VIII heraus – in der Pflicht findet, im Interesse des Kindeswohls und mithilfe der mit einer Beteiligtenstellung verbundenen weitergehenden Verfahrensrechte in Korrelation mit seiner materiell-rechtlichen Verantwortung für das Kind auch aktiv verfahrensrechtlich Verantwortung zu übernehmen.[45]

Unabhängig davon, ob das Jugendamt im jeweiligen Verfahren Beteiligter war, sind ihm die Entscheidungen bekannt zu machen, zu denen es zu hören war (vgl.

42 Zu beachten ist bei der Mitwirkung des Jugendamtes an gerichtlichen Verfahren gem. §§ 50-52 SGB VIII die Zuständigkeitsverteilung. § 87b I i.V.m. § 86 I-IV SGB VIII orientieren sich in Bezug auf die örtliche Zuständigkeit des Jugendamts am gewöhnlichen Aufenthalt der Eltern, während die Regelungen des FamFG bezüglich der örtlichen Zuständigkeit des Gerichts (vgl. bspw. §§ 152, 170 FamFG) oftmals am gewöhnlichen Aufenthalt des Kindes anknüpfen.

43 Vgl. *Trenczek* ZKJ 2009, 99.

44 Vgl. AK 11, 18 Dt. Familiengerichtstag, S. 119; *Müller-Magdeburg* ZKJ 2009, 320.

45 Vgl. *Müller-Magdeburg* ZKJ 2009, 323.

§§ 162 III 1, 176 II 1, 194 II 1, 205 II 1, 213 II 1 FamFG). Auch ist das Jugendamt unabhängig von der Beteiligtenstellung beschwerdebefugt (vgl. §§ 162 III 2, 176 II 2, 194 II 2, 205 II 2, 213 II 2 FamFG).[46] Überdies wirkt es auf verschiedene Art und Weise an der Bestellung und Entlassung von Vormündern bzw. Pflegern mit (vgl. im Einzelnen §§ 53 I, III 3-5, 56 IV, 57, SGB VIII und §§ 1779 I, 1851 BGB). Letztlich findet sich nun in § 157 FamFG eine Regelung betreffend die Erörterung einer Kindeswohlgefährdung bzw. entsprechender Abhilfemöglichkeiten in Verfahren nach den §§ 1666 und 1666a BGB. Zu diesem Termin soll das Jugendamt gem. § 157 I 2 FamFG geladen werden. In Abstammungssachen ist außerdem u.U. eine fachliche Äußerung des Jugendamtes einzuholen (§ 189 S. 2 FamFG). Unter besonderen Voraussetzungen (vgl. §§ 8a II 1 Hs. 1, 2 SGB VIII) ist von der Mitwirkung nach § 50 SGB VIII auch die Anrufung des Familiengerichts durch das Jugendamt erfasst.

Auch als Sozialleistungsträger (§ 79 SGB VIII) tritt das Jugendamt in familiengerichtlichen Verfahren in Erscheinung. Ausgangspunkt ist § 156 I 2 FamFG, der bestimmt, dass das Gericht auf die Möglichkeiten der Beratung durch die Beratungsstellen und -dienste der Träger der Kinder- und Jugendhilfe hinweist. Unter diesen Beratungsmöglichkeiten sind Leistungen nach dem SGB VIII zu verstehen.

Werden Eltern durch das Familiengericht zur Inanspruchnahme von Hilfen verpflichtet (§ 1666 III Nr. 1 BGB), trägt der Träger der öffentlichen Jugendhilfe die Kosten der Hilfe jedoch grundsätzlich nur dann, wenn sie auf der Grundlage seiner Entscheidung nach Maßgabe des Hilfeplans unter Beachtung des Wunsch- und Wahlrechts erbracht wird, vgl. § 36a SGB VIII (sog. Steuerungsverantwortung), weshalb sich eine solche gerichtliche Anordnung sinnvollerweise nur auf vom Jugendamt angebotene Leistungen beziehen sollte.[47]

Das Jugendamt ist zu jeder Zeit vollumfänglich steuerungsverantwortlich, was seinen Fachprozess anbelangt. Die Verfahrensherrschaft des Familienrichters über das gerichtliche Verfahren wird dadurch nicht beeinträchtigt. Die vom Jugendamt fachlich selbstständig und unabhängig bestimmte Hilfe ist aus richterlicher Sicht eine Phase des familiengerichtlichen Verfahrens und erfolgt im Kontext der familiengerichtlichen Verfahrensziele.[48]

---

46 Vgl. etwa SBW/*Schwonberg*, § 172 Rn. 37. Zur Beschwerdebefugnis des im Verfahren über die familiengerichtliche Genehmigung einer Erbausschlagung zum Ergänzungspfleger bestellten Jugendamts vgl. BGH NJW 2012, 685 f., der eine solche abgelehnt hat, da das Verfahren ausschließlich vermögensrechtliche Angelegenheiten zum Gegenstand gehabt und es sich daher nicht um ein auf die Person des Kindes bezogenes Verfahren gehandelt habe.

47 Vgl. Meysen et al./*Meysen*, A.IV Rn. 54; ist ein Angebot noch nicht erfolgt, kommt eine Verpflichtung der Personensorgeberechtigten zur Zusammenarbeit mit dem Jugendamt zur Inanspruchnahme angebotener – aber noch unbenannter – Leistungen in Betracht.

48 Vgl. *Flemming* ZKJ 2009, 318.

4. Die Beratungsstelle

Ausgehend vom Konzept der Intersubjektivität soll in einem Gerichtsverfahren nach Möglichkeit angestrebt werden, Lösungen gemeinsam mit den beteiligten Menschen selbst zu finden. Hierzu sollten nach Möglichkeit verschiedene Lösungsalternativen diskutiert und solche nicht einfach „aufoktroyiert" werden. Dies basiert auf der Überlegung, dass Lösungen, die von den Beteiligten selbst erarbeitet wurden, tragfähiger sind und daher aller Wahrscheinlichkeit nach länger Bestand haben werden als durch das Gericht auferlegte Lösungen, die zumeist den Interessen keiner der Parteien wirklich gerecht werden.[49] Dieser Grundgedanke hat sich mittels der §§ 36 I 2, 158 IV und 163 II FamFG und insbesondere durch § 156 FamFG in einer gesetzlichen Regelung niedergeschlagen.

Im Sinne letzterer Vorschrift sind Beratungsstellen und -dienste der Träger der Kinder- und Jugendhilfe diejenigen Stellen, die für die Erfüllung der Rechtsansprüche auf Beratungsleistungen nach §§ 17 I 1, II, 18 III, 28 SGB VIII verantwortlich sind. In vielen Gerichtsbezirken werden Beratungsdienste wie bereits dargestellt durch das Jugendamt angeboten; zum Teil stehen aber auch Fachkräfte im Allgemeinen Sozialen Dienst oder spezialisierte Fachkräfte in den sozialen Diensten dafür zur Verfügung.[50] Das Gericht sollte die Auswahl der Beratungsstelle übernehmen (etwa nach dem Sozialraumprinzip), wobei etwaige Präferenzen der Beteiligten zu berücksichtigen sind.[51]

Ein Berater soll Hilfestellungen beim Auffinden von Lösungen geben, durch die gleichzeitig auch die Entwicklungsinteressen des Kindes gesichert werden. Zwar weisen die von Gerichten und Beratungsstellen angewandten Methoden Ähnlichkeiten mit den Methoden der Mediation auf, jedoch ist nicht zu vergessen, dass es sich dabei um zwei gänzlich verschiedene Ansätze zur Konfliktlösung handelt.

In Ermangelung exakter Definitionen sei an dieser Stelle zumindest darauf hingewiesen, dass die Beratung in der Regel und im Gegensatz zur Mediation auch auf die psychischen Hintergründe des jeweiligen Konflikts eingeht, während die Mediation die Erarbeitung praktikabler Lösungen im Wege gegenseitigen Nachgebens in den Vordergrund stellt und mündige Bürger voraussetzt, die zur selbstständigen Vertretung ihrer Interessen fähig sind.[52]

49 Vgl. Meysen et al./*Balloff/Stötzel/Meysen*, A.VII Rn. 104; *Bermann* ZKJ 2010, 57.

50 Vgl. *Rieger* ZKJ 2009, 314; Meysen et al./*Balloff/Stötzel/Meysen*, A.VII Rn. 124.

51 Vgl. *Bergmann* ZKJ 2010, 57 f.; die ausgewählte Beratungsstelle hat ein Recht zur Ablehnung der Beratung. Weder aus dem Rechtsanspruch der Eltern gegen den Träger der öffentlichen Jugendhilfe nach §§ 17 f. SGB VIII noch aus der Tatsache der gerichtlichen Anordnung ergibt sich etwas anderes, da Ersterer die Beratungsstellen nicht zur Durchführung der Beratung im Einzelfall verpflichtet, sondern lediglich generelle Beratungsmöglichkeiten sichern soll, und Zweitere sich an die Eltern und nicht an die Beratungsstelle richtet.

52 Vgl. *Bergmann* ZKJ 2010, 57.

Die einzelfallorientierte Gestaltung der Beratung ist von der jeweiligen Beratungsstelle nach deren fachlichen Standards durchzuführen. Dem Gericht steht insofern keine Befugnis zur Einflussnahme zu. Sinnvolle Ergebnisse wird der Berater dann erzielen, wenn er das persönliche Gespräch mit dem Kind in Abwesenheit der Eltern sucht und die kindlichen Wünsche und Empfindungen mit diesem selbst erörtert. Je nach Alter des Kindes und des insofern variierenden Informationsgehalts werden die in Erfahrung gebrachten Aspekte eine nicht zu unterschätzende Bedeutung für die Beurteilung und die Ausfüllung der Begriffe des Kindeswohls und des Kindesinteresses haben.[53]

5. Der Mediator

Die Mediation war ursprünglich ein Verfahren zur rein außergerichtlichen Streitbeilegung. Mit der Neukonzeption des Familienverfahrensrechts hat sie Eingang in das FamFG gefunden. § 156 I 3 FamFG sieht nunmehr vor, dass das Gericht in geeigneten Fällen auf die Möglichkeit der Mediation oder der sonstigen außergerichtlichen Streitbeilegung hinweisen soll. Allerdings sieht das Gesetz lediglich die Anordnung der Teilnahme an einem kostenfreien Informationsgespräch über Mediation (sowie die Vorlage einer diesbezüglichen Bestätigung) vor und nicht die Verpflichtung zur Mediation selbst, vgl. § 156 I 3 FamFG. Zudem ist eine solche Anordnung auch nicht mit Zwangsmitteln durchsetzbar, vgl. § 156 I 5 FamFG.

Mittlerweile hat sich der Weg der Mediation auch in der Praxis durchgesetzt. Die wachsende Bedeutung der Mediation als Methode zur Konfliktbeilegung wird u.a. daran ersichtlich, dass am 26. Juli 2012 in Umsetzung der Richtlinie 2008/52/EG des Europäischen Parlaments und des Rates vom 21. Mai 2008 über bestimmte Aspekte der Mediation in Zivil- und Handelssachen das Gesetz zur Förderung der Mediation und anderer Verfahren der außergerichtlichen Konfliktbeilegung in Kraft getreten ist.

§ 1 I MediationsG definiert die Mediation als ein vertrauliches und strukturiertes Verfahren, bei dem Parteien mithilfe eines oder mehrerer Mediatoren freiwillig und eigenverantwortlich eine einvernehmliche Beilegung ihres Konflikts anstreben. Ein Mediator ist nach § 1 II MediationsG eine unabhängige und neutrale Person ohne Entscheidungsbefugnis, die die Parteien durch die Mediation führt. Der Mediator ist gem. § 2 II MediationsG allen Parteien gleichermaßen verpflichtet, fördert die Kommunikation der Parteien und gewährleistet, dass die Parteien in angemessener und fairer Weise in die Mediation eingebunden sind. Dazu kann er im allseitigen Einverständnis getrennte Gespräche mit den Parteien führen.

53 Vgl. zu Besonderheiten bei der Befragung von Kindern *Becker/Graumann* ZKJ 2010, 275 f.; *Bergmann* (*dies.* ZKJ 2010, 58) hebt in diesem Zusammenhang hervor, dass ein direktes Gespräch mit dem Kind daher nur ausnahmsweise nicht erfolgen sollte, etwa wenn dem Kind hierdurch eine zu starke Belastung zugemutet würde.

Im Gegensatz zum Gesetzesentwurf der Bundesregierung wurden in der Beschlussempfehlung des Rechtsausschusses des Bundestags die Begriffsbestimmungen für die außergerichtliche, die gerichtsnahe und die gerichtsinterne Mediation gestrichen, deren Unterscheidung die Bundeskonferenz für Erziehungsberatung e.V. zuvor noch als „nachvollziehbar und sachgerecht“ bewertet hatte.[54]

Einem Richter als gerichtsinternem Mediator sei die Äußerung rechtlicher Bewertungen und Lösungsvorschläge nicht gestattet gewesen, einem Güterichter dagegen stünden diese Möglichkeiten nun offen. Der Güterichter könne außerdem auch unabhängig von der Zustimmung der Parteien die Gerichtsakten einsehen und auf Wunsch der Parteien einen Vergleich protokollieren. Durch die Erweiterung der Möglichkeiten zur Einschaltung eines Güterichters in den verschiedenen Prozessordnungen (wie etwa durch den oben bereits erwähnten § 156 FamFG) habe die richterliche Streitschlichtung durch den Güterichter eine enorme Ausweitung erfahren.[55]

Die im Rahmen der gerichtsinternen Mediation entwickelten mediativen und streitschlichterlichen Kompetenzen könnten auch für die Güterichtertätigkeit nutzbar gemacht und vertieft werden. Auch in einer Güteverhaltung könnten zahlreiche Methoden und Techniken der Mediation eingesetzt werden, um zum einen den Sinn der Parteien für ihre Verantwortlichkeit und ihre Autorität zu schärfen sowie zum anderen ihre Bereitschaft, sich aufeinander einzulassen, zu erhöhen. Gleichzeitig stehe es den Parteien jederzeit frei, eine Streitbeilegung im Rahmen einer außergerichtlichen Mediation anzustreben.[56]

6. Der Verfahrensbevollmächtigte

In familienrechtlichen Verfahren können die Beteiligten das Verfahren selbst betreiben, soweit eine Vertretung durch Rechtsanwälte nicht geboten ist, vgl. § 10 I FamFG. Die Vertretung durch einen Rechtsanwalt ist beispielsweise gem. § 114 I FamFG vor dem Familiengericht und dem Oberlandesgericht in Ehesachen und Folgesachen sowie in selbstständigen Familienstreitsachen geboten;[57] überdies vor allen in Verfahren vor dem Bundesgerichtshof (§§ 10 IV, 114 II FamFG), wo die Vertretung durch einen beim BGH zugelassenen Rechtsanwalt erfolgen muss. Abgesehen

---

54 BkE ZKJ 2011, 28; BT-Drucks. 17/5335; BT-Drucks. 17/8058; dies sei damit zu begründen, dass mit der Überführung der gerichtsinternen Mediation in ein erweitertes Güterichterkonzept die Notwendigkeit der Bezugnahme auf ein gerichtliches Verfahren entfallen und überdies eine klare gesetzliche Abgrenzung der richterlichen Streitschlichtung von der Mediation bezweckt und erreicht worden sei.

55 Vgl. BT-Drucks. 17/8058, S. 17.

56 Vgl. BT-Drucks. 17/8058, S. 17; nach *Kriegel/Schmidt* ZKJ 2009, 269 ff. stellt die Mediation vor allem für interkulturelle Konstellationen nach wie vor eine besonders sinnvolle Methode der Konfliktbearbeitung dar.

57 Der Vertretung durch einen Rechtsanwalt bedarf es jedoch nicht in den in § 114 IV FamFG bezeichneten Fällen.

davon können sich die Beteiligten aber regelmäßig durch einen Rechtsanwalt als Bevollmächtigten vertreten lassen, vgl. § 10 II 1 FamFG.

Neben Rechtsanwälten sind als Bevollmächtigte nur bestimmte Personen vertretungsbefugt (vgl. § 10 II 2 FamFG). Das Gericht weist Bevollmächtigte, die nicht entsprechend vertretungsbefugt sind, durch unanfechtbaren Beschluss zurück (vgl. § 10 III 1 FamFG), wobei die Verfahrenshandlungen, die ein solchermaßen zurückgewiesener Bevollmächtigter bis zu seiner Zurückweisung vorgenommen hat, und Zustellungen oder Mitteilungen an diesen Bevollmächtigten wirksam bleiben (vgl. § 10 III 2 FamFG). Außerdem kann das Gericht den vertretungsbefugten Bevollmächtigten durch unanfechtbaren Beschluss die weitere Vertretung untersagen, wenn sie nicht in der Lage sind, das Sach- und Streitverhältnis sachgerecht darzustellen (vgl. § 10 III 3 FamFG). Richter dürfen generell nicht als Bevollmächtigte vor dem Gericht auftreten, dem sie angehören (vgl. § 10 V FamFG).

Die Verfahrensvollmacht ist schriftlich zu den Gerichtsakten einzureichen und kann nachgereicht werden (vgl. § 11 S. 1, 2 FamFG). Der Bevollmächtigte in Ehesachen bedarf einer besonderen, auf das Verfahren gerichteten Vollmacht (vgl. § 114 V 1 FamFG). Der Mangel der Vollmacht kann in jeder Lage des Verfahrens geltend gemacht werden; von Amts wegen hat das Gericht ihn nur zu berücksichtigten, wenn nicht als Bevollmächtigter ein Rechtsanwalt oder Notar auftritt (vgl. § 11 S. 4 FamFG); §§ 81-87, 89 ZPO gelten entsprechend (vgl. § 11 S. 5 FamFG). Der Bevollmächtigte ist nicht selbst Beteiligter des Verfahrens.

Ureigene Aufgabe eines Rechtsanwaltes ist und bleibt – auch im neuen FamFG-Verfahren und unabhängig von der Intention des Gesetzgebers, familienrechtliche Rechtsstreitigkeiten zu harmonisieren – die Wahrung der Interessen seines Mandanten. Gleichzeitig hat der Anwalt jedoch auch immer die Aufgabe, den Parteien zu einer Einigung zu verhelfen, weshalb in der Praxis zumeist bereits lange vor Einleitung eines Gerichtsverfahrens (mehr oder weniger intensiv) außergerichtliche Einigungsversuche unternommen werden und auch während eines laufenden Verfahrens idealerweise eine gütliche Einigung angestrebt wird.

Gerade im kindschaftsrechtlichen Verfahren ist allerdings in besonderem Maße darauf zu achten, dass versucht werden sollte, die Interessen des Mandanten mit sachlichen und nicht mit polemischen Mitteln zu wahren, da ein unsachlicher oder diffamierender Vortrag aufgrund der ihm immanenten Gefahr der emotionalen Verletzung des anderen Elternteils oder gar des Kindes selbst keinesfalls geeignet ist, dem zuoberst stehenden Wohl des Kindes zu dienen.[58]

Überdies hat der Anwalt zur verfahrensbegleitenden Unterstützung, insbesondere zur Gewährleistung des emotionalen Schutzes und der psychischen Stabilisierung, auf außergerichtliche Hilfsmöglichkeiten hinzuweisen. Gleichzeitig liegt es aber auch in der Verantwortung des Anwalts, zur zeitigen Beendigung von Hilfsmaßnahmen und gerichtlichen Verfahren beizutragen, denn sowohl im Interesse des Kindes als auch im Interesse der Eltern ist es unumgänglich, dass diese ihre

58 Vgl. *Kloster-Harz* ZKJ 2010, 313.

erzieherische Verantwortung wieder selbst übernehmen, da übermäßige staatliche Eingriffe durch einerseits die damit verbundene Einschränkung der Elternrechte und andererseits die Abgabe von Verantwortung zwangsläufig zu einer Kindeswohlgefährdung führen.[59]

Eine bemerkenswerte Änderung zur bisherigen Lage hat sich im Zusammenhang mit der Regelung des § 10 FamFG dadurch ergeben, dass Kinder in den sie betreffenden Verfahren nun immer selbst Beteiligte (dazu näher Kap. B.II) und unter gewissen Umständen auch selbst verfahrensfähig (dazu näher Kap. B.III.1) sind, was u.a. zur Folge hat, dass sie selbst einen Verfahrensbevollmächtigten bestellen können.

Ist für das Kind ein Verfahrensbevollmächtigter bestellt, ist § 158 V Alt. 1 FamFG zu beachten, wonach die Bestellung eines Verfahrensbeistandes unterbleiben oder aufgehoben werden soll, wenn die Interessen des Kindes von einem Rechtsanwalt oder einem anderen geeigneten Verfahrensbevollmächtigten angemessen vertreten werden. Infolgedessen kommt in diesen Konstellationen die nachfolgend zu untersuchende Problematik der Vertretung des Kindes bei Interessenkollisionen aufseiten der gesetzlichen Vertreter (Verfahrensbeistand- und/oder Ergänzungspflegschaft) nicht zum tragen.

7. Der Beistand

§ 12 FamFG bestimmt, dass die Beteiligten im Termin auch mit Beiständen erscheinen können. Nicht zu verwechseln ist der Beistand nach § 12 FamFG mit dem Verfahrensbeistand i.S.v. § 158 FamFG[60], dem eben besprochenen Verfahrensbevollmächtigten gem. § 10 FamFG[61] und der Beistandschaft des Jugendamtes nach §§ 1712 ff. BGB.

Beistand i.S.v. § 12 FamFG kann jeder sein, der in Verfahren, in denen die Beteiligten das Verfahren selbst betreiben können, als Bevollmächtigter zur Vertretung befugt ist, also die in § 10 II FamFG bezeichneten Personen. Das Gericht kann auch andere Personen als Beistand zulassen, wenn dies sachdienlich ist und hierfür nach den Umständen des Einzelfalls ein Bedürfnis besteht. Richter dürfen nicht als Beistände vor dem Gericht auftreten, dem sie angehören (vgl. § 12 S. 4 i.V.m. § 10 V FamFG). Nicht befugte Beistände weist das Gericht durch unanfechtbaren Beschluss zurück (vgl. § 12 S. 4 i.V.m. § 10 III 1 FamFG); befugten Beiständen kann es durch unanfechtbaren Beschluss die weitere Beistandschaft untersagen, wenn sie nicht in der Lage sind, das Sach- und Streitverhältnis sachgerecht darzustellen (vgl. § 12 S. 4 i.V.m. § 10 III 3 FamFG).

---

59 Vgl. *Kloster-Harz* ZKJ 2010, 312, 314.

60 Die Verfahrensbeistandschaft nach §§ 158, 174, 191 FamFG stellt einen Sonderfall der Beistandschaft des § 12 FamFG dar, vgl. *Zorn* Rpfleger 2009, 425.

61 Der gem. § 138 FamFG beigeordnete Rechtsanwalt hat die Stellung eines Beistands (vgl. § 138 II FamFG).

Der Beistand i.S.v. § 12 FamFG begleitet den Beteiligten und führt dessen Parteirechte in der Gerichtsverhandlung aus.[62] Das von dem Beistand Vorgetragene gilt gem. § 12 S. 5 FamFG als von dem Beteiligten vorgebracht, soweit es nicht von diesem sofort widerrufen oder berichtigt wird. Unbedingte Voraussetzung ist das Erscheinen des jeweiligen Beteiligten, da die Legitimation des Beistands auf der Anwesenheit „seines" Beteiligten beruht und mit dessen Entfernen erlischt.[63] Zu beachten ist, dass ein Beistand kein Vertreter ist, weshalb er außerhalb der mündlichen Verhandlung weder zur Vor- noch zur Entgegennahme von Verfahrenshandlungen befugt ist. Der Beistand ist nicht Beteiligter des Verfahrens.

In der Praxis hat die Vorschrift des § 12 FamFG nur geringe Bedeutung, da die Beteiligten zum einen wie gesehen die Möglichkeit haben, sich gem. § 10 II FamFG durch nicht anwaltliche Bevollmächtigte vertreten zu lassen und zum anderen auch für einzelne Verfahrenshandlungen gem. § 11 S. 5 FamFG i.V.m. § 83 II ZPO eine Vollmacht erteilen können.[64]

8. Ergänzungspfleger

Die Ergänzungspflegschaft gem. §§ 1909 ff. BGB ist ein weiteres Rechtsinstitut, dem im familiengerichtlichen Verfahren und vor allem nach der FGG-Reform besondere Bedeutung zukommt.

An dieser Stelle ist zunächst darauf hinzuweisen, dass es in den hier zu behandelnden FamFG-Verfahren mit Kindesbezug im Großen und Ganzen immer in der ein oder anderen Weise um die Beziehung der Eltern zu ihrem Kind geht, sei es in personenrechtlicher oder in vermögensrechtlicher Hinsicht, weshalb letztere zwangsläufig Teil des zu führenden Verfahrens sind. Wie noch zu sehen sein wird, stellen die hier – wie in jeder zwischenmenschlichen Beziehung – existierenden Interessenverflechtungen besonders im Bereich der personenrechtlichen Verfahren eine nicht zu vernachlässigende Schwierigkeit dar, die es durch geeignete verfahrensrechtliche Maßnahmen in den Griff zu bekommen gilt.

Die Rolle der Eltern im Verfahren kann vielgestaltig sein. Zum einen kommt je nach Verfahren eine Beteiligtenstellung eines oder beider Elternteile gem. § 7 FamFG in Betracht. Zum anderen kommt auch eine schlichte Mitwirkung in Form einer Anhörung in Betracht. Zudem können ein Elternteil oder beide Elternteile aber auch gem. § 9 II FamFG i.V.m. §§ 1626 I, 1629 I 1 BGB als gesetzlicher Vertreter des Kindes auftreten. Bei Verhinderung der Eltern ist dann zum Zwecke der Vertretung des Kindes gem. § 1909 BGB ein Ergänzungspfleger zu bestellen.[65]

62 Vgl. Prütting/Helms/*Jennissen* § 12 Rn. 1.
63 Vgl. Meysen et al./*Rakete-Dombek*, A.III. S. 9 Rn. 19.
64 Vgl. Prütting/Helms/*Jennissen* § 12 Rn. 1.
65 Vgl. eingehend zu diesem Institut die Ausführungen unter Kap. C.I.1.

9. Verfahrensbeistand

Ausweislich des Gesetzesentwurfs der Bundesregierung[66] handelt es sich bei der Verfahrensbeistandschaft gem. § 158 FamFG als einem ausschließlich verfahrensrechtlichen Institut nicht um eine Beistandschaft nach §§ 1712 ff. BGB. Durch die Bezeichnung „Verfahrensbeistand“ sollten Aufgabe und Funktion im Verfahren deutlicher zum Ausdruck gebracht werden als es bisher durch den Begriff des Verfahrenspflegers nach § 50 FGG der Fall war. Die Neukonzeption verfolgte zudem das Ziel, bestimmte wesentliche Streit- und Zweifelsfragen aus dem Bereich des bisherigen § 50 FGG einer gesetzlichen Klärung zuzuführen.[67]

Die Grundnorm der Verfahrensbeistandschaft, § 158 I FamFG, lautet wie folgt:

> *Das Gericht hat dem minderjährigen Kind in Kindschaftssachen, die seine Person betreffen, einen geeigneten Verfahrensbeistand zu bestellen, soweit dies zur Wahrnehmung seiner Interessen erforderlich ist.*

Diese neue Regelung enthält in ihrer generalklauselartigen Formulierung eine grundsätzliche Verpflichtung zur Bestellung eines Verfahrensbeistandes, soweit die Interessen des Kindes dies erforderlich machen. Im Vergleich zur bisherigen Rechtslage unter Geltung von § 50 I FGG, welcher die Bestellung eines Verfahrenspflegers dem Ermessen des Gerichts überließ, stellt dies eine wichtige Neuerung dar. § 158 II FamFG führt in Ergänzung zu § 158 I FamFG einzelne Regelfälleauf, aus denen im Einzelnen hervorgeht, wann der Gesetzgeber selbst die Bestellung eines Verfahrensbeistandes zur Wahrnehmung der Interessen des Kindes für erforderlich hielt.[68] Gem. § 158 III 1 FamFG ist der Verfahrensbeistand so früh wie möglich zu bestellen. Die Bestellung soll jedoch sinnvollerweise dann unterbleiben, wenn die Interessen des Kindes von einem Rechtsanwalt oder einem anderen geeigneten Verfahrensbevollmächtigten angemessen vertreten werden, vgl. § 158 V FamFG. Durch seine Bestellung wird der Verfahrensbeistand mit allen daraus resultierenden Rechten und Pflichten[69] als Beteiligter zum Verfahren hinzugezogen.[70]

Während § 50 FGG noch keine genaue Aufgabenbeschreibung des Verfahrenspflegers vorsah, enthält § 158 IV FamFG nun als weitere Neuerung die Bestimmung

66 BT-Drucks. 16/6308, S. 238.

67 Vgl. eingehend zu diesem Institut die Ausführungen unter Kap. C.I.2; speziell zum Verhältnis des Verfahrensbeistands zu den anderen beteiligten Personen und Organisationen eingehend Salgo et al./*Niestroj/Maywald/Schön/Fegert*, Rn. 1561-1720; *Balloff/Koritz*, S. 25 ff; *Bode*, S. 67 ff; Röchling/*Rinkens* § 8 Rn. 1 ff.; *Zorn* Rpfleger 2009, 425.

68 Vgl. *Trenczek* ZKJ 2009, 197; *Menne* ZKJ 2009, 68.

69 Eine Ausnahme hierzu bildet § 158 VIII FamFG, der vorsieht, dass dem Verfahrensbeistand keine Kosten aufzuerlegen sind.

70 Vgl. ausführlich zur Thematik „Bestellung des Verfahrensbeistandes“ die Ausführungen in Kap. C.I.2.a.

des Aufgaben- und Kompetenzbereichs des Verfahrensbeistandes.[71] So hat der Verfahrensbeistand das Interesse des Kindes festzustellen und im gerichtlichen Verfahren zur Geltung zu bringen. Er hat das Kind über Gegenstand, Ablauf und möglichen Ausgang des Verfahrens in geeigneter Weise zu informieren. Soweit nach den Umständen des Einzelfalles ein Erfordernis besteht, kann das Gericht dem Verfahrensbeistand die zusätzliche Aufgabe übertragen, Gespräche mit den Eltern und weiteren Bezugspersonen des Kindes zu führen sowie am Zustandekommen einer einvernehmlichen Regelung über den Verfahrensgegenstand mitzuwirken. Art und Umfang der Beauftragung werden dabei konkret vom Gericht festgelegt. Außerdem ist der Verfahrensbeistand nun befugt, im Interesse des Kindes Rechtsmittel einzulegen, vgl. § 158 IV 5 FamFG. Jedoch ist er nach der ausdrücklichen gesetzlichen Regelung in § 158 IV 6 FamFG nicht gesetzlicher Vertreter des Kindes.[72]

Schließlich hat sich auch was die Vergütung des Verfahrensbeistandes angeht eine bemerkenswerte Neuerung insofern ergeben, als diese Thematik nun ausdrücklich in § 158 VII FamFG einer gesetzlichen Regelung zugeführt wurde. Im Ergebnis und im Gegensatz zur früheren Rechtslage erfolgt die Vergütung des Verfahrensbeistandes nun nicht mehr im Wege eines auf den Einzelfall bezogenen Entgelts nach tatsächlichem Zeitaufwand, sondern mittels einer aufwandsunabhängigen Vergütungspauschale.[73]

Alles in allem ist festzustellen, dass die vom Gesetzgeber verfolgten Absichten durch die Regelung in § 158 FamFG weitgehend zufriedenstellend umgesetzt werden konnten. Nichtsdestotrotz hat die Neuregelung aber gleichzeitig auch neue Fragen aufgeworfen, deren schrittweise Beantwortung nun der Rechtspraxis obliegt.

II. Kinder als Beteiligte

Bereits vor Inkrafttreten des FamFG waren Kinder und Jugendliche in familiengerichtlichen Verfahren regelmäßig materiell Beteiligte im Sinne des FGG. Dies beruhte darauf, dass sie durch familiengerichtliche Entscheidungen meist unmittelbar in ihren Rechten und Pflichten betroffen sind. Eine formelle Beteiligtenstellung hatten sie jedoch unter Geltung des FGG nicht inne.[74] Ihre Mitwirkung am Verfahren bestand primär darin, dass sie gem. § 50b FGG anzuhören waren.

71 Vgl. *Stötzel/Balloff* ZKJ 2009, 332; Röchling/*Röchling*, § 5 Rn. 1; *Bode*, Standards für Verfahrensbeistände, www.v-a-k.de (Zugriff am 05.06.2013); *Trenczek* ZKJ 2009, 198; vgl. zu den Rechten und Pflichten des Verfahrensbeistands die Zusammenstellung bei *Salgo* FPR 2011, 318 f; zur kindgerechten Vermittlung der Aufgaben des Verfahrensbeistandes *Prenzlow* ZKJ 2011, 128 ff.

72 Vgl. ausführlich zur Thematik „Aufgaben des Verfahrensbeistandes" die Ausführungen in Kap. C.I.2.b.

73 Vgl. ausführlich zur Thematik „Vergütung des Verfahrensbeistandes" die Ausführungen in Kap. C.I.2.c.

74 Vgl. *DIJuF*, Stellungnahme vom 28.10.2009, S. 2, www.dijuf.de (Zugriff am 04.06.2013); *Althammer* GJS 2012, 208.

So bestimmte § 50b I FGG, dass das Gericht in einem Verfahren, das die Personen- oder Vermögenssorge betraf, das Kind persönlich anhörte, wenn die Neigungen, Bindungen oder der Wille des Kindes für die Entscheidung von Bedeutung waren oder wenn es zur Feststellung des Sachverhalts angezeigt erschien, dass sich das Gericht von dem Kind einen unmittelbaren Eindruck verschaffte. Hatte ein Kind das vierzehnte Lebensjahr vollendet und war es nicht geschäftsunfähig, hörte das Gericht in einem Verfahren, das die Personensorge betraf, das Kind stets persönlich an, § 50b II 1 FGG. In beiden Fällen durfte das Gericht von der Anhörung nur aus schwerwiegenden Gründen absehen, vgl. § 50b III FGG.

Das Bundesverfassungsgericht stellte in einer Entscheidung aus dem Jahr 1981 fest, dass § 50b FGG dem verfassungsrechtlichen Gebot entsprach, bei Sorgerechtsentscheidungen den Willen des Kindes zu berücksichtigen, soweit dies mit seinem Wohl vereinbar ist. Eine Entscheidung, die den Belangen des Kindes gerecht werde, könne in der Regel nur ergehen, wenn das Kind in dem gerichtlichen Verfahren die Möglichkeit erhalten habe, seine persönlichen Beziehungen zu den übrigen Familienmitgliedern erkennbar werden zu lassen.[75]

Diesem Grundverständnis entsprechend entschied das OLG Schleswig später, dass im Umgangsrechtsverfahren die unterlassene Anhörung der betroffenen Kinder einen wesentlichen Verfahrensmangel darstellen könne, der die Aufhebung und Zurückverweisung im Beschwerderechtsverfahren rechtfertige.[76]

In diesem Sinn entschied auch das OLG Düsseldorf, indem es feststellte, dass die unterbliebene Anhörung des betroffenen Kindes in FGG-Verfahren, die die Personen- oder Vermögenssorge betreffen, jedenfalls bei Kindern, die das vierzehnte Lebensjahr vollendet haben, ein schwerwiegender Verfahrensfehler sei, der zur Zurückverweisung führe, wenn sich nicht ausschließen lasse, dass die Entscheidung auf dem Verstoß beruhe, und begründete dies damit, dass das Anhörungsgebot des § 50b FGG die Aufklärungspflicht des Gerichts nach § 12 FGG und den Anspruch des Kindes auf rechtliches Gehör nach Art. 103 I GG konkretisiere.[77]

In Weiterentwicklung der eingeschlagenen Richtung ist nunmehr unter Geltung des FamFG in vielen Konstellationen sogar die formelle Verfahrensbeteiligung Minderjähriger vorgesehen. Dies bedeutet eine weitere Stärkung der Rechte Minderjähriger in Familienverfahren, da die Beteiligten im Gegensatz zu den nur anzuhörenden oder zur Sachaufklärung herangezogenen Personen (klarstellend § 7 VI FamFG) Subjekte des Verfahrens sind und ihnen aufgrund dieser Qualität die typischen Verfahrensrechte zustehen bzw. sie die damit einhergehenden Pflichten treffen.[78]

---

75 BVerfG FamRZ 1981, 126.

76 OLG Schleswig FamRZ 2008, 1363.

77 OLG Düsseldorf FamRZ 2008, 1364.

78 Vgl. *Scheiwe* ZKJ 2009, 7 ff; Prütting/Helms/*Prütting*, § 7 Rn. 2; *DIJuF*, Stellungnahme vom 28.10.2009, S. 4, www.dijuf.de (Zugriff am 04.06.2013); *Fegert*, Fragen des Kindeswohls, S. 49 f.; näher dazu Kap. B.II.3.

Inwiefern mit dieser Steigerung der Beteiligungsqualität eine Steigerung der psychischen Belastung des Kindes verbunden ist, kann im Rahmen dieser Arbeit nicht im Detail thematisiert werden, sondern bleibt zukünftigen Forschungen auf dem Gebiet der Rechtspsychologie vorbehalten.

1. Beteiligtenstellung Minderjähriger nach § 7 FamFG

Die in § 7 FamFG enthaltene Definition des Beteiligtenbegriffs ist eines der Kernstücke der FamFG-Reform und im Vergleich zur Rechtslage unter Geltung des FGG ein maßgeblicher Beitrag zu dem gesetzgeberischen Ziel, der freiwilligen Gerichtsbarkeit ein modernes und klar strukturiertes Verfahrensrecht zu geben, da das frühere Recht zwar an verschiedenen Stellen auf den Begriff des Beteiligten Bezug nahm, jedoch keine allgemeine Definition dafür bereit hielt.[79] Zudem wird dadurch die Stellung des Kindes als Verfahrenssubjekt weiter betont.

Die Beteiligtenstellung eines Minderjährigen kann sich grundsätzlich aus § 7 I, II Nr. 1, 2 oder III FamFG ergeben. Während § 7 I FamFG die Beteiligung des Antragstellers zwingend vorsieht, regelt § 7 II FamFG die Fälle der sog. „Muss-Beteiligung", § 7 III FamFG dagegen die Fälle der sog. „Kann-Beteiligung".[80]

Eine Konkretisierung der Beteiligtenstellung für die jeweiligen Verfahrensarten erfolgt durch die speziellen Beteiligtenkataloge. Beispielsweise enthalten §§ 172, 188, 345 FamFG genaue Angaben dazu, welche Personen oder Institutionen in einem Verfahren betreffend eine Abstammungssache, eine Adoptionssache oder eine Nachlasssache zu beteiligen sind. Für Kindschaftssachen ist eine solche Regelung nicht vorgesehen. Hier ist allein auf die allgemeinen Bestimmungen in § 7 FamFG zurückzugreifen.

a) § 7 I FamFG

Inhaltlich normiert nun § 7 I FamFG die Beteiligung des Antragstellers kraft Gesetzes. Entscheidend ist allein die formale Stellung als Antragsteller.[81] Angeknüpft wird dabei an die in Antragsverfahren notwendige verfahrenseinleitende Erklärung i.S.v. § 23 FamFG (notwendig für Abstammungssachen, vgl. § 171 FamFG).[82] Speziell in

---

79 BT-Drucks. 16/6308, S. 177.

80 Ein Fall, in dem das Kind lediglich aufgrund bestimmter Gesetzesvorschriften in einem FamFG-Verfahren anzuhören ist oder eine Auskunft zu erteilen hat, ohne dass die Voraussetzungen von § 7 II oder III FamFG vorliegen, ist wohl nur hypothetischer Natur. Eine Anhörungspflicht in vorgenanntem Sinn ist allein denkbar aufgrund von Vorschriften außerhalb des FamFG. Dennoch sei kurz erwähnt, dass das Kind in diesem Fall nach der Regelung in § 7 VI FamFG nicht allein durch die Anhörung oder die Erteilung der Auskunft zum Beteiligten würde, sondern vielmehr auch dann Nichtbeteiligter bliebe.

81 Vgl. MünchKommFamFG/*Pabst*, § 7 Rn. 3.

82 Vgl. BT-Drucks. 16/6308, S. 178; Prütting/Helms/*Prütting*, § 7 Rn. 20; SBW/*Schöpflin*, § 7 Rn. 7.

Bezug auf Minderjährige ist festzustellen, dass das materielle Recht, insbesondere das BGB, an verschiedenen Stellen explizit oder implizit ein Recht Minderjähriger vorsieht, bestimmte Anträge zu stellen. Die für die Beteiligung Minderjähriger nach § 7 I FamFG relevanten Regelungen finden sich im materiellen Recht u.a. in:

- Abstammungssachen: §§ 1598a II, I Nr. 3; 1600 I Nr. 4; 1600d I BGB
- Adoptionssachen: §§ 1748 I, 1765 II BGB
- Kindschaftssachen: §§ 113 III, 1303 II BGB
- Nachlasssachen: §§ 1981, 1994, 2003, 2353 BGB.

b) § 7 II Nr. 1 FamFG

§ 7 II FamFG regelt den Kreis der Personen, die dem Verfahren zwingend hinzuzuziehen sind. § 7 II Nr. 1 FamFG deklariert zunächst diejenigen, deren Recht durch das Verfahren unmittelbar betroffen wird, zu sog. Muss-Beteiligten.

Für die Beurteilung der unmittelbaren Betroffenheit ist maßgeblich darauf abzustellen, dass der Gegenstand des Verfahrens ein subjektives Recht des zu Beteiligenden betrifft, mithin eine direkte Auswirkung auf dessen eigene materielle, nach öffentlichem oder privatem Recht geschützte Positionen hat. Ausreichend ist dabei die Feststellung, dass das Verfahren auf eine unmittelbare Beeinträchtigung eines Rechts des zu Beteiligenden abzielt. Nicht notwendig ist eine – zu Beginn des Verfahrens ohnehin zumeist noch kaum mögliche – Prognose, ob der Verfahrensausgang für den zu Beteiligenden voraussichtlich rechtsbeeinträchtigend wirken wird.[83]

Unmittelbar betroffen ist das Kind in familiengerichtlichen Sachen, soweit es in seinen Rechten materiell betroffen ist. Dies ist insbesondere in Kindschafts-/Sorgerechts-, Abstammungs- und Adoptionssachen (nicht jedoch im Hinblick auf die Kinder des Annehmenden im Adoptionsverfahren) der Fall. Des Weiteren besteht auch in Nachlasssachen eine unmittelbare Betroffenheit, soweit das Kind gesetzlicher oder testamentarischer (Mit-)Erbe ist.[84]

c) § 7 II Nr. 2 FamFG

Muss-Beteiligte sind nach § 7 II Nr. 2 FamFG außerdem diejenigen, die auf Grund dieses oder eines anderen Gesetzes von Amts wegen oder auf Antrag zu beteiligen sind. Im FamFG selbst finden sich Vorschriften, nach denen Minderjährige zwingend am Verfahren zu beteiligen sind, in den Büchern 2 bis 8, nämlich im Wesentlichen in:

- Abstammungssachen nach § 172 I Nr. 1 FamFG
- Adoptionssachen nach § 188 I Nr. 1 lit. a Alt. 1 oder Nr. 3 lit. a Alt. 2 FamFG

---

83 BT-Drucks. 16/6308, S. 178.

84 Vgl. OLG Oldenburg NJW 2010, 1889; *DIJuF*, Stellungnahme vom 28.10.2009, S. 2, www.dijuf.de (Zugriff am 04.06.2013); *Schael* FamRZ 2009, 266; SBW/*Schöpflin*, § 7 Rn. 17 f; Prütting/Helms/*Prütting*, § 7 Rn. 27; Keidel/*Zimmermann*, § 7 Rn. 13.

- Versorgungsausgleichssachen nach § 219 Nr. 4 FamFG
- Verfahren in Nachlasssachen nach § 345 I 2 FamFG
- Verfahren in Freiheitsentziehungssachen nach § 418 I FamFG.

Dabei hat die Beteiligung mit Ausnahme des in § 345 I 2 FamFG geregelten Falles, der einen entsprechenden Antrag des Erben voraussetzt, immer von Amts wegen zu erfolgen.

Systematisch geht § 7 II Nr. 2 FamFG i.V.m. der jeweiligen Vorschrift der Besonderen Teile des FamFG (bzw. eines anderen Gesetzes, welches das Verfahren der freiwilligen Gerichtsbarkeit für anwendbar erklärt, z.B. § 92 GBO) der Regelung in § 7 II Nr. 1 FamFG als *lex specialis* vor. Grund dafür ist, dass durch eine speziell vorgeschriebene Hinzuziehung zum Verfahren eine unmittelbare Rechtsbetroffenheit regelmäßig indiziert wird.[85] Zu beachten ist insofern auch, dass die Aufzählungen in den oben stehenden Beteiligtenkatalogen nicht abschließend sind, sondern durch die Generalklausel in § 7 II Nr. 1 FamFG flankiert werden.[86] Diese Systematik hat zwei offensichtliche Vorteile: Zum einen bleibt die Anzahl der Beteiligtenkataloge überschaubar und zum anderen hat das Gericht durch die Generalklausel die Möglichkeit, den Anforderungen jedes Einzelfalls gerecht zu werden.[87]

d) § 7 III FamFG

Als weitere Möglichkeit der Beteiligung bestimmt § 7 III FamFG, dass das Gericht von Amts wegen oder auf Antrag weitere Personen als Beteiligte hinzuziehen kann, soweit dies im FamFG selbst oder einem anderen Gesetz vorgesehen ist.

Wichtig ist hierbei die Erkenntnis, dass das Gericht nicht jeden als Beteiligten hinzuziehen kann, dessen Beteiligung ihm wünschenswert erscheint, sondern es für die Hinzuziehung einer Ermächtigungsnorm bedarf. Die Optionsbeteiligten werden also nach dem Enumerationsprinzip durch abschließende Aufzählung im FamFG (bspw. § 345 I FamFG, wonach der gesetzliche und der Testamentserbe im Erbscheinsverfahren optional beteiligt werden können) oder in anderen Gesetzen (bspw. § 88 I GBO) bestimmt.[88]

Laut der Gesetzesbegründung kommen als Kann-Beteiligte zunächst Personen in Betracht, die von dem Verfahren zwar betroffen sind und daher von dessen Einleitung in Kenntnis gesetzt werden (vgl. § 7 IV 1 FamFG), die aber nur aufgrund eines Antrags – durch dessen Stellung sie ihren Anspruch auf Verfahrensteilhabe bekunden müssten – tatsächlich zu Beteiligten i.S.v. § 7 II Nr. 2 FamFG würden, den Antrag jedoch gerade nicht gestellt haben. In diesem Fall kann das Gericht auf der

85 SBW/*Schöpflin*, § 7 Rn. 19; Prütting/Helms/*Prütting*, § 7 Rn. 30.

86 BT-Drucks. 16/6308, S. 178 f; Bassenge/Roth/*Gottwald*, § 7 Rn. 8; Prütting/Helms/*Prütting*, § 7 Rn. 29.

87 Vgl. Prütting/Helms/*Prütting*, § 7 Rn. 30; MünchKommFamFG/*Pabst*, § 7 Rn. 10; SBW/*Schöpflin*, § 7 Rn. 13; BT-Drucks. 16/6308, S. 179; *Jacoby* FamRZ 2007, 1705.

88 Vgl. *Bruns* NJW 2009, 2798; *Zimmermann* FPR 2009, 7; SBW/*Schöpflin*, § 7 Rn. 23.

Grundlage von § 7 III FamFG ihre Hinzuziehung nach verfahrensökonomischen Gesichtspunkten veranlassen, wenn es dies wegen der Gefahr einer für sie nachteiligen Entscheidung für zweckmäßig erachtet.

Des Weiteren sollen zum Kreis der potentiellen Kann-Beteiligten Personen zählen, die am Verfahrensergebnis lediglich ein ideelles Interesse haben. In diesen Fällen hat das Gericht einzelfallbezogen am Maßstab des wohlverstandenen Interesses des betroffenen Beteiligten zu entscheiden, ob seine Beteiligung für das jeweilige Verfahren sachgerecht und fördernd ist. Bei Zweifeln jedweder Art ist der Betroffene vorher zu hören und bei einem aus nachvollziehbaren Gründen erklärten Widerspruch gegen die Hinzuziehung bei gleichzeitigem Nichtvorliegen schwerwiegender gegensätzlicher Gründe von einer Beteiligung abzusehen.[89] Ein Beispiel für diese Kategorie sind Pflegepersonen in Kindschaftssachen, vgl. § 161 I FamFG.[90]

In Bezug auf Minderjährige besteht die Möglichkeit der Kann-Beteiligung i.S.v. § 7 III FamFG nach den Regelungen im FamFG selbst nur im Hinblick auf den erstgenannten Personenkreis. Genauer gesagt ist dies nur in Erbscheinsverfahren nach § 345 I FamFG denkbar, da ihre Beteiligung ansonsten immer bereits von Gesetzes wegen vorgeschrieben ist.

2. Beteiligtenfähigkeit

Obschon sie bisher nicht geregelt war, stellt die Beteiligtenfähigkeit nach allgemeiner Ansicht im Verfahren der freiwilligen Gerichtsbarkeit eine von Amts wegen zu prüfende Verfahrensvoraussetzung dar und wurde im Zuge der FGG-Reform nun gesetzlich verankert. Sie ist das verfahrensrechtliche Pendant zur Rechtsfähigkeit im materiellen Recht. Die neue Vorschrift des § 8 FamFG ist stark an § 61 VwGO angelehnt.

Minderjährige sind primär als natürliche Personen gem. § 8 Nr. 1 Alt. 1 FamFG beteiligtenfähig. Darüber hinaus ist allerdings zu beachten, dass im Rahmen von Familienstreitsachen i.S.v. § 112 FamFG generell und im Hinblick auf die Relevanz für Minderjährige speziell in Unterhaltssachen nach § 112 Nr. 1 i.V.m. § 231 I FamFG sowie in sonstigen Familiensachen nach § 112 Nr. 3 i.V.m. § 266 I Nr. 3 und Nr. 5 FamFG wegen § 113 I 1 FamFG nicht auf diese Regelung zurückgegriffen werden kann. Die Beteiligtenfähigkeit Minderjähriger in Unterhaltssachen und bei der Geltendmachung von aus dem Eltern-Kind-Verhältnis oder aus dem Umgangsrecht herrührenden Ansprüchen ergibt sich aus § 113 V FamFG i.V.m. § 50 ZPO.

---

89 Vgl. BT-Drucks. 16/6308, S. 179.

90 BT-Drucks. 16/6308, S. 179; vgl. für weitere Beispiele SBW/*Schöpflin*, § 7 Rn. 27; *Bumiller/Harders*, § 7 Rn. 22 ff; Prütting/Helms/*Prütting*, § 7 Rn. 44 ff.

3. Rechte und Pflichten eines Beteiligten

a) Rechtliche Aspekte

Als Beteiligter ist das Kind Subjekt des Verfahrens. Der Unterschied zwischen der Situation, in der das Kind selbst eine Beteiligtenstellung innehat, ihm also jederzeit rechtliches Gehör i.S.v. Art. 103 I GG zu gewähren ist, und derjenigen, in der es lediglich zur Aufklärung des Sachverhalts persönlich anzuhören ist, liegt darin, dass Beteiligten einerseits typische Verfahrensrechte zustehen und sie andererseits eine Reihe von Pflichten treffen. Das FamFG nimmt an verschiedenen Stellen seines Allgemeinen Teils auf die Beteiligten Bezug und verknüpft diese Stellung mit besonderen Konsequenzen. Hervorzuheben sind in diesem Zusammenhang folgende Vorschriften:

- § 3 I FamFG bestimmt, dass vor der amtswegigen Verweisung an das zuständige Gericht die Beteiligten zu hören sind.
- § 4 FamFG sieht eine Pflicht zur Anhörung der Beteiligten vor Abgabe der Sache an ein anderes Gericht aus wichtigem Grund vor.
- § 10 I FamFG bestimmt, dass die Beteiligten das Verfahren selbst betreiben können.
- § 10 II FamFG regelt, dass die Beteiligten sich durch einen Rechtsanwalt als Bevollmächtigten vertreten lassen können.
- § 12 S. 1 FamFG gibt den Beteiligten die Möglichkeit im Termin mit Beiständen zu erscheinen.
- § 13 I FamFG gewährt den Beteiligten das Recht, die Gerichtsakten auf der Geschäftsstelle einzusehen.
- § 14 II 1 FamFG ermöglicht den Beteiligten die Übermittlung von Anträgen und Erklärungen als elektronisches Dokument.
- § 15 I FamFG bestimmt, dass Dokumente, die eine Termins- oder Fristbestimmung enthalten oder den Lauf einer Frist auslösen, den Beteiligten bekannt zu geben sind.
- § 22 I 2 FamFG sieht zwingend die Einholung der Zustimmung der übrigen Beteiligten zu einer Antragsrücknahme nach Erlass der Endentscheidung vor.
- § 23 II FamFG regelt die zwingende Übermittlung des verfahrenseinleitenden Antrags an die übrigen Beteiligten.
- § 25 I FamFG ermöglicht es den Beteiligten, Anträge und Erklärungen gegenüber dem zuständigen Gericht schriftlich oder zur Niederschrift der Geschäftsstelle abzugeben, soweit eine Vertretung durch einen Rechtsanwalt nicht notwendig ist.
- § 27 FamFG bestimmt, dass die Beteiligten bei der Ermittlung des Sachverhalts mitwirken sollen (Abs. 1) und dass sie ihre Erklärungen über tatsächliche Umstände vollständig und wahrheitsgemäß abzugeben haben.
- § 30 IV FamFG sieht vor, dass den Beteiligten Gelegenheit zu geben ist, zum Ergebnis einer förmlichen Beweisaufnahme Stellung zu nehmen, soweit dies zur Aufklärung des Sachverhalts oder zur Gewährung rechtlichen Gehörs erforderlich ist.

- § 33 FamFG bestimmt, dass das Gericht das persönliche Erscheinen eines Beteiligten zu einem Termin anordnen und ihn anhören kann, wenn dies zur Aufklärung des Sachverhalts sachdienlich erscheint, dabei ist der verfahrensfähige Beteiligte gem. § 33 II FamFG selbst zu laden, auch wenn er einen Bevollmächtigten hat.
- § 34 FamFG regelt weiter, dass das Gericht einen Beteiligten unter besonderen Umständen persönlich anzuhören hat.
- § 36 FamFG gibt den Beteiligten das Recht, einen Vergleich zu schließen, soweit sie über den Gegenstand des Verfahrens verfügen können.[91]
- Nach § 41 FamFG ist der Beschluss den Beteiligten bekannt zu geben.
- § 81 FamFG schließlich sieht vor, dass die Kosten des Verfahrens nach billigem Ermessen des Gerichts den Beteiligten ganz oder zum Teil auferlegt werden können.

Genauso wie alle Beteiligtenrechte nun gegebenenfalls dem Kind selbst zustehen, treffen es gleichermaßen auch alle Beteiligtenpflichten. So kommt es beispielsweise für den Fristbeginn gem. § 16 I FamFG auf die Bekanntgabe gem. § 15 FamFG an, die wie gesehen an das Kind selbst zu erfolgen hat.

Diese zunächst drastisch anmutende Konsequenz der Beteiligtenstellung des Kindes wird dadurch abgemildert, dass zur Ausübung der Rechte und Pflichten zusätzlich seine weiter unten näher dargestellte und in § 9 FamFG geregelte Verfahrensfähigkeit vonnöten ist, soweit es sich dabei um Verfahrenshandlungen handelt. Insofern kann bereits an dieser Stelle vorweggenommen werden, dass das Kind nur ausnahmsweise selbst verfahrensfähig ist, regelmäßig aber gem. § 9 II FamFG von seinem gesetzlichen Vertreter vertreten werden muss. Beachtenswert ist in diesem Zusammenhang, dass das Verschulden eines gesetzlichen Vertreters gem. § 9 IV FamFG dem Verschulden eines Beteiligten gleich steht, Fehler der Eltern also zulasten des beteiligten Kindes wirken.[92] Brisant wird dieser Umstand in den Fällen, in denen die gesetzlichen Vertreter in eben dieser Funktion auf der einen Seite und auf der anderen Seite in eigener Sache an dem Verfahren mitwirken.

Handelt es sich bei dem einzelnen Recht oder der einzelnen Pflicht nicht um eine Verfahrenshandlung, ist tatsächlich der Minderjährige – unabhängig von seinem Alter – Adressat des- bzw. derselben, so etwa bei der Anordnung des persönlichen Erscheinens bzw. der persönlichen Anhörung.

Besonders einzugehen ist in diesem Zusammenhang noch auf das Beschwerderecht Minderjähriger gem. § 60 FamFG. Grundsätzlich bestimmt § 59 FamFG, dass das Rechtsmittel der Beschwerde demjenigen zusteht, der durch den Beschluss in seinen Rechten beeinträchtigt ist (Abs. 1). Kann ein Beschluss nur auf Antrag erlassen werden und wurde der Antrag zurückgewiesen, steht die Beschwerde dagegen

---

91 Hierzu für den Fall eines unter 14jährigen Minderjährigen lesenswert die Entscheidung des AG Ludwigsburg FamRZ 2010, 488 ff.

92 Vgl. Prütting/Helms/*Stößer*, § 9 Rn. 32: Durch die Zurechnung fremden Verschuldens soll insbesondere die Gegenseite eines gesetzlich vertretenen Beteiligten vor einer Verschiebung des Verfahrensrisikos geschützt werden.

nur dem Antragsteller zu (Abs. 2). § 60 S. 1 FamFG sieht vor, dass ein Kind, für das die elterliche Sorge besteht, oder ein unter Vormundschaft stehender Mündel in allen seine Person betreffenden Angelegenheiten ohne Mitwirkung seines gesetzlichen Vertreters das Beschwerderecht ausüben kann. Das Gleiche gilt gem. § 60 S. 2 FamFG in sonstigen Angelegenheiten, in denen das Kind oder der Mündel vor einer Entscheidung des Gerichts gehört werden soll. Gem. § 60 S. 3 FamFG gilt dies jedoch nicht für Personen, die geschäftsunfähig sind oder bei Erlass der Entscheidung das 14. Lebensjahr nicht vollendet haben.[93]

Das durch diese Vorschrift geregelte selbstständige Beschwerderecht des Kindes kann unabhängig vom Willen seines Vertreters (gesetzlicher Vertreter, Sorgerechtsinhaber, Vormund oder Pfleger) ausgeübt werden. Die Norm ist Ausdruck der in § 1626 II 1 BGB ausdrücklich gesetzlich niedergelegten Erwägung, dass das Kind mit zunehmendem Alter die Fähigkeit und das Bedürfnis hat, selbstständig und verantwortungsvoll zu handeln, was auch im Umgang mit Behörden und Gerichten gilt. Aus diesem Grund spricht die besagte Vorschrift dem Kind noch vor Erlangung der vollen Geschäftsfähigkeit in seine Person betreffenden Angelegenheiten unabhängig von seiner sonstigen Verfahrensfähigkeit das Recht zu, gerichtliche Entscheidungen überprüfen zu lassen.[94]

Unbedingt zu beachten ist dabei, dass aus § 60 FamFG kein eigenständiges Beschwerderecht folgt, das unabhängig von der Voraussetzung des § 59 FamFG, nämlich einer Beeinträchtigung in eigenen Rechten, besteht. Regelungsgegenstand von § 60 FamFG ist lediglich die Frage, wann ein nach einer anderen Vorschrift bestehendes Beschwerderecht von einem Minderjährigen selbstständig ausgeübt werden kann.[95]

Der Wortlaut von § 60 FamFG entspricht im Wesentlichen § 59 FGG a.F.[96], jedoch ist davon auszugehen, dass § 60 FamFG anders auszulegen sein wird. Unter Geltung von § 59 FGG a.F. wurde z.T. eine Beschränkung des Beschwerderechts auf

93 Bereits unter Geltung von § 59 FGG war trotz des insofern unklaren Gesetzeswortlauts in Auslegung dieser Vorschrift anerkannt, dass Minderjährige, die das 14. Lebensjahr vollendet hatten, selbstständig Beschwerde einlegen konnten, vgl. hierzu jeweils m.w.N. BayObLG FamRZ 1975, 169 f.; OLG Köln FamRZ 1973, 265 f.; OLG Hamm FamRZ 1974, 29 f.

94 Prütting/Helms/*Abramenko* § 60 Rn. 1; ähnlich Kemper/Schreiber/*Klußmann*, § 60 Rn. 1.

95 Vgl. Prütting/Helms/*Abramenko*, § 60 Rn. 1. In einer neueren Entscheidung hat nun z.B. das OLG Düsseldorf (OLG Düsseldorf FuR 2011, 240, m.w.N.) das Beschwerderecht für einen über 14 Jahre alten Minderjähren gegen eine angeordnete Beschränkung der Elternrechte nach § 1666 BGB abgelehnt, da dem Minderjährigen insofern kein subjektives Recht i.S.v. § 59 FamFG zustehe (gegen eine ablehnende Entscheidung sei das Beschwerderecht dagegen unproblematisch gegeben).

96 BT-Drucks. 16/6308, S. 204.

Vormundschaftssachen und Familiensachen nach dem FGG angenommen.[97] Bereits nach früherem Recht war diese Beschränkung wider den Wortlaut der Vorschrift zweifelhaft. Jedenfalls nach der Überführung der Familiensachen in das FamFG kann dies nicht mehr ernsthaft vertreten werden. Vom neuen Familienverfahrensrecht werden nunmehr ausnahmslos alle Verfahren der freiwilligen Gerichtsbarkeit geregelt. Zudem wurde das Beschwerderecht Minderjähriger in § 60 FamFG und damit im Allgemeinen Teil des FamFG verortet. Weder aus etymologischer noch aus systematischer Sicht ist eine derartige Beschränkung gerechtfertigt. Auch teleologische Gesichtspunkte rechtfertigen keine solche Beschränkung. Wie oben bereits dargelegt, setzt § 60 FamFG ein bestehendes Beschwerderecht voraus und regelt selbst nur, wann dieses von dem Minderjährigen selbstständig ausgeübt werden kann. Indem der Gesetzgeber explizit lediglich eine Altersbeschränkung vorgesehen hat, hat er implizit zu verstehen gegeben, dass eine inhaltliche Beschränkung auf einzelne Verfahrensarten nicht gewollt war.

Ein über 14 Jahre alter Minderjähriger ist daher m.E. nun unter Geltung des § 60 FamFG in allen Verfahren der freiwilligen Gerichtsbarkeit, einschließlich der Verfahren des einstweiligen Rechtsschutzes beschwerdeberechtigt, soweit das Verfahren seine Person betrifft.[98] Es ist folgerichtig davon auszugehen, dass der Begriff der „die Person des Minderjährigen betreffenden Verfahren" nicht lediglich Verfahren zur Regelung der elterlichen Sorge umfasst, sondern sich auch auf die anderen dem FamFG unterfallenden Angelegenheiten bezieht, soweit die Person, mithin die Lebensführung und Lebensstellung des Minderjährigen, mittelbar oder unmittelbar verfahrensgegenständlich ist.[99]

Zu beachten ist, dass der Minderjährige nur in Bezug auf solche Entscheidungen selbst beschwerdebefugt ist, die in Verfahren ergehen, welche ihn selbst, und nicht etwa nur nahe Angehörige, betreffen. Dies gilt auch dann, wenn der Minderjährige durch den Ausgang eines solchen Verfahrens faktisch (mittelbar) betroffen ist, was z.B. dann der Fall ist, wenn er durch eine Entscheidung in einem Verfahren zur Regelung der künftigen Benutzung der Ehewohnung der Eltern gezwungen ist, mit einem Elternteil umzuziehen.[100]

In Bezug auf vermögensrechtliche Angelegenheiten ist festzustellen, dass diese nur unter der Voraussetzung von § 60 FamFG erfasst sind, dass sie sich auf den Unterhalt des Minderjährigen bzw. die dafür verfügbaren Mittel auswirken, was nur bei ausschließlich vermögensrechtlichen Angelegenheiten nicht der Fall ist.[101]

---

97 Vgl. Prütting/Helms/*Abramenko*, § 60 Rn. 4; a.A. Keidel/Kuntze/Winkler/*Engelhardt*, § 59 Rn. 12 ff.

98 Vgl. in diesem Sinn auch *Sommer* FPR 2012, 375; Prütting/Helms/*Abramenko*, § 60 Rn. 4.

99 Vgl. SBW/*Unger*, § 60 Rn. 10; Johannsen/Henrich/*Althammer*, § 60 Rn. 6; Prütting/Helms/*Abramenko*, § 60 Rn. 7; Keidel/*Meyer-Holz*, § 60 Rn. 6.

100 Vgl. Keidel/*Meyer-Holz*, § 60 Rn. 6; SBW/*Unger*, § 60 Rn. 10.

101 Vgl. SBW/*Unger*, § 60 Rn. 10; Keidel/*Meyer-Holz*, § 60 Rn. 9; Johannsen/Henrich/*Althammer*, § 60 Rn. 6; Bassenge/Roth/*Gottwald*, § 60 Rn. 2, der darauf verweist,

Insgesamt hat die Gewährung eines eigenen und selbstständigen Beschwerderechts m.E. eine bedeutende Erweiterung der Kindesrechte zur Folge. In Verbindung mit der Verpflichtung zur persönlichen Anhörung gem. § 159 FamFG wird die Möglichkeit selbstständigen Auftretens im gesamten FamFG-Verfahren sichergestellt.[102]

b) *Tatsächliche Aspekte*

In psychologischer Hinsicht stellt sich die Frage, ob die mit der formellen Beteiligtenstellung verbundenen Rechte und Pflichten für das Kind eine größere Belastung darstellen als es unter Geltung des alten Rechts, als dem Kind nur die Rolle eines materiell Beteiligten zukam, der Fall war.

Dies wird jedoch wohl aus dem bereits dargestellten Grund zu verneinen sein, dass sich der tatsächlich auf dem Kind selbst lastende Druck nicht verändert hat. Weiterhin ergibt sich dieser aus der Pflicht zum Erscheinen vor Gericht und aus der *per se* aufregenden Situation einer gerichtlichen Anhörung[103]. Das BVerfG hat insofern bereits unter Geltung des alten Rechts explizit festgestellt, dass es für die gerichtliche Pflicht zur Gewährung rechtlichen Gehörs in Form der Anhörung nicht auf eine förmliche Beteiligtenstellung ankommt. Vielmehr steht der Anspruch auf rechtliches Gehör jedem zu, dem gegenüber die gerichtliche Entscheidung materiellrechtlich wirkt und der deshalb von dem Verfahren rechtlich unmittelbar betroffen wird.[104]

Ein familiengerichtliches Verfahren im Allgemeinen und die gerichtliche Anhörung im Besonderen ist für das Kind oft mit der Befürchtung verbunden, dass es sich für einen und damit gegen den anderen Elternteil entscheiden muss. Der dadurch für das Kind entstehende psychische Druck scheint auf den ersten Blick enorm zu sein. Trotz der verständlichen Angst vieler Eltern, die gerichtliche Anhörung stelle für ihre Kinder eine zu starke Belastung dar, ist dies tatsächlich in der Regel nicht der Fall. Die Abteilung Psychiatrie und Psychotherapie im Kindes- und Jugendalter der Universität Tübingen widmete sich der Untersuchung dieser Frage im Auftrag des Bundesjustizministeriums und fand heraus, dass richterliche Anhörungen in Kindschaftsverfahren die Kinder nicht mehr belasten als die Angst vor einer Prüfung

---

dass Vermögensangelegenheiten, die nicht wenigstens mittelbar auch die Person des Kindes betreffen, kaum denkbar seien und als Beispiel lediglich die Vergütung des Vormunds anführt.

102 Vgl. in diesem Sinn auch *Sommer* FPR 2012, 375; MüchKommFamFG/*Koritz*, § 60 Rn. 1.

103 §§ 159, 175, 192 FamFG sehen die Anhörung der Beteiligten – und damit auch des Kindes – in Kindschafts-, Abstammungs- und Adoptionssachen vor; vgl. zu den Chancen und Risiken der Kindesanhörung ausführlich *Carl/Eschweiler* NJW 2005, 1681 ff.; sowie *Krumm* FamFR 2013, 265 ff.; *Lempp/von Braunbehrens/Eichner/Röcker*, S. 65 ff., zur Gewährung rechtlichen Gehörs Minderjähriger in vermögensrechtlichen Angelegenheiten *Perlwitz* FamRZ 2011, 1350 ff.

104 Zuletzt BVerfG FamRZ 1994, 494 m.w.N; *Schael* FamRZ 2009, 266 f.

oder dem nächsten Zahnarzt-Termin.[105] Oftmals wird eine gerichtliche Anhörung sogar dem Wunsch des Kindes entsprechen, da es dadurch das Gefühl vermittelt bekommt, in seiner Meinung und seinen Gefühlen ernst genommen und beachtet zu werden.

Nach der vom Bundesjustizministerium in Auftrag gegebenen rechtstatsächlichen Untersuchung hängt die Frage, ob und in welchem Maß das Kind die Anhörung als belastend empfindet, zum einen von der Gestaltung der Anhörung im Einzelfall und zum anderen von den vorausgegangenen Ereignissen und Erfahrungen in der Familie ab.[106]

Was die Gestaltung der Anhörung betrifft, sind die Familienrichter/innen zumeist darauf bedacht, so schonend wie möglich vorzugehen, indem sie die Anhörung in einer geschützten Atmosphäre, etwa in ihrem Büro, durchführen und besonders kleineren Kindern Spielgelegenheiten zur Verfügung zu stellen.Ihre zentrale Aufgabe ist es, dem Kind zu vermitteln, dass es frei seine Wünsche äußern darf und soll, es aber nicht seine Aufgabe ist, die Entscheidung zu treffen, sondern die des Richters/der Richterin. Im Übrigen ist es dem am Kindeswohl orientierten richterlichen Ermessen überlassen, ob Kinder einzeln oder mit ihren Geschwistern, einmal oder mehrmals, allein oder in Anwesenheit der Eltern oder des Verfahrensbeistandes angehört werden.[107]

Es ist nicht untypisch, dass Kinder erstmals im Rahmen ihrer Anhörung kindgerecht über das Verfahren aufgeklärt werden, da die Eltern selbst von ihrer Trennungsproblematik oft derart beherrscht sind, dass sie nicht mehr in der Lage sind, auch auf die Ängste, Sorgen und Bedürfnisse ihrer Kinder gebührend Rücksicht zu nehmen. Erst durch das Verständnis von Ablauf und möglichem Ausgang des Verfahrens können jedoch Ängste der Kinder abgebaut werden, die aus einer für sie vorher undurchsichtigen und nicht einschätzbaren Situation und Zukunft resultierten. Bei sach- und kindgerechter Durchführung kann die Anhörung zu einer Stärkung des Selbstwertgefühls des Kindes beitragen und dadurch dessen Vertrauen in sich selbst stärken.[108]

Entsprechend erwies sich im Rahmen der bereits erwähnten rechtstatsächlichen Untersuchung, dass das Kind die starkste Belastung beim Ansprechen der kritischen Thematik empfand. Bei 30% der Kinder war die Belastung stark, bei 55% dagegen nur mittelgradig und 15% waren sogar nur gering belastet. Interessanterweise nahm die Belastung zum Ende der Anhörung ab. Hier zeigten nur noch 21% der Kinder eine starke, 41% eine mittelgradige und 38% eine geringe Belastung. Dieses Ergebnis kann

105 Vgl. *Badenschier*, Kindesanhörung, www.zeit.de (Zugriff am 05.06.2013).

106 Vgl. *Lempp/von Braunbehrens/Eichner/Röcker*, S. 63 ff., 102 f.

107 Vgl. BGH NJW 2010, 2805 ff.; Anm. *Rohmann/Karle* ZKJ 2010, 434 ff.; *Bumiller/Harders*, § 159 Rn. 12 f.; Prütting/Helms/*Hammer*, § 159 Rn. 20 f.; *Krumm* FamFR 2013, 265; *Zorn* Rpfleger 2009, 428.

108 Vgl. *Carl/Eschweiler* NJW 2005, 1681 ff.; so i.E. auch *Lempp/von Braunbehrens/Eichner/Röcker*, S. 105; *Krumm* FamFR 2013, 265 f.; *Becker/Graumann* ZKJ 2010, 273 f.

als Indiz dafür gewertet werden, dass viele Kinder gegen Ende der Anhörung einen Entlastungsimpuls empfanden.[109] Die 21% der Kinder, deren Belastung auch am Ende noch stark ausfiel, empfanden die Anhörung als schwer handhabbare Situation, was jedoch nicht heißt, dass alle diese Kinder unzumutbar belastet gewesen wären. Im Gegenteil war die Belastung nur bei drei von 63 Kindern so stark, dass sie in starkes Weinen oder Panik gerieten. In den anderen Fällen starker Belastung wurde sehr oft schon die gesamte Familiensituation als belastend gewertet. Alles in allem sind Ob und Maß der Belastung von Kindern durch die Anhörung nicht durch diese allein bedingt; vielmehr handelt es sich dabei um ein multifaktorielles Geschehen, das im Zusammenhang mit der Familienproblematik gesehen werden muss.[110]

In finanzieller Hinsicht resultieren aus der formellen Beteiligtenstellung für den Minderjährigen zumindest insoweit keine nachteiligen Folgen, als § 81 III FamFG explizit regelt, dass einem minderjährigen Beteiligten Kosten in Verfahren, die seine Person betreffen, nicht auferlegt werden können. Diese Regelung korrespondiert mit der in § 3 FamGKG enthaltenen Freistellung von gerichtlichen Gebühren und Auslagen.

Aus der Begründung des Rechtsausschusses geht insofern hervor, dass die Vorschrift den bisher in § 94 III 2 KostO geregelten Ausschluss der Auferlegung von Kosten gegenüber dem Kind aufgreifen und den darin liegenden Rechtsgedanken verallgemeinern und systematisieren sollte. § 94 III 2 KostO bestimmte bis *dato*, dass für die in §§ 1632 IV, 1640 III und 1666 bis 1667 BGB vorgesehenen Entscheidungen und Anordnungen (§ 94 I Nr. 3 KostO a.F.), für die Übertragung der elterlichen Sorge oder ihrer Ausübung, für die Übertragung des Rechts, für die Person oder das Vermögen des Kindes zu sorgen, sowie für Entscheidungen nach §§ 1684 bis 1686 BGB (§ 94 I Nr. 4 KostO a.F.), für die Übertragung der Entscheidungsbefugnis in den persönlichen und vermögensrechtlichen Angelegenheiten des Kindes und für die Einschränkung oder Ausschließung der Entscheidungsbefugnis in Angelegenheiten des täglichen Lebens oder über den Umgang (§ 94 I Nr. 5 KostO a.F.), für die Anordnung auf Herausgabe des Kindes an die Eltern oder einen Elternteil und für die Bestimmung des Umgangs mit dem Kind auf Antrag eines Elternteils nach § 1632 III BGB nur der Beteiligte, ausgenommen das Kind, zahlungspflichtig sein sollte, den das Gericht nach billigem Ermessen bestimmte.

Fraglich ist die Auslegung des Wortlauts der Vorschrift des § 81 III FamFG insofern als dieser von „Verfahren, die seine (*sic*: des Kindes) Person betreffen" spricht. Im Wesentlichen werden dazu zwei gegenläufige Meinungen vertreten, die beide vom Wortlaut der Vorschrift gedeckt werden. Während die e.A.[111] von dem Verbot der

109 Vgl. *Lempp/von Braunbehrens/Eichner/Röcker*, S. 104.

110 Vgl. *Lempp/von Braunbehrens/Eichner/Röcker*, S. 65 f., 104; aus diesem Grund sind in der Praxis vorrangig die Bedürfnisse des Kindes, wie etwa der fortdauernde Kontakt zu beiden Elternteilen, zu Verwandten und zu Freunden, sowie die zukünftige schulische und außerschulische Situation Thema der Anhörung.

111 Vgl. *Rüntz/Viefhues* FamRZ 2010, 1293 m.w.N.; Keidel/*Zimmermann*, § 81 Rn. 66.

Kostenauferlegung nur Kindschaftssachen mit Ausnahme der Vormundschafts- und Pflegschaftssachen umfasst sieht, will die a.A.[112] dessen Anwendungsbereich auch auf andere Verfahren, die persönliche Angelegenheiten des Minderjährigen betreffen, beispielsweise Abstammungsverfahren, erstrecken.

Bereits unter Geltung von § 94 III 2 KostO a.F. waren Minderjährige in einzelnen Abstammungsverfahren, namentlich in Verfahren nach § 1598a BGB und § 1600e II BGB a.F. (vgl. § 94 I Nr. 7 KostO a.F.) von der Zahlungspflicht ausgenommen. Im Kontext mit dem Willen des Gesetzgebers[113], den Rechtsgedanken von § 94 III 2 KostO a.F., nämlich den Ausschluss der Auferlegung von Kosten, mithilfe von § 81 III FamFG zu verallgemeinern und zu systematisieren, lässt sich daraus ein Argument für die weite Auslegung von § 81 III FamFG herleiten.

Außerdem sind Abstammungsverfahren nunmehr nach der FGG-Reform als Verfahren der freiwilligen Gerichtsbarkeit ausgestaltet und unterfallen den Regelungen des FamFG. Es ist systematisch nicht nachvollziehbar, warum § 81 III FamFG als Vorschrift des Allgemeinen Teils des FamFG auf Abstammungsverfahren keine Anwendung finden sollte, zumal die Sachlage in kostenrechtlicher Hinsicht mit derjenigen bei einem Sorgerechtsverfahren, einem Verfahren zur Regelung des Umgangs oder zur Herausgabe des Kindes identisch ist und diese zweifellos dem Anwendungsbereich von § 81 III FamFG unterfallen.[114]

§ 81 III FamFG dient dem Schutz des minderjährigen Kindes. Sinn und Zweck der Regelung gebieten es, deren Rechtsgedanken auf Abstammungssachen auszuweiten, denn unter dem Aspekt der Verursachung von Verfahrenskosten ist die Identität der Sachlage evident. Dies wird auch durch die Vorschrift des § 183 FamFG bestätigt, der speziell regelt, dass die Beteiligten, mit Ausnahme des minderjährigen Kindes, bei Erfolg eines Antrags auf Anfechtung der Vaterschaft die Gerichtskosten zu gleichen Teilen zu tragen haben. Aus der Beschränkung auf den Fall des Erfolges eines Vaterschaftsanfechtungsverfahrens folgt nicht im Umkehrschluss[115], dass für alle anderen Abstammungssachen eine Verpflichtung zur Kostentragung durch das Kind möglich sein muss. Vielmehr stellt § 183 FamFG lediglich noch einmal klar, dass im Falle eines erfolgreichen Anfechtungsverfahrens dem minderjährigen Kind selbst – unabhängig von der Frage, wer den verfahrenseinleitenden Antrag gestellt und damit das Verfahren verursacht hat – nicht die Kostentragung auferlegt

112 Vgl. in diesem Sinn OLG Stuttgart FamRZ 2011, 1751 f.; OLG Celle FamRZ 2010, 1841; OLG Düsseldorf JAmt 2010, 497 mit Anm. *Knittel* JAmt 2010, 498 m.w.N.; SBW/*Keske*, § 183 Rn. 5; *Stößer* FamRZ 2009, 930; MünchKommFamFG/*Coester-Waltjen/Hilbig*, § 183 Rn. 3; Thomas/Putzo/*Hüßtege*, § 81 Rn. 16; Helms/Kieninger/Rittner/*Kieninger*, S. 133 Rn. 275.

113 BT-Drucks. 16/6308, S. 216.

114 Vgl. *Musielak/Borth*, § 81 Rn. 12.

115 A.A. Keidel/*Zimmermann*, § 81 Rn. 66; *Rüntz/Viefhues* FamRZ 2010, 1293.

werden kann; das Kind ist auch hier grundsätzlich schutzwürdig mit der Folge des Ausschlusses seiner Belastung mit den Verfahrenskosten.[116]

Nichts anderes kann dann für Adoptionssachen gelten, da es sich bei diesen ebenfalls um den personenrechtlichen Status des Kindes betreffende Angelegenheiten handelt und kein Grund ersichtlich ist, der eine im Verhältnis zu Abstammungssachen unterschiedliche Behandlung rechtfertigen würde.

Problematisch ist auch die Frage, ob der Begriff „Verfahren, die seine Person betreffen" in § 81 III FamFG mit dem in § 9 I Nr. 3 FamFG enthaltenen identischen Begriff inhaltlich gleichzusetzen ist, was nicht ohne Weiteres aber im Ergebnis zu bejahen ist.[117]

Die Auferlegung von Kosten in allein das Vermögen des Kindes betreffenden Verfahren ist dagegen zulässig. Verfahren, die das Vermögen des Kindes betreffen, sind im Wesentlichen auf Entscheidungen zur Vermögenssorge (auch nach § 1667 BGB) gerichtete Verfahren, aber auch andere vermögensrechtliche Angelegenheiten, wie etwa Verfahren zur Erteilung einer Genehmigung nach §§ 1821 f. BGB. Ist das Kind sowohl in seiner Person als auch in seinem Vermögen betroffen, darf eine Kostenbelastung des Kindes nach dem Zweck der Regelung nicht erfolgen.[118]

III. Verfahrensfähigkeit

Zu unterscheiden von der Beteiligtenstellung und der Beteiligtenfähigkeit ist die Verfahrensfähigkeit, also „die Fähigkeit des Beteiligten, selbst oder durch einen selbst gewählten Vertreter wirksam Verfahrenshandlungen vorzunehmen".[119]

Vorauszuschicken ist die Erwägung, dass sich die Frage der Verfahrensfähigkeit des Kindes und auch die damit einhergehende Frage seiner Vertretung erst stellt, wenn es selbst Beteiligter ist, was darauf beruht, dass das Kind ansonsten nicht Verfahrenssubjekt wäre und aufgrund dessen seine Interessen im Verfahren ohnehin durch das Gericht wahrgenommen würden.[120]

Die Verfahrensfähigkeit setzt die Beteiligtenfähigkeit voraus und ist im Wesentlichen identisch mit der Geschäftsfähigkeit im materiellen Recht (§§ 104 ff. BGB) und der Prozessfähigkeit im Zivilprozess (§ 51 ZPO).

Unter Geltung des FGG war die Verfahrensfähigkeit nicht speziell geregelt. Allerdings hatten sich im Laufe der Zeit in Rechtsprechung und Literatur inhaltliche Grundsätze herausgebildet, die zuletzt allgemein anerkannt waren, und die

116 Vgl. *Musielak/Borth*, § 81 Rn. 12; OLG Stuttgart FamRZ 2011, 1751 verweist außerdem darauf, dass der Gesetzgeber unproblematisch eine eindeutige Formulierung hätte finden können, hätte er ausdrücklich die minderjährigen Beteiligten nur in Kindschaftssachen von der Kostenpflicht ausnehmen wollen.

117 Vgl. hierzu näher Kap. B.III.1.a.bb.(1).

118 Vgl. auch Prütting/Helms/*Feskorn*, § 81 Rn. 27.

119 Vgl. SBW/*Schöpflin*, § 9 Rn. 1; Bassenge/Roth/*Gottwald*, § 9 Rn. 1; diese Definition ist sowohl für das ZPO- als auch für FamFG-Verfahren maßgebend.

120 Vgl. Helms/Kieninger/Rittner/*Kieninger*, S. 101 Rn. 227.

nun durch die neue Regelung im Rahmen des FamFG übernommen und erweitert wurden.

1. Allgemeine Regelung des § 9 FamFG

Die primäre Vorschrift zur Verfahrensfähigkeit findet sich in § 9 FamFG, der im 1. Abschnitt – Allgemeine Vorschriften – des 1. Buches – Allgemeiner Teil – steht und damit dank der dem deutschen Recht inhärenten Systematik grundsätzlich auf alle folgenden Vorschriften des 1. Buches, sowie auf alle folgenden Bücher zur Anwendung gelangt. Eine Ausnahme besteht gem. § 113 I 1 FamFG für Ehesachen (§§ 111 Nr. 1 i.V.m. 121 ff. FamFG) und Familienstreitsachen (§ 112 FamFG). In diesen Bereichen ist § 9 FamFG nicht anwendbar. Anstatt dessen ist gem. § 113 I 2 FamFG dort *in puncto* Verfahrensfähigkeit grundsätzlich auf §§ 51 ff. ZPO zurückzugreifen, soweit nicht § 125 FamFG eine Sonderregelung trifft. Inhaltlich ist eine starke Orientierung an § 62 VwGO festzustellen. Generell fällt auf, dass die bisherige Praxis bei der Anwendung der neuen Bestimmung weitergeführt wird. In gewissen Teilbereichen ist zudem eine Fortbildung hin zu mehr Selbstverantwortlichkeit des Kindes im Zuge einer Erweiterung der Verfahrensfähigkeit von Kindern festzustellen, die älter als 14 Jahre sind.[121]

a) Eigene Verfahrensfähigkeit des minderjährigen Kindes

Kinder sind im Rahmen eines FamFG-Verfahrens entweder selbst verfahrensfähig oder werden durch die nach bürgerlichem Recht dazu befugten Personen vertreten. Volljährige Kinder, also Kinder die das 18. Lebensjahr vollendet haben, sind gem. § 9 I Nr. 1 FamFG grundsätzlich verfahrensfähig (vgl. §§ 2, 104, 106 ff. BGB).

Für minderjährige, in der Geschäftsfähigkeit beschränkte Kinder (vgl. § 106 BGB) gilt grundsätzlich das Gegenteil. Sie sind bis auf die in § 9 I Nr. 2-4 FamFG niedergelegten Ausnahmen verfahrensunfähig. Es existieren danach vier Varianten eigener Verfahrensfähigkeit: Zum einen kann diese sich aus § 9 I Nr. 2 FamFG i.V.m. §§ 112, 113 BGB (u.a.) ergeben, zum anderen gibt es neuerdings die Vorschrift des § 9 I Nr. 3 FamFG, der i.V.m. der jeweiligen materiell-rechtlichen Bestimmung den über 14-jährigen Minderjährigen selbst als verfahrensfähig erklärt. Weiter ist auch eine Verfahrensfähigkeit gem. § 9 I Nr. 4 FamFG i.V.m. der jeweiligen Norm des FamFG bzw. „eines anderen Gesetzes" denkbar. Letztlich kann in diesem Zusammenhang auch eine Verfahrensfähigkeit gem. § 9 V FamFG i.V.m. § 55 ZPO nicht von vornherein ausgeschlossen werden.

Die Regelung der Verfahrensfähigkeit in § 9 FamFG ist m.E. als abschließend anzusehen, da eine solch differenzierte Regelung sinnlos wäre, wenn die vorgesehene Rechtsfolge auch anders als bei Vorliegen der festgelegten Voraussetzungen eintreten könnte.

---

121 Vgl. *Heiter* FamRZ 2009, 85 f., 88; Prütting/Helms/*Prütting*, § 9 Rn. 4; Keidel/*Zimmermann*, § 9 Rn. 1 f.; *Bumiller/Harders*, § 9 Rn. 1.

aa) *Verfahrensfähigkeit gem. § 9 I Nr. 2 FamFG*

Verfahrensfähig i.S.v. § 9 I Nr. 2 FamFG sind die nach bürgerlichem Recht beschränkt Geschäftsfähigen, soweit sie für den Gegenstand des Verfahrens nach bürgerlichem Recht als geschäftsfähig anerkannt sind. Dies ist gem. § 112 BGB der Fall, soweit der gesetzliche Vertreter den Minderjährigen mit Genehmigung des Familiengerichts zum selbstständigen Betrieb eines Erwerbsgeschäfts ermächtigt hat und das Verfahren ein Rechtsgeschäft betrifft, das der Geschäftsbetrieb mit sich bringt. Insoweit ist von einer partiellen Verfahrensfähigkeit auszugehen.

Entsprechendes gilt gem. § 113 BGB für den Fall, dass der Minderjährige ermächtigt wurde, in Dienst oder in Arbeit zu treten und das Verfahren im Zusammenhang mit einem Rechtsgeschäft steht, das die Eingehung oder Aufhebung eines Dienst- oder Arbeitsverhältnis der gestatteten Art oder die Erfüllung der sich aus einem solchen Verhältnis ergebenden Verpflichtungen betrifft.

Die Bestimmungen der §§ 107 bis 111 BGB finden im Rahmen von § 9 I Nr. 2 FamFG dagegen keine Anwendung da materielle Rechtsgeschäfte und Verfahrenshandlungen nicht vergleichbar sind.[122]

bb) *Verfahrensfähigkeit gem. § 9 I Nr. 3 FamFG*

Nach § 9 I Nr. 3 FamFG verfahrensfähig sind die nach bürgerlichem Recht beschränkt Geschäftsfähigen, soweit sie das 14. Lebensjahr vollendet haben und in einem Verfahren, das ihre Person betrifft, ein ihnen nach bürgerlichem Recht zustehendes Recht geltend machen. Geschäftsunfähige und volljährige Kinder werden von der Vorschrift nicht erfasst. Auch kommt es nicht darauf an, in welcher psychischen Verfassung sich das Kind befindet oder ob es eine ausreichende Einsichtsfähigkeit aufweist.[123]

Der Entwurf des FamFG wurde erst nach Beratung im Rechtsausschuss um die Vorschrift des § 9 I Nr. 3 FamFG ergänzt. Durch diese neue Regelung sollte „ein verfahrensrechtliches Korrelat zu den verschiedentlich eingeräumten Widerspruchs- und Mitwirkungsrechten des über 14-jährigen Kindes [...] geschaffen und die notwendige Akzessorietät zwischen materiellem Recht und Verfahrensrecht hergestellt“[124] werden. Allerdings ist die bezweckte Akzessorietät tatsächlich nicht erkennbar, denn der Verfahrensfähigkeit steht im materiellen Recht allenfalls die unbeschränkte Geschäftsfähigkeit als Korrelat gegenüber, nicht jedoch die Rechtsinhaberschaft, auf die § 9 I Nr. 3 FamFG entscheidend abstellt.[125]

---

122 Vgl. SBW/*Schöpflin*, § 9 Rn. 4.

123 Vgl. *Heiter* FamRZ 2009, 87.

124 BT-Drucks. 16/9733, S. 26, 288; häufig bei der gesetzlichen Vertretung auftretende Probleme, wie etwa drohende Interessenkollisionen, spielten dagegen ausweislich des Mangels eines diesbezüglichen Hinweises in der Begründung des Rechtsausschusses keine Rolle, vgl. *Heiter* FamRZ 2009, 86.

125 Vgl. *Heiter* FamRZ 2009, 86.

Es fällt auf, dass gleichzeitig mit der Erweiterung der Verfahrensfähigkeit über 14 Jahre alter Kinder die im Regierungsentwurf noch enthaltene Vorschrift des § 158 II Nr. 1 FamFG gestrichen wurde, derzufolge die Bestellung eines Verfahrensbeistands in der Regel erforderlich sein sollte, wenn das Kind das 14. Lebensjahr vollendet und dies beantragt hätte.[126] Dass die Streichung erfolgte, obwohl aus der Begründung des Regierungsentwurfs hervorgeht, dass die Vorschrift „zu einer deutlichen Stärkung der Position des Kindes im Verfahren"[127] führen sollte, überrascht einerseits, lässt aber andererseits die Schlussfolgerung zu, dass in der Erweiterung der Verfahrensfähigkeit der besagten Gruppe von Kindern eine Art Kompensation gesehen wurde, was durch die Begründung des Rechtsausschusses bestätigt wird, wo es wörtlich heißt: „Der Ausschuss hält dieses Regelbeispiel für entbehrlich, weil das Aufgabenprofil des Verfahrensbeistands auf die Wahrnehmung der Interessen jüngerer Kinder zugeschnitten ist und in Einzelfällen eine Bestellung eines Verfahrensbeistands für ältere Kinder auf Grund der anderen Regelbeispiele nicht ausgeschlossen ist. Im Übrigen soll einem Kind, das das 14. Lebensjahr erreicht hat, die Wahrnehmung eigener materieller Rechte [...] im Verfahren unabhängig von seinen gesetzlichen Vertretern durch die Erweiterung seiner Verfahrensfähigkeit gem. § 9 Abs. 1 Nr. 3 ermöglicht werden."[128]

Dadurch, dass das Gesetz davon spricht, dass die nach bürgerlichem Recht beschränkt Geschäftsfähigen, soweit sie das 14. Lebensjahr vollendet haben und sie in einem Verfahren, das ihre Person betrifft, ein ihnen nach bürgerlichem Recht zustehendes Recht geltend machen, verfahrensfähig sind, wird die Rechtsfolge in besonders enger Weise mit den Tatbestandsvoraussetzungen verknüpft. Hierdurch wird deutlich, dass sowohl zeitliche als auch sachliche Abstufungen auf der Tatbestandsseite Auswirkungen auf der Rechtsfolgenseite mit sich bringen.[129]

Bei Vorliegen der Voraussetzungen von § 9 I Nr. 3 FamFG ist der Jugendliche selbst verfahrensfähig, weshalb die Bestellung eines Ergänzungspflegers obsolet ist. Gegebenenfalls kommt jedoch die Bestellung eines Verfahrensbeistandes nach § 158 FamFG in Betracht, was durch das Gericht sorgfältig zu prüfen ist. Im Übrigen bleibt die Verfahrensunfähigkeit des Kindes auch hier erhalten.[130]

Insofern ist eine Parallelität zu §§ 159, 175 II, 192 I FamFG festzustellen, die im Hinblick auf die persönliche Anhörung des Kindes bestimmen, dass diesem *in persona* Gelegenheit zur Äußerung zu geben ist. Mit dieser Vorschrift wird ebenfalls von dem Grundsatz abgewichen, dass Geschäftsunfähige und beschränkt Geschäftsfähige ihre Verfahrensrechte nicht selbst, sondern nur durch ihren gesetzlichen

---

126 BT-Drucks. 16/6308, S. 40; BT-Drucks. 16/9733, S. 74.

127 BT-Drucks. 16/6308, S. 238.

128 BT-Drucks. 16/9733, S. 294.

129 Vgl. *Heiter* FamRZ 2009, 87.

130 Vgl. *DIJuF*, Stellungnahme vom 28.10.2009, S. 7, www.dijuf.de (Zugriff am 04.06.2013), wonach diese Konstellationen den Hauptanwendungsbereich der Verfahrensbeistandschaft nach geltendem Recht darstellen sollen; so auch *Schael* FamRZ 2009, 267.

Vertreter wahrnehmen können, denn die selbstständige Wahrnehmung des Anspruchs auf rechtliches Gehör wird hierdurch unabhängig von der Verfahrensfähigkeit dem Kind übertragen.

In den nicht durch § 9 I Nr. 3 FamFG abgedeckten Bereichen bleibt es jedoch bei dem Grundsatz, dass der Jugendliche nicht verfahrensfähig ist, weshalb er als Beteiligter ebenso wie ein unter 14-Jähriger der Vertretung durch seinen gesetzlichen Vertreter bedarf (vgl. § 9 II FamFG). Dasselbe gilt, wenn er auf seine Verfahrensfähigkeit verzichtet, etwa indem er es ablehnt, ein Recht im eigenen Namen geltend zu machen. Dann ist er für dieses Verfahren als verfahrensunfähig anzusehen, da einem Jugendlichen seine Verfahrensfähigkeit durch das FamFG keinesfalls aufgedrängt werden soll: „Kein dogmatischer oder praktischer Gesichtspunkt rechtfertigt es, das Kind gegen seinen Willen an einer einmal eingetretenen Verfahrensfähigkeit festzuhalten, vielmehr muss der Rückweg immer offen stehen.“[131]

Dieses Ergebnis wird durch einen Vergleich mit § 60 FamFG bestätigt, der das Beschwerderecht Minderjähriger regelt. Wenn § 60 S. 1 FamFG bestimmt, dass ein „Kind, für das die elterliche Sorge besteht, [...] in allen seine Person betreffenden Angelegenheiten ohne Mitwirkung seines gesetzlichen Vertreters das Beschwerderecht ausüben“ kann, und § 60 S. 3 FamFG einschränkend sagt, dass dies nicht für Personen gelten soll, „die geschäftsunfähig sind oder bei Erlass der Entscheidung das 14. Lebensjahr nicht vollendet haben“, so heißt dies im Gegenschluss, dass eine Beschränkung der Art wie sie in § 9 I Nr. 3 FamFG vorgesehen ist, hier nicht stattfindet. In diesem Sinne ist auch § 164 FamFG zu lesen, in dem es heißt: „Die Entscheidung, gegen die das Kind das Beschwerderecht ausüben kann, ist dem Kind selbst bekannt zu machen, wenn es das 14. Lebensjahr vollendet hat und nicht geschäftsunfähig ist“. Der Gesetzgeber hat, indem er § 9 I Nr. 3 FamFG mit strikten Voraussetzungen für die Verfahrensfähigkeit mindestens 14 Jahre alter Minderjähriger versehen hat, den mit der Einführung von § 59 FGG (jetzt § 60 FamFG) eingeschlagenen Weg im Zuge der Reform verlassen und davon abgesehen, ab Vollendung des 14 Lebensjahres grundsätzlich die Verfahrensfähigkeit des Kindes für alle seine Person betreffenden Angelegenheiten zu statuieren.

Einzig § 167 III FamFG stellt hier eine Ausnahme dar. Diese Vorschrift regelt für die Unterbringung Minderjähriger, dass der Betroffene „ohne Rücksicht auf seine Geschäftsfähigkeit verfahrensfähig ist, wenn er das 14. Lebensjahr vollendet hat“. Zu begründen ist dies mit dem schwerwiegenden Eingriff in die Freiheit des Betroffenen, dessen Rechtsposition dadurch gestärkt werden soll, um zu vermeiden, dass er als bloßes Verfahrensobjekt behandelt wird.[132]

---

131 Vgl. *DIJuF*, Stellungnahme vom 28.10.2009, S. 7, www.dijuf.de (Zugriff am 04.06.2013); *Heiter* FamRZ 2009, 86.

132 Vgl. Keidel/Kuntze/Winkler/*Kayser*, § 70a Rn. 1.

(1) Verfahren, die die Person des Kindes betreffen

Nach der Begründung des Rechtsausschusses ist davon auszugehen, dass zumindest alle kindschaftsrechtlichen Verfahren des FamFG zu den Verfahren zählen, die die Person des Kindes betreffen.[133]

Als Kindschaftssachen waren unter Geltung des FGG die in § 640 II Nr. 1-5 ZPO a.F. aufgeführten Verfahren anzusehen, also namentlich die Feststellung über Bestehen oder Nichtbestehen eines Eltern-Kind-Verhältnisses (§ 640 II Nr. 1 ZPO a.F.), die Ersetzung der Einwilligung in eine genetische Abstammungsuntersuchung und die Anordnung der Duldung einer Probeentnahme (§ 640 II Nr. 2 ZPO a.F.), die Einsicht in ein Abstammungsgutachten oder die Aushändigung einer Abschrift (§ 640 II Nr. 3 ZPO a.F.) und die Anfechtung der Vaterschaft (§ 640 II Nr. 4 ZPO a.F.).

Im FamFG finden sich die Verfahren nach § 640 II Nr. 1-4 ZPO nunmehr in § 169 Nr. 1-4 FamFG als sog. Abstammungssachen wieder. Unter Kindschaftssachen i.S.d. FamFG sind Verfahren zu verstehen, die die in § 151 Nr. 1-8 FamFG aufgezählten Gegenstände betreffen.

Kindschaftssachen betreffen also im Wesentlichen die Verantwortung für Person oder Vermögen eines Minderjährigen bzw. dessen Vertretung. Verfahren, die ausschließlich oder überwiegend das Vermögen des Kindes zum Gegenstand haben, sind demgegenüber nicht erfasst. Durch die neue Begriffsbestimmung wird – wie durch die neuerdings formelle Beteiligtenstellung – dem Umstand Rechnung getragen, dass bei der überwiegenden Zahl der in § 151 FamFG genannten Verfahren das Kind im Mittelpunkt des Verfahrens steht. Diesen Aspekt hervorzuheben war Absicht des Gesetzgebers.[134]

Darüber hinaus herrscht Uneinigkeit, ob die Regelung des § 9 I Nr. 3 FamFG auch für Adoptions- und Abstammungssachen[135] Geltung hat. Der engsten Ansicht[136] zufolge sind nicht alle die Personensorge betreffenden Verfahren als von der Vorschrift umfasst anzusehen. Vielmehr sei davon auszugehen, dass die materiell-rechtlichen Widerspruchs- und Mitwirkungsrechte mindestens 14 Jahre alter Kinder mit diesen Angelegenheiten in Zusammenhang stehen, was sich aus folgenden Überlegungen ergebe:

133 BT-Drucks. 16/9733, S. 288.

134 BT-Drucks. 16/6308, S. 233.

135 Zur Definition des Begriffs der „Abstammungssachen" gilt das oben Gesagte. „Adoptionssachen" dagegen sind in § 186 FamFG definiert und betreffen die Annahme als Kind (Nr. 1), die Ersetzung der Einwilligung zur Annahme als Kind (Nr. 2), die Aufhebung des Annahmeverhältnisses (Nr. 3) und die Befreiung vom Eheverbot des § 1308 I BGB (Nr. 4).

136 Vgl. OLG Stuttgart FamRZ 2011, 1752; Keidel/*Meyer-Holz*, § 60 Rn. 7; so wohl auch Prütting/Helms/*Prütting*, § 9 Rn. 14; *Vogel* FPR 2011, 355 f.; Keidel/*Engelhardt*, § 173 Rn. 3; Prütting/Helms/*Stößer*, § 172 Rn. 2; *ders.* FamRZ 2009, 926; wohl auch *Musielak/Borth*, § 172 Rn. 5; SBW/*Schwonberg*, § 172 Rn. 9; MünchKommFamFG/*Coester-Waltjen/Hilbig*, § 172 Rn. 31; Helms/Kieninger/Rittner/*Kieninger*, S. 99 Rn. 224.

Zwar betreffe eine im Rahmen eines Abstammungsverfahrens zu treffende Entscheidung über die verwandtschaftliche Beziehung unzweifelhaft die Person des Kindes; auch stehe dem Kind nach bürgerlichem Recht ein individuelles Recht zu, das für das jeweilige Verfahren aus dem eben dargestellten Antragsrecht folge.[137] Allerdings bestimme § 1600a III BGB betreffend die Vaterschaftsanfechtung, dass für ein geschäftsunfähiges oder in der Geschäftsfähigkeit beschränktes Kind nur der gesetzliche Vertreter anfechten könne. Wolle man § 9 I Nr. 3 FamFG trotz der insofern eindeutigen Gesetzesbegründung, die ausdrücklich nur von „kindschaftsrechtlichen Verfahren"[138] spreche, auch auf Abstammungsverfahren anwenden, ergebe sich das widersinnig anmutende Ergebnis, dass das Kind zwar in Verfahren zur Vaterschaftsfeststellung und zur Klärung der leiblichen Abstammung selbst verfahrensfähig wäre, jedoch nicht in Verfahren zur Vaterschaftsanfechtung. Dieser Widerspruch zwischen § 9 I Nr. 3 FamFG und § 1600a III BGB lasse sich nur durch eine generelle Ablehnung der Anwendbarkeit von § 9 I Nr. 3 FamFG auf Abstammungsverfahren insgesamt vermeiden.

Für diese restriktive Auslegung der Ausnahmevorschrift des § 9 I Nr. 3 FamFG bzw. deren teleologische Reduktion auf Kindschaftsverfahren und damit gegen die Erweiterung der Verfahrensfähigkeit des Kindes auf Abstammungsverfahren sprächen außerdem Sinn und Zweck dieser Regelung, da den insofern zur Entscheidung stehenden Verfahrensgegenständen in der betroffenen Entwicklungsphase des Kindes besondere Relevanz zukomme.[139] Diese Ansicht, kann aus folgenden Gründen nicht überzeugen:

1. Ausgehend vom Wortlaut der Vorschrift, der ein „Verfahren, das ihre Person betrifft" voraussetzt, lassen sich zunächst keine Anhaltspunkte für eine derartige Beschränkung des Anwendungsbereichs ausschließlich auf Kindschaftsverfahren entnehmen.

2. Auch die Gesetzesmaterialien sind insofern nicht weiterführend, da darin die Vorschrift noch gar nicht vorgesehen war. Erst die Beschlussempfehlung des Rechtsausschusses des Bundestags liefert einen Hinweis, indem sie davon

---

137 Vgl. *Heiter* FamRZ 2009, 87; SBW/*Schwonberg*, § 172 Rn. 10.

138 BT-Drucks. 16/9733, S. 288.

139 Vgl. *Schwonberg* FuR 2010, 445; oft wird darauf verwiesen, dass ein der Regelung des § 9 I Nr. 3 FamFG unterfallendes Kind zwangsläufig mindestens 14 Jahre alt sei und sich damit wenn nicht bereits mitten, so doch zumindest nicht weit entfernt von der Pubertät befinde, einer auch ohne die besonderen Belastungen eines Gerichtsverfahrens schwierigen Phase, die im Wesentlichen dadurch gekennzeichnet sei, dass das Kind auf der existentiellen Suche nach seiner Persönlichkeit nicht immer rationale Entscheidungen treffe und die Eltern ganz im Zeichen des Sturm und Drangs als einengende und autoritäre Instanz empfinde, die es zu bekämpfen gelte. Gerade in Abstammungssachen könne diese grundlegende Einstellung nicht unerhebliche und nur schwer zu revidierende Konsequenzen mit sich bringen. Das Zugeständnis eigenständiger Verfahrensfähigkeit nach § 9 I Nr. 3 FamFG erscheine daher riskant, um nicht zu sagen gefährlich; vgl. in diesem Sinne auch SBW/*Schwonberg*, § 172 Rn. 10.

spricht, dass das Kind, welches das 14. Lebensjahr vollendet hat, „im kindschaftsrechtlichen Verfahren, das seine Person betrifft“[140] die ihm zustehenden materiellen Rechte eigenständig geltend machen kann. Dies allein ist jedoch nicht geeignet, Abstammungs- und Adoptionsverfahren grundsätzlich als nicht vom Anwendungsbereich des § 9 I Nr. 3 FamFG umfasst zu sehen, zumal die Aussage wiederum in sich eine – wenn nicht gar bedeutungslose, so nur schwer verständliche – Einschränkung enthält, indem sie nur auf diejenigen kindschaftsrechtlichen Verfahren Bezug nimmt, die „die Person des Kindes betreffen“. Wollte man dies auf die Spitze treiben, so dürfte § 9 I Nr. 3 FamFG auch nicht auf alle Kindschaftssachen zur Anwendung kommen, weshalb das Kind letztlich nur in seine Person betreffenden kindschaftsrechtlichen Verfahren verfahrensfähig wäre. Diese Konsequenz würde die Rechtsanwendung jedoch in schier unerträglichem Maße erschweren und erweist sich als nicht praktikabel.

3. Im Hinblick auf die Gesetzessystematik erscheint es überdies widersinnig, den Begriff „Verfahren, das ihre Person betrifft“ entgegen der herkömmlichen Methodik in zwei Vorschriften ein und desselben Gesetzes, § 81 III FamFG[141] und § 9 I Nr. 3 FamFG, unterschiedlich auszulegen.[142] Wie gesehen unterfallen Abstammungs- und Adoptionssachen als den Status einer Person betreffende Angelegenheiten im Ergebnis dem Regelungsbereich des § 81 III FamFG. Zudem wurde auch in die Vorschrift des § 59 I 1 FGG a.F. zur Beschwerdeberechtigung (jetzt § 60 FamFG) eine Begrenzung auf Personensorge- und Umgangsverfahren nicht hineingelesen. § 59 I 1 FGG a.F. bestimmte, dass ein Kind, für das die elterliche Sorge bestand, oder ein unter Vormundschaft stehender Mündel „in allen seine Person betreffenden Angelegenheiten“ ohne Mitwirkung seines gesetzlichen Vertreters das Beschwerderecht ausüben konnte. Trotz der Ähnlichkeit der Formulierung war allgemein anerkannt, dass der Anwendungsbereich von § 59 I 1 FamFG a.F. alle die Person des Kindes mittelbar oder unmittelbar betreffenden Angelegenheiten umfasste.[143]

4. Seinem Sinn und Zweck nach zielt § 9 I Nr. 3 FamFG darauf ab, die eigene Verfahrensfähigkeit des Kindes selbst zu begründen, um dadurch ein

---

140 BT-Drucks. 16/9733, S. 288.

141 Vgl. hierzu die Ausführungen unter Kap. B.II.3.b.

142 a.A. OLG Stuttgart FamRZ 2011, 1752 mit Berufung darauf, dass es möglich sei, dass der Gesetzgeber bei der von ihm gewünschten Verallgemeinerung des Rechtsgedankens des bisherigen § 94 III 2 KostO a.F. auch Abstammungsverfahren nicht habe ausschließen wollen, dabei jedoch übersehen habe, dass damit der gleiche Begriff in zwei Normen verschieden auszulegen wäre. Dies könne angesichts der Tatsache, dass § 9 I Nr. 3 FamFG trotz mehrjähriger Vorarbeiten zur FGG-Reform erst sehr spät aufgrund der Beratungen im Rechtsausschuss des Deutschen Bundestages aufgenommen worden sei, nicht ausgeschlossen werden; *Rüntz/Viefhues* FamRZ 2010, 1293.

143 Vgl. Keidel/Kuntze/Winkler/*Engelhardt*, § 49 Rn. 13 f.

verfahrensrechtliches Korrelat zu den ihm verschiedentlich eingeräumten Widerspruchs- und Mitwirkungsrechten zu schaffen und somit die gewünschte Akzessorietät zwischen Verfahrensrecht und materiellem Recht herzustellen.[144] Diese teleologischen Erwägungen sind jedoch für die Auslegung des Anwendungsbereichs der Vorschrift nicht weiterführend, da sie ebenso wenig zu dem Schluss zwingen, Abstammungs- und Adoptionsverfahren nicht miteinzubeziehen, wie sich aus ihnen das Gegenteil ergibt.[145]

Zusammenfassend ist daher festzustellen, dass eine Auslegung der Norm nicht zu dem Ergebnis führt, dass die Verfahrensfähigkeit des Kindes ausschließlich in Kindschaftsverfahren begründet ist.[146] Dennoch kann dies aufgrund der folgenden Erwägungen nicht ohne Einschränkung gültig sein:

Abstammungsverfahren sind auf die Entscheidung über eine verwandtschaftliche Beziehung gerichtet und betreffen damit ohne Zweifel die Person des Kindes. In Bezug auf Vaterschaftsanfechtungsverfahren folgt das individuelle Recht des Kindes nach bürgerlichem Recht aus §§ 1600 I Nr. 4, 1598a I Nr. 3 BGB. In Bezug auf Vaterschaftsfeststellungsverfahren besteht es auch ohne ausdrückliche gesetzliche Regelung aufgrund verfassungsrechtlicher Erwägungen zu Art. 6 GG. Verfahrensrechtlich regeln §§ 169 Nr. 1, 171 FamFG, dass das Kind einen Antrag auf Feststellung des Bestehens oder Nichtbestehens eines Eltern-Kind-Verhältnisses stellen kann und gem. § 172 I Nr. 1 FamFG zu beteiligen ist.

Die Ausübung der materiell-rechtlich vorgesehenen Antragsrechte durch das Kind stellt sich als Geltendmachung seines Rechts auf Kenntnis von der eigenen Abstammung dar, was nach dem Wortlaut von § 9 I Nr. 3 FamFG zunächst für die Bejahung der Verfahrensfähigkeit spricht.[147] Speziell in Bezug auf das Recht zur Anfechtung der Vaterschaft ist jedoch zu beachten, dass ein geschäftsunfähiges oder in der Geschäftsfähigkeit beschränktes Kind nicht selbstständig die Anfechtung erklären, sondern für dieses ausschließlich sein gesetzlicher Vertreter anfechten kann (§ 1600a III BGB). Infolgedessen ergibt sich die Konsequenz, dass das Kind in Vaterschaftsanfechtungsverfahren gem. § 9 II FamFG nur durch die nach bürgerlichem Recht dazu befugten Personen handeln könnte, während es i.Ü., etwa in Vaterschaftsfeststellungsverfahren, selbst verfahrensfähig wäre.

---

144 BT-Drucks. 16/9733, S. 288.

145 a.A. OLG Stuttgart FamRZ 2011, 1752 mit Verweis darauf, dass in Abstammungssachen der vom Gesetzgeber angestrebte Gleichklang von materiellem und Verfahrensrecht deshalb nicht erzielt werden kann, weil materiell-rechtlich das beschränkt geschäftsfähige Kind das Recht auf Anfechtung nur durch seinen gesetzlichen Vertreter ausüben kann.

146 Vgl. in diesem Sinne *DIJuF*, Stellungnahme vom 28.10.2009, S. 5, www.dijuf.de (Zugriff am 04.06.2013); SBW/*Schöpflin*, § 9 Rn. 7; Bork/Jacoby/Schwab/*Jacoby*, § 9 Rn. 8; Keidel/*Zimmermann*, § 9 Rn. 14; wohl auch *Sommer* FPR 2012, 374; *Heiter* FamRZ 2009, 87; *Schael* FamRZ 2009, 267; *Dressler* Rpfleger 2010, 300.

147 Vgl. SBW/*Schöpflin*, § 9 Rn. 8.

Vor diesem Hintergrund ist eine teleologische Reduktion von § 9 I Nr. 3 FamFG angebracht. Jedoch erscheint eine Reduktion des Anwendungsbereichs dieser Ausnahmevorschrift auf Kindschaftssachen allein – wie aus dem Gesetzesentwurf der Bundesregierung[148] herausgelesen werden könnte – m.E. als übermäßig und daher ungerechtfertigt.Vielmehr ist davon auszugehen, dass weiterhin auch Abstammungs- und Adoptionsverfahren grundsätzlich dem Anwendungsbereich von § 9 I Nr. 3 FamFG unterfallen und lediglich Vaterschaftsanfechtungsverfahren eine Ausnahme bilden.[149]

Dafür spricht einerseits die Bedeutung des Verfahrensgegenstandes im Anfechtungsverfahren gerade in bestimmten Entwicklungsphasen des Kindes, das oftmals die Tragweite einer erfolgreichen Vaterschaftsanfechtung nicht abschätzen können wird. Andererseits spricht auch die bereits erwähnte Konsequenz, dass das Kind in diesem Fall in Vaterschaftsanfechtungsverfahren gem. § 9 II FamFG nur durch die nach bürgerlichem Recht dazu befugten Personen handeln kann, während es i.Ü., etwa in Vaterschaftsfeststellungsverfahren, selbst verfahrensfähig ist, nicht gegen eine Erweiterung seiner Verfahrensfähigkeit. Insbesondere ist die Vaterschaftsanfechtung mit den anderen in § 169 FamFG aufgezählten Abstammungsverfahren nicht kompatibel, sodass es nicht zu der misslichen Situation kommen kann, dass in ein und demselben Verfahren die Verfahrensfähigkeit je nach Zugehörigkeit der Verfahrenshandlung zu einem der Verfahrensgegenstände unterschiedlich bewertet werden muss.

Als Fazit der vorstehenden Erwägungen ist daher abschließend festzustellen, dass die in § 9 I Nr. 3 FamFG verwendete Formulierung „Verfahren, das ihre Person betrifft“ in der Weise zu verstehen ist, dass darunter grundsätzlich alle Kindschafts-, Adoptions- und Abstammungsverfahren subsumiert werden können, jedoch aufgrund einer teleologischen Reduktion für Vaterschaftsanfechtungsverfahren eine Ausnahme zu machen ist. Sollte die gesetzgeberische Intention dagegen tatsächlich auf eine Beschränkung des Anwendungsbereichs der Norm auf Kindschaftssachen i.S.v. § 151 FamFG gerichtet gewesen sein, ist dringend eine diesbezügliche Klarstellung, insbesondere auch im Verhältnis zu §§ 81 III und 60 FamFG zu empfehlen.

(2) Dem Kind nach bürgerlichem Recht zustehende Rechte

Dem Kind muss zudem in einer dieser Verfahrensarten nach bürgerlichem Recht ein subjektives Recht zustehen. Damit sind „konkrete subjektive Rechte (gemeint), die

---

148 BT-Drucks. 16/9733, S. 288.

149 Vgl. zur a.A. OLG Stuttgart FamRZ 2011, 1752; Keidel/*Meyer-Holz*, § 60 Rn. 7; so wohl auch Prütting/Helms/*Prütting*, § 9 Rn. 14; *Vogel* FPR 2011, 355 f.; Keidel/*Engelhardt*, § 173 Rn. 3; Prütting/Helms/*Stößer*, § 172 Rn. 2; *ders.* FamRZ 2009, 926; wohl auch *Musielak/Borth*, § 172 Rn. 5; SBW/*Schwonberg*, § 172 Rn. 9; MünchKomm-FamFG/*Coester-Waltjen/Hilbig*, § 172 Rn. 31; Helms/Kieninger/Rittner/*Kieninger*, S. 99 Rn. 224.

im Wege eines gerichtlichen Verfahrens durchsetzbar sind und die ihre Grundlage in Normen des bürgerlichen Rechts haben“[150].

Das bürgerliche Recht ist Teil des Privatrechts und umfasst „die für alle Bürger geltenden privatrechtlichen Regelungen, wobei Bürger i.S.v. *civis* (Staatsbürger) zu verstehen ist“[151]. Vom Privatrecht ist insbesondere das öffentliche Recht zu unterscheiden. Da die Rechtsnatur der konkreten Anspruchsnorm entscheidend ist, ist die Verfahrensfähigkeit des Kindes nach § 9 I Nr. 3 FamFG zu verneinen, wenn es Rechte geltend macht, die im Verwaltungsrecht, im Verfassungsrecht oder im Verfahrensrecht fußen.[152] Im Einzelnen sind folgende Rechte nach dem BGB als Rechte i.S.v. § 9 I Nr. 3 FamFG zu qualifizieren:

- Die Begründung des Rechtsausschusses nennt ausdrücklich nur das Widerspruchsrecht des Kindes nach § 1671 II Nr. 1 BGB als Beispiel für ein solches subjektives Recht i.S.v. § 9 I Nr. 3 FamFG.[153] Jedoch ist mangels anderweitiger Hinweise in der genannten Begründung darüber hinaus davon auszugehen, dass alle Widerspruchsrechte des Kindes, also auch §§ 1762 I, 1778 I Nr. 5, 1887 II BGB dazu zählen.[154] In der Sache geht es dabei um den Widerspruch dagegen, dass einem Antrag auf (teilweise) Alleinsorge eines Elternteils nach Zustimmung durch den anderen stattgegeben wird (vgl. § 1671 II Nr. 1 BGB)[155], um den Antrag auf Aufhebung des Adoptionsverhältnisses (vgl. § 1762 I BGB), den Widerspruch gegen die Bestellung eines von den Eltern gem. § 1776 BGB benannten Vormunds (vgl. § 1778 I Nr. 5 BGB) und den Antrag auf Entlassung des zum Vormund bestellten Jugendamts oder Vereins (vgl. § 1887 II BGB). Ebenso sollen nach der Begründung des Rechtsausschusses die Mitwirkungsrechte des Kindes, etwa nach § 1617b I 3, § 1617c I 2, § 1746 I 3 BGB, § 1758 I BGB, von der Vorschrift erfasst sein.[156]
- Nach allgemeiner Ansicht ist darüber hinaus das Umgangsrecht nach § 1684 I 1 BGB als durchsetzbares subjektives Recht ausgestaltet.[157] Dies geht u.a. aus einer neueren Entscheidung des BVerfG vom 01. April 2008 hervor, in der dieses feststellte, dass die sich als Konkretisierung der Erziehungspflicht nach Art. 6

---

150 Vgl. *Heiter* FamRZ 2009, 87.

151 Vgl. Palandt/*Sprau*, Einl. Rn. 1.

152 Vgl. *Heiter* FamRZ 2009, 87.

153 BT-Drucks. 16/9733, S. 288.

154 Vgl. *DIJuF*, Stellungnahme vom 28.10.2009, S. 6, www.dijuf.de (Zugriff am 04.06.2013).

155 Darüber hinaus besteht kein subjektives Rechts des Kindes darauf, eine bestimmte Gestaltung der elterlichen Sorge bzw. eines Teils davon, etwa des Aufenthaltsbestimmungsrechts, herbeizuführen, vgl. *Heiter* FamRZ 2009, 87.

156 BT-Drucks. 16/9733, S. 288; vgl. in diesem Sinn auch *DIJuF*, Stellungnahme vom 28.10.2009, S. 6, www.dijuf.de (Zugriff am 04.06.2013).

157 Vgl. Meysen et al./*Niepmann*, § 9 Rn. 5; *Heiter* FamRZ 2009, 87; Staudinger/*Rauscher*, § 1684 Rn. 57.

II 1 GG ergebende „Umgangspflicht der Eltern mit dem Recht des Kindes auf Umgang mit ihnen (korrespondiert), das der Gesetzgeber dem Kind in § 1684 I BGB eingeräumt hat“[158]. § 1684 I BGB statuiert danach ein subjektives Recht des Kindes auf Umgang mit beiden Elternteilen und entsprechend die Verpflichtung jedes Elternteils zum Umgang mit seinem Kind. Zwar hat das BVerfG festgestellt, dass eine zwangsweise Durchsetzung der Umgangspflicht eines den Umgang verweigernden Elternteils in der Regel nicht mehr geeignet ist, dem Kindeswohl zu dienen und den damit verbundenen Eingriff in das Persönlichkeitsrecht des Elternteils zu rechtfertigen, jedoch resultiert daraus im Gegenschluss, dass eine gerichtliche Feststellung der Umgangspflicht als solche noch keinen Grundrechtseingriff darstellt. Vielmehr ist es einem Elternteil dem BVerfG zufolge durchaus zumutbar, auch unter Beeinträchtigung seiner Persönlichkeitssphäre zum Umgang mit seinem Kind verpflichtet zu werden, wenn dies dem Kindeswohl dient.[159]

In der im Anschluss an obige Entscheidung des BVerfG ergangenen Entscheidung des BGH vom 14. Mai 2008 heißt es wie folgt: „Das Recht auf Umgang mit seinen Eltern steht dem Kind als höchstpersönliches Recht zu und kann deswegen auch nur von ihm (...), nicht aber von dem sorgeberechtigten Elternteil im eigenen Namen gerichtlich geltend gemacht werden“[160].

Infolgedessen muss zumindest die gerichtliche Feststellung der Umgangsverpflichtung von dem Kind selbst herbeigeführt werden können, was dann in weiterer Konsequenz seine Verfahrensfähigkeit nach § 9 I Nr. 3 FamFG zur Folge hat.[161]

- Im weiteren Sinne gehört auch die selbstständige Beschwerdebefugnis nach § 60 FamFG zu den Rechten i.S.v. § 9 I Nr. 3 FamFG.

---

158 BVerfG FamRZ 2008, 850.

159 BVerfG FamRZ 2008, 850.

160 BGH FamRZ 2008, 1334; dass in dieser Entscheidung des BGH eine Bezugnahme auf § 9 I Nr. 3 FamFG fehlt, ist schlicht dem Umstand geschuldet, dass die Entscheidung aus dem Jahr 2008 stammt, während § 9 FamFG erst im Jahr 2009 in Kraft trat. Abgesehen davon schiede eine Anwendung von § 9 I Nr. 3 FamFG in dem damals behandelten Fall auch nach neuer Rechtslage aus, da das betroffene Kind weit jünger als 14 Jahre war.

161 Nach der gegenteiligen Auffassung korreliert § 9 I Nr. 3 FamFG nur mit den im BGB verschiedentlich eingeräumten ausdrücklich statuierten Mitwirkungsrechten. Eine Akzessorietät bestehe mithin nur in Bezug auf derartige Rechte. § 1684 BGB treffe eine solche ausdrückliche Regelung nicht. Während etwa der Wortlaut von § 1762 I 2 BGB vorsehe, dass der Antrag auf Aufhebung des Adoptionsverhältnisses im Falle eines geschäftsunfähigen oder noch nicht 14 Jahre alten Kindes durch die gesetzlichen Vertreter, i.Ü. (§ 1762 I 3 BGB) – also von einem mindestens 14-Jährigen – jedoch nur selbst gestellt werden kann, enthalte § 1684 BGB nichts Vergleichbares, formuliere also kein Mitwirkungsrecht des Minderjährigen und äußere sich überdies schon nicht zur Antragsberechtigung, geschweige denn dazu, dass sie einem Kind ab Vollendung des 14. Lebensjahres zukommen solle; vgl. *Schael* FamRZ 2009, 267.

Demgegenüber vermitteln folgende Regelungen dem Kind kein subjektives Recht in oben genanntem Sinne:

- Aus Vorschriften, die lediglich Eingriffsbefugnisse des Gerichts enthalten, wie etwa § 1684 IV BGB, der die Einschränkung bzw. den Ausschluss des Umgangsrechts regelt, resultiert kein subjektives Recht des Kindes, weshalb sie nicht unter § 9 I Nr. 3 FamFG fallen.[162]
- § 1685 I und II BGB begründen zwar ein Umgangsrecht für den dort genannten Personenkreis, allerdings korrespondiert damit kein als subjektives Recht ausgestaltetes Umgangsrecht des Kindes, weshalb § 1685 BGB nicht zu den von § 9 I Nr. 3 FamFG umfassten Vorschriften zählt.[163] Auf den ersten Blick erscheint es zwar fragwürdig, dass § 1684 I BGB in Bezug auf die Eltern den Umgang primär als Recht des Kindes anerkennt (s.o.), im Rahmen von § 1685 BGB der Umgang jedoch als Recht des Dritten gegenüber dem Kind ausgestaltet sein soll. Dennoch verdient diese Sichtweise Zustimmung. Hierbei ist v.a. die Ratio der Gesetzesnorm zu berücksichtigen, die darin besteht, den Streit um den Umgang nicht in das Eltern-Kind-Verhältnis zu tragen. Ausgangspunkt der Betrachtung ist der Umstand, dass Großeltern und Geschwister (Abs. 1) und erst recht „enge Bezugspersonen des Kindes" (Abs. 2) schwerlich zum Umgang mit dem Kind verpflichtet werden können. Ein gegen die Umgangsperson gerichtetes Recht schiede mangels Praktikabilität daher von vornherein aus. Einen hypothetischen Anspruch des Kindes auf Umgang mit diesen Personen als Anspruch gegen die Eltern auf Gestattung desselben auszugestalten, hätte zwar auf den ersten Blick die beabsichtigte Folge der Verdeutlichung der Subjektstellung des Kindes, auf den zweiten Blick wird jedoch schnell klar, dass damit dem Kindeswohl nicht gedient wäre. Denn während im Anwendungsbereich von § 1684 BGB das Eltern-Kind-Verhältnis bereits dadurch belastet ist, dass ein Elternteil sich dem Umgang des anderen widersetzt, ist im Anwendungsbereich von § 1685 BGB das Verhältnis der Eltern zu ihrem Kind grundsätzlich intakt.[164] Das Verhältnis zu den Eltern als den engsten Bezugspersonen des Kindes dem Risiko einer Störung auszusetzen, erscheint bei Abwägung der damit verbundenen Vor- und Nachteile nicht sinnvoll.
- Nach dem Wortlaut von § 1631 II 1 BGB hat das Kind ein Recht auf gewaltfreie Erziehung. Der Interpretation dieser Gesetzesformulierung dahingehend, dass dem Kind ein subjektives Recht zugesprochen wird, welches ihm ermöglicht, Erfüllungs-, Unterlassungs- und Schadensersatzansprüche gegen seine Eltern geltend zu machen, steht der Umstand entgegen, dass ein Gericht nur unter den Voraussetzungen von § 1666 BGB in das Eltern-Kind-Verhältnis eingreifen darf.[165]

162 Vgl. *Heiter* FamRZ 2009, 87.
163 Vgl. Palandt/*Diederichsen*, § 1685 Rn. 1; Staudinger/*Rauscher*, § 1685 Rn. 4, m.w.N.
164 Vgl. Staudinger/*Rauscher*, § 1685 Rn. 4.
165 Vgl. Bamberger/Roth/*Veit*, § 1631 Rn. 17.

Insofern ist in § 1631 II 1 BGB (wie etwa auch in §§ 1671 III, 1626 II BGB) lediglich eine Hilfsnorm zu § 1666 BGB zu sehen, die das Kindeswohl hinsichtlich der Zulässigkeit bestimmter Erziehungsmittel konkretisiert. Das in § 1631 II 1 BGB formulierte Recht des Kindes ist nicht unmittelbar sanktionsbewehrt und stellt kein den Eltern gegenüber einklagbares Recht i.S.v. § 9 I Nr. 3 FamFG dar, denn auch „wenn man im Verhältnis zu den Eltern einen familienrechtlichen Anspruch des Kindes [...] bejaht [...], so folgt hieraus nach allgemeiner Auffassung nicht die Möglichkeit, diesen Anspruch durch Verpflichtungs- und Unterlassungsklage gegen die Eltern durchzusetzen – allgemein-zivilrechtlicher Rechtsschutz im Verhältnis zu den Eltern findet nicht statt“[166]. Zum einen ist dies in der Komplexität der Verbindung von Eltern und Kind in einer Familiengemeinschaft, zum anderen in der Ausfüllungsbedürftigkeit der Begriffe „Kindeswohl“ und „Kindesrecht“ und schließlich auch in dem erhöhten Bedürfnis nach richterlicher Ermessens- und Handlungsfreiheit in diesen Fällen begründet.[167]

- Daran anschließend ist weiter festzustellen, dass unabhängig von der (ohnehin fraglichen) Existenz eines allgemeinen Rechts des Kindes auf „pflichtgemäße Ausübung der elterlichen Sorge“ und der Möglichkeit seiner Herleitung aus dem bürgerlichen Recht allein (ohne Bezugnahme auf das Verfassungs- oder Sozialrecht) ein solches jedenfalls nicht im Wege des Individualrechtsschutzes durchsetzbar wäre und daher nicht unter § 9 I Nr. 3 FamFG subsumiert werden könnte.[168]

Das jeweilige Recht muss dem Kind ausweislich des eindeutigen Wortlauts von § 9 I Nr. 3 FamFG zustehen. Seine bloße Behauptung ist demzufolge nicht ausreichend, vielmehr muss das Recht – wenigstens dem Grunde nach – tatsächlich in der Person des Kindes bestehen; auf die Einsichtsfähigkeit des Kindes kommt es dagegen nicht an.[169]

(3) Geltendmachung

Gem. § 9 I Nr. 3 FamFG muss der Minderjährige für die Annahme seiner Verfahrensfähigkeit eines der oben dargestellten Rechte „geltend machen“. Dies stellt eine Besonderheit dar, da die Verfahrensfähigkeit somit von einer Entscheidung des Kindes abhängig gemacht wird.

---

166 Vgl. Staudinger/*Coester*, § 1666 Rn. 11, m.w.N.

167 Vgl. Staudinger/*Coester*, § 1666 Rn. 11 f.: Trotz der situationsbezogenen Ungeeignetheit allgemein-zivilrechtlichen Rechtsschutzes bleibt die Verpflichtung des Staates, den Rechtsschutz und die Grundrechtsverwirklichung von Kindern zu gewährleisten, weiter bestehen, weshalb § 1666 BGB in Erfüllung dieses verfassungsrechtlichen Auftrags als „in Tatbestand und Rechtsfolge modifizierte Form des Rechtsschutzes für Kinder an Stelle des allgemein-zivilistischen Rechtsschutzes“ zu verstehen ist.

168 Vgl. *Huber/Scherer* FamRZ 2001, 800; *Heiter* FamRZ 2009, 87.

169 Vgl. *Heiter* FamRZ 2009, 87; SBW/*Schöpflin*, § 9 Rn. 7.

Für ein solches „Geltendmachen“ ist zum einen ein aktives Tun des Jugendlichen selbst erforderlich, durch das er gegenüber dem Gericht zum Ausdruck bringt, ein bestimmtes Recht für sich in Anspruch nehmen zu wollen (z.B. die Stellung eines Antrags). Bloße Untätigkeit genügt nicht. Ein Tätigwerden des gesetzlichen Vertreters ist ebenso wenig ausreichend.[170]

Zum anderen muss deutlich werden, dass das Kind „an dem Verfahren umfassend mitwirken will“[171]. Bei Zweifeln oder Unklarheiten hinsichtlich der Bereitschaft zur aktiven Mitwirkung hat das Gericht die Möglichkeit, im Rahmen seiner Verpflichtung zur Amtsermittlung weitere Nachforschungen anzustellen, etwa indem es eine persönliche Anhörung des Kindes vornimmt.

Es ist zu beachten, dass die Verfahrensfähigkeit endet, wenn der Jugendliche davon Abstand nimmt, mithin darauf verzichtet, ein ihm zustehendes Recht geltend zu machen, was auch während eines laufenden Verfahrens geschehen kann. Denn wie bereits erwähnt wäre es durch keinen dogmatischen Gesichtspunkt gerechtfertigt, die Verfahrensfähigkeit eines Jugendlichen, der das 14. Lebensjahr vollendet hat, ungeachtet seines Willens fortbestehen zu lassen.[172]

Außerdem ist beachtlich, dass die Verfahrensfähigkeit lediglich in dem von dem Jugendlichen bestimmten Umfang, d.h. nur für den Gegenstand besteht, für den er sich auf sie beruft. Keinesfalls resultiert aus § 9 I Nr. 3 FamFG die Verfahrensfähigkeit eines 14 Jahre alten Kindes für alle seine Person betreffenden Angelegenheiten. Diese gegenstandsbezogene Relativität der Verfahrensfähigkeit äußert sich insbesondere auch darin, dass ein Jugendlicher im Falle verbundener Verfahren gem. § 20 FamFG in Bezug auf einzelne Gegenstände verfahrensfähig sein kann, während dies in Bezug auf andere Gegenstände nicht der Fall ist.[173]

Die effektive Wahrnehmung von Rechten kann indes nur dann gewährleistet sein, wenn der Rechtsinhaber seine Rechte kennt. Bis *dato* ungeklärt ist die Frage, zu welchem Zeitpunkt und auf welche Art und Weise die Aufklärung über die Rechte erfolgen kann und soll. Denkbar wäre etwa, es den Jugendämtern zu überantworten entsprechende Schritte zu unternehmen. Ebenso ist in Betracht zu ziehen, das Gericht mit dieser Aufgabe zu betrauen.

---

170 Vgl. *Schürmann* FamFR 2009, 155; *DIJuF*, Stellungnahme vom 28.10.2009, S. 7, www.dijuf.de (Zugriff am 04.06.2013).

171 Vgl. *Heiter* FamRZ 2009, 87.

172 Probleme wird insofern jedoch die Bestimmung des genauen Zeitpunkts mit sich bringen, da fraglich ist, wann der Verzicht konkret und endgültig ist. Im Zweifel wird hier wohl auf den Zeitpunkt der mündlichen Verhandlung abzustellen sein, vgl. *Heiter* FamRZ 2009, 86.

173 Vgl. *DIJuF*, Stellungnahme vom 28.10.2009, S. 7, www.dijuf.de (Zugriff am 04.06.2013).

(4) Fazit zu § 9 I Nr. 3 FamFG

Die Regelung der Verfahrensfähigkeit in § 9 I Nr. 3 FamFG ist aus zwei Gründen als nicht ganz gelungen zu bewerten:

Zum einen steht die gesetzliche Regelung der Verfahrensfähigkeit nach § 9 I Nr. 3 FamFG mit anderen gesetzlichen Regelungen wie etwa § 164 FamFG oder § 60 FamFG in Widerspruch, die das Kind als verfahrensfähig behandeln, indem sie festlegen, dass alle Entscheidungen dem über 14 Jahre alten Kind persönlich bekannt zu geben sind und dieses unabhängig vom Willen des gesetzlichen Vertreters beschwerdeberechtigt sein soll. Folge dieser Widersprüchlichkeit ist eine nur punktuelle Verfahrensfähigkeit, die – noch verstärkt durch den Umstand, dass sie vom Willen eines Beteiligten abhängt – nur schwer bis nicht praktikabel ist.[174]

Zum anderen stellt § 9 I Nr. 3 FamFG entscheidend auf die Rechtsinhaberschaft ab, weshalb v.a. im Bereich von Verfahrenshandlungen mit rechtsgeschäftlichem Bezug – wie der Erteilung einer Verfahrensvollmacht oder dem Abschluss eines Vergleichs – eine Diskrepanz zwischen beschränkter Geschäftsfähigkeit nach materiellem Recht und unbeschränkter Verfahrensfähigkeit im Prozessrecht entsteht.[175] Dies erscheint im Hinblick auf das Bestreben des Gesetzgebers[176], weitestgehend Akzessorietät zwischen materiellem Recht und Verfahrensrecht herzustellen, inkonsequent. Denn während beispielsweise das Kind materiell-rechtlich nur unter den Voraussetzungen von § 107 BGB in der Lage ist, einen Verfahrensbevollmächtigten zu mandatieren, war bereits unter Geltung des alten Rechts in den Fällen der Verfahrensfähigkeit nicht unbeschränkt geschäftsfähiger Personen nach §§ 59, 66, 70a FGG weitgehend anerkannt, dass das Kind eine Verfahrensvollmacht wirksam erteilen können sollte.[177] Im materiellen Recht ist mit der Verfahrensfähigkeit allenfalls die unbeschränkte Geschäftsfähigkeit vergleichbar. Die Rechtsinhaberschaft ist dagegen kein geeignetes Korrelat. Indem aber nun § 9 I Nr. 3 FamFG an die Rechtsinhaberschaft anknüpft, entstehen zwangsläufig Unsicherheiten beim Zusammenspiel von materiellem und Verfahrensrecht. Zur Sicherstellung einer fehlerfreien Verfahrensführung verträgt die verfahrensrechtliche Stellung eines Beteiligten jedoch keine Unsicherheit. Die sich zwangsläufig aus eben Gesagtem ergebenden verfahrensrechtlichen Schwierigkeiten sind auch nicht durch ein höherrangiges Interesse gerechtfertigt, da wie bereits festgestellt ein sachlicher Grund für die angesprochenen Differenzierungen nicht erkennbar ist. Eine gesetzliche Klarstellung bzw. eine Anknüpfung an §§ 105 ff. BGB wäre m.E. wünschenswert gewesen.

174 Vgl. *Schürmann* FamFR 2009, 155.

175 Vgl. *Heiter* FamRZ 2009, 86.

176 BT-Drucks. 16/9733, S. 288.

177 Vgl. hierzu *Heiter* FamRZ 2009, 88; zur alten Rechtslage Keidel/Kuntze/Winkler/*Zimmermann*, § 13 Rn. 36 sowie § 59 Rn. 21.

cc) Die Regelung des § 9 I Nr. 4 FamFG

Verfahrensfähig sind schließlich nach § 9 I Nr. 4 FamFG auch diejenigen, die aufgrund von Vorschriften des FamFG selbst oder aufgrund eines anderen Gesetzes dazu bestimmt werden. In der Begründung des Rechtsausschusses heißt es dazu: „Die neu gefasste Nummer 4 nimmt als Blankettvorschrift im Hinblick auf die Verfahrens- und Handlungsfähigkeit nunmehr nicht nur auf das FamFG selbst, sondern auch auf andere Gesetze wie z.B. das SGB I Bezug. Dies stellt die notwendige Akzessorietät zwischen materiellem bürgerlichem oder öffentlichem Recht und Verfahrensrecht her."[178]

Verfahrensfähig sind aufgrund einer besonderen Bestimmung des FamFG in oben genanntem Sinne Minderjährige, die das 14. Lebensjahr vollendet haben, ohne Rücksicht auf ihre Geschäftsfähigkeit, wenn sie Betroffene eines Verfahrens zur Genehmigung der freiheitsentziehenden Unterbringung Minderjähriger nach § 151 Nr. 6 FamFG i.V.m. §§ 1631b, 1800 und 1925 BGB sind. § 316 FamFG ist insofern nicht einschlägig, da er wie sich aus § 312 FamFG ergibt, nur für Volljährige gilt.[179]

Die Frage, ob sich die Verfahrensfähigkeit Minderjähriger im Einzelfall aus einer öffentlich-rechtlichen Gesetzesnorm ergibt, ist durch Auslegung dieser Vorschrift nach den traditionellen Methoden, insbesondere unter Berücksichtigung von Sinn und Zweck des Gesetzes zu entscheiden.

Festzustellen ist, dass ein Jugendlicher im Sozialrecht gem. § 36 SGB I ab Vollendung des 15. Lebensjahres und im Asylrecht gem. § 22 AsylVfG ab Vollendung des 16. Lebensjahres handlungsfähig ist. § 5 RelKEG legt fest, dass ein Kind ab Vollendung des 14. Lebensjahres selbst entscheiden kann, welchem religiösen Bekenntnis es folgen will. Ab Vollendung des 12. Lebensjahres kann es einem Bekenntnis nicht mehr gegen seinen Willen entzogen werden. Sind die genannten Gegenstände betroffen, so ist das Kind insoweit kraft öffentlichen Rechts i.V.m. § 9 I Nr. 4 FamFG verfahrensfähig.[180]

dd) Folgen der eigenen Verfahrensfähigkeit des Kindes

Bei bestehender Verfahrensfähigkeit ist ein über 14-jähriger Jugendlicher durch die Bestimmungen des Familienverfahrensrechts ebenso berechtigt und verpflichtet wie jeder andere Verfahrensbeteiligte.

Eine wichtige Einschränkung ist jedoch dahingehend zu beachten, dass die Verfahrensfähigkeit des Minderjährigen nach § 9 I Nr. 3 FamFG ein laufendes Verfahren voraussetzt und nicht die Befugnis umfasst, ein solches selbstständig einzuleiten.[181] Dies ergibt sich daraus, dass es im Wortlaut des Gesetzes heißt: „Verfahrensfähig sind die nach dem bürgerlichen Recht beschränkt Geschäftsfähigen, soweit sie (...)

---

178 BT-Drucks. 16/9733, S. 288.

179 Ebenso verhält es sich mit § 275 FamFG.

180 Vgl. SBW/*Schöpflin*, § 9 Rn. 12.

181 Vgl. *Schürmann* FamFR 2009, 156, *Dressler* Rpfleger 2010, 300 f.

in einem Verfahren (...) ein (...) Recht geltend machen".[182] Dies erscheint zumindest aus dem Grund gerechtfertigt, dass „die Bewältigung der Alltagskonflikte eines pubertierenden Jugendlichen mit seinen Eltern"[183] nicht allein aus einer momentbezogenen Anwandlung des Minderjährigen heraus zum Gegenstand eines Gerichtsverfahren gemacht werden können sollte.

Insbesondere kann ein über 14-jähriger, verfahrensjähriger Jugendlicher das ihm gem. § 13 FamFG als Beteiligtem zustehende Recht auf Akteneinsicht selbst geltend machen und ist berechtigt, Anträge aller Art zu stellen sowie an Terminen teilzunehmen. Er ist gem. § 33 II FamFG unabhängig von der etwaigen Bestellung eines Verfahrensbevollmächtigten stets selbst zu laden. Zum Zwecke der Unterstützung besteht außerdem die Möglichkeit, ihm gem. §§ 76 ff. FamFG Verfahrenskostenhilfe zu bewilligen bzw. gegebenenfalls einen Rechtsanwalt beizuordnen.[184] Auch verfahrensrechtliche Obliegenheiten wie etwa die Mitwirkung gem. § 27 FamFG treffen den Minderjährigen selbst.

Grundsätzlich kann der Jugendliche auch einem Rechtsanwalt oder einer anderen Person eine Verfahrensvollmacht i.S.v. § 11 FamFG erteilen.[185] Deren Wirksamkeit erscheint jedoch zunächst im Hinblick auf § 107 BGB fraglich. Eine rechtsgeschäftliche Vollmacht, die von einem Minderjährigen erteilt wird, ist in materieller Hinsicht nach h.M. nur dann wirksam, wenn das beabsichtigte Vertretergeschäft als lediglich rechtlich vorteilhaft einzustufen ist.[186] Demzufolge ist jedes einzelne Vertretergeschäft auf seine rechtliche Vorteilhaftigkeit zu prüfen. Ist die rechtliche Vorteilhaftigkeit zu verneinen, wirkt sich dies insofern auch auf die Vollmacht aus, mit der Konsequenz, dass der Bevollmächtigte bezüglich des jeweiligen Geschäfts als Vertreter ohne Vertretungsmacht gehandelt hat. Diese Herangehensweise ist jedoch für das Verfahrensrecht wenig geeignet, da in einem gerichtlichen Verfahren durch den Bevollmächtigten zumeist mehrere Verfahrenshandlungen vorgenommen werden und es daher der Rechtssicherheit abträglich wäre, wenn für jede Handlung eine eigene Wirksamkeitsprüfung erfolgen müsste.

Bereits vor Inkrafttreten des FamFG war weitgehend anerkannt, dass sich insbesondere aus dem Beschwerderecht des § 59 FGG unabhängig von § 107 BGB auch die Befugnis ergibt, Bevollmächtigte zur Beschwerdeführung zu bestellen. Maßgeblich dafür war der Gedanke, dass es wenig zielführend wäre, das Kind als verfahrensfähig zu behandeln, ihm jedoch die für eine sinnvolle Verfahrensführung nötigen Hilfsmittel vorzuenthalten.[187] Es ist kein Grund ersichtlich, unter Geltung des § 60 FamFG von dieser Ansicht abzuweichen. Sachgerecht wäre es m.E., diese Befugnis

182 Vgl. Keidel/*Zimmermann*, § 9 Rn. 15.
183 Vgl. *Schürmann* FamFR 2009, 156.
184 BT-Drucks. 16/9733, S. 294.
185 Vgl. BGH NJW 2011, 3456.
186 Vgl. MünchKomm/*Schramm*, § 167 Rn. 9; *Heiter* FamRZ 2009, 89.
187 Vgl. Keidel/Kuntze/Winkler/*Engelhardt*, § 59 Rn. 21; Keidel/*Zimmermann*, § 9 Rn. 16.

dem verfahrensfähigen Kind stets, d.h. auch im Falle der Verfahrensfähigkeit nach § 9 I Nr. 3 FamFG zuzugestehen.[188]

Weiterhin ist fraglich, ob das verfahrensfähige Kind auch wirksam einen Vergleich schließen kann. Dessen Wirksamkeit setzt aufgrund seiner Doppelnatur das Vorliegen der Verfahrenshandlungsvoraussetzungen sowie der bürgerlichrechtlichen Wirksamkeitsvoraussetzungen für ein Rechtsgeschäft voraus. Die Frage der rechtlichen Vorteilhaftigkeit i.S.v. § 107 BGB stellt sich deshalb auch hier. Da das Kind jedoch wie gesehen eine andere Person mit der Verfahrensführung beauftragen kann, die zwangsläufig auch die Gefahr der Vornahme rechtlich nicht vorteilhafter und nicht durch den gesetzlichen Vertreter genehmigter Rechtshandlungen mit sich bringt, erschiene es inkonsequent, ihm die Befugnis abzusprechen, im Verfahren selbst einen Vergleich zu schließen. Auch im Verfahren der freiwilligen Gerichtsbarkeit setzt die verfahrensbeendigende Wirkung eines Vergleichs grundsätzlich die Mitwirkung aller Beteiligten voraus, weshalb das Kind andererseits auch die Möglichkeit hat, einen Verfahrensabschluss durch Vergleich zu verhindern.[189]

Die Frage, ob die gesetzlichen Vertreter des Kindes auch bei bestehender Verfahrensfähigkeit desselben weiterhin als handlungsbefugt anzusehen sind, kann nicht in allgemein gültiger Weise beantwortet werden, da sich diesbezüglich weder § 9 I Nr. 2-4 FamFG noch der Tatsache der Verfahrensfähigkeit des Kindes an sich weiterführende Anhaltspunkte entnehmen lassen. Zu diesem Zweck ist vielmehr jede einzelne, die Verfahrensfähigkeit begründende Regelung nach den allgemeinen Methoden auszulegen und zu prüfen.[190] Im Rahmen der Verfahrensfähigkeit nach § 60 FamFG hat der Minderjährige aufgrund seiner vorverlagerten Verfahrensfähigkeit die Möglichkeit, sämtliche Verfahrenshandlungen selbst vorzunehmen. Aus dem Wortlaut der Vorschrift geht jedoch eindeutig hervor, dass der Minderjährige diese Rechte wahrnehmen „kann". Insofern besteht also keine Verpflichtung des Minderjährigen zum Tätigwerden. Daher ist davon auszugehen, dass auch der gesetzliche Vertreter grundsätzlich tätig werden darf.[191]

---

188 Vgl. in diesem Sinne auch Keidel/Kuntze/Winkler/*Engelhardt*, § 66 Rn. 4, § 70a Rn. 4; *Heiter* FamRZ 2009, 88; Prütting/Helms/*Abramenko*, § 60 Rn. 8.

189 Vgl. dazu *Vogel* FamRZ 2010, 1874; *Heiter* FamRZ 2009, 89; *Schael* FamRZ 2009, 266; damit im Einklang steht die Entscheidung des AG Ludwigslust (AG Ludwigslust FamRZ 2010, 488), das entschieden hat, dass bei der einvernehmlichen Regelung des Umgangsrechts der Eltern mit einem unter 14 Jahre alten Kind deren Zustimmung zu einem Vergleichsabschluss im Sinne des § 156 II FamFG die ausweislich der Gesetzesbegründung (BT-Drucks. 16/6308, S. 237) ebenfalls erforderliche Zustimmung des ebenfalls verfahrensbeteiligten (aber nicht nach § 9 I Nr. 3 FamFG verfahrensfähigen) Kindes konkludent in ihren Erklärungen enthalten ist.

190 Für §§ 112, 113 BGB ist diesbezüglich anerkannt, dass die gesetzliche Vertretungsbefugnis der Eltern ruht. Dagegen erschiene dies im Falle von § 1671 II Nr. 1 BGB als mit Sinn und Zweck dieser Vorschrift nicht vereinbar; vgl. *Heiter* FamRZ 2009, 88; Palandt/*Ellenberger*, § 112 Rn. 1 i.V.m. § 113 Rn. 1.

191 Vgl. Prütting/Helms/*Abramenko*, § 60 Rn. 8.

Kommt die jeweilige Einzelfallprüfung zu dem Ergebnis, dass die Eltern neben dem Kind weiterhin vertretungsberechtigt sind, bleiben folglich auch die von ihnen in Vertretung des Kindes vorgenommenen Verfahrenshandlungen wirksam. Widersprüchliche Verfahrenshandlungen werden weiterhin wie bisher unter Geltung des § 66 FGG (jetzt § 275 FamFG) zu handhaben sein. Danach lässt ein etwaiger Widerspruch zu Verfahrenshandlungen, die der gesetzliche Vertreter des Minderjährigen vorgenommenen hat, die von dem Minderjährigen vorgenommenen Verfahrenshandlungen unberührt.[192]

Kindesschutzvorschriften wie etwa § 159 I FamFG, der die persönliche Anhörung des Kindes uneingeschränkt, d.h. auch im Falle dessen Verfahrensfähigkeit, zwingend vorschreibt, bleiben anwendbar ohne dass es auf die in § 159 II FamFG aufgestellten Voraussetzungen ankommt. Ebenso wie § 9 I Nr. 3 FamFG trägt auch § 159 I FamFG dem Umstand Rechnung, dass der Kindeswille mit zunehmendem Alter und wachsender Einsichtsfähigkeit des Kindes an Bedeutung gewinnt. Gerade im Fall der Verfahrensfähigkeit nach § 9 I Nr. 2-4 FamFG ist daher eine Anhörung vor dem Erörterungstermin von großer Bedeutung. Durch sie wird das Kind in die Lage versetzt, dem Gericht in persönlicher Atmosphäre seine Position offen und vorbehaltslos zu schildern, was dem Gericht wiederum hilft, die für eine sinnvolle Gestaltung und Führung des weiteren Verfahrens erforderlichen Kenntnisse und Eindrücke zu bekommen.[193]

b) Verfahrensfähigkeit des Kindes bei Vertretung, § 9 II FamFG

Liegt keine der erörterten Varianten der eigenen Verfahrensfähigkeit des Kindes vor, ist auf den in § 9 II FamFG niedergelegten Grundsatz zurückzugreifen, wonach soweit ein Geschäftsunfähiger oder in der Geschäftsfähigkeit Beschränkter nicht verfahrensfähig ist, für ihn die nach bürgerlichem Recht dazu befugten Personen handeln. Gesetzliche Vertreter sind bei Kindern grundsätzlich die Eltern nach §§ 1626 I, 1629 BGB bzw. in Ermangelung elterlicher Sorge bzw. jeglicher Vertretungsberechtigung ausnahmsweise der Vormund gem. § 1793 I 1 BGB.

---

192 Vgl. Keidel/Kuntze/Winkler/*Kayser*, § 66 Rn. 4; *Heiter* FamRZ 2009, 88; gerade auch in solchen Fällen muss das Gericht jedoch sorgfältig prüfen, ob nicht die Bestellung eines Verfahrensbeistands nach § 158 FamFG ratsam erscheint; vgl. *DIJuF*, Stellungnahme vom 28.10.2009, S. 7, www.dijuf.de (Zugriff am 04.06.2013); hier wird sogar davon ausgegangen, dass die Verfahrensbeistandschaft ihren Hauptanwendungsbereich gerade in diesen Konstellationen hat.

193 Vgl. *Schael* FamRZ 2009, 267; Keidel/*Engelhardt*, § 159 Rn. 4; *Heiter* FamRZ 2009, 88; die Tatsache, dass dem heranwachsenden Kind durch verschiedene Vorschriften des materiellen Rechts zunehmend mehr Selbstverantwortung eingeräumt wurde, brachte zwangsläufig die Notwendigkeit mit sich, dieser Selbstverantwortung auch im Bereich des Verfahrensrechts zum Durchbruch zu verhelfen.

aa) Grundsätze der Vertretung des Kindes nach dem BGB

Nach der Legaldefinition der elterlichen Sorge i.S.v. § 1626 I 1 BGB haben die Eltern die Pflicht und das Recht, für das minderjährige Kind zu sorgen. Die elterliche Sorge umfasst dabei nach § 1626 I 2 BGB die Sorge für die Person des Kindes (Personensorge) und das Vermögen des Kindes (Vermögenssorge). Weiter umfasst die elterliche Sorge gem. § 1629 I 1 BGB auch die Vertretung des Kindes. Gem. § 1627 BGB haben die Eltern die elterliche Sorge in eigener Verantwortung und in gegenseitigem Einvernehmen zum Wohl des Kindes auszuüben.

Grundsätzlich vertreten die Eltern das Kind gem. § 1629 I 2 Hs. 1 BGB gemeinschaftlich. Ausnahmsweise vertritt ein Elternteil das Kind gem. § 1629 I 3 BGB allein, soweit er die elterliche Sorge allein ausübt[194] oder wenn ihm die Entscheidung nach § 1628 BGB übertragen ist. Außerdem wird das Kind im Fall des § 1638 III BGB bei Beschränkung der Vermögenssorge und im Fall des § 1687 I 2 BGB bei Getrenntleben der Eltern sowie bei Gefahr im Verzug nach § 1629 I 4 BGB von nur einem Elternteil vertreten.

Der Vater und die Mutter können das Kind gem. § 1629 II BGB insoweit nicht vertreten, als nach § 1795 BGB ein Vormund von der Vertretung des Kindes ausgeschlossen ist (§ 1629 II 1 BGB) oder das Familiengericht dem Vater und der Mutter nach § 1796 BGB die Vertretung entzogen hat (§ 1629 II 3 BGB) bzw. gem. § 1629 IIa BGB generell in einem Verfahren nach § 1598a II BGB.

bb) Problematik bei Interessenkollision

Die Voraussetzungen und die Folgen eines Interessenkonflikts in der Person des gesetzlichen Vertreters des Kindes wurden bereits vor Inkrafttreten des FamFG diskutiert. Die Diskussion bezog sich dabei auf bestimmte Verfahren bzw. Verfahrenshandlungen, etwa die Vaterschaftsanfechtung oder die Ersetzung der Einwilligung eines Elternteils in die Adoption. In der Konsequenz wurde bei Feststellung eines Interessenkonflikts im Einzelfall die Befugnis entzogen, das Kind in einem bestimmten Verfahren oder in Bezug auf eine bestimmte Verfahrenshandlung zu vertreten. Für die Mehrzahl der familiengerichtlichen Verfahren – selbst für die für das Kind bedeutsamsten (§§ 1684, 1666, 1671 BGB) – stellte sich die Problematik jedoch unter Geltung des alten Rechts nicht, da das Kind nicht die Stellung eines formell Verfahrensbeteiligten innehatte. Mit der Einführung des Instituts des Verfahrenspflegers nach § 50 FGG – des heutigen Verfahrensbeistands gem. §§ 158, 174, 191 FamFG – ging letztlich dennoch eine deutliche Stärkung der verfahrensrechtlichen Position des Kindes einher.[195]

---

194 Dies ist etwa im Fall des Todes bzw. der Todeserklärung eines Elternteils (§§ 1680 f. BGB), der tatsächlichen Verhinderung bzw. des Ruhens der elterlichen Sorge (§ 1678 BGB) oder des Entzugs der elterlichen Sorge (§§ 1666 III Nr. 6, 1671 BGB) der Fall.

195 Vgl. *DIJuF*, Stellungnahme vom 28.10.2009, S. 4, m.w.N., www.dijuf.de (Zugriff am 04.06.2013).

Sowohl in personen- als auch in vermögensrechtlichen Verfahren stellt sich unter Geltung des FamFG wegen der nunmehr vorgesehenen formellen Beteiligung auch des Kindes in verstärkter Form die Frage, ob (v.a. gemeinsam sorgeberechtigte) Eltern bei Auftreten von Interessenkollisionen von der Vertretung ausgeschlossen sind oder ihnen die Vertretungsmacht entzogen werden muss und infolgedessen ein Ergänzungspfleger zu bestellen ist, oder ob die ohnehin vorgesehene Bestellung eines Verfahrensbeistands als milderes Mittel zur Sicherung der Verfahrensrechte des Kindes genügt.

(1) Personenrechtliche Angelegenheiten

Unter personenrechtlichen Angelegenheiten sind im Wesentlichen Kindschaftssachen i.S.v. §§ 111 Nr. 2, 151 ff. FamFG zu verstehen. Abstammungssachen i.S.v. §§ 111 Nr. 3, 169 ff. FamFG und Adoptionssachen i.S.v. §§ 111 Nr. 4, 186 ff. FamFG sind m.E. – wie auch bereits im Rahmen von § 9 I Nr. 3 FamFG – ebenfalls von dem hier verwendeten Begriff der personenrechtlichen Angelegenheiten umfasst. Die von den personenrechtlichen zu unterscheidenden vermögensrechtlichen Angelegenheiten umfassen v.a. Erbausschlagungsverfahren.

Wie noch zu sehen sein wird, ist die Lösung der oben genannten Problematik der Vertretung des Kindes bei Interessenkollisionen in der Person des gesetzlichen Vertreters nicht für alle vorgenannten Verfahrensarten identisch.

(a) Vertretung Minderjähriger in Kindschaftssachen

In Kindschaftssachen i.S.v. §§ 111 Nr. 2, 151 ff. FamFG werden zu dem vorstehend dargestellten Problem in Rechtsprechung und Literatur folgende Ansichten vertreten:

(aa) Rechtsprechung

Als erste Obergerichte haben am 26. Oktober 2009 das OLG Stuttgart und am 26. November 2009 das OLG Oldenburg über die Notwendigkeit der Bestellung eines Ergänzungspflegers bei der Vertretung Minderjähriger in Kindschaftssachen entschieden. Trotz der Ähnlichkeit des Datums hätten die Entscheidungen nicht unterschiedlicher ausfallen können.

Bezeichnenderweise sind nämlich gerade diese beiden Entscheidungen für die zwei gegenläufigen Ansätze zur Lösung des Problems richtungsweisend, denn während das OLG Oldenburg[196] die Vertretungsbefugnis der Eltern für ihr Kind in einem Verfahren an dem neben dem Kind auch sie selbst beteiligt sind aufgrund von §§ 1629 II, 1795, 1796 BGB verneint und die Bestellung eines Ergänzungspflegers für notwendig erachtet, führt die Beteiligtenstellung Minderjähriger neben derjenigen ihrer Eltern nach Ansicht des OLG Stuttgart[197] nicht pauschal zur Notwendigkeit der Bestellung eines Ergänzungspflegers und kann die Sicherung der Verfahrensrechte

196 OLG Oldenburg NJW 2010, 1888.
197 OLG Stuttgart NJW-RR 2010, 222.

des Kindes ausreichend durch die Bestellung eines Verfahrensbeistands als milderes Mittel gewährleistet werden.

Das OLG Oldenburg[198] hatte in einer Kindschaftssache gem. § 151 Nr. 5 FamFG, nämlich über die Rechtmäßigkeit der zuvor durch das Amtsgericht Oldenburg angeordneten Entziehung der gesetzlichen Vertretungsbefugnis in einem Zwangsversteigerungsverfahren in das Grundstück des Kindesvaters sowie der aufgrund dessen erfolgten Bestellung eines Ergänzungspflegers zu entscheiden. Es hob den Beschluss auf und verwies die Sache zurück an das Amtsgericht, jedoch nicht ohne für das weitere Verfahren darauf hinzuweisen, dass in Fällen eines Entzuges der Vertretungsbefugnis der Eltern wegen erheblichen Interessengegensatzes nach §§ 1629 II 3, 1796 BGB die Bestellung eines Verfahrensbeistandes zur Wahrung der Kindesinteressen wegen § 158 IV 6 FamFG nicht ausreichend sei. Dies begründete es damit, dass der Verfahrensbeistand nicht gesetzlicher Vertreter des Kindes sei und infolgedessen weder für das Kind rechtsgeschäftliche Erklärungen abgeben noch entgegennehmen könne, keine Zustellungsvollmacht habe und Rechtsmittel nur im Interesse des Kindes, nicht aber für das Kind einlegen könne.[199] Vom Vorliegen eines erheblichen Interessengegensatzes i.S.v. § 1796 BGB mit der Folge des Ausschlusses der gesetzlichen Vertretungsbefugnis der Eltern sei dabei bereits dann auszugehen, wenn diese in gleicher Weise wie das Kind unmittelbar am selben Verfahren (gem. § 7 FamFG) beteiligt seien, da bei den das Kind betreffenden Konflikten zwischen Eltern die Gefahr eines Interessengegensatzes zu den Kindesbelangen nicht auszuschließen sei. Aus diesem Grund sei abweichend von der gesetzgeberischen Intention in der Mehrzahl der gerichtlichen Verfahren die Bestellung eines Ergänzungspflegers zwingend notwendig. Dies sei die zwangsläufige Folge der seit Inkrafttreten des FamFG vorgeschriebenen formellen Verfahrensbeteiligung von Kindern; eine anderweitige Auslegung übersteige die Befugnisse der Rechtsprechung.[200] Nichtsdestotrotz seien die Eltern im Verfahren zur Bestellung des Ergänzungspflegers noch nicht von der gesetzlichen Vertretung ausgeschlossen, eventuell sei in diesem Rahmen die Bestellung eines Verfahrensbeistandes zu erwägen.[201]

In der Folge hat sich soweit ersichtlich zunächst kein anderes Obergericht der Auffassung des OLG Oldenburg angeschlossen, jedoch war derselbe Senat später im

---

198 OLG Oldenburg NJW 2010, 1888 ff.

199 OLG Oldenburg NJW 2010, 1889.

200 OLG Oldenburg NJW 2010, 1889.

201 OLG Oldenburg NJW 2010, 1890; bereits an dieser Stelle sei angemerkt, dass die Ansicht des OLG Oldenburg nicht überzeugen kann. Die Entscheidung ist in sich widersprüchlich, da das Gericht selbst einen Ausschluss der Vertretungsbefugnis der Eltern im gesonderten Verfahren zur Bestellung des Ergänzungspflegers verneint, obwohl es sich dabei ebenfalls um eine Kindschaftssache i.S.v. § 151 Nr. 5 FamFG handelt, für die wie gesehen die allgemeinen Grundsätzen gelten. Dieser „dogmatische Bruch“ stellt für das Gericht unter Berücksichtigung der von ihm selbst aufgestellten Prämissen jedoch die einzige Möglichkeit dar, das Entstehen eines unendlichen Kreislaufs von Ergänzungspflegschaftsverfahren zu verhindern.

Rahmen einer Beschwerde gegen den Beschluss zur Anordnung einer Ergänzungspflegschaft in einem Verfahren betreffend das Aufenthaltsbestimmungsrecht als Teil des Sorgerechts noch einmal mit dieser Fragestellung befasst.[202] Auch in dieser Entscheidung beharrte er grundsätzlich auf seiner bisherigen Rechtsprechung, indem er die Beschwerde gegen die Bestellung eines Ergänzungspflegers zurückwies. Er stellte hierzu fest, dass soweit Eltern im Kindschaftsverfahren um das Sorgerecht stritten, dieser Streit zwar nicht immer und ausnahmslos einen erheblichen Interessengegensatz offenbare. Im vorliegenden Fall lebten die Eltern jedoch getrennt und hätten eine erhebliche räumliche Distanz zwischen sich hergestellt, was die konkrete Gefahr eines erheblichen Interessengegensatzes mit sich bringe. Gerade bei einer erheblichen Entfernung zwischen den Wohnorten der Eltern entstehe mit einem Aufenthaltswechsel für das Kind auch ein völlig neues soziales Umfeld. Aus diesem Grund unterschieden sich die für das Wohl des Kindes bedeutsamen Umstände erheblich vom Interesse eines Elternteils, zukünftig (gemeinsam mit dem Kind) in einem völlig neuen Umfeld einen eigenständigen Lebensmittelpunkt zu begründen bzw. zu verfestigen.[203]

Im gegenteiligen Sinn entschied das OLG Stuttgart[204] im Rahmen eines Verfahrens zum teilweisen Entzug der elterlichen Sorge[205] über eine Beschwerde gegen einen Beschluss des Familiengerichts, mit dem der Familienrichter u.a. das Kreisjugendamt, Abteilung Vormundschaften, ohne Begründung zum Ergänzungspfleger bestellt hatte. Aufgrund des besonderen Umstands, dass die vertretungsberechtigte Mutter den im Interesse des Kindes gestellten Antrag auf teilweisen Sorgerechtsentzug unterstützte und damit Interessenkonflikte nicht entstanden, verneinte das OLG die Voraussetzungen von §§ 1629 II 3, 1796 BGB. Es stellte jedoch im Wege eines *obiter dictum* fest, dass sich bei Vorliegen von erheblichen Interessensgegensätzen die Frage der Erforderlichkeit der Bestellung eines Ergänzungspflegers und des damit verbundenen Eingriffs in das Sorgerecht in Form der gesetzlichen Vertretung stellen würde. Diese Frage wäre lediglich dann zu bejahen, wenn das Kind in diesem Verfahren entweder konkrete eigene materiell-rechtliche Rechte[206] wahrzunehmen hätte oder der Interessenkonflikt die Wahrnehmung von Verfahrensrechten erfasse und dementsprechend eine Verfahrensfähigkeit im Sinne des § 9 FamFG sicherzu stellen sei, was in jedem Einzelfall festgestellt werden müsse.

202 OLG Oldenburg FPR 2011, 342 ff.; gegen diese Entscheidung wurde Rechtsbeschwerde zum BGH eingelegt (BGH NJW 2011, 3454 ff.).

203 OLG Oldenburg, FPR 2011, 343.

204 OLG Stuttgart NJW-RR 2010, 222 ff.

205 Das Verfahren betraf die Teilbereiche des Aufenthaltsbestimmungsrechts, der Unterschriftsbefugnis zur Stellung von Jugendhilfeanträgen, der Mitwirkungsbefugnis in Jugendhilfemaßnahmen und der Gesundheitsfürsorge.

206 In Verfahren nach § 1666 BGB stünden dagegen lediglich Eingriffsbefugnisse des Gerichts und keine subjektiven Rechte der beteiligten Kinder nach bürgerlichem Recht zur Prüfung an.

Daher könne ein Vorgehen nach §§ 1629 II 3, 1796 BGB nur in vereinzelten absoluten Ausnahmefällen[207] gerechtfertigt sein, wobei auch in diesen Fällen stets geprüft werden müsse, ob nicht die Bestellung eines Verfahrensbeistands nach § 158 FamFG einem solchen Eingriff in das Sorgerecht als milderes Mittel vorgehen müsste. Weder das FamFG noch die Gesetzesbegründung ließen Hinweise darauf erkennen, dass die Neuregelung zu einer erheblichen Verringerung der Bestellung von Verfahrensbeiständen zugunsten von Eingriffstatbeständen in ein bestehendes Sorgerecht und damit zu einer Verschärfung der rechtlichen Eingriffe führen sollte.[208]

Im Anschluss an diese Entscheidung entschied das OLG Koblenz[209] am 03. Oktober 2010 im Rahmen eines Verfahrens betreffend die elterliche Sorge über eine Beschwerde gegen die Anordnung einer Ergänzungspflegschaft, gab dieser statt und stellte der Ansicht des OLG Stuttgart folgend fest, dass die Bestellung eines Ergänzungspflegers in Sorgerechtsverfahren nur ausnahmsweise in besonderen Fällen in Betracht komme und dem Vorliegen eines Interessengegensatzes durch die Bestellung eines Verfahrensbeistandes hinreichend beigekommen werden könne.[210] Für die Annahme eines erheblichen Interessengegensatzes reiche nicht allein aus, dass die gesetzlichen Vertreter des Kindes Verfahrensgegner seien, solange ihr Streit die Interessen des Kindes nicht derart überlagere, dass die Interessen des Kindes gegen die Interessen der Eltern verteidigt werden müssten. Außerdem habe der Gesetzgeber in § 158 II Nr. 2 FamFG genau für den Fall, dass das Interesse des Kindes zu dem seiner gesetzlichen Vertreter in erheblichem Gegensatz stehe, die Bestellung eines Verfahrensbeistandes vorgesehen, was weitgehend überflüssig wäre, wenn in allen diesen Fällen bereits die Vertretung durch einen Ergänzungspfleger erfolgen würde.[211] Durch die gesetzlich geregelten Aufgaben und Befugnisse des Verfahrenspflegers gem. § 158 FamFG werde den Verfahrensrechten des Kindes ausreichend Rechnung getragen. Zwar sei der Verfahrensbeistand nicht gesetzlicher Vertreter des Kindes, allerdings werde damit auch ein Eingriff in die Elternrechte vermieden, was dem Grundsatz der Verhältnismäßigkeit entspreche, wonach solche Eingriffe nur dort erfolgen dürften, wo sie erforderlich seien, mildere Mittel also nicht zur Verfügung ständen. Der Gesetzgeber habe jedoch mit Einführung des Instituts des Verfahrensbeistands gerade ein solches milderes Mittel zur Verfügung gestellt und dessen Rechtsstellung gegenüber dem früheren Verfahrenspfleger noch aufgewertet.[212]

---

207 Derartige Ausnahmefälle lägen nach Ansicht des Gerichts etwa dann vor, wenn die Entgegennahme von Zustellungen, die Bestellung eines Rechtsanwalts oder die Einlegung von Rechtsmitteln von dem oder den zunächst vertretungsberechtigten Elternteilen nicht dem Interesse des Kindes gemäß vorgenommen werden könnten.

208 OLG Stuttgart NJW-RR 2010, 223.

209 OLG Koblenz NJW 2011, 236 ff.

210 OLG Koblenz NJW 2011, 236.

211 OLG Koblenz NJW 2011, 237.

212 OLG Koblenz NJW 2011, 237.

Das OLG Naumburg[213] schloss sich in seiner Entscheidung vom 07. Dezember 2010 der letztgenannten Ansicht an und stellte fest, dass nicht zu erkennen sei, wieso in Sorgerechtsverfahren stets ein Ergänzungspfleger zu bestellen sein sollte, denn – wie das OLG Koblenz zu Recht hervorgehoben habe – sei der Verfahrensbeistand nach § 158 III 2 FamFG als Beteiligter dem Verfahren hinzuzuziehen, und zwar nach § 158 III Nr. 1 FamFG so früh als möglich. Ferner habe der Verfahrensbeistand gem. § 158 IV 1 FamFG das „Interesse des Kindes“ festzustellen und im gerichtlichen Verfahren zur Geltung zu bringen; außerdem könne der Verfahrensbeistand nach § 158 IV 5 FamFG „im Interesse des Kindes“ Rechtsmittel einlegen. Demnach sei also das Kindesinteresse, so es sich im Widerstreit zu den Interessen seiner Eltern befinde, durch die Bestellung eines Verfahrensbeistandes umfassend im Verfahren geschützt. Im Regelfall, insbesondere wenn Maßnahmen nach § 1666 BGB zu prüfen seien, bedürfe es daher keiner gesonderten Bestellung eines Ergänzungspflegers für das Sorgerechtsverfahren, zumal die Bestellung des Verfahrensbeistandes den geringeren und damit verhältnismäßigeren Eingriff in das Elternrecht beinhalte. Dies entspreche auch der im Gesetzestext des § 158 FamFG zum Ausdruck gebrachten Intention des Gesetzgebers, wonach die Verpflichtung zur Beteiligung eines Verfahrensbeistands im Verfahren nach § 1666 BGB sowie seine Beteiligtenrechte und Möglichkeiten gem. § 158 FamFG im Vergleich zu denjenigen des früheren Verfahrenspflegers ausgeweitet worden seien. Zudem habe der Gesetzgeber sehr bedacht den bisherigen Begriff „Verfahrenspfleger“ gegen den neuen Begriff „Verfahrensbeistand“ ausgewechselt. Im Übrigen genüge auch die Beteiligung des Verfahrensbeistands den verfassungsmäßigen Anforderungen nach Art. 6 GG in der durch das Bundesverfassungsgericht[214] konkretisierten Auslegung.[215]

Zwischenfazit: Alles in allem scheinen m.E. die Argumente der letztgenannten Ansicht überzeugender, wonach die gesetzliche Vertretungsmacht nicht von

---

213 OLG Naumburg, Beschl. v. 07.12.2010, Az.: 3 UF 178/10, www.beck-online.de (Zugriff am 14.07.2014).

214 BVerfG FamRZ 2006, 1262 f.: Da auch die Gestaltung und Anwendung des Verfahrensrechts vom Grundrechtsschutz bestimmt werde, ergebe sich aus der verfassungsrechtlichen Verankerung des Kindeswohls in Art. 6 II und Art. 2 I GG i.V.m. dem Anspruch auf rechtliches Gehör (Art. 103 I GG) die Pflicht, das Kindeswohl verfahrensrechtlich dadurch zu sichern, dass dem Kind bereits im Verfahren ein Pfleger zur Wahrung seiner Interessen zur Seite gestellt wird. Der Grundrechtsschutz des Kindes und sein Anspruch auf rechtliches Gehör erforderten eine eigenständige Wahrnehmung der Kindesbelange. Diese Aufgabe obliege grundsätzlich den Kindeseltern. Stehen deren Interessen aber im Gegensatz zu denjenigen des Kindes, müsse dem Kind die Möglichkeit eingeräumt werden, seine Interessen in einer den Anforderungen des rechtlichen Gehörs entsprechenden Eigenständigkeit im Verfahren geltend zu machen. Dies geschehe bei einem Kind, dessen Alter und Reife eine eigene Wahrnehmung seiner Verfahrensrechte nicht erlaubt, durch einen „Vertreter“, den § 50 FGG vorsieht.

215 OLG Naumburg, Beschl. v. 07.12.2010, Az.: 3 UF 178/10, www.beck-online.de (Zugriff am 14.07.2014).

vornherein gem. §§ 1629 II, 1795 BGB ausgeschlossen bzw. regelmäßig gem. §§ 1629 II, 1796 BGB zu entziehen sein soll. Es erscheint vielmehr vorzugswürdig, die Entziehung der gesetzlichen Vertretungsmacht und die damit einhergehende Notwendigkeit der Bestellung eines Ergänzungspflegers nach wie vor als Ausnahme zu betrachten. Nachvollziehbar ist v.a. die Erwägung, dass es in der Regel für eine am Kindeswohl orientierte Interessenswahrnehmung tatsächlich ausreichend sein dürfte, dem Kind „lediglich" gem. § 158 FamFG einen Verfahrensbeistand zur Seite zu stellen und die Vertretungsmacht des gesetzlichen Vertreters im Übrigen unangetastet zu lassen.

Letztendlich wurde die Frage der Vertretung des minderjährigen Kindes in Kindschaftsverfahren nun einer Entscheidung durch den BGH[216] zugeführt. Die Entscheidung erging am 07. September 2011 im Rahmen der Rechtsbeschwerde gegen die Zurückweisung einer Beschwerde durch das OLG Oldenburg[217]. Dieser Entscheidung zufolge darf auch im Fall eines erheblichen Interessengegensatzes zwischen Eltern und Kind den Eltern die Vertretungsbefugnis im Rahmen eines Kindschaftsverfahrens dann nicht entzogen werden, wenn bereits durch die Bestellung eines Verfahrensbeistands für eine wirksame Interessenvertretung des Kindes Sorge getragen werden kann. Dass der Verfahrensbeistand nicht gesetzlicher Vertreter des Kindes sei, stehe dem nicht entgegen.[218] Da es sich bei der Entziehung der Vertretungsbefugnis um einen Eingriff in das Elternrecht handele, sei der Grundsatz der Verhältnismäßigkeit zu beachten, weshalb das Gericht vorher in jedem Fall zu prüfen habe, ob dem Interessengegensatz nicht auf andere Weise abgeholfen werden könne. Sei dies der Fall, so sei die Entziehung der Vertretungsbefugnis übermäßig und daher rechtswidrig. Da die originäre Aufgabe des Verfahrensbeistands in der Wahrung der Kindesinteressen in einem auf die Person bezogenen Kindschaftsverfahren bestehe und das Vorgängerinstitut des Verfahrenspflegers aufgrund vorausgegangener Fachdiskussion um die Subjektstellung des Kindes in Kindschaftsverfahren und die Gewährleistung einer verlässlichen Vertretung seiner – auch subjektiven – Interessen im Zuge der Kindschaftsrechtsreform von 1997 speziell für bestehende Interessenkollisionen zwischen Eltern und Kind eingeführt worden sei, sei davon auszugehen, dass den verfassungsrechtlichen Anforderungen an eine wirksame Vertretung der Kindesinteressen in Kindschaftsverfahren

216 BGH NJW 2011, 3454 ff. Bereits 3 Jahre vorher hatte der BGH (BGH FamRZ 2008, 1334) den Grundstein für diese Entscheidung gelegt, indem er entschied, dass das Recht des Kindes auf Umgang mit seinen Eltern ein höchstpersönliches Recht sei und nur von ihm selbst, vertreten durch den gesetzlichen Vertreter, geltend gemachte werden könne. Für den Fall, dass die Interessen des Kindes mit denen seines gesetzlichen Vertreters kollidieren sollten, habe ein Verfahrenspfleger die Vertretung zu übernehmen. Die Anordnung einer Ergänzungspflegschaft wurde trotz theoretischer Möglichkeit nicht erwogen.

217 OLG Oldenburg FPR 2011, 342 ff.

218 BGH NJW 2011, 3454.

Genüge getan wurde.[219] Die Tatsache, dass dem Verfahrensbeistand gem. § 158 IV 6 FamFG nicht die Befugnis zur gesetzlichen Vertretung zustehe, beruhe auf der gesetzgeberischen Zielsetzung, den Eingriff in das Elternrecht möglichst gering zu halten. Die gesetzliche Regelung gründe in der Annahme, dass die dem Verfahrensbeistand verliehenen Befugnisse zur effizienten Wahrung der Kindesinteressen ausreichend seien. Dem widerspräche es, durch die an dieselben Voraussetzungen geknüpfte Entziehung der Vertretungsbefugnis noch weitergehend in das Elternrecht einzugreifen.[220]

Im Anschluss an diese Entscheidung betonte derselbe Senat am 18. Januar 2012 in einer weiteren Entscheidung[221] unter Bezugnahme auf die obigen Ausführungen noch einmal, dass § 1796 BGB im Zusammenhang mit Kindschaftsverfahren dahin zu verstehen sei, dass eine Entziehung der elterlichen Vertretungsbefugnis dann nicht angeordnet werden dürfe, wenn durch die Bestellung eines Verfahrensbeistands bereits für eine wirksame Interessenvertretung des Kindes Sorge getragen werden könne.[222]

---

219 BGH NJW 2011, 3455 f.: Insbesondere könne die vom OLG Oldenburg zitierte Gesetzesbegründung zur Bestimmung des Beteiligtenbegriffs (BT-Drucks. 16/6308, S. 165) nicht zur Begründung der Behauptung herangezogen werden, dass das Kind in Konfliktfällen stets durch einen Ergänzungspfleger vertreten werden müsse, da sie sich nicht zu der Frage verhalte, wer zur gesetzlichen Vertretung des Kindes berufen sei, sondern lediglich den Gedanken zum Ausdruck bringe, dass durch die formelle Beteiligung der Grundsatz des effektiven Gehörs gewahrt werden soll. Dass an anderer Stelle der Gesetzesbegründung (BT-Drucks. 16/6308, S. 238) erwähnt sei, die vorher erfolgte Bestellung eines Ergänzungspflegers mache die Bestellung eines Verfahrensbeistands entbehrlich, stehe dem ebenfalls nicht entgegen, da es hier um die vorgelagerte Frage gehe, ob überhaupt ein Ergänzungspfleger zu bestellen sei. Im Übrigen sei der Ergänzungspfleger auch nicht wie vom OLG Oldenburg behauptet (vgl. OLG Oldenburg NJW 2010, 1889) mit einem Rechtsanwalt oder anderen Verfahrensbevollmächtigten i.S.v. § 158 V FamFG vergleichbar.

220 BGH NJW 2011, 3456.

221 In diesem Verfahren hatte das AG Osnabrück (AG Osnabrück, Beschl. v. 30.11.2010, Az.: 72 F 191/10, www.beck-online.de, Zugriff zuletzt am 15.07.2014) im Rahmen eines Antrags des Vaters auf Beteiligung an der bisher der Mutter allein zustehenden elterlichen Sorge (die Eltern waren bei Geburt des Kindes nicht miteinander verheiratet) die Ergänzungspflegschaft angeordnet und eine Ergänzungspflegerin bestellt, wogegen Beschwerde zum OLG Oldenburg eingelegt worden war, welches diese zurückgewiesen hatte (OLG Oldenburg, Beschl. v. 08.02.2011, Az.: 11 UF 195/10, www.beck-online.de, Zugriff zuletzt am 15.07.2014). Dagegen war unter dem Az.: XII ZB 489/11 Rechtsbeschwerde zum BGH eingelegt worden, vgl. BGH FamRZ 2012, 436 ff.

222 BGH FamRZ 2012, 437.

(bb) Stellungnahme

Gegen die dargestellte Argumentation des OLG Oldenburg, dass bei den das Kind betreffenden Konflikten zwischen den Eltern als in gleicher Weise Beteiligten wegen der potentiellen Gefahr eines Interessengegensatzes auf die Bestellung eines Ergänzungspflegers nicht verzichtet werden könne, sprechen folgende Gesichtspunkte:

Ausgangspunkt ist der Umstand, dass verfahrensunfähige Kinder gem. § 9 II FamFG grundsätzlich von ihren Eltern als den nach bürgerlichem Recht dazu befugten Personen (vgl. §§ 1626 I 1, 1629 I 1 BGB) vertreten werden.

Für die Frage, unter welchen Umständen von der verfahrensrechtlichen Relevanz einer Interessenkollision mit der Folge des Ausschlusses der Vertretungsbefugnis auszugehen ist, ist mangels diesbezüglicher Regelung in § 9 FamFG selbst auf § 1629 II 3 i.V.m. §§ 1795, 1796 BGB zurückzugreifen.

Wichtig ist dabei zu erkennen, dass die Vertretungsbefugnis nicht bereits nach § 1629 II 1 i.V.m. § 1795 I Nr. 1, 3, II (ggf. i.V.m. § 181) BGB ausgeschlossen sein kann: Die Verfahrensvertretung ist offensichtlich nicht als Rechtsgeschäft anzusehen, wie es für § 1795 I Nr. 1 BGB erforderlich wäre. Die Verfahrensvertretung erfolgt jedoch auch nicht im Rahmen eines Rechtsstreits i.S.v. § 1795 I Nr. 3 BGB, da darunter seit jeher lediglich jeder Zivilprozess und ferner die sog. echten Streitsachen der freiwilligen Gerichtsbarkeit – also „Verfahren, in denen das Gericht der FG materiell rechtskräftig (wie im Zivilprozess) über subjektiv private Rechte von Verfahrensbeteiligten [...] mit entgegengesetzten Interessen“ entscheidet – verstanden werden.[223] Die oben genannten personenrechtlichen Angelegenheiten, jedenfalls aber Kindschaftssachen, fallen keinesfalls unter diesen Begriff.[224]

Hätte der Gesetzgeber die vom OLG Oldenburg vertretene Auffassung[225] geteilt, wäre es m.E. für ihn ein Leichtes gewesen, § 1795 BGB im Wege einer klarstellenden Einfügung entsprechend zu modifizieren.[226]

Nach § 1629 II 3 i.V.m. § 1796 II BGB kann das Familiengericht dem Vater und/oder der Mutter die Vertretung entziehen, wenn das Interesse des Kindes zu dem Interesse des jeweiligen Elternteils oder eines von diesem vertretenen Dritten oder seines Ehegatten, seines Lebenspartner oder eines seiner Verwandten in gerader Linie in erheblichem Gegensatz steht und der Eingriff in die elterliche Sorge erforderlich

---

223 Vgl. nicht abschließend BGH NJW 2012, 1731 ff.; Keidel/Kuntze/Winkler/*Schmidt*, § 12 Rn. 226; Staudinger/*Engler*, § 1795 Rn. 30; *Schürmann* FamFR 2009, 156; *Althammer* GJS 2012, 210; an dieser Definition dürfte sich auch nach Inkrafttreten des FamFG nicht grundlegend etwas geändert haben, vgl. *Keuter* NJW 2010, 1851.

224 Vgl. *Schael* FamRZ 2009, 268; ebs. *Althammer* GJS 2012, 210; *DIJuF*, Stellungnahme vom 28.10.2009, S. 5, www.dijuf.de (Zugriff am 04.06.2013); eine Analogie zu § 1629 III BGB scheidet bereits aufgrund des Ausnahmecharakters dieser Regelung aus, vgl. beispielhaft *Vogel* FamRZ 2010, 1873.

225 OLG Oldenburg NJW 2010, 1889: „Als in gleicher Weise unmittelbar Beteiligte mit gegensätzlichen Interessen können [...] die Eltern ein Kind im selben Verfahren nicht gesetzlich vertreten.“

226 Vgl. *Keuter* NJW 2010, 1852.

ist, um die besagte – potentiell zulasten des Minderjährigen gehende – erhebliche Interessenkollision aufzulösen.

§ 1796 BGB sieht im Gegensatz zu § 1795 BGB keinen abstrakt-typisierten Ausschluss der Vertretungsbefugnis vor, sondern die Möglichkeit ihres Entzugs bei Feststellung eines Interessenkonflikts im konkreten Einzelfall.

Von einem erheblichen Interessengegensatz i.S.v. § 1796 II BGB ist dabei bereits dann auszugehen, „wenn aufgrund der Interessenverschränkung die Gefahr besteht, der (gesetzliche Vertreter) werde im Konfliktfall das (Wohl des Kindes) nicht mit der gebotenen Zielstrebigkeit verfolgen“[227]. Ein derartiger Interessengegensatz muss bezogen auf den Einzelfall hinreichend konkret feststellbar sein.

Nach Auffassung des Deutschen Instituts für Jugendhilfe und Familienrecht e.V. und daran anschließend des OLG Oldenburg besteht grundsätzlich ein erheblicher Interessenkonflikt i.S.v. § 1796 BGB, „wenn sorgeberechtigte Eltern bzw. ein sorgeberechtigter Elternteil zugleich ihre Verfahrensrechte und die des Minderjährigen in einem Verfahren wahrnehmen“, sodass in diesen Fällen sorgeberechtige Eltern bzw. ein sorgeberechtigter Elternteil nicht gleichzeitig als Beteiligte und gesetzliche Vertreter des Minderjährigen auftreten können und ihnen daher bezogen auf das konkrete Verfahren in der Regel zumindest der Teil der elterlichen Sorge entzogen werden muss, der zur Vertretung des Kindes in diesem Verfahren berechtigt.[228] Von einer Entziehung sei deshalb nur dann ausnahmsweise abzusehen, wenn ein erheblicher Interessengegensatz trotz der theoretischen Möglichkeit seines Bestehens aufgrund der besonderen Umstände des konkreten Einzelfalls nicht vorliege.[229]

Dies überzeugt m.E. nicht. Eine konkrete Gefährdung des Kindesinteresses kann weder allein mit der abstrakten Tatsache der Verfahrensbeteiligung beider oder eines Sorgeberechtigten noch mit bloß widersprechenden Verfahrensanträgen der Eltern bei gemeinsamer Sorgeberechtigung begründet werden. Vielmehr muss das Vorliegen einer konkreten Gefährdung, wie oben bereits erwähnt, im Einzelfall nachgewiesen werden. Nach zustimmungswürdiger Ansicht[230] folgt dies auch aus einem Umkehrschluss zu § 1629 IIa BGB, der als absolute Ausnahmevorschrift die Tauglichkeit der Eltern als gesetzliche Vertreter ausschließlich in Bezug auf besondere Abstammungssachen i.S.v. § 1598a BGB ausschließt. Von einem Interessengegensatz ist daher im Rahmen von Sorge- und Umgangsrechtsverfahren erst dann auszugehen, wenn das Interesse der Eltern bzw. eines Elternteils im konkreten Fall nachweislich nur zulasten des Kindes realisiert werden kann bzw. wenn die Interessen des Kindes von dem Streit zwischen den Eltern in einer Weise überlagert oder sogar verdrängt werden, dass eine Verteidigung der Kindesinteressen

---

227 Vgl. MünchKomm/*Wagenitz*, § 1796 Rn. 5; Palandt/*Diederichsen*, § 1796 Rn. 2; *Schürmann* FamFR 2009, 156.

228 Vgl. OLG Oldenburg FamRZ 2009, 662, m.w.N.; *DIJuF*, Stellungnahme vom 28.10.2009, S. 5, www.dijuf.de (Zugriff am 04.06.2013).

229 Vgl. MünchKomm/*Wagenitz*, § 1796 Rn. 14.

230 Vgl. *Vogel* FamRZ 2010, 1873; *Althammer* GJS 2012, 211; Helms/Kieninger/Rittner/*Kieninger*, S. 36 Rn. 76.

geboten erscheint.[231]Dies wird auch unter Geltung des FamFG regelmäßig erst dann angenommen werden können, wenn eine Frontstellung zwischen dem Kind einerseits und den Eltern andererseits festzustellen ist. Solange sich der geäußerte Wille des Kindes dagegen mit dem Antragsanliegen eines Elternteils deckt, ist weiterhin die Bestellung eines Pflegers allein aufgrund der kontradiktorischen Anträge der Eltern im Regelfall nicht notwendig.[232] Gestützt wird diese Ansicht durch folgende Argumente:

Es existieren keinerlei Anhaltspunkte dafür, dass es die Intention des Gesetzgebers gewesen wäre, mit Einführung des neuen Familienverfahrensrechts zur Gewährleistung der ordnungsgemäßen Vertretung des Kindes die Zahl der Fälle zu vermehren, in denen sich die Bestellung eines Ergänzungspflegers als notwendig erweist. Im Gegenteil sollte der Eingriff in das gesetzliche Vertretungsrecht der Eltern gering bleiben; die Eltern sollten daher auch in der Regel Verfahrensvertreter sein.[233]

Vorgenannte Ansicht wird zudem auch durch die Ausgestaltung der Voraussetzungen für die Bestellung eines Verfahrensbeistands in § 158 FamFG bestätigt. Das Gericht hat dem minderjährigen Kind gem. § 158 I FamFG in Kindschaftssachen, die seine Person betreffen, einen geeigneten Verfahrensbeistand zu bestellen, soweit dies zur Wahrung der Kindesinteressen erforderlich ist. Erforderlichkeit in diesem Sinne liegt ausweislich der Gesetzesmaterialien zu § 50 FGG vor, wenn es sich erstens um eine Angelegenheit handelt, die für das Kind von erheblicher Bedeutung ist, wenn zweitens die konkrete Gefahr besteht, dass der gesetzliche Vertreter des Kindes zur Wahrnehmung dessen Interessen nicht in der Lage ist und wenn gleichzeitig zu befürchten ist, dass die Interessen des Kindes selbst unter Berücksichtigung der allgemeinen Verfahrensgarantien nicht hinreichend gewahrt werden.[234] Dies ist im Ergebnis als Umsetzung der Rechtsprechung des BVerfG[235] anzusehen, das betonte, der verfassungsrechtliche Grundrechtsschutz von Kindern fordere eine Verfahrensgestaltung, die eine eigenständige Wahrnehmung der Rechte des Kindes wie seiner Belange sicherstelle. Diese Aufgabe obliege grundsätzlich den sorgeberechtigten Eltern des Kindes. Gebe es jedoch Anhaltspunkte dafür, dass die Interessen des Kindes mit denen des ihn vertretenden Elternteils in Konflikt stehen könnten, müsse dem Kind die Möglichkeit eingeräumt werden, sein eigenes Interesse unabhängig von seinem Elternteil im Verfahren geltend zu machen. Dies geschehe bei Kindern, deren Alter die eigene Wahrnehmung ihrer Interessen und Rechte noch nicht erlaube, durch den gesetzlich vorgesehenen Verfahrenspfleger (der mittlerweile durch den Verfahrensbeistand ersetzt wurde). Ist jedoch sogar die Bestellung eines Verfahrensbeistands – welche nicht einmal einen besonders

---

231 Vgl. BGH NJW 2011, 3454 f.; *Keuter* NJW 2010, 1851; *Althammer* GJS 2012, 211.

232 OLG Düsseldorf NJW 2000, 1274.

233 BR-Drucks. 309/07, S. 533; *Salgo* FPR 2011, 316; *Keuter* NJW 2010, 1852.

234 BT-Drucks. 13/4899, S. 131; so auch MünchKommFamFG/*Schumann*, § 158 Rn. 6, m.w.N.

235 BVerfG FamRZ 2008, 852 f.

gravierenden Eingriff in das elterliche Recht darstellt – nur im konkreten Einzelfall gerechtfertigt, so muss dies erst recht für die Bestellung eines Ergänzungspflegers gelten, welche zwingend den vorherigen Entzug der elterlichen Sorge – und damit einen weitaus erheblicheren Eingriff in das Grundrecht der Eltern aus Art. 6 GG – voraussetzt. Das Nebeneinander von Kompetenzen, welches dadurch entsteht, dass die Verfahrensbeistandschaft „neben" und nicht „an die Stelle" der elterlichen Sorge tritt, ist dem bürgerlichen Recht durchaus bekannt. Die Situation bei der Beistandschaft i.S.v. § 1716 BGB, in gewissen Teilen bei der Betreuung sowie bei der rechtsgeschäftlichen Bevollmächtigung ist damit im Wesentlichen vergleichbar. Auch in diesen Fällen wird auf diese Weise bezweckt, eine Entrechtung möglichst zu vermeiden.[236]

Der Grundsatz, dass der Eingriff in das verfassungsmäßige Elternrecht dem Verhältnismäßigkeitsprinzip entsprechend prinzipiell gering gehalten werden soll, wird überdies gerade auch durch die Ausgestaltung der Stellung des Verfahrensbeistandes an sich bestätigt, indem dieser nicht zur gesetzlichen Vertretung des Kindes ermächtigt wurde (§ 158 IV 6 FamFG). Die der Begrenzung seines Handlungsspielraumes zugrunde liegenden gesetzgeberischen Erwägungen zeigen, dass es nach den Vorstellungen des Gesetzgebers mit der Bestellung eines Verfahrensbeistandes als Interessenvertreter des Kindes sein Bewenden haben sollte. Die gesetzliche Regelung beruht auf der Annahme, dass die dem Verfahrensbeistand verliehenen Befugnisse zur effizienten Wahrung der Kindesinteressen ausreichend sind und gleichzeitig in die Befugnisse der Eltern nicht weiter eingegriffen werden soll, als es zur Erreichung dieses Ziels notwendig ist.[237]

Zwischenfazit: Aufgrund dieser Argumente erscheint es m.E. unter Berücksichtigung des Übermaßverbotes richtig, die Bestellung eines Verfahrensbeistandes als gegenüber der Bestellung eines Ergänzungspflegers vorzugswürdiges milderes Mittel anzusehen, was dafür spricht, das Bestehen eines Interessengegensatzes nicht als die Regel, sondern vielmehr als die Ausnahme anzusehen.[238]

---

236 Vgl. *Salgo* FPR 2011, 316.

237 BT-Drucks. 16/6308, S. 240; BGH NJW 2011, 3456; bestätigend *Salgo* FPR 2011, 315; a.A. *Weinreich* FuR 2011, 304; *Schürmann* FamFR 2009, 158; *Althammer* GJS 2012, 213, der eine Stufenlösung befürwortet, nach der bei einfachen Streitigkeiten weder die Bestellung eines Ergänzungspflegers noch eines Verfahrensbeistands, bei Streitigkeiten der zweiten Stufe nur die Bestellung eines Verfahrensbeistands und erst auf der dritten Stufe, als absoluter Ausnahmefall, die Bestellung eines Ergänzungspflegers in Betracht kommt.

238 Vgl. *Rüntz/Viefhues* FamRZ 2010, 1289; *Keuter* NJW 2010, 1852; AK 11, 18. Dt. Familiengerichtstag S. 119; *Althammer* GJS 2012, 213 mit Verweis auf BT-Drucks. 13/4899, S. 129 und BR-Drucks. 180/96, S. 140, wonach bereits durch den damals eingeführten § 50 FGG bezweckt worden sei, dem Kind ohne Entziehung der Vertretungsmacht einen Pfleger für das gerichtliche Verfahren zur Seite zu stellen.

Zumeist wird von der gegenteiligen Ansicht auf drei potentielle Gefahren verwiesen, namentlich darauf, dass dem Verfahrensbeistand die Zustellungsvollmacht sowie die Befugnis fehle, Willenserklärungen für das Kind abzugeben bzw. anzunehmen, und Rechtsmittel durch ihn nur im Interesse des Kindes, nicht aber in dessen Namen eingelegt werden könnten (vgl. § 158 IV 5 FamFG). Indes spricht nichts dagegen anzunehmen, dass diese Befugnisse weiterhin durch die sorgeberechtigten Elternteile wahrgenommen werden können. Insbesondere wird dadurch nicht die Stellung des Kindes als Subjekt des Verfahrens beeinträchtigt.[239]

Die erstgenannte Gefahr, nämlich dass die Sorgeberechtigten dem Kind die diesem zu ihren Händen zugestellten Schriftstücke vorenthalten könnten, ist vergleichsweise gering. Das Kind wird durch den Verfahrensbeistand über Gegenstand, Ablauf und möglichen Ausgang des Verfahrens in geeigneter Weise informiert (vgl. § 158 IV 2 FamFG). Ab 14 Jahren sind beschwerdefähige Entscheidungen gem. § 164 FamFG dem Kind sogar persönlich bekannt zu machen.[240]

In Bezug auf die zweitgenannte Gefahr, die fehlende Befugnis zur wirksamen Abgabe bzw. Entgegennahme von Willenserklärungen, ist festzustellen, dass diese im Rahmen von Gerichtsverfahren im Wesentlichen für den Abschluss von Prozessvergleichen von Bedeutung ist, da diese auch in FamFG-Verfahren möglich sind und wegen ihrer sog. Doppelnatur als Verfahrenshandlung und materiell-rechtliches Rechtsgeschäft die Befugnis zur wirksamen Abgaben bzw. Entgegennahme von Willenserklärungen erfordern. Der Gefahr, dass die Eltern im Namen ihres Kindes einem Vergleich zustimmen, der für sie vorteilig, für das Kind jedoch nachteilig ist, kann jedenfalls bei einer einvernehmlichen Regelung des Umgangs oder der Herausgabe des Kindes dadurch beigekommen werden, dass das Gericht seine gem. § 156 II FamFG notwendige Billigung versagt, was es grundsätzlich zu tun verpflichtet ist, wenn die Umgangsregelung dem Kindeswohl widerspricht (vgl. § 156 II 2 FamFG). Die Regelung sollte ausweislich der Begründung des Rechtsausschusses den Anwendungsbereich des § 36 FamFG auf das Umgangsrecht erweitern, das nicht zur Disposition der Beteiligten steht; für alle anderen Kindschaftssachen bleibt es bei der Regelung des § 36 FamFG.[241] Diese enthält zwar nicht das Erfordernis der

---

239 Vgl. *Salgo* FPR 2011, 319; *Keuter* NJW 2010, 1853; *Althammer* GJS 2012, 211 f., der zu Recht darauf verweist, dass die dargestellte Argumentation am Kern des Problems vorbeizielt, da nicht die Frage entscheidend ist, ob der Verfahrensbeistand als Ersatzvertreter fungieren kann, sondern vielmehr die Überlegung, ob seine Hinzuziehung ausreichend Deeskalationspotential aufweist, dass nicht an der Vertretungsmacht der Eltern gerüttelt werden muss.

240 Zu Recht weist *Keuter* NJW 2010, 1853 überdies darauf hin, dass das Gericht selbst seine Verfügungen gegenüber den Eltern notfalls auch zwangsweise durchsetzen kann; *Althammer* (*ders.* GJS 2012, 212) verweist in diesem Zusammenhang darauf, dass diesem Einwand sinnvollerweise *de lege ferenda* dadurch entgegen getreten werden sollte, dem Verfahrensbeistand die Empfangsbefugnis i.S.v. § 170 ZPO zuzusprechen.

241 BT-Drucks. 16/6308, S. 237.

gerichtlichen Billigung, jedoch ist der Schutz der Kindesinteressen hier ebenfalls gewährleistet, da § 36 I 1 FamFG davon spricht, dass „die Beteiligten" einen Vergleich schließen können. Zu den Beteiligten gehört nach der Regelung des § 158 III 2 FamFG aber auch der Verfahrensbeistand, der regelmäßig einem das Kind einseitig belastenden Vergleich nicht zustimmen darf, da es im Gegenteil gerade seine Aufgabe ist, das Interesse des Kindes im gerichtlichen Verfahren positiv zur Geltung zu bringen (vgl. § 158 IV 1 FamFG).[242]

Die drittgenannte Gefahr, die daraus resultieren soll, dass der Verfahrensbeistand Rechtsmittel nur im Interesse, nicht aber im Namen des Kindes einlegen darf, ist ebenfalls vernachlässigenswert, da es entscheidend auf das Ergebnis ankommt, nämlich darauf, dass die beanstandete Entscheidung überhaupt im Wege der Einlegung eines Rechtsmittels auf ihre Kindeswohlverträglichkeit überprüft wird: Legen Eltern im Namen des Kindes Rechtsmittel gegen eine für dieses vorteilhafte Entscheidung ein, so ist davon auszugehen, dass das Rechtsmittelgericht die Beschwerde abweisen wird. Im entgegengesetzten Fall, d.h. wenn die Eltern keine Beschwerde einlegen, obwohl die Entscheidung für das Kind nachteilhaft ist, hat der Verfahrensbeistand die Möglichkeit, Beschwerde einzulegen. Da familiengerichtliche Entscheidungen, also Beschlüsse (vgl. § 38 FamFG), grundsätzlich[243] bereits mit Bekanntgabe wirksam werden (vgl. § 40 f. FamFG) und einem minderjährigen Beteiligten Kosten in Verfahren, die seine Person betreffen, nicht auferlegt werden können (vgl. § 81 III FamFG), sind Nachteile für das Kind nicht zu erwarten.[244]

Unter Berücksichtigung all dessen ist m.E. nicht ersichtlich, warum die durch die fehlende Vertreterstellung verursachte Lücke in der Bandbreite der Befugnisse des Verfahrensbeistands im Vergleich zu denen eines Ergänzungspflegers nicht dadurch geschlossen werden können sollte, dass diese – Vertretungsbefugnis voraussetzenden – Privilegien bei den eigentlichen gesetzlichen Vertretern, in der Regel also bei den Eltern, belassen werden.

Zusätzlich zu diesen rein rechtstheoretischen Erwägungen sprechen auch praktische Gesichtspunkte, insbesondere der entstehende Zeitaufwand, gegen die grundsätzliche Anordnung einer Ergänzungspflegschaft:

Zunächst erfordert die Bestellung eines Ergänzungspflegers, dass eine gesonderte Akte anzulegen ist. Grund hierfür ist neben statistischen Gründen der Umstand,

242 *Keuter* (*ders.* NJW 2010, 1853) greift hier zu kurz, da er auch Verfahren betreffend die elterliche Sorge gem. § 151 Nr. 1 FamFG von der Regelung des § 156 II FamFG erfasst sieht, welche jedoch ausdrücklich nur den Umgang und die Herausgabe des Kindes, mithin Verfahren gem. § 151 Nr. 2 und 3 FamFG betrifft.

243 Wie *Keuter* (*ders.* NJW 2010, 1853) richtig feststellt, kann ein Verfahrensbeistand im Ausnahmefall des § 148 FamFG, also dann, wenn eine Kindschaftssache als Folgesache i.S.v. § 137 II FamFG im Verbund verhandelt wird und daher eine dem Kindeswohl entsprechende Entscheidung erst mit Rechtskraft des Scheidungsausspruchs Wirksamkeit erlangt, den Erlass einer einstweiligen Anordnung beantragen, welche aufgrund ihrer Rechtsnatur sofort wirksam ist.

244 Vgl. hierzu *Keuter* NJW 2010, 1853 und Kap. B.II.3.b.

dass die Bestellung eines Ergänzungspflegers gem. §§ 3 Nr. 2 lit. a, 14 RpflG der Zuständigkeit des Rechtspflegers unterfällt.[245] Diese wechselnde Zuständigkeit bringt erstens das Erschwernis mit sich, dass der mit dem Ausgangsverfahren gem. § 151 Nr. 1-3 FamFG befasste Richter kaum eine Handhabe hat, wenn der Rechtspfleger bei der Prüfung der Bestellung eines Ergänzungspflegers zu dem Schluss gelangt, diese abzulehnen, und keiner der Beteiligten dagegen Beschwerde einlegt.[246]

Zwar besteht zur Vermeidung dieser Schwierigkeit grundsätzlich die Möglichkeit, dass der Richter abweichend von der grundsätzlichen gesetzlichen Aufgabenteilung zwischen Rechtspfleger und Richter gem. § 6 RPflG von vornherein die Entscheidung an sich zieht. Dies ändert aber nichts an dem zweiten grundlegenderen Problem, dass die grundsätzliche Bestellung eines Ergänzungspflegers zu dem in § 155 FamFG statuierten Beschleunigungsgebot in Widerspruch steht, da in dem diesbezüglichen Verfahren die notwendigen Anhörungen (vgl. §§ 159 ff. FamFG) durchzuführen und die gem. §§ 1909, 1915, 1789 BGB notwendigen Formalitäten einzuhalten sind, was alles in allem für gewöhnlich geraume Zeit in Anspruch nimmt.[247]

Weitere zeitliche Verzögerungen können sich daraus ergeben, dass die Rechtsprechungspraxis zur Vermeidung einer Zurückverweisung den Kreis der Adressaten der Bekanntgabe des Beschlusses, mit dem ein Ergänzungspfleger bestellt wird, möglichst weit ziehen wird, da die Wirksamkeit der Bestellung erst mit Bekanntgabe des Beschlusses an den letzten Beteiligten mit Sicherheit bejaht werden kann.[248] Grund dafür ist, dass ein Beschluss gem. § 40 FamFG mit Bekanntgabe an den Beteiligten, für den er seinem wesentlichen Inhalt nach bestimmt ist, wirksam wird.

Da die Handhabung dieser Bestimmung (vgl. § 16 I FGG a.F.) bereits unter Geltung des FGG Schwierigkeiten bereitete, einigte man sich damals auf die Formel, dass die Bekanntgabe an denjenigen gemeint sei, dessen Rechtsstellung durch die erlassene Entscheidung nach deren Inhalt und Zweck unmittelbar betroffen wird

245 Allein wenn das Kind Angehöriger eines anderen Staates ist, ist der Richter gem. § 14 I Nr. 10 RPflG zuständig für die Einrichtung der Pflegschaft; vgl. *Keuter* NJW 2010, 1853; Bassenge/Roth/*Roth*, § 3 Rn. 26 ff., § 14.

246 Der Richter könnte, obwohl das Kind nach der zu widerlegenden Ansicht nicht ordnungsgemäß vertreten wäre, in einem solchen Fall entweder das Kindschaftsverfahren fortführen oder er könnte – der ablehnenden Entscheidung des Rechtspflegers zum Trotz – selbst die Bestellung vornehmen, vgl. *Keuter* NJW 2010, 1853.

247 Vgl. *Götz* NJW 2010, 898; *Salgo* FPR 2011, 316; *Rüntz/Viefhues* FamRZ 2010, 1289; *Althammer* GJS 2012, 212; das Beschleunigungsgebot des § 155 FamFG beruht gerade auf der Erkenntnis, dass kindschaftsrechtliche Verfahren die betroffenen Kinder in besonders hohem Maße belasten und das kindliche Zeitempfinden ohnehin ein anderes ist als das Erwachsener. Durch das Gebot des § 155 FamFG sollten kindschaftsrechtliche Verfahren daher um zeitintensive aber letztlich unnütze Abläufe bereinigt werden, vgl. *Hornikel*, Impulsreferat, S. 2, www.amtsgericht-ulm.de (Zugriff am 28.05.2013).

248 Vgl. *Keuter* NJW 2010, 1854.

bzw. dem sie bekannt werden muss, um ihren Zweck zu erfüllen.[249] Die Einrichtung einer Ergänzungspflegschaft richtet sich nicht nur an den Pfleger, indem sie dessen Rechtsposition begründet, sondern immer auch an die Eltern, da diesen ein Teil ihrer Elternrechte entzogen wird und darüber hinaus auch an das Kind, dessen Rechte zwangsläufig durch den Eingriff in das korrespondierende Elternrecht beschränkt werden.[250] Grundsätzlich war insofern anerkannt, dass bei Entziehung einer Rechtsposition stets der bisherige Rechtsinhaber in dem genannten Sinne „betroffen“ war. Gleichzeitig war aber auch anerkannt, dass die Bestellung eines Pflegers schon mit der Zustellung des Beschlusses an den Bestellten wirksam wurde.[251] Zu guter Letzt wurde zudem regelmäßig davon ausgegangen, dass im Falle mehrerer Beteiligter, für die der Beschluss seinem wesentlichen Inhalt nach bestimmt ist, bei untrennbarem Inhalt die Bekanntgabe an jeden Beteiligten für die Wirksamkeit des Beschlusses notwendig ist und daher die Wirksamkeit erst mit der zeitlich letzten Bekanntgabe eintritt.[252] Unter Geltung des FamFG sind nunmehr alle genannten Personen Beteiligte i.S.v. § 7 FamFG. Daher wird – wie bereits erwähnt – die Wirksamkeit der Bestellung erst mit Bekanntgabe des Beschlusses an den letzten Beteiligten mit Sicherheit bejaht werden können.

Letztlich dient auch der – lediglich deklaratorische – Ausschluss der selbstständigen Anfechtbarkeit der Bestellung eines Verfahrensbeistandes i.S.v. § 158 III 4 FamFG dem in § 155 FamFG postulierten und nach der Intention des Gesetzgebers prioritären Zweck, Verfahrensverzögerungen zu verhindern.[253] Diesem gesetzgeberischen Ziel würde es zuwiderlaufen, neben oder anstatt der Bestellung eines Verfahrensbeistands zugunsten der Bestellung eines Ergänzungspflegers die elterliche Vertretungsbefugnis zu entziehen, was ein gesondertes, rechtsmittelbewehrtes Verfahren erforderlich machen würde. Hierdurch wiederum würde die gesetzliche Vertretung im Kindschaftsverfahren in der Schwebe gelassen.[254]

Fazit: Insgesamt führt die grundsätzliche Anordnung einer Ergänzungspflegschaft aufgrund der Anwendung von §§ 1629 II 1, 1795 BGB m.E. zu einer Verminderung der Bedeutung des Instituts des Verfahrensbeistandes und damit unmittelbar zusammenhängend zu vermehrten Eingriffen in das grundrechtlich geschützte Recht der Eltern aus Art. 6 GG, was beides nicht der Intention des Gesetzgebers

249 Vgl. Keidel/*Meyer-Holz*, § 40 Rn. 20; Prütting/Helms/*Abramenko*, § 40 Rn. 5; MünchKomm/*Ulrici*, § 40 Rn. 6.

250 Vgl. BVerfG FamRZ 2008, 848; Bork/Jacoby/Schwab/*Elzer*, § 40 Rn. 5; *Keuter* NJW 2010, 1854.

251 Vgl. Prütting/Helms/*Abramenko*, § 40 Rn. 5 f.; SBW/*Oberheim*, § 40 Rn. 18.

252 Vgl. Bork/Jacoby/Schwab/*Elzer*, § 40 Rn. 7; SBW/*Oberheim*, § 40 Rn. 19; Prütting/Helms/*Abramenko*, § 40 Rn. 5; MünchKomm/*Ulrici*, § 40 Rn. 5; *Schael* FamRZ 2010, 269.

253 BT-Drucks. 16/6308, S. 239; so nun auch BGH NJW 2011, 3456.

254 BGH NJW 2011, 3456; vgl. in diesem Sinn auch *Salgo* FPR 2011, 316.

entsprechen dürfte. Überdies ist eine erhöhte Schwerfälligkeit[255] des Ablaufs des Kindschaftsverfahrens eine weitere negative Konsequenz dieser Vorgehensweise, was in krassem Gegensatz zum Beschleunigungsgebot des § 155 FamFG steht und es daher unbedingt zu vermeiden gilt. In der Rechtspraxis ist der BGH dieser Auffassung nun begrüßenswerterweise in seiner Entscheidung[256] vom 07. September 2011 entgegen getreten, indem er die Bestellung eines Verfahrensbeistandes als milderes Mittel für vorzugswürdig erklärte und die Vertretungsbefugnis i.Ü. bei den gesetzlichen Vertretern beließ.

(b) Vertretung Minderjähriger in Abstammungssachen

In Abstammungssachen i.S.v. §§ 111 Nr. 3, 169 ff. FamFG werden zur Problematik der Vertretung des Kindes bei Interessenkollision in der Person des gesetzlichen Vertreters in Rechtsprechung und Literatur folgende Ansichten vertreten:

(aa) Rechtsprechung

Im Zusammenhang mit Abstammungssachen entschied am 21. Oktober 2009 als erstes Obergericht das OLG Brandenburg[257], dass ein Kind, das gegen den sorgeberechtigten Vater ein Vaterschaftsanfechtungsverfahren führen wolle, eines Ergänzungspflegers bedürfe. Tatsächlich seien im Verfahren zur Anfechtung der Vaterschaft beide Elternteile nach §§ 1629 II 1, 1795 I Nr. 3 BGB gehindert, das Kind zu vertreten. Die vom BGH in seiner Entscheidung vom 27. März 2002 aufgestellten Grundsätze, wonach selbst für das im Anfechtungsverfahren der Kindesmutter gegen den rechtlichen Vater nur nach § 640e ZPO a.F. beteiligte Kind nach § 1909 I BGB ein Ergänzungspfleger zu bestellen gewesen sei, beanspruchten in dem dem OLG vorliegenden Fall erst recht Geltung.[258]

---

255 Vgl. *Rüntz/Viefhues* FamRZ 2010, 1289; *Schael* FamRZ 2009, 269; *Schürmann* FamFR 2009, 158 f., der aber darauf hinweist, dass sich das Problem des schwerfälligeren Verfahrensablaufs dadurch abmildern lasse, dass der Ergänzungspfleger gleichzeitig die Aufgaben des Verfahrensbeistands übernehme, vgl. § 158 V FamFG, sodass es zumindest nicht zu einer Mehrung der am Verfahren tätigen Personen komme.

256 BGH NJW 2011, 3454 ff.

257 OLG Brandenburg FamRZ 2010, 427 f.

258 OLG Brandenburg FamRZ 2010, 427; der BGH (BGH FamRZ 2002, 880) hatte damals festgestellt, dass § 640e I ZPO dem Kind eine parteiähnliche prozessuale Rolle einräume, die es rechtfertige § 1795 I Nr. 3 BGB analog anzuwenden. Durch § 640e I ZPO solle das Kind, um dessen Status es gehe, in die Lage versetzt werden, seine Interessen unabhängig von seiner allein sorgeberechtigten Mutter zu vertreten. Die Interessen der Mutter und die Interessen des Kindes könnten durchaus voneinander abweichen. Das beizuladende Kind stehe in einem von seiner allein sorgeberechtigten Mutter angestrengten Statusverfahren der Mutter in einer eigenständigen Position gegenüber, die es ihm ermöglichen solle, eigene Interessen auch gegen die Mutter geltend zu machen. Dies entspreche der Interessenkonstellation, für die § 1795 I Nr. 3 BGB die Vertretungsbefugnis ausschließe.

In diesem Sinne entschied am 04. Juni 2010 auch das OLG Hamburg[259] im Rahmen einer Beschwerde gegen die Anordnung einer Ergänzungspflegschaft in einem von der Mutter gegen den Ehemann eingeleiteten Verfahren zur Klärung der Vaterschaft. Es stellte fest, dass dem beteiligten Kind in diesem Abstammungsverfahren (vgl. § 169 Nr. 1, 4 FamFG) ein Ergänzungspfleger zu bestellen sei und wies infolgedessen die Beschwerde ab. Diese Entscheidung stützte es wie das erstinstanzliche Gericht auf §§ 1629 II 1, 1795 I Nr. 3, 1909 BGB. Aus § 1795 I Nr. 3 i.V.m. Nr. 1 BGB ergebe sich ein Vertretungsverbot im Falle eines Rechtsstreits zwischen dem Mündel und dem Ehegatten des Vormunds, wobei das Vertretungsverbot nach allgemeiner Ansicht im Fall eines Rechtsstreits zwischen dem Mündel und dem Vormund selbst erst recht gelte. § 1795 BGB ist nach der Überzeugung des Senats auch dann entsprechend anzuwenden, wenn es um die Vertretung des Kindes in Abstammungsverfahren nach dem FamFG geht. Auch hier liege ein „Rechtsstreit" vor, in welchem sich die sorgeberechtigte Mutter, ihr Ehemann und das Kind mit jeweils eigenen Interessen gegenüberständen. Die Tatsache, dass Verfahren in Familiensachen nach dem FamFG wegen § 113 FamFG nicht als Rechtsstreit zu bezeichnen seien und dass das Abstammungsverfahren nicht mehr als kontradiktorischer Prozess nach den Regeln der ZPO ausgestaltet sei, stehe der Anwendung von § 1795 Nr. 1 und 3 BGB nicht entgegen. Auch wenn es im Abstammungsverfahren keinen Kläger und Beklagten gebe, werde das Verfahren gleichwohl gem. § 171 FamFG nur auf Antrag eingeleitet, gelte gem. § 177 FamFG der Strengbeweis und wirke die Entscheidung gem. § 184 II FamFG für und gegen alle. Bei der sowohl für die Rechtsstellung der Elternteile als auch für diejenige des Kindes elementar bedeutsamen Feststellung der Abstammung handele es sich um eine rechtliche Streitigkeit mit eingeschränkter Amtsermittlung, in welcher das verfahrensmäßige Verhalten der Beteiligten eine nicht unerhebliche Rolle spiele und Interessenkonflikte sehr nahe lägen. Deshalb erscheine der Ausschluss der Vertretungsbefugnis der Eltern unabhängig von einer Einzelfallprüfung, also kraft Gesetzes (wie ihn § 1795 Nr. 1 und 3 BGB vorsehen), der Sache nach vorzugswürdig. Ein wichtiger Vorteil liege darin, dass Verzögerungen vermieden würden, die entstünden, wenn vor der Durchführung eines Abstammungsverfahrens in einem möglicherweise aufwendigen kindschaftsrechtlichen Verfahren die Vertretungsbefugnis der Eltern individuell geklärt und festgestellt werden müsste, ob im konkreten Fall ein Interessenkonflikt i.S.v. § 1629 II 3, 1796 BGB vorliegt. An der gem. § 9 II FamFG notwendigen gesetzlichen Vertretung hindere dabei nicht von vornherein die gem. § 174 FamFG erforderliche Bestellung eines Verfahrensbeistandes, da dieser gem. § 174 S. 2 FamFG i.V.m. § 158 IV 6 FamFG ausdrücklich nicht zur gesetzlichen Vertretung des Kindes berechtigt sei.[260]

259 OLG Hamburg FamRZ 2010, 1825 ff.
260 OLG Hamburg FamRZ 2010, 1825 f.

Dieser Entscheidung des OLG Hamburg schloss sich das KG[261] am 21. September 2010 an, indem es feststellte, dass auch nach dem ab dem 01. September 2009 geltenden Recht die Bestellung eines Ergänzungspflegers für das minderjährige, nicht verfahrensfähige Kind im Vaterschaftsanfechtungsverfahren unerlässlich sei. Das Vertretungsverbot der Eltern ergebe sich aus einer entsprechenden Anwendung der §§ 1629 II 1, 1795 I Nr. 3 BGB. Dieses Ergebnis lasse sich auch mit § 1629 IIa BGB begründen. Wenn Eltern ihr Kind schon nicht in dem Verfahren auf Vorabklärung der leiblichen Abstammung gem. § 1598a BGB vertreten könnten, dann erst recht nicht im Vaterschaftsanfechtungsverfahren, in dem die Folgen bei einer möglichen Abstammungsänderung für das Kind viel weitreichender seien.

Auch das OLG Düsseldorf[262] stellte in seiner Entscheidung vom 24. September 2010 fest, dass es zur Vertretung des Kindes in einem Vaterschaftsanfechtungsverfahren des biologischen Vaters der Bestellung eines Ergänzungspflegers für das beklagte Kind bedürfe. Gegen diese Entscheidung wurde schließlich Rechtsbeschwerde zum BGH eingelegt, wodurch dieser Gelegenheit bekam, nun auch in Abstammungsverfahren über das Problem der Vertretung von Minderjährigen letztinstanzlich zu entscheiden.

Der BGH[263] wies die Beschwerde nach eingehender Prüfung der Rechtslage unter Berücksichtigung des Diskussionsstandes mangels Begründetheit zurück. In Rechtsprechung und Literatur werde teilweise davon ausgegangen, dass Abstammungssachen keinen Rechtsstreit i.S.v. § 1795 I Nr. 3 BGB mehr darstellten und dementsprechend die am Verfahren beteiligten Eltern an der gesetzlichen

---

261 KG Rpfleger 2011, 157 f.

262 OLG Düsseldorf FamRZ 2011, 232 (Leitsatz); vgl. zu den Entscheidungsgründen www.openjur.de (Zugriff am 26.07.2014): Die Anordnung der Ergänzungspflegschaft sei geboten, weil die Vertretungsbefugnis der Eltern für ihr minderjähriges Kind gem. §§ 1629 II 1 i.V.m. § 1795 I Nr. 3 BGB ausgeschlossen sei. Abstammungsverfahren seien nach der FGG-Reform auch weiterhin materiell als Streitverfahren anzusehen, die sich durch einen Interessengegensatz der Beteiligten auszeichnen. Aus dem Umstand, dass § 1629 IIa BGB auf Verfahren nach § 1589a BGB beschränkt worden sei, folge nichts Gegenteiliges. Vielmehr sei daraus zu entnehmen, dass der Gesetzgeber den Vertretungsausschluss der Sorgeberechtigten für angemessen gehalten habe. Auch die Bestellung eines Verfahrensbeistandes ändere daran nichts, da der Verfahrensbeistand nicht gesetzlicher Vertreter des Kindes sei und daher seine Bestellung nicht von der vorrangigen Prüfung der §§ 1629 II, 1795 BGB enbinde. Die Bestellung eines Verfahrensbeistands könne lediglich den Interessengegensatz abmildern und den Tatbestand der Vertretungsmachtentziehung nach § 1796 BGB beeinflussen.

263 BGH NJW 2012, 1731 ff.; die Entscheidung betraf vordergründig nur die Anfechtung der Vaterschaft durch den (angeblichen) leiblichen Vater nach § 1600 I Nr. 2 BGB.

Vertretung des Kindes nicht gehindert seien.[264] Demgegenüber werde aber teilweise auch die Auffassung vertreten, § 1795 I Nr. 3 BGB sei erweiternd auszulegen, mit der Folge, dass die Eltern sowohl in Feststellungsverfahren als auch in Anfechtungsverfahren als Verfahrensbeteiligte analog §§ 1795 I Nr. 3, II BGB i.V.m. § 181 BGB stets ausgeschlossen seien.[265] Schließlich werde eine Orientierung an der herkömmlichen Anwendung des § 1795 BGB auf Abstammungsverfahren vertreten, weil sich durch die Umgestaltung des Verfahrensrechts an der Vertretungsberechtigung der Eltern nichts geändert habe.[266] Tatsächlich hänge die Beantwortung der Frage von der allgemeinen Beurteilung ab, welche Auswirkungen die Reform des Verfahrensrechts auf die gesetzliche Vertretung des Kindes in Abstammungsverfahren hat. Diese sei dahin zu beantworten, dass der Gesetzgeber die gesetzliche Vertretung in Abstammungssachen nicht geändert habe und sich aus der Neuregelung des Verfahrensrechts nur in solchen Fällen Änderungen ergäben, in welchen die gesetzliche Vertretung durch die sorgeberechtigten Eltern und deren Ausschluss nach der Rechtslage vor dem 01. September 2009 maßgeblich von den Besonderheiten des damaligen Verfahrensrechts abhingen. Im Ergebnis finde der Rechtsgedanke von § 1795 II i.V.m. § 181 BGB auf den Ausschluss des rechtlichen Vaters von der gesetzlichen Vertretung des Kindes weiter Anwendung. Die Anfechtung der Vaterschaft sei regelmäßig durch den abstrakten Interessengegensatz von Kind und rechtlichem Vater gekennzeichnet, welcher auf dem Umstand beruhe, dass die Beseitigung der rechtlichen Vaterschaft zwangläufig zum Entzug der Grundlage elementarer subjektiver Rechte des Kindes (wie etwa Unterhalt und Erbrecht) führe. Durch das neue Familienverfahrensrecht sei insofern lediglich die formale Gegnerschaft von Vater und Kind entfallen. An der Notwendigkeit der Ergänzungspflegschaft ändere auch die nunmehr in § 174 FamFG vorgesehene Bestellung eines Verfahrensbeistands nichts. Zwar habe der Senat in Kindschaftssachen entschieden, dass den Eltern auch im Fall eines erheblichen Interessengegensatzes die Vertretungsbefugnis nicht gem. §§ 1629 II 3, 1796 BGB entzogen werden dürfe, wenn bereits durch die Bestellung eines Verfahrensbeistands für eine wirksame Interessenvertretung des Kindes Sorge getragen werden könne.[267] Zwischen Abstammungssachen und Kindschaftssachen bestehe

---

264 Helms/Kieninger/Rittner/*Helms*, S. 35 f. Rn. 74 ff.; *Helms/Balzer* ZKJ 2009, 349 f.; Kaiser/Schnitzler/Friederici/*Gutzeit*, § 1600a Rn. 8 f.

265 Vgl. Helms/Kieninger/Rittner/*Kieninger*, S. 98 Rn. 225 ff.; MünchKommFamFG/*Coester-Waltjen/Hilbig*, § 172 Rn. 33 f.; *Dressler* Rpfleger 2010, 298; *Vogel* FPR 2011, 354 f; Prütting/Helms/*Stößer*, § 172 Rn. 4 ff.

266 OLG Hamburg FamRZ 2010, 1825; KG Rpfleger 2011, 157; Staudinger/*Rauscher*, § 1600a Rn 25 ff.; Erman/*Hammermann*, § 1600a Rn. 14a; MünchKomm/*Wellenhofer*, § 1600a Rn. 9 ff.; MünchKomm/*Wagenitz*, § 1795 Rn. 34; *Löhnig* FamRZ 2009, 1799; *Schnitzler/Klinkhammer*, § 29 Rn. 62 i.V.m. Rn. 23; differenzierend nach der Verfahrensrolle des Kindes *Grün*, Rn. 210 ff.; ähnlich SBW/*Schwonberg*, § 172 Rn. 14 f.

267 BGH NJW 2011, 3455.

jedoch ein bedeutsamer Unterschied darin, dass das Kind zur Stellung eines Antrags nach § 1600 I Nr. 4 BGB gem. § 1600a III BGB eines gesetzlichen Vertreters bedürfe. Die vom Gesetzgeber in Kindschaftssachen angestellte Erwägung, in die gesetzliche Vertretung des Kindes entsprechend der vorausgegangenen Rechtslage nicht eingreifen zu wollen, verfange für Abstammungssachen schon in Anbetracht der anderen Ausgangslage nicht. Der Senat habe dementsprechend in jener Entscheidung die Kindschaftssachen von anderen Verfahren abgegrenzt, in denen eine wirksame Interessenvertretung des Kindes auch dessen gesetzliche Vertretung erfordere, was in Abstammungssachen der Fall sei.[268] Dies entschied der BGH vorrangig für die Vertretung des Kindes durch den biologischen Vater. Darüber hinaus sei jedoch auch die Mutter nach § 1795 I Nr. 3 BGB von der Vertretung des betroffenen Kindes im Anfechtungsverfahren ausgeschlossen, wenn sie mit dem Vater verheiratet sei.[269] Dass bei der Vertretung durch die Mutter nicht zwischen Feststellungs- und Anfechtungsverfahren unterschieden werden könne, zeige sich besonders am Fall der Anfechtung durch den leiblichen Vater, welche nach § 182 FamFG im Erfolgsfall nicht nur dazu führe, dass das Nichtbestehen der Vaterschaft des rechtlichen Vaters festgestellt werde, sondern (kraft Gesetzes) zugleich auch die Feststellung der Vaterschaft des Anfechtenden zur Folge habe.

(bb) Ansichten in der Literatur

Vor Inkrafttreten des FamFG war die Vertretung des Kindes in Abstammungssachen wie folgt geregelt:

268 BGH NJW 2011, 3456.

269 So bereits Staudinger/*Rauscher*, § 1600a Rn. 28; Kaiser/Schnitzler/Friederici/*Kaiser*, § 1629 Rn. 85; MünchKomm/*Wellenhofer*, § 1600a Rn. 10; allerdings folgt dies nach Ansicht des BGH (BGH NJW 2012, 1733) nicht schon aus der nach § 172 I Nr. 2 FamFG vorgeschriebenen Beteiligung der Mutter am Verfahren, da ein allein aus der Verfahrensbeteiligung hergeleiteter Vertretungsausschluss, der in allen Abstammungsverfahren gelten müsste, besonderen gesetzlichen Regelungen widerspräche. Etwa enthalte § 1629 II 3 Hs. 2 BGB die ausdrückliche Bestimmung, dass der Mutter für die Feststellung der Vaterschaft die Vertretung nicht nach § 1796 BGB entzogen werden könne. Diese Regelung wäre gegenstandslos, wenn die Mutter von der gesetzlichen Vertretung schon kraft Gesetzes ausgeschlossen wäre. Ein Ausschluss der Mutter von der Vertretung widerspräche aber vor allem auch der bewussten gesetzlichen Wertung, dass die Mutter grundsätzlich in der Lage sein solle, das Kind seinen Interessen entsprechend im Verfahren zu vertreten. Dass das Gesetz die Mutter nicht generell als von der Vertretung im Abstammungsverfahren ausgeschlossen ansehe, verdeutliche ferner § 173 FamFG, wonach der sorgeberechtigte Elternteil von der Vertretung des Kindes (im Vaterschaftsfeststellungsverfahren) erst ausgeschlossen sei, wenn das Kind durch das Jugendamt als Beistand vertreten werde, was wiederum einen entsprechenden Antrag des – sorgeberechtigten - Elternteils nach §§ 1712 f. BGB voraussetze.

Gem. § 1600d I BGB ist die Vaterschaft gerichtlich festzustellen, wenn keine Vaterschaft nach § 1592 Nr. 1 und 2 BGB besteht, d.h. wenn der vermeintliche Vater weder zum Zeitpunkt der Geburt des Kindes mit der Mutter verheiratet war noch die Vaterschaft gem. §§ 1594 ff. BGB anerkannt hat oder der Sonderfall des § 1593 BGB vorliegt.

In dem Verfahren auf Feststellung der Vaterschaft wurde das klagende Kind entweder durch seine nicht verheiratete und daher gem. § 1626a II BGB alleinsorgeberechtigte Mutter oder durch einen Beistand gem. § 1712 I Nr. 1 BGB vertreten. Im Verfahren zur Anfechtung einer gem. § 1592 Nr. 1 oder 2 BGB bestehenden rechtlichen Vaterschaft war eine Vertretung des Kindes dagegen im Falle des § 1592 Nr. 2 BGB ausschließlich für seine nicht verheiratete und alleinsorgeberechtigte Mutter möglich; bei erheblichem Interessenkonflikt war gem. §§ 1629 II 3, 1796 II BGB ein Ergänzungspfleger zu bestellen.

Im Falle des § 1592 Nr. 1 BGB stellte sich die Rechtslage bei Fortbestehen der Ehe bzw. der gemeinsamen elterlichen Sorge bei Scheidung der Ehe folgendermaßen dar: Der Vater war in der Eigenschaft als Anfechtungskläger gem. §§ 1629 II 1, 1795 II ZPO i.V.m. § 181 BGB von der Vertretung ausgeschlossen. Für die Mutter folgte bis zur Ehescheidung ein Vertretungshindernis direkt aus §§ 1629 II 1, 1795 Nr. 3 ZPO. Darauf, dass nach h.M.[270] aufgrund einer teleologischen Reduktion von § 1629 II 1 ZPO die Ausschlusswirkungen dieser Regelung ohnehin nicht nur den Elternteil treffen, der von einem der geregelten Ausschlussgründe selbst betroffen ist, sondern davon auszugehen ist, dass die elterliche Vertretungsmacht schlechthin für beide Elternteile ausgeschlossen ist, kam es daher in dieser Konstellation gar nicht an. Allerdings erlangte diese Ansicht nach Eintritt der Rechtskraft des Scheidungsurteils entscheidende Bedeutung, denn ab diesem Zeitpunkt wäre ausweislich des Wortlauts von § 1795 I Nr. 1, 3 BGB die Mutter nicht mehr verhindert gewesen.

Zu Sinn und Zweck der gesetzlichen Regelung hat der BGH bereits im Jahr 1972 ausgeführt, dass es bei Verhinderung eines Elternteils nicht im Interesse des Kindes liegt, wenn der andere Elternteil seine Vertretung übernimmt. Gerade bei gutem Einvernehmen der Eltern seien beide in gleicher Weise zur Vertretung des Kindes ungeeignet, weshalb ein Pfleger zu bestimmen sei. Die Gefahr der Befangenheit der Eltern, die zu einem Missbrauch der elterlichen Gewalt führen könne, sei auch nach der rechtskräftigen Scheidung der Ehe noch existent. Zwar sei die Bindung der Eltern durch die Scheidung beendet und auch von einem guten Einvernehmen zwischen ihnen lasse sich in der Regel nicht mehr sprechen. Die Interessenlage der rechtskräftig geschiedenen Eheleute im Verhältnis zu ihrem Kind bleibe aber bestehen. Die Mutter könne daher ebenso in eine Konfliktsituation kommen, wie sie bei noch bestehender Ehe und gutem Einvernehmen der Ehegatten zu befürchten sei. Dies müsse besonders für das Vaterschaftsanfechtungsverfahren gelten, bei dem das Interesse des Kindes auf die Ermittlung seines wirklichen Erzeugers

270 Vgl. BGH FamRZ 1972, 499; MünchKomm/*Huber*, § 1629 Rn. 42.

gerichtet sei, da die Mutter das entgegengesetzte Ziel verfolgen könnte.[271] Da das Auftreten solcher und ähnlicher Konfliktsituationen nicht ausgeschlossen werden könne, sei davon auszugehen, dass der Umstand, dass die Eltern nach Rechtskraft der Scheidung keine Ehegatten i.S.v. § 1795 Nr. 1, 3 BGB mehr seien, im Hinblick auf die Zweckbestimmung des § 1629 I 1 Hs. 1 BGB bedeutungslos sei. Dies gelte insbesondere, weil letztere Vorschrift nicht auf die Ehegatten, sondern auf Vater und Mutter abstelle.[272]

In einer späteren Entscheidung dehnte der BGH diese Rechtsprechung unter Hinweis auf die parteiähnliche prozessuale Rolle des Kindes, das dem Verfahren gem. § 640e I ZPO a.F. beizuladen war, auf das zwischen beiden Elternteilen geführte Vaterschaftsanfechtungsverfahren aus. Eine Vertretung durch die Mutter schied in dieser Konstellation nach Ansicht des BGH aus dem Grund aus, dass das Kind im Statusverfahren seine Interessen an einer sozialen Bindung und einem Unterhaltsschuldner unabhängig von den Interessen der Mutter vertreten können müsse.[273] Die Bestellung eines Ergänzungspflegers gem. § 1909 I 1 BGB war deshalb zwingend notwendig.

Unter Geltung des neuen Rechts kann für die Beurteilung der vorliegenden Frage der Vertretung von Kindern[274] in Abstammungsverfahren nach §§ 111 Nr. 3, §§ 169 ff. FamFG nicht ohne Weiteres auf die bisherige Praxis zurückgegriffen werden, da an die Stelle des vormals kontradiktorischen ZPO-Verfahrens nach der Neukonzeption im FamFG ein einseitiges Antragsverfahren getreten ist.[275] Während sich früher die an einem Abstammungsverfahren beteiligten Personen formal als Gegner gegenüberstanden, gibt es nunmehr nur noch den Antragsteller und die übrigen Beteiligten. Sämtliche Abstammungssachen wurden einheitlich als Verfahren der freiwilligen Gerichtsbarkeit ausgestaltet, mit der Folge, dass die formale Gegnerstellung selbst dann entfällt, wenn ein Beteiligter dem Begehren des Antragstellers widerspricht.[276] Infolge des Wegfalls der formalen Gegnerstellung könnte

271 Dies sei nach Ansicht des BGH etwa dann der Fall, wenn bei ihr wirtschaftliche Interessen vorlägen, die dem besagten Interesse des Kindes widersprächen oder es ihr darum gehe, eheliche Fehltritte zu verbergen; vgl BGH FamRZ 1972, 499 f.

272 BGH FamRZ 1972, 499 f.

273 BGH FamRZ 2002, 882.

274 Minderjährige sind ab Vollendung des 14. Lebensjahres unter den Voraussetzungen von § 9 I Nr. 3 FamFG selbst verfahrensfähig. Infolgedessen beziehen sich die folgenden Ausführungen nur auf Situationen, in denen auf das über 14 Jahre alte Kind § 9 I Nr. 3 FamFG keine Anwendung findet sowie auf Situationen, in denen es um einen jüngeren Minderjährigen geht; vgl. darüber hinaus OLG München FamRZ 2012, 1505 zur Frage der Notwendigkeit der Bestellung eines Ergänzungspflegers für ein thailändisches Kind im Vaterschaftsanfechtungsverfahren, das seinen Wohnsitz in Thailand hat.

275 BT-Drucks. 16/6308, S. 243.

276 Prütting/Helms/*Stößer*, § 169 Rn. 2; Keidel/*Engelhardt*, § 169 Rn. 1 f.; Helms/Kieninger/Rittner/*Helms*, S. 35 f. Rn. 75 ff.; *Schwonberg* FuR 2010, 445; Kaiser/Schnitzler/Friederici/*Gutzeit*, § 1600a Rn. 8; *Helms/Balzer* ZKJ 2009, 350.

auch die Grundlage für die oben dargestellte bisherige Praxis, nämlich die Gefahr von Interessenkonflikten, entfallen sein. Allerdings ist hervorzuheben, dass es sich hierbei zunächst allein um eine abstrakte Zuordnung von Abstammungssachen zur freiwilligen Gerichtsbarkeit handelt.

Es wurde bereits erwähnt, dass § 1795 I Nr. 3 BGB einen „Rechtsstreit" voraussetzt, worunter bislang überwiegend nur ZPO-Verfahren und Verfahren über echte Streitsachen der freiwilligen Gerichtsbarkeit verstanden wurden. Grund dafür war, dass im Gegensatz zu diesen Verfahrensarten Verfahren betreffend die übrigen Gegenstände der freiwilligen Gerichtsbarkeit mangels Anwendbarkeit der Verhandlungs- und Dispositionsmaxime wenig bis gar keinen Raum für Manipulationen boten.[277] Einerseits müsste dies rein formal gesehen nun – unter Geltung des FamFG – auch für Abstammungsverfahren gelten; andererseits bleibt aber zu bedenken, dass die abstrakt-theoretische Zuordnung zur „freiwilligen Gerichtsbarkeit" am Bestehen der konkret-tatsächlichen Interessenkonflikte in der Praxis nichts geändert hat.[278]

Im Rahmen der näheren Beleuchtung der Problemlage ist primär festzuhalten, dass zwischen der Verfahrenseinleitung selbst und der vorgelagerten Entscheidung, ob in gesetzlicher Vertretung des Kindes angefochten wird, zu differenzieren ist. Auf Letztere finden weder § 1795 I Nr. 3 BGB noch § 1795 II BGB i.V.m. § 181 BGB Anwendung, weshalb die Vertretungsmacht der Eltern nicht *ipso iure* ausgeschlossen ist. Da insoweit allein die Personensorge betroffen ist, ohne dass die Frage einen irgendwie gearteten rechtsgeschäftlichen Gehalt hätte, kann die Entscheidung, ob eine Anfechtung durchgeführt werden soll oder nicht, im Ergebnis nicht den Restriktionen des § 1795 BGB unterliegen. Allein soweit bereits diese frühe Entscheidung von einem erheblichen Interessengegensatz gekennzeichnet ist, wird teilweise ein Rückgriff auf § 1796 BGB in Betracht gezogen; i.Ü. ist davon auszugehen, dass ein Entzug der elterlichen Sorge in Bezug auf die Entscheidung über das „Ob" der Vaterschaftsanfechtung nur nach § 1666, § 1628 oder § 1629 II 3 BGB in Frage kommt.[279] Auch der Vertretungsausschluss des § 1629 IIa BGB beschränkt sich auf das gerichtliche Verfahren, da bei einer Einigung der Eltern über die Klärung der Abstammung außerhalb des gerichtlichen Verfahrens in der Regel von der Wahrung der Kindesinteressen auszugehen sein wird.[280]

In Vaterschaftsfeststellungsverfahren kann das Kind auf schriftlichen Antrag eines Elternteils gem. §§ 1712 I Nr. 1, 1716 S. 2 Hs. 1, 1915 I 1, 1793 I 1 BGB jedenfalls durch das Jugendamt als Beistand vertreten werden. Abgesehen davon sind in der

277 Vgl. Helms/Kieninger/Rittner/*Helms*, S. 35 Rn. 75; *Schwonberg* FuR 2010, 447.

278 So nun ausdrücklich BGH NJW 1012, 1732; zuvor bereits in diesem Sinn Helms/Kieninger/Rittner/*Helms*, S. 35 Rn. 75.

279 Vgl. BGH FamRZ 2009, 861 mit Anm. *Wellenhofer* FamRZ 2009, 968; *Helms/Balzer* ZKJ 2009, 349; Kaiser/Schnitzler/Friederici/*Gutzeit*, § 1600a Rn. 9; *Schwonberg* FuR 2010, 447; *Grün*, S. 128 Rn. 208.

280 BT-Drucks. 16/6561, S. 15.

familien- und dort insbesondere in der abstammungsrechtlichen Literatur zum Problem der Vertretung des Kindes momentan folgende grundsätzliche Strömungen feststellbar:

Zum einen wird darauf abgestellt, dass die Vertretung des Kindes gemeinschaftlich durch die sorgeberechtigten Eltern erfolge, weil über die Abstammung nicht in einem streitigen Verfahren entschieden werde und Abstammungssachen daher keinen Rechtsstreit i.S.v. § 1795 I Nr. 3 BGB mehr darstellten.[281] Zum anderen wird vertreten, dass § 1795 I Nr. 3 BGB erweiternd auszulegen sei und die Eltern nach § 1795 II BGB i.V.m. § 181 BGB analog stets als Vertreter ausgeschlossen seien.[282] Eine dritte Ansicht befürwortet die Fortgeltung der bisherigen Anwendung von § 1795 BGB auf Abstammungsverfahren.[283]

Der ersten Ansicht folgend wäre die Bestellung eines Ergänzungspflegers grundsätzlich nicht nötig. Die zweite Ansicht würde dagegen dazu führen, dass grundsätzlich ein Ergänzungspfleger zu bestellen wäre. Die dritte (vermittelnde) Ansicht geht – ebenso wie die zweite Auffassung – davon aus, dass der Gesetzgeber die konkreten Folgen aus der individuellen Beteiligung des Kindes in Abstammungssachen gem. § 172 I Nr. 1 FamFG bei der Neukonzeption nicht bedacht hat. Diese Ansicht befürwortet infolgedessen ein Festhalten an der herkömmlichen Anwendung des § 1795 BGB auf Abstammungsverfahren, da die Neukonzeption des Verfahrensrechts keine Auswirkung auf die Vertretungsberechtigung der Eltern gehabt habe.[284] Was vorerst nur skizziert wurde, stellt sich im Detail wie folgt dar:

281 Vgl. Prütting/Helms/*Stößer*, § 169 Rn. 2; Keidel/*Engelhardt*, § 169 Rn. 1 f.; Helms/Kieninger/Rittner/*Helms*, S. 35 f. Rn. 74 ff.; *Helms/Balzer* ZKJ 2009, 349 f.; Kaiser/Schnitzler/Friederici/*Gutzeit*, § 1600a Rn. 8; *Schwonberg* FuR 2010, 447.

282 Vgl. Helms/Kieninger/Rittner/*Kieninger*, Rn. 225 ff.; MünchKommFamFG/*Coester-Waltjen/Hilbig*, § 172 Rn. 33 ff.; *Dressler* Rpfleger 2010, 297; *Vogel* FPR 2011, 354; Prütting/Helms/*Stößer*, § 172 Rn. 4 ff.

283 Vgl. OLG Hamburg, FamRZ 2010, 1825; KG Rpfleger 2011, 157; Staudinger/*Rauscher*, § 1600a Rn. 25 ff.; Erman/*Hammermann*, § 1600a Rn. 14a; MünchKomm/*Wellenhofer*, § 1600a Rn. 9 ff.; MünchKomm/*Wagenitz*, § 1795 Rn. 34; *Löhnig* FamRZ 2009, 1799; *Schnitzler/Klinkhammer*, § 29 Rn. 62, 23; differenzierend nach der Verfahrensrolle *Grün*, S. 131 f. Rn. 211 ff.; ähnlich SBW/*Schwonberg*, § 172 Rn. 14 f.

284 Teilweise wird innerhalb dieser Ansicht weiter anhand der Verfahrensstellung der beteiligten Personen differenziert. Im Ergebnis führt diese Auffassung nun dazu, dass auch die einzige Konstellation, in der früher eine eigenständige Vertretung des Kindes durch einen Elternteil möglich war, nämlich dann wenn die alleinvertretungsberechtigte Mutter in Vertretung des Kindes gegen den nicht (mehr) mit ihr verheirateten Vater „klagte“, nicht mehr von der Regel ausgenommen, sondern auch hier notwendig ein Ergänzungspfleger zu bestellen ist, vgl. *Helms/Balzer* ZKJ 2009, 349.

Die erste Ansicht,
die auf der formalen Interpretation der Gesetzeslage aufbaut und – ebenso wie für Kindschaftsverfahren – zur Folge hat, dass eine direkte wie auch eine analoge Anwendung von § 1795 I Nr. 3 BGB ausscheiden und die Notwendigkeit der Bestellung eines Ergänzungspflegers entfällt, stützt dies maßgeblich auf zwei Argumente:

Erstens habe der Gesetzgeber den gem. § 1629 IIa BGB für Verfahren nach § 1598a II BGB geltenden Ausschluss der Vertretung eines Kindes durch seine Eltern nicht auf Statusverfahren erstreckt.[285] Laut der Gesetzesbegründung sollte diese Regelung an die Stelle der Vorschriften des § 1629 II und der §§ 1795, 1796 BGB treten und dem Umstand Rechnung tragen, dass die Eltern durch die Frage der Vaterschaft stets auch in eigenen, möglicherweise von denen des Kindes abweichenden Interessen betroffen sind. Beabsichtigt war, von vornherein eine Interessenkollision zu vermeiden und durch die Bestellung eines Ergänzungspflegers im Klärungsverfahren zu gewährleisten, dass die Interessen des Kindes im Verfahren zur Geltung kommen.[286] Im Gegensatz zu der dem Wohl des Kindes dienenden Feststellung der Vaterschaft einerseits und der nicht zwangsläufig dem Kindesinteresse zuwiderlaufenden Anfechtung der Vaterschaft andererseits seien bei einem Verfahren zur gerichtlichen Ersetzung einer nicht erteilten Einwilligung und zur Duldung der Entnahme einer für die Untersuchung geeigneten genetischen Probe zur Klärung der Abstammungsverhältnisse nach § 1598a II BGB[287] die Interessen der Betroffenen *per definitionem* gegenläufig. Namentlich stünden sich das Persönlichkeitsrecht des Kindes gem. Art. 2 I GG und das Interesse des Vaters, in legaler Weise Kenntnis über die genetischen Abstammungsverhältnisse zu erlangen ohne zugleich den rechtlichen Status des Kindes anzugreifen, gegenüber.[288] Eine analoge Anwendung dieser Vorschrift auf alle Abstammungsverfahren sei wegen der nachvollziehbaren Differenzierung und daraus resultierend in Ermangelung einer Regelungslücke nicht gerechtfertigt.[289]

Zweitens habe der Gesetzgeber gleichzeitig ein die Interessen des Kindes im Verfahren sicherstellendes Institut, den Verfahrensbeistand (vgl. § 174 FamFG), eingeführt und damit die Berücksichtigung der Belange des Kindes im Verfahren gestärkt. Daher habe § 1795 I Nr. 3 BGB auch in Abstammungsverfahren keinen grundsätzlichen Ausschluss der elterlichen Vertretungsmacht zur Folge.[290] Ein

285 Vgl. Helms/Kieninger/Rittner/*Helms*, S. 36 Rn. 76; SBW/*Schwonberg*, § 172 Rn. 12; *Helms/Balzer* ZKJ 2009, 350; *Schwonberg* FuR 2010, 449; *Althammer* GJS 2012, 211; *Vogel* FamRZ 2010, 1873.

286 Vgl. BT-Drucks. 16/6561, S. 15; *Schwonberg* FuR 2010, 446; *Helms/Balzer* ZKJ 2009, 350.

287 Die Vorschrift des § 1598a II BGB wurde in Konsequenz zweier die Rechtswidrigkeit heimlicher Vaterschaftstests feststellender Urteile des Bundesgerichtshofs (BGH FamRZ 2005, 340 ff. und BGH NJW 2005, 497 ff.) geschaffen.

288 Vgl. MünchKomm/*Wellenhofer*, § 1598a Rn. 1.

289 Vgl. SBW/*Schwonberg*, § 172 Rn. 13; *Vogel* FPR 2011, 354.

290 *Helms/Balzer* ZKJ 2009, 350; *Schwonberg* FuR 2010, 448; *Althammer* GJS 2012, 211 f.; Helms/Kieninger/Rittner/*Helms*, S. 36 Rn. 76; ähnlich *Vogel* FamRZ 2010, 1873.

solcher Ausschluss könne auch nicht durch §§ 1795 II, 181 BGB bewirkt werden, da auch hier die oben genannte Bewertung insofern zum Zuge komme, als § 181 BGB nur auf ZPO-Verfahren und echte Streitverfahren der freiwilligen Gerichtsbarkeit Anwendung finden soll.[291]

Grundsätzlich bleibt es nach dieser Auffassung also dabei, dass das Kind durch seine gesetzlichen Vertreter vertreten wird. Lediglich ausnahmsweise kommt bei Vorliegen eines konkreten erheblichen Interessenkonfliktes gegebenenfalls ein (teilweiser) Entzug der gesetzlichen Vertretungsmacht der Eltern gem. § 1796 BGB in Betracht.[292]

Die zweite Ansicht
vertritt ausgehend von der Erwägung, dass sich aus der eben dargestellten Auffassung der praktische Nachteil der Notwendigkeit der Durchführung eines eigenständigen Verfahrens zur Feststellung eines erheblichen Interessengegensatzes i.S.v. § 1796 BGB ergibt,[293] zur Vermeidung der ansonsten zwangsläufigen Verfahrensverzögerungen den Standpunkt, dass § 1795 I Nr. 3 BGB erweiternd dahingehend auszulegen sei, dass er auch die neukonzipierten Abstammungsverfahren (in allen Konstellationen) erfasse und auf diese überdies § 1795 II BGB i.V.m. § 181 BGB analoge Anwendung finde.[294]

Neben den sich aus einer solchen pauschalierenden Gesetzesanwendung ergebenden praktischen Vorteilen spreche dafür, dass sich durch die abstrakte Neukonzeption eines nicht-streitigen Verfahrens und den damit einhergehenden, nur theoretisch bedeutsamen Umbenennungen i.S.v. § 113 V FamFG[295] an dem

291 Vgl. Staudinger/*Schilken*, § 181 Rn. 27 f.; Helms/Kieninger/Rittner/*Helms*, S. 36 Rn. 76, wo auf den als Verfahrensgrundsatz anerkannten, allgemeinen Grundgedanken verwiesen wird, dass „niemand als Vertreter eines anderen mit sich selbst prozessieren oder beide Prozessparteien zugleich vertreten" kann.

292 Folgt man dieser Auffassung, so stellt sich jedoch zwangsläufig das Problem, welche materiell-rechtlichen Konsequenzen sich daraus für die Beurteilung der Frage ergeben, ab wann die Anfechtungsfrist für einen Minderjährigen zu laufen beginnt. Nach bisherigem Recht konnte insofern wegen des Ausschlusses der elterlichen Vertretungsmacht regelmäßig nicht auf die Kenntnis der Eltern abgestellt werden; vgl. *Helms/Balzer* ZKJ 2009, 350.

293 Zusätzliche Schwierigkeiten bereitet der Umstand, dass es fraglich ist, ob tragfähige Fallgruppen gebildet werden können.

294 Vgl. *Vogel* FPR 2011, 355; Palandt/*Brudermüller*, § 1600a Rn. 5; Prütting/Helms/*Stößer*, § 172 Rn. 4 ff.; Helms/Kieninger/Rittner/*Kieniger*, S. 100 Rn. 227; differenzierend *Stößer* FamRZ 2009, 926: In einem Vaterschaftsanfechtungsverfahren sei die Mutter vertretungsberechtigt, soweit ihr die elterliche Sorge (etwa nach §§ 1626a II, 1671 BGB) alleine zustehe oder sie sie nach § 1678 BGB alleine ausübe; anderes gelte für die Vertretung des Kindes in einem durch die allein sorgeberechtigte Mutter angestrengten Verfahren zur Anfechtung der Vaterschaft ihres geschiedenen Ehemannes.

295 Der „Prozess" ist nun „Verfahren", die „Parteien" sind nun „Beteiligte".

tatsächlichen, durch Interessenkonflikte geprägten Gegeneinander von Eltern und Kind in der Sache nichts geändert habe.[296] Aus diesen Gründen sei im Rahmen von § 1795 I Nr. 3 BGB und § 1795 II i.V.m. § 181 BGB einem „Rechtsstreit" ein „Verfahren" und konsequenterweise auch einer „Partei" ein „Beteiligter" gleichzusetzen.[297]

Indem der Gesetzgeber dem Kind die Stellung eines „Beteiligten" zuerkannt habe, habe er der bereits zuvor anerkannten und durch die bisherige Rechtsprechung ausgeprägten Wertung, dass die Interessen des Kindes als Verfahrenssubjekt im Verfahren unbedingt zu berücksichtigen sind, verstärkt Ausdruck verliehen. Aus diesem Grund sehen es die Vertreter dieser Auffassung als widersinnig an, den Eltern, deren Interessen den Interessen des Kindes wie dargestellt zuwider laufen können, die Vertretungsbefugnis zu belassen. Da § 1795 BGB genau diese Konfliktsituation im Blick habe, liege es nahe, diesen erweitert auszulegen und damit eine geeignete Lösung des Problems zu erreichen.

Aufgrund der geschilderten Interessengegensätze seien Abstammungsverfahren den echten Streitsachen der freiwilligen Gerichtsbarkeit ähnlicher als den Verfahren der Rechtsfürsorge (z.B. Nachlasssachen, Betreuungssachen, Registersachen), was den oben genannten Ansatz bestätige, da wie bereits festgestellt die echten Streitsachen seit jeher anerkanntermaßen vom Begriff des „Rechtsstreits" i.S.v. § 1795 I Nr. 3 BGB erfasst worden seien.[298] Der Verfahrensbeistand sei dagegen keine geeignete Alternative, da dieser gem. §§ 174 S. 2, 158 IV 6 FamFG gerade nicht zur Vertretung des Kindes berechtigt ist.

Gestützt wird dieser Ansatz nach Ansicht einiger Vertreter dieser Meinung überdies durch die Regelung des § 1629 IIa BGB, der ausdrücklich einen Ausschluss der Vertretungsbefugnis der Eltern vorsieht. Diese Wertung könne problemlos auf alle Abstammungsverfahren übertragen werden, da der Umstand, dass der Gesetzgeber nicht von vornherein eine umfassende Regelung vorgenommen habe, lediglich darauf zurückzuführen sei, dass zum Zeitpunkt der Einführung von § 1629 IIa BGB für Verfahren zur Vaterschaftsfeststellung und -anfechtung noch die ZPO gegolten und sich der Ausschluss der Vertretungsbefugnis der Eltern insofern unproblematisch aus § 1795 I Nr. 3 BGB bzw. § 1795 II i.V.m. § 181 BGB ergeben habe.[299] Auch dass später keine Erweiterung des Geltungsbereichs des § 1629 IIa BGB erfolgte, reicht nach dieser Teilansicht nicht *per se* dazu aus, diese Vorschrift als nicht analogiefähig zu

296 *Vogel* FPR 2011, 354 f.; Helms/Kieninger/Rittner/*Kieninger*, S. 101 Rn. 227; i.E. ebs. MünchKommFamFG/*Coester-Waltjen/Hilbig*, § 172 Rn. 33.

297 Vgl. Helms/Kieninger/Rittner/*Kieniger*, S. 100 Rn. 227; i.E. ebs. MünchKommFamFG/*Coester-Waltjen/Hilbig*, § 172 Rn. 34 mit der ergänzenden Feststellung, dass § 1629 II 3 Hs. 2 BGB noch für die interne Entscheidung Bedeutung habe, ob überhaupt ein Vaterschaftsfeststellungsverfahren betrieben werden soll (vgl. dazu weitergehend *Vogel* FPR 2011, 356).

298 Vgl. *Dressler* Rpfleger 2010, 298; Helms/Kieninger/Rittner/*Kieniger*, S. 101 Rn. 227.

299 Vgl. Prütting/Helms/*Stößer*, § 172 Rn. 4; Helms/Kieninger/Rittner/*Kieniger*, S. 102 Rn. 227.

betrachten. Vielmehr ergebe sich das Gegenteil im Wege eines Erst-recht-Schlusses, denn Verfahren nach § 1598a BGB bärgen erheblich weniger Konfliktpotential als Verfahren zur Vaterschaftsfeststellung bzw. -anfechtung.[300]

Die dritte Ansicht
hält die bisherige Praxis betreffend die Vertretung Minderjähriger in Abstammungssachen auch unter Geltung des FamFG weiterhin für anwendbar.[301]

Was unter einem „Rechtstreit" i.S.v. § 1795 FamFG nach der Neukonzeption des FamFG zu verstehen ist, sei durch Auslegung zu ermitteln. Im Ergebnis stehe fest, dass Wortlaut und Zweck der Regelung auch Abstammungsverfahren umfassten. An dem bereits erwähnten Umstand, dass solche Verfahren von Natur aus von erheblichen Interessengegensätzen geprägt sind, habe sich ebenso wenig geändert wie an der Geltung des eingeschränkten Amtsermittlungsgrundsatzes des heutigen § 177 I FamFG, der dem Grunde nach auch bereits unter dem alten Recht gegolten habe.[302] Zudem sei auch das neue Verfahren gem. § 171 FamFG als Antragsverfahren ausgestaltet, für das gem. § 177 FamFG der Strengbeweis gelte und in dem der Entscheidung gem. § 184 II FamFG *inter omnes* Wirkung zukomme.[303] Aus all dem ergebe sich, dass faktisch weiterhin ein Rechtsstreit geführt werde, weshalb die Befürchtung von Interessenkonflikten zwischen den Parteien gerechtfertigt und in der Konsequenz die eigenständige Vertretung der Kindesinteressen geboten sei. Zur Stützung dieser These könne überdies aus § 1629 IIa BGB ein Erst-recht-Schluss gezogen werden.[304]

Andere Vertreter dieser Ansicht verweisen darauf, dass zwar die geänderte Rechtsnatur des Familienverfahrens einer unmittelbaren Anwendung des § 1795 BGB entgegen zu stehen scheine, jedoch anzunehmen sei, dass die Vertretungsbefugnisse der Eltern nicht erweitert werden sollten, weshalb viel dafür spreche, die bisherigen Maßstäbe weiter anzuwenden.[305]

Teilweise halten es Vertreter dieser grundsätzlichen Strömung (Fortgeltung der herkömmlichen Rechtspraxis) aber für nötig, nach dem jeweiligen Verfahrensziel (Vaterschaftsanfechtung oder Vaterschaftsfeststellung) und der im Einzelfall eingenommenen Verfahrensrolle zu differenzieren.[306]

---

300 Vgl. Helms/Kieninger/Rittner/*Kieniger*, S. 102 Rn. 227.

301 Vgl. *Löhnig* FamRZ 2009, 1799; MünchKomm/*Wellenhofer*, § 1600a Rn. 9ff.; Erman/*Hammermann*, § 1600a Rn. 14a; Staudinger/*Rauscher*, § 1600a Rn. 25 ff.; so wohl auch *Rüntz/Viefhues* FamRZ 2010, 1292 f.

302 Vgl. Erman/*Hammermann*, § 1600a Rn. 14a.

303 Vgl. MünchKomm/*Wellenhofer*, § 1600a Rn. 10; ebs. *Dressler* FPR 2010, 298.

304 Vgl. MünchKomm/*Wellenhofer*, § 1600a Rn. 9 ff.

305 Vgl. *Schnitzler/Klinkhammer*, § 29 Rn. 62.

306 Vgl. SBW/*Schwonberg*, § 172 Rn 14 ff. und *Schwonberg* FuR 2010, 446; *Grün*, S. 131 f. Rn. 211 ff.; *Rüntz/Viefhues* FamRZ 2010, 1293.

(cc) Stellungnahme

Um das Problem der Vertretung des Kindes in Abstammungsverfahren in den Griff zu bekommen, ist es zunächst hilfreich, sich einige grundlegende Erwägungen vor Augen zu führen:

Zu beteiligen sind in spezifizierender Ergänzung zu § 7 FamFG gem. § 172 I FamFG das Kind, die Mutter und der Vater. § 172 FamFG erklärt damit für Abstammungsverfahren Vater, Mutter und Kind zu Soll-Beteiligten, sodass sich zwangsläufig alle drei Familienmitglieder gegenüberstehen. Das Jugendamt ist gem. § 172 II FamFG von vornherein nur in den Fällen des § 176 I 1 FamFG und auch nur auf seinen Antrag hin zu beteiligen (Kann-Beteiligter).

Antragsbefugt sind in einem Verfahren zur Klärung der leiblichen Abstammung gem. § 1598a I 1 Nr. 1-3 BGB der Vater, die Mutter und das Kind. In Vaterschaftsanfechtungsverfahren ergeben sich die Anfechtungsberechtigten aus § 1600 I Nr. 1-5 BGB. Danach sind anfechtungsberechtigt der Mann, dessen Vaterschaft nach § 1592 Nr. 1 und 2 oder § 1593 BGB besteht (vgl. Nr. 1) bzw. der an Eides statt versichert, der Mutter des Kindes während der Empfängniszeit beigewohnt zu haben (vgl. Nr. 2), die Mutter (vgl. Nr. 3), das Kind (vgl. Nr. 4) sowie die zuständige Behörde in den Fällen des § 1592 Nr. 2 BGB. Was das Vaterschaftsfeststellungsverfahren betrifft, ist zu berücksichtigen, dass § 1600e I BGB a.F., aus dem sich bisher die Klagebefugnis ergeben hatte, ersatzlos gestrichen wurde. Dennoch kann davon ausgegangen werden, dass auch weiterhin die Mutter, der biologische Vater und das Kind antragsbefugt sind. Für den Mann und das Kind ergibt sich dies aus dem Recht auf Kenntnis der Abstammung; für die Mutter folgt das Antragsrecht aus Art. 6 II GG.[307]

An dieser Stelle sei noch einmal darauf hingewiesen, dass § 9 I Nr. 3 FamFG in Abstammungsverfahren nach der hier vertretenen Ansicht grundsätzlich Anwendung findet und lediglich ausnahmsweise bei Vaterschaftsanfechtungsverfahren in teleologischer Reduktion dieser Vorschrift ein Abweichen von diesem Grundsatz geboten ist.[308] Dies hat zur Folge, dass sich die Frage der Vertretung nur stellt, wenn es um die Abstammung eines unter 14 Jahre alten Kindes bzw. um die Vertretung eines unter 18 Jahre alten Kindes in einem Vaterschaftsanfechtungsverfahren geht.

Von diesen grundlegenden Erwägungen ausgehend stellen sich nun drei wegweisende Fragen:[309]

1) *Können Abstammungsverfahren unter den Begriff des Rechtsstreits i.S.v. § 1795 I Nr. 3 BGB subsumiert werden bzw. ist die Regelung insofern einer Analogie zugänglich und wie verhält es sich mit § 1795 II i.V.m. § 181 BGB?*

Unter „Rechtsstreit" i.S.v. § 1795 I Nr. 3 BGB werden seit jeher Verfahren nach der ZPO und echte Streitsachen der freiwilligen Gerichtsbarkeit verstanden. Grund

307 Vgl. *Löhnig* FamRZ 2009, 1799; *Stößer* FamRZ 2009, 925; SBW/*Schwonberg*, § 172 Rn. 22.

308 Vgl. näher hierzu Kap. B.III.1.a.bb.

309 Vgl. *Schwonberg* FuR 2010, 446.

dafür ist, dass diese von einem durch das Verfahren vorgegebenen Gegeneinander der Prozessparteien gekennzeichnet sind/waren.[310] So hat bereits das Bayerische Oberste Landesgericht im Jahr 1962 unter Verweis auf die damalige Kommentarliteratur ausgeführt, dass die beiden Verfahrensarten der freiwilligen Gerichtsbarkeit sich dadurch unterschieden, dass im normalen Verfahren der freiwilligen Gerichtsbarkeit die Rechtsfürsorgetätigkeit des Staates ausgeübt werde, während sich bei den echten Streitsachen zwei Beteiligte oder zwei Gruppen von Beteiligten im entgegengesetzten Interesse gegenüberständen und es Aufgabe des Gerichts sei, über behauptete subjektive Rechte zu entscheiden.[311] Im Abstammungsverfahren nach dem FamFG ist ein solches Gegeneinander nicht mehr gegeben. Vater, Mutter und Kind stehen sich nicht als Prozessparteien, mithin als Kläger und Beklagter gegenüber, sondern sind nunmehr allesamt Verfahrensbeteiligte.

Das von der Gegenmeinung[312] unter Verweis auf die Gesetzesbegründung[313] angeführte Argument, dass die für das zivilprozessuale Verfahren nach § 640 ff. ZPO a.F. typischen Elemente wie der Strengbeweis (vgl. § 177 II FamFG), die Wirkung der Entscheidung für und gegen alle (vgl. § 184 II FamFG) sowie die besonderen Vorschriften für eine Wiederaufnahme erhalten geblieben seien und das Verfahren aufgrund von § 171 FamFG nur auf Antrag eingeleitet werde, ist m.E. nicht ausschlaggebend, da es nichts über das maßgebliche Kriterium des erforderlichen Gegeneinanders aussagt. Entscheidend ist, dass Abstammungsverfahren wie alle anderen FamFG Verfahren (vgl. § 26 FamFG) grundsätzlich durch den Amtsermittlungsgrundsatz geprägt sind (vgl. § 177 I FamFG), der ein Gegeneinander der Beteiligten ausschließt. § 1795 I Nr. 3 BGB ist seinem Sinn und Zweck nach nicht einschlägig, da er nur Fälle erfasst, für die ein Interessenkonflikt charakteristisch und daher ein grundsätzlicher Ausschluss der elterlichen Vertretungsmacht gerechtfertigt ist. Vom Vorliegen eines Interessengegensatzes unabhängig sind die Fragen, welche Beweismittel zulässig sind, welchen Wirkungsumfang die verfahrensabschließende Entscheidung entfaltet und unter welchen Voraussetzungen eine Wiederaufnahme des Verfahrens in Betracht kommt. Hervorzuheben ist in diesem Zusammenhang außerdem, dass insbesondere im klassischen Rechtsfürsorgeverfahren der freiwilligen Gerichtsbarkeit schon bisher anerkannt war, dass auch das Antragsverfahren, bei dem ein Antrag die notwendige Voraussetzung einer rechtswirksamen, die Beteiligten bindenden Tätigkeit des Gerichts ist, nicht die Annahme eines Rechtsstreits begründet.[314]

---

310 Vgl. u.a. *Helms/Balzer* ZKJ 2009, 350; Erman/*Saar*, § 1795 Rn. 11; MünchKomm/*Wagenitz*, § 1795 Rn. 34; Kaiser/Schnitzler/Friederici/*Fritsche*, § 1795 Rn. 6; Staudinger/*Veit*, § 1795 Rn. 49 ff.

311 BayObLG NJW 1962, 965.

312 OLG Hamburg FamRZ 2010, 1825; Helms/Kieninger/Rittner/*Kieniger*, S. 99 f. Rn. 226 f.; Staudinger/*Veit*, § 1795 Rn. 58.

313 BT-Drucks. 16/6308, S. 243.

314 BayObLG NJW 1962, 965.

Weiter spricht m.E. gegen die grundsätzliche Qualifikation von Abstammungsverfahren als Rechtsstreit die durch das FamFG getroffene Unterscheidung zwischen Familiensachen und Familienstreitsachen. Während Abstammungssachen gem. § 111 Nr. 3 FamFG Familiensachen sind, stellen sie keine Familienstreitsachen i.S.v. § 112 FamFG dar. Indem der Gesetzgeber Unterhaltssachen nach § 231 I FamFG, Güterrechtssachen nach § 261 I FamFG und sonstige Familiensachen nach § 266 I FamFG sowie die entsprechenden Lebenspartnerschaftssachen nach § 269 I Nr. 8, 9, 10, II FamFG als Familienstreitsachen definiert und diese Definition mit der Anwendbarkeit einer Vielzahl von Vorschriften der Zivilprozessordnung gem. § 113 FamFG verknüpft hat, hat er zu erkennen gegeben, dass er bei diesen besonderen Verfahren weiterhin vom Vorliegen eines Gegeneinanders ausgeht, da diese von vornherein ein erhöhtes Konfliktpotential bergen.[315] Abstammungssachen gehören offensichtlich nicht dazu. Auch aus diesem Grund kommt m.E. eine direkte und grundsätzliche Anwendung von § 1795 I Nr. 3 BGB auf alle Abstammungssachen im Wege einer erweiterten Auslegung des Begriffs des Rechtsstreits nicht in Frage.[316]

Dasselbe gilt m.E. für einen Ausschluss der elterlichen Vertretungsbefugnis gem. § 1795 II i.V.m. § 181 BGB in direkter Anwendung. Während § 1795 I BGB einen Ausschluss der Vertretungsbefugnis in den Fällen vorsieht, in denen ein Interessenkonflikt deshalb vorliegt, weil sich ein Elternteil des Kindes in seiner Funktion als gesetzlicher Vertreter und eine ihm nahe stehende Person gegenüberstehen, zielt § 1795 II i.V.m. § 181 BGB auf die Konstellation ab, in der der betreffende Elternteil auf der einen Seite in eigener Sache und auf der anderen Seite als gesetzlicher Vertreter des Kindes handeln soll. Durch die Verweisung wird die Geltung von § 181 BGB neben den besonderen Ausschlussgründen nach § 1795 I BGB sichergestellt; ebenso wenig wie ein anderer Vertreter können die Eltern als gesetzliche Vertreter im Namen des Kindes und im eigenen Namen handeln.[317] Indem § 1795 II BGB bestimmt, dass die Vorschrift des § 181 BGB unberührt bleibt, erklärt sie auch die zu § 181 BGB entwickelten Grundsätze für anwendbar. Anerkannt ist seit Langem, dass § 181 BGB auf Prozesshandlungen nicht unmittelbar Anwendung findet, sondern lediglich der ihm zugrunde liegende Rechtsgedanke für Zivilprozesse nach der

315 Ähnlich *Schael* FamRZ 2009, 268; Palandt/*Götz*, § 1795 Rn. 6; Kaiser/Schnitzler/Friederici/*Fritsche*, § 1795 Rn. 6; a.A. Erman/*Saar*, § 1795 Rn. 11, m.w.N.; ausführlich hierzu Staudinger/*Veit*, § 1795 Rn. 49 ff., 56 ff., wonach ungeachtet der gesetzlichen Neuregelung unter § 1795 I Nr. 3 BGB weiterhin neben jedem ZPO-Verfahren und den neuen Familienstreitsachen i.S.v. § 112 FamFG auch sonstige Familiensachen fallen sollen, die bis zum Inkrafttreten des FamFG unter den Anwendungsbereich der Vorschrift subsumiert wurden.

316 Allerdings ist m.E. zwischen den einzelnen Abstammungsverfahren zu differenzieren. Wie noch zu sehen sein wird, ist jedenfalls für das Vaterschaftsanfechtungsverfahren eine differenzierte Sichtweise angebracht.

317 Vgl. Palandt/*Diederichsen*, § 1629 Rn. 23.

ZPO sowie für die echten Streitsachen der freiwilligen Gerichtsbarkeit gilt.[318] Wie gesehen liegt jedoch keine echte Streitsache vor, sodass sich auch aus § 1795 II i.V.m. § 181 FamFG künftig kein genereller Ausschluss der Eltern von der gesetzlichen Vertretung ihrer Kinder in Abstammungssachen mehr ergeben kann.

Da also eine unmittelbare Anwendung von § 1795 BGB ausscheidet, stellt sich die Frage der Analogiefähigkeit dieser Vorschrift. Fraglich ist bereits, ob der Gesetzgeber speziell in Bezug auf Abstammungssachen die Konsequenzen des FGG-Reformgesetzes für die Vertretung des minderjährigen Kindes nicht bedacht hat, sodass das Vorliegen einer planwidrigen Regelungslücke zu bejahen wäre.[319]

Aus der Gesetzesbegründung ergibt sich insofern nur, dass das Verfahren in sämtlichen Abstammungssachen einheitlich als Verfahren der freiwilligen Gerichtsbarkeit ausgestaltet werden sollte, wofür die größere Flexibilität dieser Verfahrensordnung und der Umstand spreche, dass das Verfahren, anders als ein ZPO-Verfahren, ohne formale Gegnerschaft auskomme. Dies habe den Vorteil, dass die Beteiligten nicht ohne Not in die Position von Gegnern gebracht würden, was insbesondere für das Kind im Verhältnis zum anfechtenden Vater gelte.[320]

Aus dem verfahrensrechtlichen Wegfall des formalen Gegeneinanders allein folgt indes nicht, dass dem anfechtenden Vater die gesetzliche Vertretung des Kindes eingeräumt werden sollte, denn die gesetzliche Vertretung stellt (wie sich auch an der Verweisung in § 9 II FamFG zeigt) eine Frage des materiellen Rechts dar. Ob auch eine Änderung der materiellen Rechtslage beabsichtigt war, lässt sich den Ausführungen der Gesetzesbegründung nicht mit Sicherheit entnehmen.

An dem für die Beantwortung der Vertretungsfrage entscheidenden Aspekt, nämlich dem Bestehen eines Interessenkonflikts zwischen den am Statusverhältnis Beteiligten, hat sich aber durch die Änderung deren verfahrensrechtlicher Stellung *de facto* jedenfalls nichts geändert. Insbesondere sind die Vorschriften betreffend den Ausschluss der elterlichen Vertretungsbefugnis (§ 1629 II 3 Hs. 2, IIa BGB) unverändert geblieben, obwohl es dem Gesetzgeber bei einer beabsichtigten Ausstrahlung der verfahrensrechtlichen Neugestaltung auf die materielle Rechtslage ein Leichtes gewesen wäre, diese entsprechend zu modifizieren und dadurch eine klare Rechtslage zu schaffen.[321]

Unabhängig vom Vorliegen einer planwidrigen Regelungslücke besteht aber eine mit den in § 1795 BGB geregelten Fällen vergleichbare Interessenlage allenfalls für die Beseitigung des abstammungsrechtlichen Statusverhältnisses im Wege eines Vaterschaftsanfechtungsverfahrens, da insoweit oftmals von einem potentiellen Interessengegensatz zwischen den Beteiligten ausgegangen werden

318 Vgl.; BayObLG NJW 1962, 964; *Klaß*, S. 22 ff.; *Hommel*, S. 77 ff.
319 Vgl. SBW/*Schwonberg*, § 172 Rn. 12; Prütting/Helms/*Stößer*, § 172 Rn. 4.
320 BT-Drucks. 16/6308, S. 243 f.
321 BGH NJW 2012, 1732.

kann. Ein solcher Interessengegensatz erscheint zumindest im Verhältnis von Kind und Scheinvater (Ehemann oder Anerkennender) naheliegend, da die Beseitigung der rechtlichen Vaterschaft zum Entzug „elementarer subjektiver Rechte des Kindes“[322] wie etwa Unterhalt und Erbrecht führt. Auch wenn die Mutter mit dem Scheinvater verheiratet ist oder mit ihm gemeinsam das Sorgerecht ausübt, ist im Verhältnis von Mutter und Kind ein potentieller Interessengegensatz nicht von der Hand zu weisen, da sich die Mutter aufgrund ihrer Ehe mit dem Scheinvater oder aufgrund des gemeinsamen Sorgerechts in einer Zwickmühle befindet.

Letztlich scheitert aber eine (nur punktuelle) Analogie[323] zu § 1795 BGB (für Vaterschaftsanfechtungsverfahren) daran, dass das Gesetz dafür keine Anhaltspunkte bietet. Ganz im Gegenteil lässt sich aus einer Zusammenschau von §§ 1600 I Nr. 4, 1600a III, IV BGB und § 176 FamFG erkennen, dass grundsätzlich weiterhin davon ausgegangen wird, dass die Anfechtung durch den sorgeberechtigten Elternteil und nicht etwa den Ergänzungspfleger als gesetzlichem Vertreter erfolgt, da § 176 I FamFG bei der Anfechtung durch das von seinen gesetzlichen Vertretern vertretene Kind als Sicherungsmaßnahme die Anhörung und nach § 176 II 2 FamFG sogar ein Beschwerderecht des Jugendamts vorsieht.[324] Auch aus der Existenz von § 173 FamFG lässt sich schließen, dass allein die Stellung des sorgeberechtigten Elternteils als Verfahrensbeteiligter seine gesetzliche Vertretung nicht ausschließt, da diese Regelung ansonsten obsolet wäre.[325]

Infolgedessen kommt m.E. ein abstrakt-genereller Ausschluss der Vertretungsmacht der Eltern gem. § 1795 BGB in Abstammungsverfahren weder bei direkter noch bei (punktuell) analoger Anwendung der vorgenannten Vorschrift in Frage.

2) Welche Bedeutung kommt der Vorschrift des § 1629 IIa BGB zu?

Die Ansicht, wonach zu § 1629 IIa BGB ein Erst-recht-Schluss gezogen werden könne, da statusneutrale Verfahren nach § 1598a BGB erheblich weniger Konfliktpotential bärgen als statusverändernde Verfahren zur Vaterschaftsfeststellung bzw. -anfechtung, ist abzulehnen.[326]

Die Gesetzesmaterialien stellen zur Begründung dieser Gesetzesregelung maßgeblich auf die Interessenkollision ab, weil die Eltern durch die Frage der Vaterschaft stets auch in eigenen, möglichweise von denen des Kindes abweichenden Interessen betroffen seien.[327] Zwar könnte diese Erwägung für die anderen Abstammungssachen

---

322 BGH NJW 2012, 1732.

323 Selbiges gilt wie erläutert auch für einen grundsätzlichen Ausschluss der gesetzlichen Vertretung des Kindes durch die Eltern in allen Verfahren, wie ihn eine grundsätzliche Analogie zu § 1795 BGB zur Folge hätte.

324 Vgl. *Schnitzler/Klinkhammer*, § 29 Rn. 63.

325 Vgl. Staudinger/*Rauscher*, § 1600a Rn. 29.

326 Vgl. *Vogel* FPR 2011, 354; SBW/*Schwonberg*, § 172 Rn. 13; *Grün*, S. 130 Rn. 210; *ders.* FuR 2010, 449; a.A. Helms/Kieninger/Rittner/*Kieninger*, S. 102 Rn. 227.

327 BT-Drucks. 16/6561, S. 15.

erst recht gelten, allerdings stellt sich dann die Frage, warum der Gesetzgeber dies nicht ausdrücklich mitgeregelt hat, zumal die pauschale Behauptung, dass die anderen Abstammungsverfahren konfliktträchtiger seien, durch keine empirischen oder sonstigen Belege gestützt wird. Statt einer Erweiterung des Anwendungsbereichs von § 1629 IIa BGB auf alle Abstammungsverfahren hat der Gesetzgeber mit Einführung des Instituts des Verfahrensbeistands für Abstammungsverfahren gem. §§ 174, 158 FamFG im Zuge der FGG-Reform einen anderen Weg zur Lösung des Interessenwiderstreits zwischen Vater, Mutter und Kind beschritten, dessen es nicht bedurft hätte, wenn die Eltern ohnehin von der Vertretung ihrer Kinder ausgeschlossen wären. Daran anknüpfend spricht auch die große Variabilität der denkbaren Verfahrenskonstellationen gegen einen Erst-recht-Schluss.

Der Vorschrift des § 1629 IIa BGB kommt im Zusammenhang mit der Vertretung des Kindes in Abstammungsverfahren nach § 169 FamFG m.E. vielmehr insofern Bedeutung zu, als aufgrund des eindeutigen Wortlauts und des Fehlens entsprechender Bestimmungen für die übrigen Abstammungsverfahren (§ 169 Nr. 1, 3, 4 FamFG) im Umkehrschluss gefolgert werden kann, dass die Vertretungsbefugnis nur in dem vom Wortlaut der Vorschrift erfassten Fall des Verfahrens zur Klärung der leiblichen Abstammung (§ 169 Nr. 2 FamFG) ausgeschlossen ist.

Eine analoge Anwendung dieser Vorschrift kommt aufgrund der Eindeutigkeit der Regelung und ihres daraus folgenden Ausnahmecharakters nicht in Betracht. Eine Ausweitung der Vorschrift ist im Zuge der FGG-Reform nicht erfolgt und erscheint ohnehin auch sachlich nicht geboten, da – wie noch zu sehen sein wird – das Problem der Vertretung minderjähriger Kinder in Abstammungsverfahren auch anders zufriedenstellend gelöst werden kann.[328]

3) Wie kann den Interessen des minderjährigen Kindes im Abstammungsverfahren praktisch handhabbar verfahrensrechtlich am besten zur Durchsetzung verholfen werden?

Vorauszuschicken ist, dass die Notwendigkeit der Ergänzungspflegschaft nicht *per se* durch die nunmehr in § 174 FamFG vorgesehene Bestellung eines Verfahrensbeistands in Abstammungssachen entfällt. Der Unterschied zur Situation im Bereich der Kindschaftssachen besteht darin, dass das Kind zur Stellung eines Antrags nach § 1600 I Nr. 4 BGB grundsätzlich eines gesetzlichen Vertreters bedarf (§ 1600a III BGB)[329], weshalb die vom Gesetzgeber in Kindschaftssachen angestellte Erwägung, in die gesetzliche Vertretung des Kindes entsprechend der vorausgegangenen Rechtslage nicht eingreifen zu wollen, für Abstammungssachen schon in Anbetracht der anderen Ausgangslage nicht greifen kann.[330]

---

328 Vgl. in diesem Sinn auch SBW/*Schwonberg*, § 172 Rn. 13; *Vogel* FPR 2011, 354; *Helms*/*Balzer* ZKJ 2009, 350; MünchKomm/*Huber*, § 1629 Rn. 71; Palandt/*Diederichsen*, § 1629 Rn. 29.

329 Ausnahme: Es liegt ein Fall von § 9 I Nr. 3 FamFG vor.

330 BGH NJW 2012, 1731 ff., wo darauf verwiesen wird, dass der Senat in seiner Entscheidung vom 07.09.2011 (vgl. BGH NJW 2011, 3454 ff.) die Kindschaftssachen von anderen Verfahren abgegrenzt habe, in denen eine wirksame Interessenvertretung

Grundsätzlich erscheint es für die Beantwortung der vorstehenden Frage sinnvoll, bezüglich der Verfahrensart sowie der jeweils eingenommenen Verfahrensrolle zu differenzieren.[331]

α) Vaterschaftsanfechtungsverfahren

Im Fall eines Vaterschaftsanfechtungsverfahrens stellt sich die Situation wie nachfolgend beschrieben dar, wobei die folgende Darstellung danach differenziert, welche der in § 1600 BGB genannten Personen den verfahrenseinleitenden Antrag gestellt hat:

αα) Antragstellung durch das Kind, § 1600 I Nr. 4 BGB

In dem Moment, in dem das Kind als Antragsteller gem. § 7 I FamFG aktiv in einem Vaterschaftsanfechtungsverfahren die Vaterschaftszuordnung in Frage stellt, entsteht im Verhältnis zu beiden Elternteilen eine Konfliktlage, die derjenigen nach früherem Recht sehr ähnlich ist. Die durch das Kind in diesem Fall eingenommene „Stellung des Angreifers“[332] zwingt die durch den angestrebten Gestaltungsausspruch des Gerichts unmittelbar in ihrer bisherigen Rechtsposition betroffenen Eltern in die Verteidigerrolle. Allein die Tatsache, dass das Kind entscheidet, diesen Schritt selbst zu tun, lässt darauf schließen, dass die Eltern mit diesem Vorgehen nicht unbedingt einverstanden sind, da sie ansonsten zum Wohle des Kindes selbst hätten aktiv werden können (und müssen). Diese Konstellation rechtfertigt die Gleichstellung mit der Lage nach altem Recht, in dem die Betroffenen sich als Parteien gegenüberstanden, einer Situation also, die im Wesentlichen durch ein Gegeneinander von Positionen geprägt war und in der sich die eine Partei gegen die andere zur Wehr setzen musste.

Es liegt daher nahe, in diesem Fall von der Fortgeltung der bisherigen Rechtslage auszugehen und einen Ausschluss des Scheinvaters von der Vertretung seines Kindes anzunehmen, da es diesem entsprechend dem Rechtsgedanken der §§ 1629 II 1, 1795 II, 181 BGB nicht möglich ist, seine Rechtsposition gegen das Kind zu

---

des Kindes auch dessen gesetzliche Vertretung erfordere, was in Abstammungssachen der Fall sei.

331 Vgl. *Schwonberg* FuR 2010, 445 ff.; *Grün*, S. 131 Rn. 211; a.A. BGH NJW 2012, 1733, mit dem Argument, dass das Kind im Verlauf des Abstammungsverfahrens als sonstiger Beteiligter nach § 1600 I 1 Nr. 4 BGB einen eigenen Anfechtungsantrag („Gegenantrag“) stellen könne, was jedoch nicht überzeugt, da ein Gegenantrag nicht mit dem Antrag vergleichbar ist. Entscheidend ist, dass der Entschluss zur Stellung eines Gegenantrags erst gefällt wird, nachdem bereits ein Antrag im Raum steht; *Vogel* FPR 2011, 355 f.

332 Vgl. *Schwonberg* FuR 2010, 446; *Grün*, S. 131 Rn. 211; i.E. übereinstimmend *Dressler* Rpfleger 2011, 298 f., der jedoch die Anwendbarkeit der vorgenannten Vorschriften generell für alle Abstammungsverfahren bejaht; so auch *Vogel* FPR 2011, 354 f.

verteidigen und gleichzeitig das Kind bei der Durchsetzung dessen notwendig gegenläufiger Ansprüche zu vertreten.[333]

Dasselbe muss wie bisher auch für die mit dem Scheinvater verheiratete Mutter bzw. dann gelten, wenn sie mit diesem die elterliche Sorge noch gemeinsam ausübt. Allein in dem Fall, in dem die Mutter mit dem Scheinvater nicht verheiratet ist und auch die elterliche Sorge nicht mit diesem gemeinsam, sondern allein ausübt, bleibt die Vertretungsbefugnis der Mutter wie auch bereits nach altem Recht bestehen.[334]

Ergibt sich die Verfahrensbeteiligung des Kindes nicht aus der aktiven Antragstellung, sondern lediglich aufgrund seiner passiven Betroffenheit gem. § 172 i.V.m. § 7 II FamFG, so stellt sich die Lage wie folgt dar:

ββ) Antragstellung durch einen Elternteil, § 1600 I Nr. 1, 3 BGB

Im Rahmen von Vaterschaftsanfechtungsverfahren besteht bei der Antragstellung durch einen Elternteil grundsätzlich die Gefahr eines Interessenkonflikts. Grund dafür ist, dass die Auflösung der verwandtschaftlichen Beziehung des Kindes zu seinem Scheinvater negative Auswirkungen auf die Verwirklichung der materiellen, insbesondere der finanziellen Interessen sowie der sozialen bzw. sogar familiären Bindungen des Kindes haben kann.[335]

Diese Gefahr verwirklicht sich sowohl bei der Antragstellung durch den rechtlichen Vater, da darin eindeutig dessen Absicht zum Ausdruck kommt, sich von den mit der rechtlichen Vaterschaft einhergehenden Pflichten (v.a. von der Unterhaltspflicht) lösen zu wollen, als auch bei der Antragstellung durch die Mutter. In letzterem Fall ist entscheidend, dass dem Schutz der Vater-Kind-Beziehung – soweit diese intakt ist – gegebenenfalls mehr Gewicht zuzumessen sein wird, als der Anpassung der rechtlichen an die tatsächliche Lage bei Kenntnis von der fehlenden biologischen Vaterschaft.

---

333 Insofern ist also eine Erweiterung der bisherigen Ansicht zu empfehlen, wonach § 181 BGB nur auf echte Streitsachen der Freiwilligen Gerichtsbarkeit analog angewandt wurde; so i.E. auch SBW/*Schwonberg*, § 172 Rn. 14 f.; *Grün*, S. 131 Rn. 211; a.A. noch *Schwonberg* FuR 2010, 447, der damit argumentierte, dass der Einleitung des Verfahrens bei gemeinsamer elterlicher Sorge die Klärung der Entscheidungskompetenz in einem Verfahren nach § 1628 BGB vorgeschaltet sei und darüber hinaus das Gericht in diesem Fall nach § 176 I 1 FamFG angehalten sei, das Jugendamt anzuhören, weshalb sich im Ergebnis die Vertretungsproblematik nicht in gleicher Weise stelle. Zum einen ist jedoch die Durchführung des Verfahrens nach § 1628 BGB nicht zwingend und zum anderen wird der Gefahr einer Vernachlässigung der Kindesinteressen durch die Anhörung des Jugendamtes nicht in gleicher Weise beigekommen wie durch die Bestellung eines Ergänzungspflegers.

334 Vgl. *Grün*, S. 131 Rn. 211; *Schwonberg* FuR 2010, 446; eine Differenzierung nach Verfahrensrolle und/oder Verfahrensart ablehnend, jedoch i.E. übereinstimmend *Vogel* FPR 2011, 355; ebs. *Dressler* Rpfleger 2011, 299 mit abweichender Begründung.

335 Vgl. *Schwonberg* FuR 2010, 446.

Aus diesem Grund ist regelmäßig vom Vorliegen eines Interessenkonflikts mit der Folge des Ausschlusses des antragstellenden Elternteils von der Vertretung des Kindes gemäß §§ 1629 II 1, 1795 II, 181 BGB analog[336] auszugehen.[337] Diese Konsequenz kann jedoch nicht ohne Weiteres auf den anderen am Verfahren beteiligten Elternteil übertragen werden, da sich für diesen meist nicht in demselben Maß ein Interessenkonflikt ergibt.

Ist der rechtliche Vater Antragsteller (§ 1600 I Nr. 1 BGB), ist ein Interessengegensatz zwischen dem Kind und seiner beteiligten Mutter keineswegs zwingend. Im Gegenteil wird in dieser Konstellation nicht selten ein Gleichlauf der Interessen der Mutter mit denen des Kindes festzustellen sein. Hier in Analogie zu §§ 1629 II 1, 1795 Nr. 3 BGB typisierend einen Ausschluss der Vertretungsmacht annehmen zu wollen, widerspräche der Intention des Gesetzgebers, der für den Fall eines ausnahmsweise bestehenden erheblichen Interessengegensatzes die Möglichkeit der Entziehung der Vertretungsmacht im Einzelfall nach § 1629 II 3, 1796 BGB vorgesehen hat.[338]

Es ist daher vielmehr davon auszugehen, dass grundsätzlich die Bestellung eines Verfahrenspflegers gem. § 174 FamFG ausreicht, um den Interessen des Kindes im Verfahren Geltung zu verschaffen und es im Grunde bei der Vertretung des Kindes durch die Mutter verbleibt, der wegen des Ausschlusses der Vertretungsmacht des Vaters die alleinige Vertretungsbefugnis zuwächst.[339] Zu berücksichtigen ist überdies, dass das Gericht gem. § 176 I 2 FamFG immer die Möglichkeit hat, die Anhörung des Jugendamtes anzuordnen, wenn ein Beteiligter minderjährig ist. Die Bestellung eines Ergänzungspflegers ist in dieser Konstellation zusammenfassend

---

336 Auch insofern besteht kein Widerspruch zu den Feststellungen zu der oben formulierten Frage 1), da weiterhin keine grundsätzliche Analogie für alle Vaterschaftsanfechtungsverfahren vertreten wird, sondern speziell nur für den Fall der Antragstellung durch einen Elternteil.

337 a.A. *Grün*, S. 131 Rn. 212, der davon ausgeht, dass bei der Beteiligung des Kindes nach § 7 II FamFG zwar auch ein Interessenwiderstreit, jedoch keine der Regelung des § 1795 BGB vergleichbare Konfliktlage vorliegt. Zumindest in Bezug auf die Antragstellung durch einen Elternteil kann die dortige Argumentation, wonach Beteiligte unter der Ausgestaltung des FamFG zwar unterschiedliche Interessen als der Antragsteller hätten, damit aber nicht Streitpartei, sondern lediglich Betroffene seien, nicht überzeugen. Es ist nicht ersichtlich, warum insofern die Lage anders zu beurteilen sein sollte als bei der Antragstellung durch das Kind selbst.

338 Immer bestehen bleibt jedoch selbstverständlich die Möglichkeit der Entziehung der elterlichen Vertretungsbefugnis bei Vorliegen eines erheblichen Interessengegensatzes im konkreten Einzelfall nach § 1796 BGB.

339 Vgl. *Grün*, S. 131 f Rn. 212 f.; *Schwonberg* FuR 2010, 448; auf die unter Geltung des alten Rechts von der h.M. befürwortete teleologische Reduktion von § 1629 II 1 BGB, wonach die Ausschlusswirkung dieser Vorschrift nicht nur den Elternteil trifft, der von einem der in § 1795 BGB genannten Gründe selbst betroffen ist, sondern § 1629 II 1 BGB in einem solchen Fall zum Ausschluss der elterlichen Vertretungsmacht schlechthin führt (die Wirkung also auch den anderen Teil trifft) muss aufgrund des Gesagten nicht mehr zurückgegriffen werden.

nur dann nötig, wenn der rechtliche Vater von vornherein allein vertretungsberechtigt ist.

Für den Fall, dass der Antrag von der Mutter gestellt wird (§ 1600 I Nr. 3 BGB), gilt das für die vorherige Konstellation Festgestellte entsprechend.

γγ) Antragstellung durch die anfechtungsberechtigte Behörde, § 1600 I Nr. 5 BGB oder den potentiellen leiblichen Vater, § 1600 I Nr. 2 BGB

Im Fall der behördlichen Anfechtung der Vaterschaft gem. § 1600 I Nr. 5 BGB[340] wie im Fall der Anfechtung der Vaterschaft durch den potentiellen leiblichen Vater gem. § 1600 I Nr. 2 BGB[341] ist die gesetzliche Vertretungsmacht der Mutter und des rechtlichen Vaters nicht grundsätzlich nach §§ 1629 II 1, 1795 BGB ausgeschlossen. In Betracht kommt lediglich eine Entziehung nach §§ 1629 II 3 Hs. 1, 1796 BGB im konkreten Einzelfall.

Grund dafür ist, dass in dieser Konstellation der „Angriff" von einem Dritten ausgeht. Vater, Mutter und Kind finden sich in derselben Position, nämlich als Verfahrensbeteiligte nach §§ 7 II, 172 FamFG wieder. Zwar können sie durchaus unterschiedliche Interessen verfolgen, jedoch reicht allein die theoretische Möglichkeit eines Interessenwiderstreits in dieser Konstellation nicht aus, um den generellen Ausschluss der Vertretungsbefugnis zu rechtfertigen.[342]

β) Vaterschaftsfeststellungsverfahren

Im Rahmen von Vaterschaftsfeststellungsverfahren kommt der festzustellende potentielle biologische Vater von vornherein mangels eines rechtlich bestehenden Eltern-Kind-Verhältnisses als Vertreter nicht in Betracht. Sinnvollerweise ist m.E. zwischen den folgenden Konstellationen zu unterscheiden:

Konstellation 1: Die Mutter stellt den Antrag im eigenen Namen
In dieser Konstellation ist es nicht gerechtfertigt, von einem generellen Ausschluss der gesetzlichen Vertretungsmacht auszugehen.

Die Mutter ist in dieser Konstellation gem. § 1626a II BGB grundsätzlich allein sorgeberechtigt. Zwar tritt sie im Verfahren im eigenen Namen und als Vertreterin des nach § 172 I Nr. 1 FamFG zu beteiligenden Kindes auf, jedoch sind §§ 1629 II 1, 1795 II, 181 BGB insofern teleologisch zu reduzieren, als die Erreichung von Sinn und Zweck des § 181 BGB, nämlich die Verhinderung eines Interessenwiderstreits in der Person des Vertreters, nicht gefährdet ist, wenn die Mutter die gerichtliche Feststellung der Vaterschaft begehrt.[343]

---

340 So bereits OLG Hamburg FamRZ 2010, 746; OLG Oldenburg FamRZ 2009, 1926; a.A. *Dressler* Rpfleger 2010, 299 f.; *Vogel* FPR 2011, 356.

341 BGH FamRZ 2007, 539; a.A. *Dressler* Rpfleger 2010, 300.

342 OLG Hamburg FamRZ 2010, 746 unter Verweis auf BGH FamRZ 2007, 539.

343 Vgl. SBW/*Schwonberg*, § 172 Rn. 16; *ders.* FuR 2010, 447; a.A. MünchKommFamFG/*Coester-Waltjen*/*Hilbig*, § 172 Rn. 34; Helms/Kieninger/Rittner/*Kieninger*, S. 103 Rn. 229; *Dressler* Rpfleger 2010, 300.

Grund dafür ist primär, dass die Klärung und Feststellung der biologischen Vaterschaft in aller Regel dem Wohl des Kindes dient, da damit wesentliche Rechte des Kindes einhergehen. Außerdem ergibt sich dies aus folgender Überlegung: § 1795 BGB ordnet einen abstrakt-generellen Ausschluss der Vertretungsmacht in den dort genannten Fällen an, während § 1796 BGB lediglich die Entziehung der Vertretungsmacht im konkreten Einzelfall bei Vorliegen eines erheblichen Interessengegensatzes vorsieht. Unter Berücksichtigung dieser systematischen Erwägung erscheint es sinnwidrig, jedenfalls jedoch kurios, wenn § 1629 II 3 Hs. 2 BGB ausdrücklich eine Entziehung der Vertretungsmacht nach § 1796 BGB für die Feststellung der Vaterschaft nicht zuließe, wo diese ohnehin bereits nach § 1795 BGB ausgeschlossen wäre.[344] Extremfälle, die eine andere Bewertung anheim stellen würden, sind für den Fall der Antragstellung durch die Mutter kaum denkbar.

Konstellation 2: Die Mutter stellt den Antrag im Namen des Kindes
Für die in der Praxis wohl seltenen Fälle, in denen die Mutter den Antrag auf Feststellung der biologischen Vaterschaft im Namen des Kindes stellt, gilt im Wesentlichen das zu *Konstellation 1* Festgestellte.

Das Verfahren zur gerichtlichen Feststellung der Vaterschaft ist auch weiterhin im Gegensatz zum Anfechtungsverfahren an keine Frist gebunden, sodass dieses jederzeit und anerkanntermaßen – ungeachtet der Frage, ob dies wegen der Feststellung eines Drittverhältnisses überhaupt zulässig ist – auch von der Mutter betrieben werden kann.[345] Auch hier kommt ein Ausschluss der Vertretungsbefugnis der Mutter nicht in Betracht, zumal sie hier – zumindest vordergründig – lediglich die Rolle eines „passiv" Beteiligten i.S.v. § 172 I Nr. 2 FamFG innehat und nicht die des aktiven Antragstellers, denn Antragsteller ist allein das Kind, wenn auch vertreten durch die Mutter.

Konstellation 3: Der potentielle Vater stellt den Antrag
Die Situation, in der der potentielle Vater aufgrund der fehlenden Bereitschaft der Mutter, einer etwaigen Anerkennung der Vaterschaft gem. § 1595 I BGB zuzustimmen, den Feststellungsantrag stellt, könnte anders zu bewerten sein. Denn aufseiten der Mutter können beachtliche Gründe dafür bestehen, der Vaterschaftsanerkennung nicht zuzustimmen bzw. die Vaterschaft überhaupt feststellen zu lassen. Beispielhaft sind etwa eine Inzestzeugung oder eine Vergewaltigung zu nennen.[346]

---

344 a.A. MünchKommFamFG/*Coester-Waltjen*/*Hilbig*, § 172 Rn. 34, wo darauf verwiesen wird, dass trotz der eindeutigen Regelung des § 1629 II 3 Hs. 2 BGB die Vertretungsbefugnis der Mutter gem. §§ 1629 II 1, 1795 II, 181 BGB wegen deren Beteiligtenstellung nach § 172 I Nr. 2 FamFG ausgeschlossen sei und § 1629 II 3 Hs. 2 BGB lediglich für die interne Entscheidung des „Ob" der Vaterschaftsfeststellung seine Bedeutung behalte.

345 Vgl. *Zorn*, Rn. 52 ff., insb. Rn. 54.

346 BT-Drucks. 13/892, S. 34; als weniger drastische Gründe sind das Alter des Kindes oder die aktuellen Lebensumstände zu nennen, vgl. *Gerhardt*/*von Heintschel-Heinegg*/*Klein*/*Schwarzer*, Kap. 3 Rn. 148.

Tabelle 1: Repräsentation des Kindes in Vaterschaftsanfechtungsverfahren

	Vertretungsmacht (VM) in Vaterschaftsanfechtungsverfahren							
Antragsteller	**Eltern verheiratet; gemeinsame elterliche Sorge** § 1626 I BGB		**Eltern nicht (mehr) verheiratet; gemeinsame elterliche Sorge** § 1626a I BGB		**Eltern verheiratet; Mutter allein sorgeberechtigt** z.B. § 1671 BGB (*entsprechend, wenn* ***Vater allein sorgeberechtigt***)		**Eltern nicht (mehr) verheiratet; Mutter allein sorgeberechtigt** z.B. § 1626a II BGB (***entsprechend, wenn Vater allein sorgeberechtigt***)	
	Mutter	**Vater**	**Mutter**	**Vater**	**Mutter**	**Vater**	**Mutter**	**Vater**
Rechtlicher Vater § 1600 I Nr. 1 BGB	VM grds. (+), ausnahmsweise Entziehung gem. §§ 1629 II 3, 1796 BGB	VM (-) wegen §§ 1629 II 1, 1795 II, 181 BGB analog	VM grds. (+), ausnahmsweise Entziehung gem. §§ 1629 II 3, 1796 BGB	VM (-) wegen §§ 1629 II 1, 1795 II, 181 BGB analog	VM grds. (+), ausnahmsweise Entziehung gem. §§ 1629 II 3, 1796 BGB	VM (-), weil kein Sorgerecht	VM grds. (+), ausnahmsweise Entziehung gem. §§ 1629 II 3, 1796 BGB	VM (-), weil kein Sorgerecht
Repräsentanten	*Mutter und Verfahrensbeistand*		*Mutter und Verfahrensbeistand*		*Mutter und Verfahrensbeistand*		*Mutter und Verfahrensbeistand*	
Potentieller Vater § 1600 I Nr. 2 BGB	VM grds. (+), ausnahmsweise Entziehung gem. §§ 1629 II 3, 1796 BGB	VM grds. (+), ausnahmsweise Entziehung gem. §§ 1629 II 3, 1796 BGB	VM grds. (+), ausnahmsweise Entziehung gem. §§ 1629 II 3, 1796 BGB	VM grds. (+), ausnahmsweise Entziehung gem. §§ 1629 II 3, 1796 BGB	VM grds. (+), ausnahmsweise Entziehung gem. §§ 1629 II 3, 1796 BGB	VM (-), weil kein Sorgerecht	VM grds. (+), ausnahmsweise Entziehung gem. §§ 1629 II 3, 1796 BGB	VM (-), weil kein Sorgerecht

Repräsentanten	*Eltern und Verfahrensbeistand*		*Eltern und Verfahrensbeistand*		*Mutter und Verfahrensbeistand*		*Mutter und Verfahrensbeistand*	
Mutter § 1600 I Nr. 3 BGB	VM (-) wegen §§ 1629 II 1, 1795 II, 181 BGB analog	VM grds. (+), ausnahmsweise Entziehung gem. §§ 1629 II 3, 1796 BGB	VM (-) wegen §§ 1629 II 1, 1795 II, 181 BGB analog	VM grds. (+), ausnahmsweise Entziehung gem. §§ 1629 II 3, 1796 BGB	VM (-) wegen §§ 1629 II 1, 1795 II, 181 BGB analog	VM (-), weil kein Sorgerecht	VM (-) wegen §§ 1629 II 1, 1795 II, 181 BGB analog	VM (-), weil kein Sorgerecht
Repräsentanten	*Vater und Verfahrensbeistand*		*Vater und Verfahrensbeistand*		*Ergänzungspfleger*		*Ergänzungspfleger*	
Kind § 1600 I Nr. 4 BGB	VM (-) wegen §§ 1629 II 1, 1795 I Nr. 3 BGB analog	VM (-) wegen §§ 1629 II 1, 1795 II, 181 BGB analog	VM (-) wegen §§ 1629 II 1, 1795 II, 181 BGB analog	VM (-) wegen §§ 1629 II 1, 1795 II, 181 BGB analog	VM (-) wegen §§ 1629 II 1, 1795 I Nr. 3 BGB analog	VM (-), weil kein Sorgerecht	VM grds. (+), ausnahmsweise Entziehung gem. §§ 1629 II 3, 1796 BGB	VM (-), weil kein Sorgerecht
Repräsentanten	*Ergänzungspfleger*		*Ergänzungspfleger*		*Ergänzungspfleger*		*Mutter und Verfahrensbeistand*	
Behörde § 1600 I Nr. 5 BGB	VM grds. (+), ausnahmsweise Entziehung gem. §§ 1629 II 3, 1796 BGB	VM grds. (+), ausnahmsweise Entziehung gem. §§ 1629 II 3, 1796 BGB	VM grds. (+), ausnahmsweise Entziehung gem. §§ 1629 II 3, 1796 BGB	VM grds. (+), ausnahmsweise Entziehung gem. §§ 1629 II 3, 1796 BGB	VM grds. (+), ausnahmsweise Entziehung gem. §§ 1629 II 3, 1796 BGB	VM (-), weil kein Sorgerecht	VM grds. (+), ausnahmsweise Entziehung gem. §§ 1629 II 3, 1796 BGB	VM (-), weil kein Sorgerecht
Repräsentanten	*Eltern und Verfahrensbeistand*		*Eltern und Verfahrensbeistand*		*Mutter und Verfahrensbeistand*		*Mutter und Verfahrensbeistand*	

Auch in derartigen Extremfällen bleibt es jedoch grundsätzlich bei der Regelung des § 1629 II 3 Hs. 2 BGB, jedoch kommt bei Abwägung aller Umstände des konkreten Einzelfalls[347] der (teilweise) Entzug des Sorgerechts gem. § 1796 BGB in Kombination mit der Bestellung eines Ergänzungspflegers gem. § 1666 BGB in Betracht.[348] Durch diese Möglichkeit werden die Interessen des Kindes in einem solchen Fall ausreichend geschützt. Aufgrund dessen verbleibt es auch hier grundsätzlich bei der Vertretungsbefugnis der Mutter für ihr Kind.

Zusammenfassend lässt sich die Problematik der Vertretungsbefugnis der Eltern für ihr Kind in Vaterschaftsanfechtungs- und Vaterschaftsfeststellungsverfahren anhand der nachfolgenden Tabellen verdeutlichen.[349]

Wie aus *Tabelle 1* deutlich sichtbar wird, ist nach der hier vertretenen Ansicht im Rahmen von Vaterschaftsanfechtungsverfahren lediglich in 8 von insgesamt 30 Fällen die Bestellung eines Ergänzungspflegers notwendig. Ansonsten werden die Interessen der Kinder dadurch ausreichend geschützt, dass zu der Vertretung durch beide oder einen Elternteil gem. §§ 174, 158 FamFG ein Verfahrensbeistand bestellt und gegebenenfalls gem. § 176 FamFG das Jugendamt angehört wird. Nur bei Vorliegen eines erheblichen Interessegegensatzes wird gegebenenfalls aufgrund der Entziehung der Vertretungsbefugnis in weiteren Einzelfällen die Bestellung eines Ergänzungspflegers notwendig.

Im Rahmen von Vaterschaftsfeststellungsverfahren ergibt sich dagegen – wie aus *Tabelle 2* ersichtlich – in keiner Konstellation aufgrund eines etwaigen grundsätzlichen Ausschlusses der Vertretungsbefugnis der Mutter die Notwendigkeit der Bestellung eines Ergänzungspflegers. Vielmehr kann die Mutter ihr Kind mit Ausnahme der Fälle, in denen ein erheblicher Interessengegensatz im Einzelfall festgestellt wird, selbst vertreten. Die Bestellung eines Verfahrensbeistands hat in derart gelagerten Fällen zur Wahrung der Kindesinteressen als milderes Mittel gegenüber der Bestellung eines Ergänzungspflegers Vorrang.

Trotz bzw. gerade wegen der herausgearbeiteten Verflechtungen ist aber insgesamt eine gesetzliche Klarstellung der Streitfrage in jedem Fall wünschenswert.

347 Nach BVerfG NJW 1997, 1769 f. sind das Recht der Mutter auf Achtung von Privat- und Intimsphäre als Abwehrgrundrecht aus Art. 2 I i.V.m. Art. 1 I GG einerseits und das Recht des Kindes auf Benennung des Vaters andererseits gegeneinander abzuwägen.

348 Vgl. *Gerhardt/von Heintschel-Heinegg/Klein/Schwarzer*, Kap. 3 Rn. 148; *Zorn*, Rn. 56; a.A. *Dressler* Rpfleger 2010, 300.

349 Vgl. zu Vaterschaftsanfechtungsverfahren *Tabelle 1* und zu Vaterschaftsfeststellungsverfahren *Tabelle 2*.

Tabelle 2: Repräsentation des Kindes in Vaterschaftsfeststellungsverfahren

Vertretungsbefugnis in Vaterschaftsfeststellungsverfahren		
Antragsteller	**Vertretungsmacht (VM)**	
	der Mutter	**des Vaters**
Mutter im eigenen Namen	VM (+), da ein Ausschluss gem. §§ 1629 II 1, 1795 BGB nicht in Frage kommt und die Möglichkeit der Entziehung gem. § 1796 BGB nach § 1629 II 3 Hs. 2 BGB ausgeschlossen ist	VM (-), da kein Eltern-Kind-Verhältnis
Kind vertreten durch Mutter	VM (+), da ein Ausschluss gem. §§ 1629 II 1, 1795 BGB nicht in Frage kommt und die Möglichkeit der Entziehung gem. § 1796 BGB nach § 1629 II 3 Hs. 2 BGB ausgeschlossen ist	VM (-), da kein Eltern-Kind-Verhältnis
Potentieller **Vater**	VM i.d.R. (+), ausnahmsweise Entzug des Sorgerechts nach § 1666 BGB denkbar	VM (-), da kein Eltern-Kind-Verhältnis

(c) Vertretung Minderjähriger in Adoptionssachen

In Adoptionssachen i.S.v. §§ 111 Nr. 4, 186 ff. FamFG werden zur Problematik der Vertretung des Kindes bei Interessenkollision in der Person des gesetzlichen Vertreters in Rechtsprechung und Literatur die nachfolgend dargestellten Ansichten vertreten.

(aa) Gesetzliche Struktur der verschiedenen Adoptionsverfahren

Vor der Darstellung der verschiedene Ansichten und Herangehensweisen zur Lösung des Problems erscheint es sinnvoll, sich kurz die gesetzliche Struktur der verschiedenen Adoptionsverfahren vor Augen zu führen, um die Annäherung an die vorbezeichnete Fragestellung zu erleichtern.

α) § 186 Nr. 1 FamFG: Die Annahme als Kind

Aufgrund der eigenständigen Rechtspersönlichkeit des Kindes[350] bestimmt § 1746 I 1 BGB, dass zur Annahme als Kind die Einwilligung des Kindes erforderlich ist. Nach § 1746 I 2 BGB kann für ein Kind, das geschäftsunfähig oder noch nicht 14 Jahre alt ist, nur sein gesetzlicher Vertreter die Einwilligung erteilen. Im Übrigen

350 Vgl. MünchKomm/*Maurer*, § 1746 Rn. 4; Erman/*Saar*, § 1746 Rn. 1; Kaiser/Schnitzler/Friederici/*Dahm*, § 1746 Rn. 1; kritisch zum Erfordernis der Einwilligung des Kindes Staudinger/*Frank*, § 1746 Rn. 1.

kann das Kind die Einwilligung nur selbst erteilen. Es bedarf jedoch hierzu der Zustimmung seines gesetzlichen Vertreters, § 1746 I 3 BGB. Das Kind wird dabei von seinen leiblichen Eltern nach den allgemeinen Regelungen – also gem. § 1629 I 2 Hs. 1 BGB grundsätzlich gemeinschaftlich – vertreten. Dabei ist zu beachten, dass ab dem Zeitpunkt des Zugangs der Einwilligungserklärung der Eltern beim Familiengericht die elterliche Sorge des einwilligenden Elternteils ruht und automatisch das Jugendamt Vormund wird, vgl. § 1751 I 2 Hs. 1 BGB. Außerdem ist gem. § 1747 I 1 BGB zur Annahme eines Kindes die Einwilligung der Eltern erforderlich.

Sowohl die Einwilligung der Eltern, als auch die des Kindes sind dem Familiengericht gegenüber zu erklären und werden jeweils in dem Zeitpunkt wirksam, in dem sie dem Familiengericht zugehen, vgl. § 1750 I 1, 3 BGB. Der Antrag des Annehmenden und die Einwilligungen weiterer Personen sind dabei als parallellaufende, auf das gleiche Ziel gerichtete Erklärungen anzusehen.[351]

Je nach Lage des Falles ist wie folgt zu differenzieren: Die leiblichen Eltern sind bis zum Zugang ihrer Erklärungen vertretungsbefugt, soweit für den betreffenden Aufgabenkreis nicht bereits eine Vormundschaft bzw. Pflegschaft eingerichtet ist und können die Einwilligung für das Kind gleichzeitig mit ihrer eigenen Einwilligung erklären. Danach entfällt die Vertretungsbefugnis aufgrund der ruhenden elterlichen Sorge mit der Konsequenz, dass automatisch das Jugendamt Vormund wird, vgl. § 1751 I BGB. Im Falle des Zugangs der Einwilligungserklärung nur eines Elternteils stellt sich die Situation so dar, dass das Kind grundsätzlich weiterhin durch den anderen Elternteil vertreten werden kann, vgl. § 1751 I 1 Hs. 1 BGB i.V.m. § 1678 I Hs. 1 BGB. Wurde das Kind von vornherein nur von einem Elternteil gesetzlich vertreten, kann dagegen nicht davon ausgegangen werden, dass die Vertretungsbefugnis von Gesetzes wegen auf den anderen Teil übergeht, vgl. § 1678 I Hs. 2 BGB. Vielmehr ist über das Sorgerecht gesondert nach § 1696 bzw. § 1678 II BGB zu entscheiden und bis zum Erlass einer entsprechenden Entscheidung Vormundschaft anzuordnen.[352]

β) § 186 Nr. 2 FamFG: Die Ersetzung der Einwilligung zur Annahme als Kind

§ 186 Nr. 2 FamFG umfasst grundsätzlich Verfahren zur Ersetzung der Einwilligung oder Zustimmung des Vormunds oder Pflegers nach § 1746 III 1 Hs. 1 BGB, Verfahren zur Ersetzung der Einwilligung eines Elternteils/beider Elternteile nach § 1748 BGB und Verfahren zur Ersetzung der Einwilligung des Ehegatten bzw. des Lebenspartners des Annehmenden nach § 1749 I 2, 3 BGB.

Speziell das Verfahren zur Ersetzung der Einwilligung der leiblichen Eltern des Kindes wird gem. § 1748 I 1 BGB ausschließlich auf Antrag des Kindes eingeleitet. Das Kind wird dadurch kraft Gesetzes zum Beteiligten gem. § 7 I FamFG. Ist das Kind minderjährig, kann es den Antrag nicht immer selbst stellen. Grund dafür ist,

351 Vgl. Erman/*Saar*, § 1750 Rn. 2 f.; MünchKomm/*Maurer*, § 1750 Rn. 4 f.; Palandt/*Götz*, § 1750 Rn. 2 f.

352 Vgl. MünchKomm/*Maurer*, § 1746 Rn. 5; Erman/*Saar*, § 1746 Rn. 5.

dass Minderjährige gem. § 9 I Nr. 1 FamFG nur im Rahmen von § 9 I Nr. 3 FamFG verfahrensfähig sind, der wie gesehen auch auf Adoptionsverfahren Anwendung findet. Einer Analogie zu der etwas weiteren Vorschrift des § 60 FamFG steht entgegen, dass die darin vorgesehene Ausweitung der Handlungsfähigkeit als Ausnahme betrachtet werden muss, die allein auf das Beschwerdeverfahren zu beschränken ist.[353] Auch auf § 1746 I 3 BGB kann in diesem Zusammenhang nicht zurückgegriffen werden, da dieser nur für die Einwilligung des Kindes gilt und schon allein aus Gründen der Gesetzessystematik nicht ohne Weiteres auf den Antrag auf Ersetzung einer Einwilligung angewendet werden kann.[354] Jedenfalls für unter 14-Jährige bleibt es daher beim Grundsatz des § 9 II FamFG, wonach für den Minderjährigen seine gesetzlichen Vertreter handeln.

In materieller Hinsicht erfordert die Ersetzung der Einwilligung eines Elternteils, dass dieser seine Pflichten gegenüber dem Kind anhaltend gröblich oder besonders schwer verletzt oder durch sein Verhalten gezeigt hat, dass ihm das Kind gleichgültig ist und das Unterbleiben der Annahme dem Kind zu unverhältnismäßigem Nachteil gereichen würde, vgl. § 1748 I BGB. Eine Ersetzung kommt ferner dann in Betracht, wenn der betroffene Elternteil wegen einer besonders schweren psychischen Krankheit oder einer besonders schweren geistigen oder seelischen Behinderung zur Pflege und Erziehung des Kindes dauernd unfähig ist und das Kind bei Unterbleiben der Annahme nicht in einer Familie aufwachsen könnte und dadurch in seiner Entwicklung schwer gefährdet wäre, vgl. § 1748 III BGB.

γ) § 186 Nr. 3 FamFG: Die Aufhebung des Annahmeverhältnisses

Von § 186 Nr. 3 FamFG werden zunächst sämtliche Verfahren auf Aufhebung einer Annahme als Kind erfasst, ungeachtet dessen, ob ihre Betreibung von Amts wegen (§ 1763 BGB) oder auf Antrag (§ 1760 BGB) erfolgt.

Die Aufhebung des Annahmeverhältnisses ist in Bezug auf die Minderjährigenadoption in §§ 1759 ff. BGB geregelt. Danach kann das Annahmeverhältnis nur in den Fällen der §§ 1760, 1763 BGB aufgehoben werden, d.h. wenn das Annahmeverhältnis ohne Antrag des Annehmenden, ohne die Einwilligung des Kindes oder ohne die erforderliche Einwilligung eines Elternteils begründet wurde, vgl. § 1760 I BGB, sowie wenn dies zum Wohl des Kindes erforderlich ist, vgl. § 1763 I BGB. Antragsberechtigt ist im Fall des § 1760 BGB – der Aufhebung wegen fehlender Erklärungen – gem. § 1762 I 1 BGB nur derjenige, ohne dessen Antrag oder Einwilligung das Kind angenommen worden ist.

Außerdem fallen gegebenenfalls auch Verfahren zur Feststellung der Aufhebung des Annahmeverhältnisses infolge Eheschließung nach § 1766 BGB und Verfahren

---

353 Vgl. BeckOK/*Enders*, § 1748 Rn. 33; a.A. MünchKommFamFG/*Maurer*, Vor §§ 186 ff. Rn. 14.

354 A.A. Palandt/*Götz*, § 1748 Rn. 13.

zur Namensänderung nach § 1765 II, III BGB unter § 186 Nr. 3 FamFG, soweit eine Entscheidung insofern nicht zugleich mit der Aufhebung der Annahme erfolgt.[355]

δ) § 186 Nr. 4 FamFG: Die Befreiung vom Eheverbot des § 1308 I BGB

Nach § 186 Nr. 4 FamFG sind auch Verfahren, die die Befreiung vom Eheverbot des § 1308 I BGB betreffen, als Adoptionssache anzusehen. Nach § 1308 II BGB kann das Familiengericht auf Antrag von dem grundsätzlichen Verbot des § 1308 I BGB einer Eheschließung zwischen Personen, deren Verwandtschaft durch Annahme als Kind begründet wurde, Befreiung erteilen, wenn zwischen dem Antragsteller und seinem künftigen Ehegatten durch die Annahme als Kind eine Verwandtschaft in der Seitenlinie begründet worden ist. Die Befreiung kann von beiden Verlobten beantragt werden.[356]

Maßgeblich dafür, dass dieses Verfahren den Adoptionssachen zugeordnet wurde, ist der Umstand, dass das Verfahren nach § 1308 II BGB zu den Adoptionsverfahren die größte Sachnähe aufweist.[357] Aufgrund der Tatsache, dass die Entscheidung in derartigen Verfahren bisher bereits dem Familiengericht zugewiesen war, bringt diese Zuordnung keine Änderungen mit sich. Dies gilt auch in dem Fall, in dem an einem Gericht mehrere Abteilungen für Familiensachen gebildet wurden, da gem. § 23b II 1 GVG dann alle denselben Personenkreis betreffenden Familiensachen derselben Abteilung zugewiesen werden sollen und daher die für die Annahme als Kind zuständige Abteilung auch über die Befreiung vom Eheverbot entscheidet.[358]

Ausgehend von der eben dargestellten gesetzlichen Struktur der verschiedenen Adoptionssachen werden auf die Frage, durch wen die Wahrnehmung der Interessenvertretung des Kindes im familiengerichtlichen Verfahren bei Vorliegen einer Interessenkollision in der Person seines gesetzlichen Vertreters am sinnvollsten gewährleistet werden kann, in Rechtsprechung und Literatur folgende Antworten gegeben:

(bb) Rechtsprechung

Die Rechtsprechung zur Problematik der Vertretung des Kindes bei Interessenkollision in der Person des gesetzlichen Vertreters unterscheidet zwischen den einzelnen Adoptionssachen des § 186 FamFG. Infolgedessen wird diese Unterscheidung auch bei der nachfolgenden Darstellung zugrunde gelegt.

α) § 186 Nr. 1 FamFG: Die Annahme als Kind

In der Rechtsprechung werden bezüglich der Befugnis der Eltern zur Vertretung unter 14-jähriger Minderjähriger in den Adoptionsverfahren nach § 186 Nr. 1 FamFG grundsätzlich zwei verschiedene Ansichten vertreten:

---

355 Vgl. MünchKommFamFG/*Maurer*, § 186 Rn. 6.
356 Vgl. MünchKomm/*Wellenhofer*, § 1308 Rn. 7.
357 BT-Drucks. 16/6308, S. 247.
358 Vgl. MünchKommFamFG/*Maurer*, § 186 Rn. 7.

Am 26. April 1977 entschied das OLG Stuttgart im Rahmen eines Adoptionsverfahrens (Stiefkindadoption), dass die Mutter als Inhaberin der elterlichen Gewalt gem. §§ 1629 II, 1795 I Nr. 1 BGB an der gesetzlichen Vertretung des Kindes bei der Abgabe von dessen Einwilligungserklärung gem. § 1746 I BGB gehindert sei, wenn ihr Ehemann das Kind annehme und deshalb für das Kind ein Ergänzungspfleger mit dem Wirkungskreis der Abgabe der Einwilligungserklärung gem. § 1746 I BGB zu bestellen sei.[359] Es begründete seine Entscheidung folgendermaßen:

Da seit der Neuordnung des Adoptionsrechts durch das Gesetz vom 02. Juli 1976 die Annahme als Kind nicht mehr durch einen Vertrag zwischen dem Annehmenden und dem Kind zustande kommt, sondern gem. § 1752 I BGB auf Antrag des Annehmenden vom Familiengericht durch Beschluss ausgesprochen wird (sog. Dekretsystem), scheide eine unmittelbare Anwendung des Vertretungsausschlusses gem. § 1795 I Nr. 1 BGB mangels „Rechtsgeschäft" zwischen Annehmenden und Mündel aus. Jedoch sei ein Vertretungsausschluss in analoger Anwendung von § 1795 I Nr. 1 BGB aufgrund des dieser Vorschrift zugrundeliegenden Rechtsgedankens und der Bedeutung der Einwilligung des Kindes gem. § 1746 I 2 BGB gegeben.

Das Vertretungsverbot des § 1795 I Nr. 1 BGB diene dem Schutz des Kindes, dessen Interessen abstrakt gefährdet sein könnten, wenn die Mutter als gesetzliche Vertreterin ein Rechtsgeschäft vornehme, bei dem ihr Ehemann auf der einen und das Kind auf der anderen Seite stehe. Deshalb sei es herrschende Ansicht in Rechtsprechung und Literatur, dass das Vertretungsverbot nicht nur für zweiseitige, sondern auch für einseitige Rechtsgeschäfte gelte. Es komme auch nicht darauf an, ob die Willenserklärung dem Kind oder aber aufgrund gesetzlicher Vorschriften einem Amt oder einer Behörde gegenüber abzugeben sei. Entscheidend sei allein, ob das Kind – wenn auch nicht formell, so doch materiell – der Erklärungsgegner sei.[360]

Durch die Einführung des Dekretsystems habe sich am abstrakten Interessenwiderstreit zwischen dem Kind und dessen gesetzlichem Vertreter bei der Abgabe der Einwilligung gem. § 1746 I BGB materiell nichts geändert. Zwar seien die Erklärungen der Beteiligten keine einseitigen rechtsgeschäftlichen Willenserklärungen im engeren Sinne mehr, jedoch seien die Mitwirkungsrechte der Beteiligten im Hinblick auf ihre gegenseitige Abhängigkeit so stark ausgebaut, dass sie in ihrem materiellen Gehalt rechtsgeschäftsähnliche Handlungen seien, die den einseitigen empfangsbedürftigen Willenserklärungen i.S.v. § 1795 I Nr. 1 BGB gleichkämen.[361]

Dagegen hatte noch vor Erlass der Entscheidung des OLG Stuttgart das Bayerische Oberste Landesgericht ebenfalls im Rahmen eines Status-, jedoch nicht

---

359 OLG Stuttgart FamRZ 1977, 413 ff.

360 OLG Stuttgart FamRZ 1977, 414.

361 Der Antrag des Annehmenden richte sich materiell an das Kind als Erklärungsgegner und die Einwilligung des Kindes an den Annehmenden. Zudem sei der Fortbestand des Antrags einerseits abhängig von der Einwilligung des Kindes, andererseits werde die Einwilligungserklärung mit der Rücknahme des Antrags vor der gerichtlichen Entscheidung gem. § 1750 IV BGB wirkungslos, OLG Stuttgart FamRZ 1977, 414.

speziell eines Adoptionsverfahrens entschieden, dass die nichteheliche Mutter, der gem. § 1707 BGB die uneingeschränkte elterliche Gewalt zustehe, zugleich mit ihrer Einbenennungserklärung nach § 1618 I 1 BGB auch die Einwilligung des minderjährigen, geschäftsunfähigen Kindes nach § 1618 I 3 BGB erklären könne und § 181 BGB keine Anwendung finde.[362]

Die Bestimmungen, welche die Namensgebung für ein nichteheliches Kind (sog. „Einbenennung") regelten, sahen zunächst nur eine Namenserteilungserklärung des Ehemannes der Mutter sowie zusätzlich die Zustimmung des Kindes vor. Einigkeit herrschte betreffend die Qualifikation dieser Erklärungen dahingehend, dass es sich dabei um jeweils einseitige, parallel und nicht gegeneinander laufende Willenserklärungen handelte, die zwar zum Gesamttatbestand eines Rechtsgeschäfts gehörten, jedoch ausnahmslos allein den Namenswechsel des Kindes und sonst keine weiteren Rechte zur Folge hatten. Insoweit wurden die Voraussetzungen des § 181 BGB sowie gegebenenfalls des § 1795 I Nr. 1 BGB nicht für gegeben erachtet und daher die Notwendigkeit einer Pflegerbestellung nach § 1909 I 1 BGB allgemein verneint.[363]

Das Gericht führte aus, dass für die durch das 1. Gesetz zur Reform des Ehe- und Familienrechts vom 14. Juni 1976 neu gefassten Bestimmungen der §§ 1617, 1618 i.V.m. § 1355 BGB und § 31a PStG keine anderen Grundsätze gelten könnten. Nach wie vor nehme die Mutter bei der Einbenennung kein Rechtsgeschäft im Namen des von ihr gesetzlich vertretenen Kindes mit sich im eigenen Namen vor, wie § 181 BGB es voraussetzt. Dass die Mutter (ebenso wie ihr Ehemann) zur wirksamen Einbenennung dem Kind ihren Ehenamen erteilen müsse, ändere am Charakter der danach abzugebenden Erklärungen nichts. Zwar erfasse § 181 BGB auch einseitige Rechtsgeschäfte, die in Frage stehenden einseitigen Erklärungen stünden aber nach wie vor einander nicht gegenläufig gegenüber, sondern liefen parallel darauf hinaus, die Namensgleichheit in einer Kleinfamilie herzustellen. Bei Abgabe komme eine Gefährdung von Vermögensinteressen des Kindes abstrakt gesehen nicht in Betracht. Darauf stelle aber das Gesetz in § 1795 I Nr. 1 und § 181 BGB entscheidend ab, denn der gesetzgeberische Grund für den kraft Gesetzes eintretenden Ausschluss der Vertretungsmacht liege allein in der abstrakten Gefährdung des Vermögens des Vertretenen, die darin begründet sei, dass der Vertretungsberechtigte in einen Interessenkonflikt gerate und aus diesem heraus die Vermögensinteressen des von

---

362 BayObLG FamRZ 1977, 409; das Problem der Vertretung bei der Einbenennung unterscheidet sich von dem der Stiefkindadoption wie folgt: Bei der Einbenennung hat das Kind eigentlich zwei Einwilligungen zu erteilen, nämlich erstens zu einem Akt der Mutter und zweitens zu einem Akt deren Ehemannes. In Bezug auf seine Vertretung durch die Mutter als gesetzliche Vertreterin ist daher fraglich, ob deren Vertretungsmacht ausgeschlossen ist. Im Hinblick auf ihren Anteil am Akt der Einbenennung könnte dies aufgrund von § 1795 II i.V.m. § 181 BGB und im Hinblick auf den Anteil ihres Ehemannes aufgrund von § 1795 I Nr. 1 BGB der Fall sein. Die Einwilligungen waren gem. § 31a II 1 PStG a.F. einer Behörde, nämlich dem Standesbeamten gegenüber abzugeben.

363 BayObLG FamRZ 1977, 410, m.w.N.

ihm Vertretenen verletze. Insbesondere bei einem Rechtsgeschäft der in § 181 BGB gemeinten Art stünden sich zwei oder mehr Personen typischerweise in der Rolle von Geschäftsgegnern gegenüber.

Obwohl im Rahmen eines Namenserteilungsverfahrens im Einzelfall ein Interessengegensatz zwischen Mutter und Kind denkbar sei, könne dieser allenfalls zum Entzug der Vertretungsmacht aus besonderen Gründen gem. § 1796 BGB i.V.m. §§ 1629 II 2, 1705 BGB führen. Ein gesetzlicher Ausschluss der Vertretungsmacht der Mutter sei auch nach neuem Recht nicht gegeben.

Ebenso entschieden das LG Berlin[364] und das LG Bonn[365] im Jahr 1977, sowie später das OLG Hamm[366] im Jahr 1978, dass nach dem neuen Adoptionsrecht die Mitwirkung eines Ergänzungspflegers bei der Stiefkindadoption grundsätzlich nicht mehr erforderlich sei, wenn die Mutter als gesetzliche Vertreterin des Kindes die nach § 1746 BGB erforderliche Einwilligung des Kindes dem Vormundschaftsgericht (heute: Familiengericht) gegenüber erklärte und begründete dies mit der Rechtsnatur der Einwilligungserklärungen im Rahmen des Verfahrens zur Annahme als Kind nach damals neuem Recht.

§ 1795 I Nr. 1 BGB sei auf die Einwilligungserklärung des Kindes gem. § 1746 I 1, 2 BGB nicht direkt anwendbar, da nach Einführung des Dekretsystems kein – auch kein einseitiges[367] – Rechtsgeschäft mehr vorliege und die Einwilligung nicht gegenüber dem Annehmenden, sondern gem. § 1750 I BGB dem Vormundschaftsgericht (heute: Familiengericht) gegenüber zu erklären sei. Die adoptionsrelevanten Erklärungen würden unabhängig voneinander, parallelgehend, nicht „einander", sondern ausschließlich der Behörde gegenüber abgegeben.[368] Von den privatrechtlichen einseitigen Rechtsgeschäften unterscheide sie gerade dies, nämlich dass sie nicht einander gegenläufig abgegeben würden und nicht bestimmt und geeignet seien, die privatrechtliche Wirkung unmittelbar zu erzeugen. Vielmehr seien sie Verfahrenshandlungen, auch wenn die Befugnis hierzu aus dem materiellen Familienrecht

364 LG Berlin FamRZ 1977, 660 f.

365 LG Bonn NJW 1977, 2168 f.

366 OLG Hamm NJW 1979, 49 ff.

367 Eine (analoge) Anwendung von § 1795 I Nr. 1 BGB wird (teilweise) befürwortet, wenn eine Erklärung entweder gegenüber dem Vertretenen oder gegenüber einem Dritten bzw. einer Behörde abgegeben werden kann und der Erklärende zwecks Umgehung von § 181 BGB die Abgabe gegenüber dem Dritten oder der Behörde wählt.

368 Auf dieses Argument gestützt verneinte auch das OVG Berlin (OVG Berlin FamRZ 1981, 87 ff.) den Ausschluss der Vertretungsmacht der geschiedenen Mutter für ihr gemeinschaftliches minderjähriges Kind im Rahmen eines Namensänderungsverfahrens bei ihrer Wiederverheiratung.

herrühre.[369] Nach Ansicht des LG Bonn[370] kann auch daraus, dass die Einwilligungserklärung des Kindes mit der Rücknahme des Adoptionsantrags gem. § 1750 IV BGB ihre Kraft verliert, nicht hergeleitet werden, dass sich die Einwilligung des Kindes „materiell" an den Annehmenden richtet. Beides sei nur die Folge daraus, dass Voraussetzung für den konstitutiven Gerichtsbeschluss nach § 1752 I BGB das Einverständnis von Annehmendem und Anzunehmendem sei. Die Rechtslage stelle sich nicht anders dar als beim sog. zustimmungsbedürftigen Verwaltungsakt im Bereich der öffentlichen Verwaltung und sei damit eine grundsätzlich andere als in Bezug auf die gem. § 2081 I BGB gegenüber dem Nachlassgericht zu erklärende Anfechtung einer letztwilligen Verfügung, für die eine entsprechende Anwendung des § 181 BGB und gleichzeitig des § 1795 I Nr. 1 BGB angenommen werde.

Eine analoge Anwendung von § 1795 I Nr. 1 BGB wurde durch das OLG Hamm[371] mangels Vorliegens einer Regelungslücke verneint. Bei der Rechtfertigung einer Analogie sei Zurückhaltung geboten, weil das Gesetz einen Status aus sich heraus verleihe und die Verleihung an durchweg scharf fixierte Tatbestände knüpfe. Eine Analogie im Statusrecht sei nur im Ausnahmefall zuzulassen, wenn sie einem äußersten, sonst nicht erfüllbaren Gebot der Gerechtigkeit entspreche. Mit dem Übergang vom Vertrags- zum Dekretsystem habe sich das Verfahren der Annahme als Kind rechtssystematisch völlig geändert. Die unterschiedlichen Systeme könnten nicht mithilfe von Analogien und materiellen Wertungen überbrückt werden.

Ein Fall des § 1795 II i.V.m. § 181 BGB liege nicht vor, da es an einem Selbstkontrahieren fehle, weil die Mutter des Kindes im Verfahren der Annahme nicht zugleich Erklärende und Erklärungsempfängerin sei. Bei einem tatsächlich bestehenden Interessenwiderstreit böten §§ 1629 II 3 Hs. 1, 1796 BGB ein ausreichendes Instrumentarium zu dessen Abwendung.

Im Anschluss an die vorgenannten Entscheidungen, insbesondere an die des OLG Hamm, und im Ergebnis gleichlautend urteilte der BGH im Jahr 1980, dass für die Adoption durch den Stiefvater die Bestellung eines Ergänzungspflegers nicht erforderlich sei, wenn die Mutter als gesetzliche Vertreterin für das Kind die Einwilligung gegenüber dem Vormundschaftsgericht erkläre.[372] Der BGH argumentierte wie folgt:

Seit der Neuordnung des Adoptionsrechts durch das Gesetz vom 02. Juli 1976 setze die Adoption zwar nach wie vor die Einwilligung des zu Adoptierenden voraus.[373] Geändert habe sich jedoch die rechtstechnische Form, in der das Einverständnis zum Ausdruck kommen müsse, denn während dies früher durch einen Vertrag mit dem

369 Dafür spreche auch der Umstand, dass eine ordnungsgemäß bei Gericht eingegangene Einwilligung des Kindes auch dann vom Gericht zu berücksichtigen sei, wenn der Annehmende sie weder kenne noch kennen könne und von ihrer Abgabe erst durch den Annahmebeschluss erführe, OLG Hamm NJW 1979, 50.

370 LG Bonn NJW 1977, 2168.

371 OLG Hamm NJW 1979, 50.

372 BGH FamRZ 1980, 675 ff.

373 Bei einem unter 14-jährigen Kind ist diese von dessen gesetzlichem Vertreter, bei einem älteren Kind von diesem selbst zu erklären.

Annehmenden geschehen sei, sei nun eine Erklärung gegenüber dem Amtsgericht, also eine verfahrensrechtliche Handlung erforderlich.

Aus diesem Grund komme eine unmittelbare Anwendung der §§ 1629 II, 1705, 1795 I Nr. 1 BGB nicht mehr in Frage, da diese Vorschriften lediglich private Rechtsgeschäfte beträfen und darüber hinaus voraussetzten, dass sich die abzugebende Willenserklärung an den Ehegatten des gesetzlichen Vertreters richte. Ebenso wenig könne die Notwendigkeit der Bestellung eines Ergänzungspflegers unmittelbar aus § 1795 I Nr. 3 BGB hergeleitet werden, da ein Adoptionsverfahren als klassisches Verfahren der freiwilligen Gerichtsbarkeit – im Gegensatz zu einer echten Streitsache der freiwilligen Gerichtsbarkeit – keinen Rechtsstreit im Sinne dieser Bestimmung darstelle.

Eine Analogie sei im Statusrecht nur in Ausnahmefällen zuzulassen. Ohne zwingenden Anlass seien die tatbestandlichen Voraussetzungen dessen was Status sei, schaffe oder beende, nicht rechtsähnlich auszuweiten.[374] Grund hierfür ist die Natur von Statusregelungen, die als Ordnungsregelungen im Interesse der Rechtssicherheit einen genau umrissenen Anwendungsbereich haben müssen. Im Annahmeverfahren werden die Kindesinteressen bereits ausreichend dadurch geschützt, dass diese durch einen Elternteil, sowie durch das Jugendamt und das Familiengericht gewahrt werden. Davon unberührt bleibt die Möglichkeit, dem vertretungsberechtigten Elternteil im Falle eines erheblichen Interessenwiderstreits in seiner Person gem. §§ 1629 II 3, 1796 BGB die Vertretungsmacht zu entziehen.[375]

Nach Inkrafttreten des FamFG ist betreffend die Frage der Befugnis der Eltern zur Vertretung unter 14-jähriger Minderjähriger in Adoptionsverfahren bisher noch keine Rechtsprechung ergangen.

β) § 186 Nr. 2-4 FamFG

Auch zu den in § 186 Nr. 2-4 FamFG genannten Verfahrensarten ist soweit ersichtlich keine einschlägige Rechtsprechung ergangen. Im Ergebnis dürften hier aber dieselben Grundsätze Anwendung finden, wie sie für § 186 Nr. 1 FamFG dargelegt wurden.

(cc) Stellungnahme

Im Rahmen von § 186 Nr. 1 FamFG erweist sich im Hinblick auf die Frage der elterlichen Vertretungsmacht diejenige Konstellation als problematisch, in der das Kind des einen Elternteils vom bisherigen Stiefelternteil adoptiert werden soll. Im Rahmen von § 186 Nr. 2 FamFG ist vor allem die Konstellation konfliktanfällig, in der das Kind die Ersetzung der Einwilligung eines Elternteils beantragt. Daher werden im Folgenden vorrangig diese beiden Konstellationen betrachtet. Dennoch

374 BGH FamRZ 1980, 676.

375 BGH FamRZ 1980, 676; BayObLG DAVorm 1980, 859; LG Saarbrücken DAVorm 1978, 124; LG Hamburg DAVorm 1982, 695; AG Plettenberg IPRax 1994, 219.

gelten die folgenden Ausführungen ihrem Grunde nach für jede im Rahmen eines der Verfahren nach § 186 FamFG (potentiell) bestehende Interessenkollision.

Bei der Beantwortung der Frage, ob die für die Verfahrensfähigkeit des Kindes gem. § 9 II FamFG erforderliche elterliche Vertretungsmacht bei der Adoption des Mündels durch den Stiefelternteil nach § 186 Nr. 1 FamFG aufgrund von § 1795 BGB ausgeschlossen ist, sind die Ausschlussgründe des § 1795 I Nr. 1 und Nr. 3 BGB zu berücksichtigen.

In Bezug auf § 1795 I Nr. 1 BGB ist fraglich, ob dieser auf Erklärungen Anwendung findet, die zwar formell gegenüber einer Behörde abzugeben sind, materiell aber die dem Erklärenden nach § 1795 I Nr. 1 BGB nahestehende Person betreffen. Unzweifelhaft bewirkt die Einwilligung im Rahmen des Verfahrens zur Kindesannahme eine fundamentale Veränderung der Rechtsstellung des Kindes im Verhältnis zum Annehmenden. Auch steht in einer Konstellation wie derjenigen, in der ein Elternteil als gesetzlicher Vertreter ein Rechtsgeschäft vornimmt, von dem sowohl sein Ehegatte – materiell gesehen auf der einen – als auch sein Kind – materiell gesehen auf der anderen Seite – betroffen sind, die abstrakte Möglichkeit einer Gefährdung der Kindesinteressen außer Frage. Trotzdem ist auch hier der formale Aspekt entscheidend, dass das Rechtsgeschäft nicht direkt zwischen Kind und Ehegatte geschlossen wird, sondern über das Familiengericht als „Mittelsmann" zustande kommt.[376] Der Umstand, dass die zur Adoption nötigen Erklärungen im Kern materiell-rechtliche Züge tragen, muss dahinter zurücktreten.[377] Das Familiengericht trägt als objektive Institution den Interessen des Kindes regelmäßig dadurch Rechnung, dass es prüft, ob dem Wohl des Kindes durch die Annahme gedient ist.[378] Im Ergebnis ist daher eine direkte Anwendung von § 1795 I Nr. 1 BGB abzulehnen und kommt infolgedessen nur eine analoge Heranziehung dieser Vorschrift in Betracht.

Bei der Gleichstellung einer gegenüber einer Behörde abzugebenden Erklärung mit einer Erklärung gegenüber dem materiell Beteiligten zum Zwecke der Anwendung des Vertretungsverbots des § 1795 I Nr. 1 BGB ist jedoch mit Sorgfalt und Vorsicht zu Werke zu gehen. Dies ergibt sich bereits aus einer Entscheidung des *Reichsgerichts*[379] aus dem Jahr 1934, in der das Reichsgericht das Nachlassge-

---

376 Vgl. Staudinger/*Engler*, § 1795 Rn. 20.

377 a.A. MünchKomm/*Wagenitz*, § 1795 Rn. 23, der diesem Aspekt gegenüber der Tatsache, dass die aus den Erklärungen fließenden Rechtswirkungen erst mittels eines gerichtlichen Verfahrens zutage treten, das größere Gewicht beimisst.

378 Vgl. Staudinger/*Frank*, § 1746 Rn. 16.

379 RGZ 143, 350 ff.: Das RG hatte in einem durch die Mutter im Namen ihres Kindes, des Erben, eingeleiteten Verfahren zur Testamentsanfechtung zu entscheiden. Die Anfechtung erfolgte gem. § 2081 I BGB durch Erklärung gegenüber dem Nachlassgericht. Das RG entschied, die Mutter sei gem. § 181 BGB an der gesetzlichen Vertretung ihres Kindes gehindert. Zur Begründung führte es aus, die Anfechtung erfolge der Sache nach gegenüber dem Testamentserben. Dass das Gesetz die Abgabe der Erklärung gegenüber dem Nachlassgericht vorschreibe, sei nur

richt unter Bezugnahme auf § 2081 II 1 BGB als „Empfangsstelle für den sachlich beteiligten Erklärungsgegner" angesehen hat. Für eine Analogie zu § 1795 I Nr. 1 BGB könnte die Gleichheit der Interessenlage sprechen. Dies stellt aber im Bereich familienrechtlicher Statusfragen keine ausreichende Grundlage dar. Zwar ist auch hier die analoge Anwendung von Vorschriften nicht gänzlich verboten, allerdings ist hier noch in stärkerem Maße als gewöhnlich Zurückhaltung geboten.[380] Grund dafür ist, dass das Gesetz die Verleihung eines Status aus sich heraus vorsieht und daher stets an klar umrissene Tatbestände knüpft, deren Umriss nicht ohne Not durch eine analoge Anwendung aufgeweicht werden darf. Statusregelungen, wie auch damit eng verbunden die die gesetzliche Vertretung im Status regelnden Vorschriften, stellen Ordnungsbestimmungen dar, deren Anwendungsbereich im Interesse der Rechtssicherheit genau fixiert sein muss und nicht allein wegen Ähnlichkeiten der Interessenlage ausgedehnt werden darf.[381]

Aus der Kasuistik zu § 1795 I Nr. 1 BGB geht darüber hinaus hervor, dass eine Analogie zu dieser Vorschrift in verschiedenen anderen Fällen immer verneint wurde, etwa wenn es um die analoge Ausdehnung des Anwendungsbereichs dieser Vorschrift auf Rechtsgeschäfte mit Verwandten in der Seitenlinie oder mit Verschwägerten des Vormunds ging.[382]

Abgesehen von den grundsätzlichen Bedenken gegen eine Analogie zu § 1795 I Nr. 1 BGB im Fall der Stiefkindadoption ist die notwendige Vergleichbarkeit der Interessenlage nicht gegeben.[383] Entscheidend ist folgende Überlegung: Das Adoptionsverfahren ist als Antragsverfahren ausgestaltet, an dessen Ende ein staatlicher Hoheitsakt, nämlich der gerichtliche Ausspruch der Kindesannahme steht. Das Gericht hat bei der Beurteilung der Erfolgsaussichten des Adoptionsantrags das Vorliegen der erforderlichen Einwilligungserklärungen zu prüfen. Diese Erklärungen sind gem. § 1750 S. 1 BGB allesamt dem Familiengericht gegenüber zu erklären. Die Erklärungen sind voneinander unabhängig und in ihrer Zielrichtung parallel,

---

aus Gründen der Zweckmäßigkeit geschehen. Die Anfechtung müsse um ihrer weittragenden Wirkung willen urkundlich an sicherer Stelle verkörpert sein; dem Anfechtenden könne das Risiko nicht aufgebürdet werden, in Zweifelsfällen den richtigen Erklärungsempfänger festzustellen, vielleicht sogar die Anfechtungserklärung einer Vielzahl von Erben gegenüber abgeben zu müssen oder in der Gefahr zu handeln, einem nicht voll geschäftsfähigen Erben gegenüber anzufechten.

380 Vgl. *Brüggemann* FamRZ 1977, 658.

381 So bereits BayObLG DNotZ 1952, 163 ff. in einem Fall fortgesetzter Gütergemeinschaft zu § 181 i.V.m. § 1795 II BGB; zustimmend Anm. *Weber* DNotZ 1952, 172 f.; kritisch dagegen Anm. *Lehmann* DNotZ 1952, 170 f.

382 Vgl. MünchKomm/*Wagenitz*, § 1795 Rn. 27, m.w.N.

383 Vgl. *Brüggemann* FamRZ 1977, 658; a.A. Soergel/*Zimmermann*, § 1795 Rn. 33; *Engler* Rpfleger 1977, 274.

weisen nämlich als Empfänger jeweils das Gericht aus. Sie sind gerade nicht, wie es bei einem privatrechtlichen Rechtsgeschäft der Fall wäre, aufeinander gerichtet.[384]

In logischer Konsequenz zur Annahme des Gegenteils – Einwilligungserklärung als einseitiges Rechtsgeschäft – unterfiele diese mangels anderweitiger Spezialregelungen denselben Vorschriften wie jedes andere Rechtsgeschäft des BGB und damit u.a. den Bestimmungen zur Anfechtung von Willenserklärungen. Dies führt jedoch zu unsinnig anmutenden Ergebnissen, da dann etwa einem u.U. erklärten gerichtlichen Ausspruch der Annahme als Kind rückwirkend durch Anfechtung einer der Einwilligungserklärungen der Boden entzogen werden könnte.

Dieses Ergebnis steht in eklatantem Widerspruch zu § 1760 II BGB, der abschließend fünf Alternativen für Fälle aufzählt, in denen eine Einwilligung unwirksam ist. Abgesehen davon, dass darin explizit von der „Unwirksamkeit einer Einwilligung" die Rede ist – Rechtsgeschäfte sind aber nicht unwirksam, sondern allenfalls nichtig, vgl. § 125 BGB – wäre diese Vorschrift zumindest teilweise (z.B. § 1760 II lit. c, d BGB) obsolet, wenn ohnehin die §§ 119 ff. BGB Anwendung fänden. Eine Verdrängung dieser Vorschriften im Wege des Grundsatzes *lex specialis derogat legi generali* kommt nicht in Betracht, da § 1760 II BGB kein Anfechtungsrecht regelt.

Die Einwilligung kann deshalb ebenso wie die Erklärungen von Parteien im Zivilprozess kein Rechtsgeschäft i.S.v. § 1795 I Nr. 1 BGB darstellen, sondern ist m.E. als Verfahrenshandlung zu qualifizieren. Daran ändert der Umstand nichts, dass sich die Berechtigung zur Vornahme dieser Verfahrenshandlung aus dem materiellen Recht ergibt, da dies nicht *per se* ungewöhnlich ist. Fest steht jedenfalls, dass es sich bei den Einwilligungserklärungen i.S.d. §§ 1746 ff. BGB nicht um (herkömmliche) rechtsgeschäftliche Erklärungen des Privatrechts handelt, da sie nicht geeignet sind, unmittelbar privatrechtliche Wirkungen zu erzeugen.[385]

Darüber hinaus lässt sich die gegenteilige Ansicht auch nicht auf § 1750 IV BGB stützen. Nach dieser Vorschrift verliert die Einwilligung ihre Kraft, wenn der Antrag zurückgenommen oder die Annahme versagt wird. Darin ist lediglich ein deklaratorisches Aufgreifen des Grundsatzes zu sehen, wonach die in einem Verfahren abgegebenen Erklärungen mit Verfahrensbeendigung durch Rücknahme oder Zurückweisung des verfahrenseinleitenden Antrags konsumiert sind. Dieser Klarstellung bedurfte es gerade, um der Gefahr einer fälschlichen Einordnung entgegenzuwirken und die Folgen der Neukonzeption hervorzuheben.

Zudem erschiene es insgesamt sinnwidrig, Handlungen im Rahmen eines Gerichtsverfahrens unter § 1795 I Nr. 1 BGB zu subsumieren, wo dieser Fall gerade von § 1795 I Nr. 3 BGB geregelt wird.

---

384 So etwa die Zustimmung des gesetzlichen Vertreters zur Einwilligung des über 14 Jahre alten Kindes nach § 1746 I 3 Hs. 2 BGB.

385 Vgl. *Brüggemann* FamRZ 1977, 658; a.A. BGH NJW 1971, 841 mit Bezug auf § 108 BGB; jedoch erging die vorgenannte Entscheidung des BGH noch zum alten Recht vor der Reform von 1976 unter Geltung des sog. „Vertragssystems" und kann deshalb an dieser Stelle nicht mehr als aussagekräftig angesehen werden; ebs., jedoch ohne weitere Begründung MünchKomm/*Maurer*, § 1746 Rn. 3.

Jedoch ist auch § 1795 I Nr. 3 BGB nicht auf ein Adoptionsverfahren nach § 186 FamFG anwendbar, da es sich bei diesem nicht um einen „Rechtsstreit" im Sinne der genannten Vorschrift handelt. Wie bereits an anderer Stelle dargestellt, fallen darunter jedenfalls nicht die klassischen Verfahren der freiwilligen Gerichtsbarkeit, wozu Adoptionsverfahren unproblematisch gehören.[386]

Der Gefahr eines Interessenwiderstreits lässt sich m.E. zufriedenstellend mithilfe von § 1796 BGB, d.h. der Möglichkeit der Entziehung der Vertretungsmacht im konkreten Einzelfall beikommen. Überdies hat das Familiengericht ohnehin gem. § 1741 I 1 BGB zu prüfen, ob die Annahme als Kind dem Wohl des Kindes dient. Eine Ausweitung des Anwendungsbereichs von § 1795 BGB und damit des abstrakten Ausschlusses der Vertretungsmacht ist daher auch aus diesem Grunde nicht geboten.

Für den Fall, dass das Kind die Ersetzung der Einwilligung eines Elternteils beantragt, ist stets ein Gegensatz zu den Interessen dieses Elternteils anzunehmen, was zwar nicht den Ausschluss dessen Vertretungsmacht gem. §§ 1629 II 1, 1795 BGB, wohl aber in aller Regel die Beiordnung eines Verfahrensbeistands gem. § 191 FamFG zur Folge hat und das unabhängig davon, ob die Ersetzung in einem Zwischenverfahren im Rahmen des Annahmeverfahrens durchgeführt wird oder nicht.[387]

Unter Geltung des FamFG ist es dem Gericht nun auch in Adoptionssachen möglich, minderjährigen Beteiligten einen Verfahrensbeistand beizuordnen. So bestimmt § 191 S. 1 FamFG, dass das Gericht einem minderjährigen Beteiligten in Adoptionssachen einen Verfahrensbeistand zu bestellen hat, sofern dies zur Wahrnehmung seiner Interessen erforderlich ist. § 191 S. 2 FamFG erklärt sodann bestimmte Regelungsaspekte der Verfahrensbeistandschaft in Kindschaftsverfahren für entsprechend anwendbar, indem er auf einzelne Regelungen in § 158 FamFG verweist.

Während § 56f II FGG bisher nur unter besonderen Umständen und nur im Aufhebungsverfahren die Bestellung eines Verfahrenspflegers vorsah, nämlich dann, wenn das Kind minderjährig oder geschäftsunfähig und der Annehmende sein gesetzlicher Vertreter war, sollte der Gesetzesbegründung zufolge die Möglichkeit der Beiordnung eines Verfahrensbeistands in den neuen FamFG-Verfahren in allen Adoptionssachen eröffnet werden. Begründet wird dies mit der pauschalen Feststellung, dass Interessenkollisionen in der Person des gesetzlichen Vertreters eines Minderjährigen nicht auf die Konstellationen des § 56f II FGG begrenzt seien.[388]

386 A.A. MünchKomm/*Wagenitz*, § 1795 Rn. 34, der zumindest auch die Beteiligung an einem Verfahren der freiwilligen Gerichtsbarkeit von § 1795 I Nr. 3 BGB erfasst sieht, da ein solches Verfahren auf die Durchführung einer Rechtsgestaltung auf der Grundalge von Parteierklärungen abziele. Dies gelte jedenfalls sofern von den Rechtswirkungen dieser Gestaltung sowohl der Mündel als auch eine der in § 1795 I Nr. 1 BGB genannten Personen betroffen würden.

387 So auch MünchKomm/*Maurer*, § 1748 Rn. 71; BeckOK/*Enders*, § 1748 Rn. 33.1, m.w.N.

388 BT-Drucks. 16/6308, S. 247 f.

Im Ergebnis ist festzuhalten, dass in Adoptionsverfahren ein abstrakt-genereller Entzug der elterlichen Vertretungsmacht gem. §§ 1629 II 1, 1795 BGB nicht in Betracht kommt. Eine Entziehung im konkreten Einzelfall gem. §§ 1629 II 3 Hs. 1, 1796 BGB ist ausreichend, zumal auch in Adoptionsverfahren neuerdings die Möglichkeit der Beiordnung eines Verfahrensbeistandes gem. § 191 FamFG besteht.

(2) Vermögensrechtliche Angelegenheiten

Der Begriff der vermögensrechtlichen Angelegenheiten umfasst alle Verfahren, die ausschließlich das Vermögen des Kindes betreffen, also im Wesentlichen Erbscheins- und Erbausschlagungsverfahren, aber auch auf den Erlass einer Entscheidung zur Vermögenssorge nach § 1667 BGB gerichtete Verfahren.[389]

(a) Erbausschlagungsverfahren

In Erbausschlagungsverfahren gem. §§ 1942 ff. BGB werden zur Problematik der Vertretung des Kindes bei Interessenkollision in der Person des gesetzlichen Vertreters in Rechtsprechung und Literatur die nachfolgend dargestellten Ansichten vertreten.

(aa) Rechtsprechung

Betreffend Verfahren zur Genehmigung einer im Namen des Kindes vorgenommenen Erbausschlagung werden in der Rechtsprechung zwei unterschiedliche Lösungsansätze vertreten: während die e.A. die Bestellung eines Ergänzungspflegers für notwendig erachtet, geht die a.A. davon aus, dass die Interessen des Kindes bei Vertretung durch seine Eltern und ggf. zusätzlicher Bestellung eines Verfahrensbeistandes ausreichend gewahrt sind.

Am 04. März 2010 entschied das KG[390], dass einem Kind, das das 14. Lebensjahr noch nicht vollendet hat, im familiengerichtlichen Verfahren, das die Genehmigung einer Erbausschlagung betrifft, zur Wahrnehmung seiner Verfahrensrechte ein Ergänzungspfleger zu bestellen sei.

Dieser Ansicht schloss sich das OLG Köln in seinen Entscheidungen vom 10. August 2010[391], vom 04. Juli 2011[392] und vom 23. August 2011[393] an; ebenso das *OLG Celle*[394] in seiner Entscheidung vom 04. Mai 2011.

---

389 BGH NJW 2012, 686.

390 KG NJW-RR 2010, 1087 ff.; zweifelhaft erscheint die Entscheidung insofern, als sie auf eine Entziehung der Vertretungsmacht der Mutter gem. §§ 1629 II 3, 1796 BGB gestützt wird, wobei die Annahme eines Interessengegensatzes ohne Prüfung des konkreten Einzelfalls aus dem verfassungsrechtlichen Gebot eines fairen Verfahrens und dem Grundsatz des rechtlichen Gehörs hergeleitet wird; vgl. näher zur Kritik *Sonnenfeld* ZKJ 2010, 272.

391 OLG Köln FamRZ 2011, 231.

392 OLG Köln FamRZ 2012, 579 ff.

393 OLG Köln FamRZ 2012, 42 ff.

394 OLG Celle Rpfleger 2011, 436 ff.

Dagegen urteilte das OLG Brandenburg[395] am 06. Dezember 2010, dass die Vertretung des Kindes dem sorgeberechtigten Elternteil nur dann und nur insoweit entzogen werden könne, als ein erheblicher Interessengegensatz bestehe und wenn nicht zu erwarten sei, dass der betreffende Elternteil trotz des Interessengegensatzes im Interesse des Kindes handele.

Zwar wurde gegen die Entscheidung des OLG Celle Rechtsbeschwerde zum BGH[396] eingelegt, jedoch entschied dieser nicht über die konkrete Streitfrage, sondern wies die Rechtsbeschwerde ausdrücklich mit der Klarstellung als unbegründet zurück, dass die (Erst-)Beschwerde im Hinblick auf die Anordnung der Ergänzungspflegschaft bereits als unzulässig verworfen werde, da es dem zum Ergänzungspfleger bestellten Jugendamt, das die Beschwerden eingelegt hatte, insofern an der Beschwerdeberechtigung fehle.

Am 23. Januar 2012 urteilte das OLG Brandenburg[397] in einem Beschwerdeverfahren in Fortführung seiner bisherigen Rechtsprechung, indem es den Wirkungskreis der vom Amtsgericht zuvor angeordneten Ergänzungspflegschaft auf die Entgegennahme der Zustellung des Beschlusses, mit dem das Amtsgericht über die beantragte Genehmigung zur Ausschlagung der Erbschaft entschied, sowie die Ausübung des diesbezüglichen Beschwerderechts des Kindes beschränkte.

(bb) Stellungnahme

Zunächst zu den Grundzügen des des Erbausschlagungsverfahrens. Diese stellen sich wie folgt dar:

Bei der Erbausschlagungserklärung handelt es sich nicht um eine Verfahrenshandlung, sondern um eine einseitige, form- und amtsempfangsbedürftige, bedingungsfeindliche und fristgebundene Willenserklärung nach materiellem Recht gem. §§ 1944 ff. BGB.[398]

Infolgedessen findet § 1643 BGB auf eine Erbausschlagungserklärung Anwendung. § 1643 III BGB verweist wiederum auf § 1831 BGB, der unter Androhung der Unwirksamkeit des Rechtsgeschäfts verlangt, dass bei einseitigen Rechtsgeschäften die sogenannte Vorgenehmigung eingeholt wird.

Jedoch wird im Falle der Erbausschlagungserklärung von diesem Erfordernis aufgrund der Natur dieses Rechtsgeschäfts eine Ausnahme gemacht. Dogmatisch stellt dies eine teleologische Reduktion von § 1831 BGB dar, die damit begründet wird, dass die Vorschrift dem Schutz des die Erklärung empfangenden Dritten dient, Adressat der Erbausschlagungserklärung jedoch das Nachlassgericht ist, das bei fristgebundenen Erklärungen nicht schutzbedürftig ist.[399]

---

395 OLG Brandenburg FamRZ 2011, 1305.
396 BGH NJW 2010, 685 ff.
397 OLG Brandenburg FamRZ 2012, 1069 f.
398 Vgl. MünchKomm/*Leipold*, § 1945 Rn. 2.
399 Vgl. MünchKomm/*Wagenitz*, § 1831 Rn. 7; *Perlwitz*/*Weber* FamRZ 2011, 1354.

Für die Erteilung und das Wirksamwerden einer familiengerichtlichen Genehmigung sind §§ 1643 III, 1828 BGB maßgeblich, woraus hervorgeht, dass das Familiengericht die Genehmigung der Erbausschlagung nur dem gesetzlichen Vertreter gegenüber erklären kann.

Durch die Regelungen des FamFG wird das Genehmigungsverfahren vor dem Familiengericht weiter verkompliziert, indem § 58 I FamFG die Zulässigkeit der Einlegung einer Beschwerde gegen die familiengerichtliche Genehmigung vorsieht. Diese kann gem. § 63 II Nr. 2 FamFG binnen einer Frist von zwei Wochen eingelegt werden, wobei die Frist gem. § 63 III FamFG mit der schriftlichen Bekanntgabe des Beschlusses i.S.v. §§ 15 I, 41 FamFG an die Beteiligten beginnt.

§ 41 III FamFG bestimmt außerdem, dass ein Beschluss, der die Genehmigung eines Rechtsgeschäfts zum Gegenstand hat, auch demjenigen, für den das Rechtsgeschäft genehmigt wird, vorliegend also dem Minderjährigen, bekannt zu geben ist, wodurch das rechtliche Gehör und die tatsächliche Kenntnisnahme des gesetzlich Vertretenen selbst sichergestellt werden soll, da dieser schließlich von der Entscheidung materiell betroffen ist.[400]

Bezüglich der Frage der Vertretung der Kindesinteressen ist m.E. davon auszugehen, dass unabhängig vom Vorliegen eines erheblichen Interessengegensatzes gem. §§ 1629 II 3, 1796 II BGB, die Eltern bzw. der allein sorgeberechtigte überlebende Elternteil (vgl. § 1680 I BGB) an der Entgegennahme des Beschlusses, mit dem die Erbausschlagung vom Familiengericht genehmigt wird, wegen § 41 III FamFG verhindert sind bzw. ist.[401] Anders als in anderen Verfahren kann die Gewährung rechtlichen Gehörs bei der Genehmigung eines Rechtsgeschäfts nicht durch den Vertreter desjenigen wahrgenommen werden, der durch die Entscheidung in seinen Rechten betroffen wird.[402]

---

400 Vgl. BT-Drucks. 16/6308, S. 197: *Büte* FuR 2011, 7; *Perlwitz/Weber* FamRZ 2011, 1354.

401 OLG Celle Rpfleger 2011, 436 mit Anm. *Zorn* Rpfleger 2011, 437.

402 BVerfG NJW 2000, 1710; OLG Köln FamRZ 2012, 42; *Musielak/Borth*, § 41 Rn. 4; *Zorn* Rpfleger 2009, 426; *Sonnenfeld* ZKJ 2010, 271; *Althammer* GJS 2012, 215; a.A. *Litzenburger* RNotZ 2009, 381, der darauf verweist, dass die Zustellung an die Eltern nicht ausreichend sein könne, da diesen die Entscheidung nach § 41 I FamFG ohnehin bekanntgegeben werde und deshalb die Bestellung eines Verfahrensbeistandes zum Zwecke der Bekanntgabe des Beschlusses für notwendig erachtet; *Perlwitz/Weber* FamRZ 2011, 1355, die darauf verweisen, dass ansonsten Sinn und Zweck der verfahrensrechtlichen Beistandschaft mit Sinn und Zweck einer materiell-rechtlichen Ergänzungspflegschaft in unzulässiger Weise vermischt würden, denn während ein Verfahrenspfleger die Beachtung der Vorschriften des Verfahrensrechts sicherstellen solle, obliege einem Ergänzungspfleger die Vertretung in materiell-rechtlicher Hinsicht. Zu trennen seien folglich die materiell-rechtlichen Regelungen betreffend die elterliche Sorge von den verfahrensrechtlichen Bestimmungen betreffend die Anhörung der Beteiligten.

Die vorgenannte Bestimmung des § 41 III FamFG beruht auf einer Entscheidung des BVerfG[403], welche noch unter Geltung des FGG erging. Darin stellte das BVerfG fest, dass auch außerhalb des Anwendungsbereichs von Art. 103 I GG der Einzelne im Interesse des rechtsstaatlichen Gebotes eines fairen Verfahrens nicht zum bloßen Objekt staatlicher Entscheidung werden dürfe und ihm insbesondere die Möglichkeit gegeben werden müsse, vor Erlass einer seine Rechte betreffenden Entscheidung zu Wort zu kommen, um Einfluss auf das Verfahren und dessen Ergebnis nehmen zu können. Dies setze wiederum voraus, dass der Betroffene von dem Sachverhalt und dem Verfahren, in dem dieser verwertet werden soll, überhaupt Kenntnis erhalte.

Zwar erübrigte sich die daraufhin eingeführte sog. „Vorbescheidslösung“[404] mit Inkrafttreten des FamFG, da nunmehr gem. § 40 II 1 FamFG ein Beschluss, der die Genehmigung eines Rechtsgeschäfts zum Gegenstand hat, erst mit Rechtskraft wirksam wird (sog. „Rechtskraftlösung“[405]). Jedoch blieb das eigentliche Problem, welches Anlass zu der BVerfG-Entscheidung gegeben hatte, immer noch in einigen Fällen ungelöst:[406]

Mit Einführung von § 41 II, III FamFG sollte ausweislich der Materialien zum FamFG der bereits zitierten Rechtsprechung des BVerfG Rechnung getragen und gewährleistet werden, dass der Rechtsinhaber selbst von der Entscheidung frühzeitig Kenntnis erlangt, wodurch wiederum der Abwicklung des Rechtsgeschäfts ohne Einbeziehung des Rechtsinhabers selbst entgegengewirkt und gleichzeitig sichergestellt werden sollte, dass er selbst fristgerecht Rechtsmittel einlegen sowie einen etwaigen Rechtsmittelverzicht zügig widerrufen kann.[407]Als problematisch erweist sich allerdings in diesem Zusammenhang, dass gemäß der speziellen Vorschrift des § 164 S. 1 FamFG nur diejenigen Entscheidungen dem über 14-jährigen und nicht

403 BVerfG NJW 2000, 1709 ff.

404 KG NJW-RR 2010, 1088. Unter Geltung des FGG schrieb das BVerfG den Gerichten in Genehmigungsfällen den Erlass eines beschwerdefähigen Vorbescheids vor. In diesem wurde die Entscheidung gegenüber dem Kind als dem Vertretenen zunächst angekündigt. Dadurch sollte verhindert werden, dass letzterem die Rechtsschutzmöglichkeiten gegen die Genehmigungsentscheidung abgeschnitten würden. Dem nicht verfahrensfähigen Kind wurde sodann für die wirksame Zustellung des Vorbescheids ein Ergänzungspfleger bestellt.

405 OLG Köln FamRZ 2012, 580.

406 *Sonnenfeld* ZKJ 2010, 271 mit Hinweis darauf, dass die i.E. daraus resultierende Notwendigkeit einer Pflegerbestellung in vielen Fällen praktisch unbefriedigend sei, da dadurch das durch die Verkürzung der Beschwerdefrist auf zwei Wochen (§ 63 II Nr. 2 FamFG) zum Ausdruck gebrachte Bestreben der Beschleunigung des Genehmigungsverfahrens konterkariert werde.

407 BT-Drucks. 16/6308, S. 197; das OLG Celle (OLG Celle Rpfleger 2011, 437) weist außerdem darauf hin, dass der Gesetzgeber etwaigen Widersprüchen zu § 1828 BGB habe vorbeugen wollen. Nach dieser Vorschrift kann das Familiengericht die Genehmigung zu einer Erbausschlagung nur den Eltern bzw. dem allein sorgeberechtigten Elternteil gegenüber erklären.

geschäftsunfähigen Kind selbst bekannt zu machen sind, gegen die es das Beschwerderecht ausüben kann, was gem. § 60 S. 1 FamFG bei einem unter elterlicher Sorge stehenden Kind lediglich „in allen seine Person betreffenden Angelegenheiten“ der Fall ist, also gerade nicht in rein vermögensrechtlichen Angelegenheiten wie der Genehmigung einer Erbausschlagung. In diesen Fällen stellt sich damit weiterhin die Frage der Wirksamkeit der Vertretung des Minderjährigen durch den gesetzlichen Vertreter bei der Bekanntgabe des Genehmigungsbeschlusses des Familiengerichts (vgl. §§ 9 II, 15 II FamFG i.V.m. § 170 I ZPO). Denn hier bleibt es bei der vom BVerfG für verfassungswidrig erachteten Konstellation, in der dem Vertretenen der Rechtsweg gegen die Entscheidung *de facto* versperrt bleibt und das von § 41 III FamFG intendierte Ziel, die vertretenen Kinder in den Entscheidungsprozess einzubeziehen, nicht erreicht wird.[408]

Die Anordnung einer Ergänzungspflegschaft ist daher m.E. in diesen Fällen unausweichlich.[409] Insbesondere genügt die Bekanntgabe der familiengerichtlichen Genehmigung an die sorgeberechtigten Eltern(teile) nicht den Anforderungen des § 41 III FamFG, denn nach dessen Wortlaut ist der Beschluss „auch“ demjenigen bekannt zu geben, für den das Rechtsgeschäft genehmigt wird. Die Bekanntgabe nach § 41 III FamFG tritt daher neben die Bekanntgabe nach § 41 I FamFG.[410]

Bedauerlicherweise kann die Anordnung einer Ergänzungspflegschaft auch nicht durch die Bestellung eines Verfahrensbeistands als milderes Mittel ersetzt werden, da bereits der insofern eindeutige Wortlaut des § 158 FamFG dagegen spricht:[411] Nach § 158 I FamFG hat das Gericht dem minderjährigen Kind ausschließlich in „Kindschaftssachen, die seine Person betreffen“, einen geeigneten Verfahrensbeistand zu bestellen.

Entgegen einiger Stimmen, besonders in der notarrechtlichen Literatur, ist auch eine analoge Anwendung von § 158 I FamFG für Genehmigungsverfahren in vermögensrechtlichen Angelegenheiten abzulehnen.[412] Einer solchen Analogie stehen v.a. Sinn und Zweck der Verfahrensbeistandschaft entgegen. Durch die Einführung des Instituts des Verfahrenspflegers gem. § 50 FGG – dem Vorgänger des heutigen Verfahrensbeistandes – sollte die Stellung des Kindes in einem seine Person betreffenden Verfahren gestärkt werden. Der Verfahrenspfleger sollte gleichsam als „Anwalt des Kindes“ die kindlichen Interessen im Verfahren in einer Weise zur Geltung bringen, mit welcher der grundrechtlich geschützten Position des Kindes hinreichend Rechnung getragen würde.[413]

---

408 OLG Köln FamRZ 2012, 580.

409 Vgl. Keidel/*Engelhardt*, § 158 Rn. 6.

410 BT-Drucks. 16/6308, S. 197.

411 OLG Celle Rpfleger 2011, 437; *Althammer* GJS 2012, 215.

412 KG NJW-RR 2010, 1089; *Büte* FuR 2011, 7; *Sonnenfeld* ZKJ 2010, 272; *Maibach* jurisPR-FamR 7/2011 Anm. 4, m.w.N., www.beck-online.de (Zugriff am 03.05.2012); *Althammer* GJS 2012, 215; a.A. *Litzenburger* RNotZ 2009, 381; *Heinemann*, S. 55 Rn. 158; *Bolkart* MittBayNot 2009, 272.

413 Vgl. MünchKommFamFG/*Schumann*, § 158 Rn. 1 f.

Die heftigen Diskussionen im Vorfeld der Kindschaftsrechtsreform über das „Ob" und „Wie" der Regelung veranlassten die Bundesregierung damals zu der Erklärung, dass § 50 FGG einen engen und auf eindeutige Bedarfsfälle beschränkten Anwendungsbereich haben sollte.[414] Bereits unter Geltung des FGG wurde daher eine Analogie zu § 50 FGG in rein vermögensrechtlichen Angelegenheiten für ausgeschlossen gehalten.[415]

Schließlich kann der Verfahrensbeistand schon deshalb kein tauglicher Ersatz für den Ergänzungspfleger sein, weil ersterer gem. § 158 IV 6 FamFG nicht als gesetzlicher Vertreter des Kindes fungiert, sondern vielmehr im eigenen Namen handelt und nicht die Funktion hat, rechtliche Willenserklärungen für das Kind abzugehen oder entgegenzunehmen. Genau darauf kommt es aber gem. §§ 41 III, 15 I, 9 II FamFG i.V.m. § 170 I ZPO an.[416]

Zusammenfassend ist festzustellen, dass sich die Regelung des § 41 III FamFG als gesetzlicher abstrakt-genereller Vertretungsausschluss darstellt. Einer Entziehung der Vertretungsmacht im konkreten Einzelfall bedarf es daher nicht. Die gesetzliche Regelung ist insofern eindeutig und lässt keinen Spielraum. Eine korrigierende Auslegung überstiege die Befugnisse der Rechtsanwendung.[417]

Infolgedessen ist die Bestellung eines Ergänzungspflegers in Erbausschlagungsverfahren zwingend. Sie kann insbesondere nicht durch die Bestellung eines Verfahrensbeistandes als „milderes Mittel" ersetzt werden, da der Verfahrensbeistand nicht gesetzlicher Vertreter des Kindes ist, es aber für die Bekanntgabe des Genehmigungsbeschlusses auch auf den Zugang beim Minderjährigen selbst ankommt.

Die Konsequenzen dieser Regelung sind m.E. durchaus bedauernswert. Zum einen macht die Verfahrensunfähigkeit des vertretenen Kindes für das Genehmigungsverfahren die Bestellung eines besonderer Vertreters zwingend notwendig. Dies ist mit Sinn und Zweck von § 63 II Nr. 2 FamFG (Verkürzung der Rechtsmittelfrist auf zwei Wochen) kaum vereinbar. Zum anderen ist zu berücksichtigen, dass andernfalls der Genehmigungsbeschluss nicht rechtskräftig wird.[418]

(b) Erbscheinsverfahren

In Erbscheinsverfahren gem. §§ 352 ff. FamFG werden zur Problematik der Vertretung des Kindes bei Interessenkollision in der Person des gesetzlichen Vertreters in Rechtsprechung und Literatur die folgende Ansichten vertreten:

---

414 BT-Drucks. 13/4899, S. 166, 172.

415 Vgl. Keidel/Kuntze/Winkler/*Engelhardt*, § 55 Rn. 13, m.w.N.

416 BT-Drucks. 16/6308, S. 240; ebs. Keidel/*Engelhardt*, § 158 Rn. 39; *Maibach* jurisPR-FamR 7/2011 Anm. 4, m.w.N., www.beck-online.de (Zugriff am 03.05.2012).

417 Vgl. KG NJW-RR 2010, 1088 f.; *Zorn* Rpfleger 2010, 425.

418 Vgl. *Zorn* Rpfleger 2010, 425.

(aa) Rechtsprechung

Bereits am 25. September 1961 entschied das BayObLG[419] im Rahmen eines Beschwerdeverfahrens, dass im Erbscheinsverfahren keiner der in § 1795 BGB normierten Gründe zum Ausschluss der Vertretungsmacht bestehe.

§§ 1629 II, 1795 I Nr. 1 BGB und §§ 1629 II, 1795 II, 181 BGB schieden als Verhinderungsgrund bereits deshalb aus, weil die Erbenstellung nur durch Gesetz, Testament und Erbvertrag, nicht aber durch Erklärungen oder Vereinbarungen anderer Personen als des Erblassers begründet werden könnten.[420] Außerhalb des Nachlassverfahrens bevorstehende Rechtsgeschäfte über Pflichtteilsansprüche lieferten ebenso wenig einen Grund für die Anordnung einer Ergänzungspflegschaft im Nachlassverfahren.[421]

Auch §§ 1629 II 1, 1795 I Nr. 3 BGB seien nicht einschlägig. Das Erbscheinsverfahren sei als Antragsverfahren der freiwilligen Gerichtsbarkeit kein Rechtsstreit im eigentlichen Sinn. Auch habe § 1795 I Nr. 3 BGB keinen anderen Begriff des Rechtsstreits im Auge, was sich insbesondere aus den Motiven zum BGB (Bd. IV S. 740, 1091) und der dortigen Bezugnahme auf RGZ 7, 404 ergebe. Denn dieses in den Entscheidungsgründen angeführte Urteil habe sich ausdrücklich auf das Prozessverfahren bezogen und die Unzulässigkeit der Vertretung verschiedener Parteien durch denselben Vertreter im Wesentlichen mit dem Erfordernis des rechtlichen Gehörs begründet, welches jedoch damals für das reichsrechtlich noch nicht geregelte Verfahren der freiwilligen Gerichtsbarkeit noch nicht entwickelt gewesen sei. Hinzu komme, dass in der freiwilligen Gerichtsbarkeit, soweit es sich nicht um echte Streitverfahren handele, das Gericht in erster Linie rechtsfürsorgerisch tätig werde und dass deshalb auch der Begriff des Beteiligten in der freiwilligen Gerichtsbarkeit vom Parteibegriff des Zivilprozesses völlig verschieden sei.[422]

Zum Zeitpunkt der Entscheidung des BayObLG galt allerdings kraft Art. 103 I GG der Grundsatz des rechtlichen Gehörs auch in der freiwilligen Gerichtsbarkeit, weshalb das Gericht eine entsprechende Anwendung von § 1795 I Nr. 3 BGB auf alle Verfahren der Freiwilligen Gerichtsbarkeit in Betracht zog. Im Ergebnis lehnte es diese jedoch mit folgender Begründung ab: Obschon der Grundsatz des rechtlichen Gehörs gleichermaßen für die freiwillige Gerichtsbarkeit und die ZPO gelte, blieben doch die entscheidenden Unterschiede zwischen dem Beteiligten und der Partei bestehen. Namentlich seien die verschiedenen Beteiligten – abgesehen von den

419 BayObLGZ 1961, 277 f.

420 Die Möglichkeit, im Nachlassverfahren – über die den Gegenstand des Verfahrens bildende Frage der Erbenstellung hinausgehend – einen Vergleich oder sonstige Rechtsgeschäfte (etwa betreffend Pflichtteilsansprüche) zu schließen, war in dem dem Gericht vorliegenden Fall offenbar noch nicht so nahe gerückt, dass ein Bedürfnis für eine Pflegerbestellung zum Abschluss eines solchen Rechtsgeschäfts bestanden hätte.

421 BayObLGZ 1961, 280.

422 BayObLGZ 1961, 280 f.

echten Streitverfahren – nicht ohne Weiteres im gegensätzlichen Interesse beteiligt. Für den Fall, dass sich dennoch im Laufe des Verfahrens ein Interessengegensatz herauskristallisiere, wäre durch §§ 1629 II 2, 1796 BGB eine angemessene Abhilfemöglichkeit gegeben. Eine Entziehung der Vertretungsmacht werde der Rechtslage in der freiwilligen Gerichtsbarkeit, wo vielfach von Anfang an zwei gegeneinander streitende Parteien fehlten, besser gerecht als § 1795 I Nr. 3 ZPO, der auf die besonderen Verhältnisse des Zivilprozesses zugeschnitten sei. Außerdem gestatte sie, die Erheblichkeit des Interessengegensatzes zu berücksichtigen. Die Anwendung von § 1795 I Nr. 3 BGB führe dagegen zu vielen sachlich überflüssigen Pflegerbestellungen und zu einer Erschwerung und Verteuerung dieser Verfahren.[423]

Das OLG Köln entschied am 28. Februar 2000 offenbar in grundsätzlicher Übereinstimmung mit obiger Rechtsprechung des BayObLG, indem es auf einen Ausschluss der Vertretungsmacht gem. § 1795 BGB überhaupt nicht Bezug nahm, sondern direkt auf die Entziehung der Vertretungsmacht gem. § 1796 BGB abstellte und ausführlich deren Voraussetzungen thematisierte.[424]

Auch nach Inkrafttreten des FamFG, nämlich am 18. Januar 2010, entschied das AG Hameln in einem ähnlich gelagerten Fall, dass es sich bei einem Erbscheinserteilungsverfahren nicht um einen Rechtsstreit i.S.v. § 1795 I Nr. 3 BGB handele, weshalb für den Betreuer des Erben kein generelles Vertretungshindernis bestehe. Darüber hinaus begründe der Umstand, dass der Betreuer neben dem betreuten Erben als gesetzlicher Erbe in Betracht komme, noch keinen konkreten Interessengegensatz i.S.v. § 1796 BGB.[425]

(bb) Stellungnahme

Zunächst zu den Grundzügen des Erbscheinsverfahrens. Diese stellen sich wie folgt dar:

Gem. § 345 I 1 FamFG ist in Verfahren zur Erteilung eines Erbscheins der Antragsteller Beteiligter. Antragsteller kann sowohl der verwitwete Elternteil[426] als auch das Kind sein. Weiter können sowohl der verwitwete Elternteil als auch das Kind gem. § 345 I 2 FamFG als Beteiligte hinzugezogen werden, soweit sie nicht ohnehin Muss-Beteiligte nach § 345 I 1 FamFG sind.

Sind die zur Erteilung eines Erbscheins erforderlichen Tatsachen unstreitig, ergeht ein diese Tatsachen feststellender Beschluss i.S.v. § 352 FamFG, der mit Erlass wirksam wird und keiner Bekanntgabe bedarf. Infolgedessen kann der (gemeinschaftliche) Erbschein dem Antrag entsprechend erlassen werden.

---

423 BayObLGZ 1961, 282 f.

424 OLG Köln FamRZ 2001, 430 f., m.w.N.

425 AG Hameln FamRZ 2010, 1272 f.

426 Im Folgenden wird zunächst nur auf die Konstellation eingegangen, in welcher der Erblasser ein Elternteil ist. Auf die anderen Konstellationen, in denen das Kind und einer oder beide Elternteile zu Erben berufen sind, wird am Ende der Stellungnahme gesondert eingegangen.

Sind die Kinder des Erblassers minderjährig und damit nicht voll geschäftsfähig, sind sie nicht selbst, sondern nur mittels ihres gesetzlichen Vertreters verfahrensfähig, vgl. § 9 II FamFG. § 9 I Nr. 3 FamFG findet auf das Vermögen des Kinds betreffende Verfahren keine Anwendung.

In der Regel steht die elterliche Sorge dem verwitweten Elternteil nach §§ 1680 I, 1629 I 1, 3, 1626 I BGB allein zu. Aufgrund des Umstands, dass dieser dann zwangsläufig einerseits in eigener Person und andererseits für das Kind auftritt, stellt sich die Frage, ob die Vertretung ohne die Gefahr einer Interessenkollision zum Wohle des Kindes realisiert werden kann. Diese Frage betrifft vorrangig die Konstellation, in welcher der verwitwete Elternteil Antragsteller und dem Kind durch Übersendung einer Antragsabschrift rechtliches Gehör einschließlich des Rechts auf Hinzuziehung zum Verfahren zu gewähren ist. Die Ausübung des rechtlichen Gehörs des Kindes durch den verwitweten Elternteil steht in diesem Fall unter dem Generalverdacht des Vorliegens eines Interessenkonflikts, da die Reduzierung des Erbteils des verwitweten Elternteils mit der Erhöhung des Erbteils des Kindes untrennbar verknüpft ist. Infolgedessen ist es v.a. für die im Erbscheinsverfahren zur Gewährung des rechtlichen Gehörs stets erforderliche Anhörung notwendig, eine geeignete Vertretung der hinzuzuziehenden Minderjährigen sicherzustellen.[427]

Ausgangspunkt für die folgende Diskussion ist also – unabhängig von einem Ausschluss der elterlichen Vertretungsmacht gem. §§ 1629 II, 1795 I BGB – die mehrfach in mit der vorliegenden Situation vergleichbaren Betreuungsverfahren postulierte Ansicht des BVerfG, wonach aus Art. 103 I GG die Pflicht erwächst, vor dem Erlass einer Entscheidung zu prüfen, ob dem Verfahrensbeteiligten rechtliches Gehört gewährt wurde. Maßgebend für diese Pflicht des Gerichts ist der Gedanke, dass der Verfahrensbeteiligte Gelegenheit haben muss, die Willensbildung des Gerichts zu beeinflussen.[428]

Fraglich ist hierbei jedoch, welche Konsequenzen aus dem eben geschilderten Interessenkonflikt zu ziehen sind bzw. wie diesem beigekommen werden kann und muss. Einerseits könnte man vertreten, der überlebende Elternteil sei gem. § 1795 II i.V.m. § 181 BGB an der Vertretung des Kindes gehindert, mit der Folge, dass ein Ergänzungspfleger zu bestellen wäre. Anderseits könnte man sich grundsätzlich auch hier auf den Standpunkt stellen, die Bestellung eines Verfahrensbeistandes sei zum einen möglich und zum anderen ausreichend, um das rechtliche Gehör des Kindes zu gewährleisten.

Problematisch an letzterer Ansicht erscheint zunächst die Tatsache, dass § 158 FamFG, wie bereits dargestellt, grundsätzlich in vermögensrechtlichen Verfahren nicht angewendet werden kann. Insofern gelten die zum Erbausschlagungsverfahren gemachten Ausführungen entsprechend; auf diese wird an dieser Stelle verwiesen. Allerdings ist zu beachten, dass das dortige Hauptargument gegen eine Analogie hier nicht herangezogen werden kann:

427 BayObLG FamRZ 1982, 640; *Perlwitz/Weber* FamRZ 2011, 1351.
428 BVerfG FamRZ 2010, 1146, m.w.N.

Der Erwägung, der Verfahrensbeistand sei gem. § 158 IV 6 FamFG nicht gesetzlicher Vertreter des Kindes, kommt in der vorliegenden Konstellation nicht dasselbe Gewicht zu wie bei der Erörterung des Erbausschlagungsverfahrens, da die Regelung des § 41 III FamFG nur auf Beschlüsse Anwendung findet, welche die Genehmigung eines Rechtsgeschäfts zum Gegenstand haben, was hier nicht der Fall ist. Der Ausschluss der analogen Heranziehung von § 158 FamFG kann daher lediglich auf das Argument gestützt werden, dass Sinn und Zweck der Verfahrensbeistandschaft dem entgegenstünden, da die Einführung des Instituts des Verfahrenspflegers in § 50 FGG a.F. – dem Vorgänger des heutigen Verfahrensbeistandes – zuvorderst dem Zweck diente, die Stellung des Kindes in einem seine Person betreffenden Verfahren zu stärken.[429]

Es stellt sich daher die Frage, ob allein aus diesem Grund bei Vorliegen einer vergleichbaren Interessenlage eine Analogie verneint werden kann. Die Vergleichbarkeit der Interessenlagen ist deshalb zu bejahen, weil die gerichtliche Entscheidung über die Erbenstellung nicht nur geringfügige Tragweite hat, da die Rechtsposition des Minderjährigen erhebliche Auswirkungen auf seine vermögensrechtliche Situation und damit auf seine künftige Lebensgestaltung haben kann.[430] Bei der Beantwortung der Frage einer analogen Heranziehung von § 158 FamFG mit der Folge der primären Bestellung eines Verfahrensbeistands sind namentlich folgende Punkte zu berücksichtigen:

Sieht man die Bestellung eines Verfahrensbeistands als das verfahrensrechtliche Pendant und mildere Instrument zur Anordnung einer Ergänzungspflegschaft an, ist durchaus wahrscheinlich, dass sich die Bestellung eines solchen in einem Erbscheinsverfahren als sinnvolle Vorstufe zu einem eventuellen Entzug der elterlichen Vertretungsmacht gem. §§ 1629 II 3 Hs. 1, 1796 BGB und der Bestellung eines Ergänzungspflegers gem. § 1909 BGB erweist.[431] Denn führt die von dem Verfahrensbeistand vorzunehmende, eigenverantwortliche Prüfung des Sachverhalts zu dem Ergebnis, das Interesse des Kindes gebiete es, einen eigenen, vom Antrag des verwitweten Elternteils inhaltlich abweichenden Erbscheinsantrag zu stellen, wäre das Familiengericht in der Verantwortung, dem verwitweten Elternteil die Vertretungsmacht partiell zu entziehen und insoweit Ergänzungspflegschaft anzuordnen. Im gegenteiligen Fall, d.h. wenn der Verfahrensbeistand zu dem Ergebnis gelangt, die Interessen des Kindes und des verwitweten Elternteils stehen nicht oder nur geringfügig in Widerspruch, könnte das Gericht dagegen davon absehen.

429 Vgl. BT-Drucks. 13/4899, S. 129 zu § 50 FGG; eine Analogie ablehnend auch *Bork* FamRZ 2002, 72 f.; entsprechend nun zu § 158 FamFG *Perlwitz/Weber* FamRZ 2011, 1352; a.A. (unter Geltung von § 50 FGG) *Zorn* Rpfleger 2002, 245.

430 Vgl. *Perlwitz/Weber* FamRZ 2011, 1352; *Weber* RpflStud 2009, 132; andernfalls könnte das Gericht auch bei Vorliegen eines der Regelbeispiele des § 158 II Nr. 1-6 FamFG von einer Bestellung absehen, vgl. BT-Drucks. 16/6308, S. 238; *Bumiller/Harders*, § 158 Rn. 13; SWB/*Ziegler*, § 158 Rn. 6; Keidel/*Engelhardt*, § 158 Rn. 8.

431 So auch *Weber* RpflStud 2009, 132; *Zorn* Rpfleger 2009, 426; *Perlwitz/Weber* FamRZ 2001, 1352; *Schael* FamRZ 2009, 269.

Dem steht jedoch die Erwägung entgegen, dass die Prüfung des Vorliegens eines erheblichen Interessengegensatzes i.S.v. § 1796 BGB vom Gericht vorzunehmen ist und dieses sich nicht ohne Weiteres auf die Einschätzung des Verfahrensbeistands berufen kann. Zudem sieht bereits die Bestellung des Verfahrensbeistands selbst eine ähnliche Prüfung vor, indem § 158 I FamFG seine Bestellung von der Bedingung abhängig macht, dass dies zur Wahrnehmung der Interessen des Kindes erforderlich sein muss. Da die Interessen des Kindes im Normalfall von seinem gesetzlichen Vertreter wahrgenommen werden, kommt die Bestellung eines Verfahrensbeistandes, ähnlich wie die Anordnung einer Ergänzungspflegschaft, nur bei Vorliegen eines Interessenkonflikts in Betracht, wenngleich an die Voraussetzung des erheblichen Interessenkonflikts i.S.v. § 1796 BGB höhere Anforderungen zu stellen sind als an die Erforderlichkeit zur Interessenwahrnehmung i.S.v. § 158 I FamFG.

Für die vorherige Bestellung eines Verfahrensbeistands spricht zwar vordergründig auch der Umstand, dass das Verfahren zur Bestellung eines Ergänzungspflegers mitunter wegen der diversen Beschwerdemöglichkeiten langwierig sein kann und dadurch das Hauptverfahren schwerfällig zu werden droht. Dies wäre jedoch nur dann ein brauchbares Argument, wenn dem Erbscheinsverfahren ein besonderes Beschleunigungsbedürfnis immanent wäre. In Bezug auf ein Verfahren zur Genehmigung einer Erbausschlagung wird ein solches wohl zu bejahen sein, wofür insbesondere die verkürzte Rechtsmittelfrist des § 63 II Nr. 2 FamFG spricht.[432] Dagegen existiert für Erbscheinsverfahren keine entsprechende Vorschrift. Auch sonst sind keine Anhaltspunkte für ein erhöhtes Beschleunigungsbedürfnis ersichtlich.

Im Ergebnis ist daher festzustellen, dass auch für Erbscheinsverfahren eine Analogie zu § 158 FamFG nicht in Frage kommt. Im Falle eines die Schwelle der Erheblichkeit i.S.v. § 1796 BGB nicht überschreitenden Interessenkonflikts bedeutet dies, dass die Interessen des Kindes durch den verwitweten Elternteil vertreten werden, insbesondere das rechtliche Gehör des Kindes durch diesen sichergestellt wird. Außerdem trifft auch das Gericht im Rahmen des Amtsermittlungsgrundsatzes gem. § 26 FamFG die Pflicht, die Interessen des beteiligten Minderjährigen zu berücksichtigen, namentlich indem es ihn gem. § 34 I Nr. 1 FamFG persönlich anhört, wenn dies zur Gewährleistung des rechtlichen Gehörs erforderlich ist.

Dagegen bleibt es im Falle erheblich konfligierender Interessen bei der Notwendigkeit der Entziehung der elterlichen Vertretungsmacht im konkreten Einzelfall gem. § 1796 BGB. Insofern muss eine in das Elternrecht gem. Art. 6 GG eingreifende Ergänzungspflegschaft angeordnet werden, da die Bestellung eines Verfahrensbeistandes unter Beibehaltung der Vertretung des Kindes durch den verwitweten Elternteil als milderes Mittel ausscheidet.

Ergänzend bleibt noch zu erwähnen, dass in Konstellationen, in denen nicht ein Elternteil, sondern eine dritte Person Erblasser und das Kind sowie ein bzw. beide Elternteile zu Erben berufen sind, die obigen Ausführungen parallel gelten.

432 BT-Drucks. 16/6308, S. 206.

Einzig erwähnenswert ist in diesem Zusammenhang die Frage, ob bei gemeinsamer Sorge im Fall der Entziehung der Vertretungsmacht nur eines Elternteils der andere die Vertretung des Kindes allein übernehmen kann, wenn dieser nicht selbst als Erbe an dem Erbscheinsverfahren beteiligt ist.

Von einer Gegensätzlichkeit der Interessen des nicht beteiligten Elternteils und der Interessen des Kindes wird m.E. nur dann ausgegangen werden können, wenn die Eltern miteinander verheiratet sind, da dann wegen der ehelichen Beziehung der beiden Elternteile grundsätzlich ein gleichgelagertes Interesse anzunehmen ist.[433]

Am 14. Juni 1972 entschied der BGH zum Alleinvertretungsrecht der Mutter im Ehelichkeitsanfechtungsprozess des geschiedenen Ehemannes zu § 1629 II BGB (in der damals geltenden Fassung) in Abweichung zu seiner bis dahin ständigen Rechtsprechung[434], dass bei Ausschluss eines Elternteils von der Vertretung des Kindes dieser Ausschluss auch für den anderen Elternteil gelte.[435] Diese Ansicht finde ihre Grundlage in § 1629 II 1 Hs. 1 BGB, der auf folgender Erwägung basiere: Sei ein Elternteil an der Vertretung des Kindes rechtlich verhindert, so liege es nicht im Interesse des Kindes, dass dann der andere Elternteil seine Vertretung übernehme, auch wenn er im Einzelfall nicht kraft Gesetzes von der Vertretung ausgeschlossen sei. Gerade bei gutem Einvernehmen der Ehegatten seien beide in solchen Fällen in gleicher Weise zur Vertretung des Kindes ungeeignet. Von einer derartigen Befangenheit sei auch nach rechtskräftiger Ehescheidung noch auszugehen. Allein die Beendigung der rechtlichen Bindung der Ehegatten durch Ehescheidung ändere zumeist nichts an der Interessenlage der rechtskräftig geschiedenen Eheleute im Verhältnis zu ihrem Kind. Bekräftigt werde dies dadurch, dass § 1629 I 1 Hs. 1 BGB nicht auf die Ehegatten, sondern auf Vater und Mutter abstelle. Das Vorliegen eines Ausschlussgrundes gem. § 1795 BGB in der Person eines Elternteils führe daher (auch nach der rechtskräftigen Ehescheidung und vor einer Regelung nach § 1671 I BGB) auch für den anderen Elternteil zum Ausschluss von der Vertretung des Kindes.[436]

2. Spezielle Regelungen der Verfahrensfähigkeit

Abgesehen von der allgemeinen Regelung der Verfahrensfähigkeit gem. § 9 FamFG existieren für Ehesachen und sog. Familienstreitsachen spezielle Regelungen der Verfahrensfähigkeit. In Bezug auf Minderjährige sind folgende Normen zu beachten:

Hervorzuheben ist in diesem Zusammenhang besonders § 125 FamFG, der eine recht exotische Vorschrift darstellt. Wie aus § 113 I FamFG folgt, findet § 9 FamFG in Ehesachen i.S.v. §§ 121 ff. FamFG keine Anwendung. Vielmehr ist grundsätzlich

433 OLG Köln FamRZ 2001, 431.

434 BGH FamRZ 1958, 178: Im Fall der rechtlichen Verhinderung eines Elternteils erstarkt die Vertretungsbefugnis des anderen Teils zur Alleinvertretungsmacht.

435 BGH FamRZ 1972, 499.

436 BGH FamRZ 1972, 499, m.w.N.; im Übrigen habe auch der Gesetzgeber davon abgesehen, für diese Fälle eine dem § 1678 BGB entsprechende Regelung zu treffen.

auf die §§ 51 ff. ZPO zurückzugreifen. Jedoch ist für Ehesachen § 125 FamFG insofern als *lex specialis* anzusehen, welche wiederum §§ 51, 52 ZPO konkretisiert. Wenn § 125 I FamFG bestimmt, dass in Ehesachen ein in der Geschäftsfähigkeit beschränkter Ehegatte verfahrensfähig ist, so sind, wie sich aus § 1303 II BGB – *lex specialis* zu § 106 BGB – ergibt, seit Inkrafttreten des Betreuungsgesetzes (BtG) nur noch Minderjährige ab Vollendung des 16. Lebensjahres davon erfasst. Für einen geschäftsunfähigen Ehegatten bleibt es dagegen gem. § 125 II FamFG ausnahmslos bei dem Grundsatz, dass das Verfahren durch den gesetzlichen Vertreter zu führen ist.

Eine weitere Besonderheit besteht bei Unterhaltssachen i.S.v. § 231 I Nr. 1 FamFG. Die Verfahrensfähigkeit Minderjähriger in Unterhaltssachen bestimmt sich wegen deren Qualifikation als Familienstreitsachen i.S.v. § 112 Nr. 1 Alt. 1 FamFG gem. § 113 I 2 FamFG nach den diesbezüglichen Allgemeinen Vorschriften der Zivilprozessordnung, d.h. nach §§ 51 ff. ZPO. In Unterhaltssachen bleibt es also ebenso ausnahmslos bei dem Grundsatz, dass Minderjährige nicht verfahrensfähig sind und daher der Vertretung durch ihre gesetzlichen Vertreter bedürfen. §§ 1629 II 1, 1795 I Nr. 3 BGB finden Anwendung.[437]

437 Vgl. hierzu beispielsweise OLG Dresden NJW-RR 2010, 1588.

C. Die Interessenvertretung des Kindes

Ausgehend von den oben gewonnenen Erkenntnissen und der Tatsache, dass die zitierte obergerichtliche Rechtsprechung die Zahl der Pflegschaftsverfahren sprunghaft hat nach oben schnellen lassen,[438] stellt sich die im Folgenden zu untersuchende Frage, welche Erkenntnisse sich aus einem Vergleich der Rechtsinstitute des Ergänzungspflegers und des Verfahrensbeistands, die im deutschen Recht grundsätzlich beide mit der Vertretung der Kindesinteressen betraut sein können, gewinnen lassen.

Im Anschluss daran wird schließlich die Ausgestaltung der Interessenvertretung des Kindes in Österreich und in der Schweiz dargestellt und mit der Regelung des deutschen Rechts verglichen, um zu sehen, ob und inwiefern diese Nachbarländer ein der deutschen Gesetzgebung ähnliches Bestreben zeigen, den Kindesinteressen verfahrensrechtlich mehr zur Geltung zu verhelfen.

I. Ergänzungspfleger vs. Verfahrensbeistand

Zunächst widmet sich die Untersuchung der Frage, wie sich die beiden grundsätzlich zur Interessenvertretung des Kindes berufenen Institute „Ergänzungspflegschaft" und „Verfahrensbeistandschaft" voneinander unterscheiden bzw. was ihnen gemeinsam ist.

1. Die Institution Ergänzungspfleger

Grundsätzlich kennt das heutige BGB drei Einrichtungen, die geschaffen wurden, um den Nachteilen vorzubeugen, die fürsorgebedürftigen Personen dadurch entstehen können, dass sie ihre tatsächlichen und/oder rechtlichen Interessen nicht ohne die Gefahr der Entstehung von Nachteilen selbst vertreten können, sei es wegen ihres Alters, einer krankhaften Störung ihres geistigen Zustandes oder eines anderen vergleichbaren Grundes. Bei diesen Instituten handelt es sich um die elterliche Gewalt, die Vormundschaft und die Pflegschaft. Alle drei stehen dabei am Ende einer vielhundertjährigen Tradition. Bereits das römische Recht kannte entsprechende Institute: die *tutela* und die *cura*.[439]

Heute stehen minderjährige Kinder grundsätzlich unter der rechtlichen Sorge ihrer Eltern, vgl. §§ 1626 ff. BGB. Für Angelegenheiten, an deren Besorgung die Eltern verhindert sind, erhält der unter elterlicher Sorge Stehende gem. § 1909 I 1 BGB einen Pfleger. Für den Fall, dass die Verhinderung dauerhaft ist und das Vertretungsrecht in allen Angelegenheiten betrifft, kommt nicht die Anordnung einer Ergänzungspflegschaft, sondern ausschließlich die Ersetzung des bisherigen

438 Vgl. *Keuter* FamRZ 2010, 1955.

439 Vgl. zur geschichtlichen Entwicklung der Pflegschaft *Klaß*, S. 1 ff.

gesetzlichen Vertreters durch Anordnung der Vormundschaft in Betracht, vgl. § 1773 I BGB.[440]

a) Bestellung des Ergänzungspflegers

Der Begriff der Verhinderung i.S.v. § 1909 I BGB ist nicht gesetzlich definiert. Allgemein ist anerkannt, dass darunter sowohl die Verhinderung aus tatsächlichen als auch aus rechtlichen Gründen fällt.[441] Wichtig ist, dass beide Elternteile verhindert sein müssen, da ansonsten die elterliche Sorge von dem jeweils anderen Elternteil ausgeübt werden kann, vgl. § 1678 I BGB.Die Fälle, in denen die elterliche Sorge dadurch beschränkt ist, dass ein Pfleger bestellt wird, ergeben sich aus dem Gesetz. Beispielhaft sind §§ 1629 II, 1628 I, 1666-1667, 1673, 1674 BGB zu nennen.

Da nicht jede Verhinderung die Anordnung einer Ergänzungspflegschaft rechtfertigt, muss ein auf einen akuten Anlass gestütztes gegenwärtiges Bedürfnis bestehen, welches vom Familiengericht von Amts wegen zu prüfen und festzustellen ist. Ein solches Bedürfnis besteht grundsätzlich, wenn die Angelegenheit ohne Pfleger nicht wirksam erledigt werden kann. Abgesehen von den Fällen, in denen es bereits an einem Interessenkonflikt fehlt, ist dies beispielsweise dann nicht der Fall, wenn der andere Elternteil in der Lage ist, die elterliche Sorge auszuüben oder wenn das Gericht die erforderliche Maßnahme treffen bzw. der Minderjährige selbst handeln kann.[442] Zudem muss die Bestellung dem Wohl und Interesse des Pfleglings dienen.[443]

Auch bei Ausschluss beider Elternteile von der Vertretung des Kindes, muss an ihrer Stelle nur ein Pfleger bestellt werden. Im Fall der Vertretung mehrerer Kinder ist grundsätzlich für jedes Kind ein Pfleger zu bestellen. Ausnahmsweise genügt die Bestellung eines Pflegers für alle Kinder, wenn diese eine gleichlautende Erklärung abzugeben haben, weil dann alle auf derselben Seite des Rechtsgeschäfts stehen.[444]

Sachlich zuständig für die Anordnung der Pflegschaft ist gem. § 1909 II BGB das Familiengericht. Bezüglich der funktionellen Zuständigkeit sind §§ 15, 19 RPflG zu beachten. Gegen die Anordnung der Ergänzungspflegschaft können die Eltern nach § 58 FamFG Beschwerde einlegen, jedoch nicht der Prozessgegner des Pflegers.[445]

Charakteristisch für das Verfahren zur Bestellung eines Ergänzungspflegers ist – wie auch im Falle der Vormundschaft und der Betreuung – seine Zweistufigkeit: Auf der ersten Stufe steht die (eben näher dargestellte) Anordnung der Ergänzungspflegschaft, gefolgt von der Berufung des konkreten Pflegers auf der zweiten Stufe.

Für die Berufung zum Ergänzungspfleger gelten je nach Art der Pflegschaft unterschiedliche Regeln. Für Pflegschaften nach § 1909 BGB gelten die Vorschriften

440 Vgl. Salgo et al./*Bauer*, Rn. 256.

441 Vgl. *Hommel*, S. 68; *Klaß*, S. 15, 19; Erman/*Roth*, § 1909 Rn. 2; Palandt/*Diederichsen*, § 1909 Rn. 6; MünchKomm/*Schwab*, § 1909 Rn. 12.

442 Vgl. Palandt/*Diederichsen*, § 1909 Rn. 7; Erman/*Roth*, § 1909 Rn. 11.

443 Vgl. MünchKomm/*Schwab*, § 1909 Rn. 35.

444 Vgl. Erman/*Roth*, § 1909 Rn. 5.

445 Vgl. Erman/*Roth*, § 1909 Rn. 18.

über die Berufung zur Vormundschaft nach § 1916 BGB in Ausnahme zu § 1915 I 1 BGB nicht. Die Berufung zur Vormundschaft ist in den §§ 1776-1778 BGB geregelt. Umstritten ist, ob sich der Ausschluss auch auf § 1782 BGB erstreckt.[446]

Gem. §§ 1915, 1789 BGB erfolgt die Berufung zum Ergänzungspfleger durch das Familiengericht und zwar im Wege einer Verpflichtung zu treuer und gewissenhafter Führung der Pflegschaft, welche mittels Handschlag an Eides statt von dem nach § 3 Nr. 2a RPflG zuständigen Rechtspfleger vorgenommen wird.

Nach wie vor umstritten sind auch die Fragen, ob für die Wirksamkeit einer Bestellung die persönliche Anwesenheit des Ergänzungspflegers erforderlich ist und ob eine Bestellung für künftige Fälle möglich ist.Während die erste Frage von einer Ansicht unter Berufung auf § 1789 S. 2 BGB bejaht wird, da dieser die Verpflichtung durch Handschlag vorsieht, verneint sie eine andere Ansicht mit der Begründung, dass es sich bei § 1789 S. 2 BGB lediglich um eine Soll-Vorschrift handele und § 1789 S. 1 BGB die persönliche Anwesenheit nicht vorsehe.[447] In Bezug auf die zweite Frage werden gegen eine Globalverpflichtung der Zweck der Einzelpflegschaften sowie die Möglichkeit der Ablehnung einzelner Pflegschaften nach § 1786 BGB angeführt. Für die Möglichkeit einer allgemeinen Verpflichtung wird dagegen darauf verwiesen, dass dies eine enorme Ersparnis an Arbeitsaufwand bedeute.[448]

Anwendbar bleibt dagegen dem Grundsatz des § 1915 I 1 BGB entsprechend die Vorschrift des § 1779 BGB, wonach das Familiengericht[449] nach Anhörung des Jugendamts den Ergänzungspfleger auszuwählen hat, da es sich dabei nicht um eine „Berufung", sondern um eine Auswahl handelt. Diese hat danach zu erfolgen, ob die betreffende Person nach ihren persönlichen Verhältnissen und ihrer Vermögenslage sowie nach den sonstigen Umständen zur Führung der Vormundschaft geeignet ist, wobei bei der Auswahl mehrerer geeigneter Personen der mutmaßliche Wille der Eltern, die persönlichen Bindungen des Kindes, die Verwandtschaft oder Schwägerschaft mit dem Kind sowie das religiöse Bekenntnis des Kindes zu berücksichtigen sind, vgl. § 1779 II BGB. Gem. § 53 I SGB VIII hat das Jugendamt dem Familiengericht

446 Bejahend MünchKomm/*Schwab*, § 1917 Rn. 2, m.w.N. zur Gegenmeinung.

447 Vgl. dazu näher *Keuter* FamRZ 2010, 1955 ff. sowie *ders.* FamRZ 2011, 954 f., der insofern die Meinung vertritt, dass bei berufsmäßigen Ergänzungspflegern eine förmliche Verpflichtung bei persönlicher Anwesenheit des Pflegers nicht erforderlich sei, sondern analog §§ 1791a, 1791b BGB, § 289 I 2 FamFG auch schriftlich erfolgen könne; a.A. *Bestelmeyer* FamRZ 2011, 950 ff. mit Verweis auf die nahezu einhellige Ansicht in Rechtsprechung und Literatur; *Althammer* GJS 2012, 212.

448 Vgl. dazu näher *Keuter* FamRZ 2010, 1955 ff. sowie *ders.* FamRZ 2011, 954 f., der insofern die Meinung vertritt, dass auch eine einmalige förmliche Verpflichtung mit gleichzeitiger Bestellung für künftige Fälle zulässig sei; a.A. *Bestelmeyer* FamRZ 2011, 952 ff. mit Verweis auf die geänderte Rechtsprechungspraxis.

449 Wegen § 1915 I 3 Hs. 2 BGB in Gegenausnahme zur Ausnahme des § 1915 I 3 Hs. 1 BGB nicht das Betreuungsgericht.

Personen und Vereine vorzuschlagen, die sich im Einzelfall zum Pfleger eignen.[450] Ist keine andere als Einzelpfleger geeignete Person vorhanden, kann das Jugendamt selbst zum Pfleger bestellt werden, vgl. § 1791b I 1 i.V.m. § 1915 I BGB.[451]

Pfleger haben Anspruch auf regelmäßige und angemessene Beratung und Unterstützung durch das Jugendamt, vgl. § 53 II SGB VIII. Dieses führt die Aufsicht über den Ergänzungspfleger und ist gegebenenfalls zu Mitteilungen an das Familiengericht verpflichtet, vgl. § 53 III SGB VIII.

Ein Ende der Pflegschaft kommt in Betracht durch gerichtliche Aufhebung – wie etwa in den Fällen der §§ 1919, 1921 II BGB – oder – wie in den Fällen der §§ 1918, 1921 III BGB – kraft Gesetzes.

b) Aufgaben

Im Gegensatz zur Vormundschaft, bei der der Wirkungskreis des Vormunds unmittelbar durch das Gesetz umgrenzt wird, vgl. § 1793 ff. BGB, wird der Wirkungskreis eines Ergänzungspflegers bei seiner Bestellung durch das Gericht entsprechend dem konkreten Fürsorgebedürfnis festgelegt.

Im Zweifel ist für die Bestimmung von Art und Umfang der Vertretungs- und Handlungsmacht des Pflegers die Natur der übertragenen Aufgabe entscheidend. Unabhängig vom Umfang des Wirkungskreises im konkreten Einzelfall ist der Pfleger, soweit es sich um Fragen der Anordnung, Fortdauer und Aufhebung der Pflegschaft handelt, immer berechtigt und sogar verpflichtet, für seinen Pflegling einzutreten.[452]

Die Erweiterung des Wirkungskreises des Pflegers bedarf auch bei einem neu auftretenden Bedürfnis einer gerichtlichen Entscheidung und vollzieht sich nicht etwa von selbst. Die Einheitlichkeit der Pflegschaft wird dadurch jedoch nicht berührt.

Zu betonen ist, dass der Ergänzungspfleger im Unterschied zum Verfahrensbeistand *ipso iure*, nämlich gem. §§ 1915 I 1, 1793 I 1 BGB, gesetzlicher Vertreter des Kindes ist.

Aufgrund des Beschleunigungsgebots des § 155 FamFG wird besonders in Kindschaftsverfahren besonderer Wert darauf gelegt, dass der Ergänzungspfleger seine

---

450 In diesem Zusammenhang hat das OLG Köln (OLG Köln FamRZ 2011, 1305) entschieden, dass aufgrund des dem Familiengericht bei der Auswahl des Ergänzungspflegers zustehenden Auswahlermessens auch Gesichtspunkte berücksichtigt werden könnten und sollten, die die Abwägung bei fachlich gleich geeigneten Personen gegen grundsätzlich auch geeignete Familienangehörige und für eine objektive, außenstehende dritte Person zulassen.

451 Auch §§ 1791b, c BGB, in denen die bestellte und die gesetzliche Amtsvormundschaft des Jugendamtes geregelt ist, werden von der Ausnahmeregelung des § 1916 BGB nicht erfasst.

452 Vgl. MünchKomm/*Schwab*, Vor § 1909 Rn. 4, m.w.N.

Tätigkeit möglichst rasch aufnimmt, erst recht wenn er wegen § 158 VI FamFG auch die Aufgaben des Verfahrensbeistandes miterledigen muss.[453]

Aus diesem Grund sollte er, um seine Funktion als gesetzlicher Vertreter der Interessen des Kindes bestmöglich erfüllen zu können, idealerweise bis zum ersten Gerichtstermin neben eingehenden Gesprächen mit dem Kind auch mit dessen nahen Verwandten sowie dem zuständigen Jugendamt gesprochen haben.[454]

Nach den Standards[455] für Ergänzungspfleger der Bundesarbeitsgemeinschaft Verfahrensbeistandschaft / Interessenvertretung für Kinder und Jugendliche e.V. soll der Ergänzungspfleger über eine juristische, pädagogische oder psychosoziale Grundausbildung verfügen und sich mit der sorgerechtlichen Rolle sowie den daraus resultierenden Haftungsrisiken auseinandergesetzt haben. Der Ergänzungspfleger hat danach die Interessen des Kindes unvoreingenommen und unabhängig zu vertreten. Da die Ergänzungspflegschaft Teile des elterlichen Sorgerechts abdeckt, zielt sie auf einen Doppeleffekt ab: einerseits will sie die betroffenen Kinder in schwierigen Lebenslagen unterstützen und andererseits das verantwortungsbewusste Handeln von in Teilbereichen überlasteten Eltern stärken.

c) Vergütung

Gem. § 1836 i.V.m. §§ 1915, 1909 BGB wird der Ergänzungspfleger grundsätzlich unentgeltlich tätig. Ausnahmsweise wird die Ergänzungspflegschaft entgeltlich geführt, wenn das Gericht bei der Bestellung des Ergänzungspflegers gem. § 1 VBVG feststellt, dass der Ergänzungspfleger berufsmäßig tätig wird. Trifft das Gericht keine derartige Feststellung, kann es dem Ergänzungspfleger gleichwohl eine angemessene Vergütung bewilligen, soweit der Umfang oder die Schwierigkeit der vormundschaftlichen Geschäfte dies rechtfertigen. Dem Jugendamt oder einem Verein kann jedoch keine Vergütung bewilligt werden.

Näher geregelt ist die Vergütung des Ergänzungspflegers in § 1915 I BGB, der abweichend von der eigentlich einschlägigen Regelung in § 3 I-III VBVG vorsieht, dass sich die Höhe der zu bewilligenden Vergütung nach den für die Führung der Pflegschaftsgeschäfte nutzbaren Fachkenntnissen des Pflegers sowie nach dem Umfang und der Schwierigkeit der Pflegschaftsgeschäfte bestimmt, sofern der Pflegling nicht mittellos ist. Begründet wird diese Privilegierung der Pflegschaft im Vergleich

453 Leider zeigt sich in der Praxis immer noch häufig das Problem, dass der Weg vom Beschluss bis zur Bestallung unverhältnismäßig viel Zeit in Anspruch nimmt, wodurch mangels aktiven Sorgerechtsinhabers eine „rechtlose“ Lage entsteht, vgl. hierzu *Kuleisa-Binge* FPR 2012, 364.

454 In diesem Zusammenhang ergeben sich jedoch vergütungsrechtliche Schwierigkeiten, wenn der Ergänzungspfleger mit seiner Tätigkeit bereits vor seiner förmlichen Verpflichtung beginnt, vgl. *Keuter* FamRZ 2010, 1957; *Bestelmeyer* FamRZ 2011, 953 f.

455 *BAG*, Standards Vormundschaft/Ergänzungspflegschaft, S. 4, www.verfahrens beistand-bag.de (Zugriff am 06.06.2013).

zur Betreuung bzw. Vormundschaft damit, dass die Regelsätze des VBVG nicht auf alle Pflegschaften übertragen werden könnten, insbesondere könnten sie bei Nachlasspflegschaften zu einer unangemessen niedrigen Vergütung führen.[456] Im Übrigen kann sich die Vergütung nach § 1915 I 2 BGB im Einzelfall mit den in § 3 I VBVG vorgesehenen Stundensätzen decken; insbesondere sind diese anzuwenden, wenn der Pflegling mittellos ist.

Bei der Bestellung eines Pflegers für mehrere Pfleglinge, muss die Vergütung bezüglich jedes Pfleglings gesondert festgesetzt werden.[457]

Gem. § 1835 i.V.m. §§ 1909, 1915 BGB kann der Ergänzungspfleger nach den für den Auftrag geltenden Vorschriften der §§ 669, 670 BGB von dem Mündel Ersatz verlangen, soweit er zum Zwecke der Führung der Ergänzungspflegschaft Aufwendungen macht.

Außerdem kann der Ergänzungspfleger nach § 1835a i.V.m. §§ 1909, 1915 BGB zur Abgeltung seines Anspruchs auf Aufwendungsersatz als Aufwandsentschädigung für jede Ergänzungspflegschaft, für die ihm keine Vergütung zusteht, einen Geldbetrag verlangen, der für ein Jahr dem Neunzehnfachen dessen entspricht, was einem Zeugen als Höchstbetrag der Entschädigung für eine Stunde versäumter Arbeitszeit gem. § 22 JVEG gewährt werden kann, derzeit also 323 €.

In Bezug auf die Frage was passiert, wenn der Ergänzungspfleger entsprechend den Erwartungen des Richters seine Tätigkeit aufnimmt, bevor er förmlich verpflichtet wurde, vertritt die h.M. in der Rechtsprechung den klaren Standpunkt, dass die Bewilligung einer Vergütung für den Pfleger dessen unbedingt wirksame Bestellung voraussetzt.[458]

d) Erleben des Kindes

Anders als für die Verfahrenspflegschaft/Verfahrensbeistandschaft[459] sind für die Ergänzungspflegschaft betreffend das Erleben des Kindes bisher keine empirischen Untersuchungen angestellt worden.

---

456 BT-Drucks. 15/4874, S. 27; *Bienwald* vertritt insofern die Ansicht, dass die Bestimmung aufgrund der vorgenannten Begründung auch in Ermangelung einer diesbezüglichen Beschränkung des Gesetzeswortlauts in der Regel auf andere Pflegschaftsfälle als Nachlasspflegschaften nur angewendet werden könne, wenn sie mit solchen vergleichbar seien, vgl. Staudinger/*Bienwald*, § 1915 Rn. 16.

457 Vgl. MünchKomm/*Schwab*, § 1915 Rn. 20; Staudinger/*Bienwald*, § 1915 Rn. 16.

458 Vgl. *Keuter* FamRZ 2010 1957, m.w.N., die sowohl für als auch neuerdings vermehrt gegen die genannte Ansicht sprechen; *ders.* FamRZ 2011, 954 f.; *Keuter* selbst vertritt die Ansicht, dass auch in den Fällen, in denen es an einer wirksamen Verpflichtung fehlt, dem berufsmäßigen Ergänzungspfleger nach den Grundsätzen von Treu und Glauben ein Vergütungsanspruch zuzubilligen sei, wenn er im Vertrauen auf seine wirksame Bestellung oder auf ausdrückliches Ansinnen des Gerichts tätig geworden ist, a.A. *Bestelmeyer* FamRZ 2011, 953.

459 Vgl. hierzu Kap. C.I.2.d.

Rein intuitiv erscheint m.E. hier die Lage ungleich schwieriger, d.h. konfliktträchtiger, da besonders älteren Kindern schnell bewusst werden dürfte, dass der Ergänzungspfleger die Eltern in gewissem Umfang von ihrer Position als Entscheidungsträger verdrängt. Im Gegensatz zum Verfahrensbeistand hat er in den ihm zugewiesenen Bereichen die Sorge für das Kind auszuüben. Dies kann auch einmal mit sich bringen, dass er eine Entscheidung gegen den Willen des Kindes zu treffen hat.[460] Ebenso wie die Eltern kann sich grundsätzlich auch ein Ergänzungspfleger in seinem Aufgabenbereich der Situation ausgesetzt sehen, dass eine Maßnahme oder Entscheidung objektiv notwendig ist, aber gleichzeitig dem Kindeswillen zuwider läuft. Dies wird gerade bei typischerweise von Kindern ungeliebten Notwendigkeiten wie beispielsweise Arzt- und Schulbesuchen häufig der Fall sein. Dagegen ist der Aufgabenbereich eines Ergänzungspflegers in den hier relevanten Situationen, d.h. bei der Vertretung im Rahmen von Gerichtsverfahren, auf Verfahrenshandlungen beschränkt. Eine Entscheidung oder Maßnahme gegen den Willen des Kindes setzt immer voraus, dass das Kind in Bezug auf die konkrete Maßnahme oder Entscheidung überhaupt einen bestimmten Willen gebildet hat bzw. bilden kann. Unabhängig davon, ob es sich um jüngere oder ältere Kinder handelt, wird dies nur selten der Fall sein, da ein fundiertes Wissen von den einzelnen Verfahrensabläufen nicht zu erwarten ist. Aus diesem Grund erscheint in vorliegend betrachtetem Kontext ein Handeln des Ergänzungspflegers gegen den Kindeswillen eher unwahrscheinlich.Dennoch dürfte im Fall einer Ergänzungspflegschaft, mehr noch als bei der Beiordnung eines Verfahrensbeistands, ein kindespsychologisch versiertes Vorgehen unverzichtbar sein, um zu vermeiden, dass der Ergänzungspfleger als unerwünschter Eindringling in die Eltern-Kind-Beziehung wahrgenommen wird, denn die kindliche Liebe zu den Eltern wird auch dann vorherrschend sein, wenn die Voraussetzungen der Anordnung einer Ergänzungspflegschaft, nämlich ein Interessenkonflikt vorliegt.

Ausgehend von der Überlegung, dass die Grundbedürfnisse von Kindern v.a. die Versorgung mit Nahrung, die Gewährleistung von Schutz vor Gefahren und Pflege, die Erfüllung von Kontakt- und Bindungswünschen sowie die Bereitstellung von intellektueller Anregungen und Hilfe beim Verstehen der Innen- und Außenwelt sind, erscheint es offenkundig, dass das Kind „Verbündete" braucht, die sowohl seine positiven als auch seine negativen Empfindungen und Äußerungen aufnehmen, erwidern bzw. respektieren. Da das Gefühl geschätzt, anerkannt und als vollwertige Person betrachtet zu werden, essentiell für die Entwicklung von Selbstbewusstsein, Selbstwertgefühl und Selbstsicherheit ist, sollte sich der Ergänzungspfleger bei seiner Aufgabe, die Bedürfnisse des Kindes, dessen aktuelle Lebenssituation und das objektive Kindeswohl miteinander abzuwägen und mit dem Kind gemeinsam nach einer Lösung zu suchen, klar auf die Seite des Kindes stellen und für dessen

460 Vgl. *Kuleisa-Binge* FPR 2012, 364 nennt hier als Beispiel die Festlegung eines notwendigen Zahnarztbesuchs.

Rechte einstehen, ohne jedoch dabei die Eltern oder andere wichtige Bezugspersonen abzuwerten.[461]

e) *Fazit*

Was Bestellung, Aufgaben und Vergütung des Ergänzungspflegers angeht, ergibt sich zusammenfassend folgendes Gesamtbild:

Ein Ergänzungspfleger wird bestellt, wenn und soweit die Eltern an der Besorgung bestimmter Angelegenheiten verhindert sind. Bemerkenswert ist, dass durch die Anordnung der Ergänzungspflegschaft die Eltern in den betreffenden Bereichen als gesetzliche Vertreter des Kindes verdrängt werden.

Der Wirkungskreis des Ergänzungspflegers wird einzelfallbezogen durch das Gericht festgelegt. Betreffend die für die Ausübung des Amtes des Ergänzungspflegers notwendige Qualifikation wurden von der Bundesarbeitsgemeinschaft Verfahrensbeistandschaft / Interessenvertretung für Kinder und Jugendliche e.V. Standards für Ergänzungspfleger herausgearbeitet.

Grundsätzlich erhält nur der berufsmäßige Ergänzungspfleger für seine Tätigkeit eine Vergütung. Die Vergütung selbst bemisst sich nach einer bürgerlich-rechtlichen Spezialregelung, die i.E. dazu führt, dass der Ergänzungspfleger im Verhältnis zu den anderen Pflegern großzügiger vergütet wird. Außerdem steht dem Ergänzungspfleger ein Aufwendungsersatzanspruch zu.

In Bezug auf das Erleben des Kindes ist überraschend, dass bisher noch keine rechtspsychologische Untersuchung zu diesem Thema durchgeführt wurde. Zwar besteht das Institut der Ergänzungspflegschaft seit nunmehr fast 100 Jahren nahezu unverändert und hat sich in Rechtstheorie und -praxis als äußerst zweckmäßig zur Vertretung der Kindesinteressen erwiesen. Jedoch ist naheliegend, dass der mit der Anordnung einer Ergänzungspflegschaft einhergehende Eingriff in das elterliche Sorgerecht auch an dem Kind nicht spurlos vorübergeht.

2. Die Institution Verfahrensbeistand

Das Urmodell zum heutigen Verfahrensbeistand war bereits dem Preußischen Allgemeinen Landrecht vom 05. Februar 1795 bekannt, in dem sich eine Vorschrift zur Interessenvertretung des Kindes fand, die folgendermaßen lautete: „Wenn zwischen den Aeltern noch minderjähriger Kinder ein Ehescheidungs-Prozeß entsteht: so muss den Kindern ein Curator (*sic*: *lat.* Pfleger, Vertreter, Vormund) bestellt werden.“[462]

Mit Inkrafttreten des Kindschaftsrechtsreformgesetzes am 01. Juli 1998 war erstmals das Institut des Verfahrenspflegers in das Familienverfahrensrecht eingeführt

---

461 Vgl. zu alldem *BAG*, Standards Vormundschaft/Ergänzungspflegschaft, S. 10 f., www.verfahrensbeistand-bag.de (Zugriff am 06.06.2013); sowie *Balloff/Koritz*, S. 75 f.

462 PrALR II 18 § 33; Hinweis in *Leeb* ZKJ 2010, 391; *Salgo*, S. 203 ff.

worden. Mit der Einführung dieser Rechtsfigur wurde das Ziel verfolgt, die Rechtsposition des Kindes zu stärken. Die neue Regelung sollte sicherstellen, dass die eigenständigen Interessen des Kindes in das Verfahren eingebracht würden und das Kind nicht zum bloßen Verfahrensobjekt degradiert würde, da es im Sorgerechtsverfahren – mit Ausnahme des Beschwerdeverfahrens ab Vollendung des 14. Lebensjahres – nicht formell beteiligt war und somit auch kein eigenes Antragsrecht hatte.[463]

Das BVerfG führte wenig später dazu aus, dass sich aus der verfassungsrechtlichen Verankerung des Kindeswohls in Art. 6 II und 2 I GG i.V.m. dem Anspruch auf rechtliches Gehör gem. Art. 103 I GG die Pflicht ergebe, das Kindeswohl verfahrensrechtlich dadurch zu sichern, dass Kindern im familiengerichtlichen Verfahren ein Pfleger zur Wahrung ihrer Interessen zur Seite gestellt werde, wenn zu befürchten sei, dass Eltern vornehmlich ihre eigenen Interessen durchsetzen wollten, die mit denen des Kindes in Konflikt geraten könnten.[464]

In der familiengerichtlichen Praxis ist das Institut des Verfahrenspflegers (bzw. Verfahrensbeistands) heute fest etabliert und kaum mehr wegzudenken. Seit seiner Einführung und nach Überwindung anfänglicher Vorbehalte sowohl aus der Richterschaft wie aus dem Kreis der Jugendämter hat sich das Institut des Verfahrenspflegers als echtes Erfolgsmodell erwiesen und genießt inzwischen allerhöchste Wertschätzung.[465]

Dies spiegelt sich auch an empirischen Befunden[466] wieder: Das Statistische Bundesamt Wiesbaden veröffentlichte in den Jahren 2000-2008 regelmäßig Daten zu den im jeweils vergangenen Jahr vor den Amtsgerichten abgeschlossenen Verfahren, wobei die Statistik u.a. aufführte, in wie vielen dieser Verfahren ein Verfahrenspfleger nach § 50 FGG bestellt worden war. Insgesamt stellen sich die Verfahrenspflegerbestellungen wie folgt dar:[467]

---

463 BT-Drucks. 13/4899, S. 76; so auch *Willutzki* ZKJ 2006, 4; *Althammer* GJS 2012, 209; BVerfG NJW 2003, 3545.

464 BVerfG FamRZ 1999, 88; BVerfG FamRZ 1999, 778, *Salgo*, S. 210 ff.

465 *Hannemann* ZKJ 2007, 330 mit Verweis auf die Ergebnisse des von der Volkswagen-Stiftung geförderten und von November 2005 bis März 2008 an der TU Berlin unter Leitung von Prof. Dr. Münder durchgeführten Forschungsprojekts „Innovationsprozesse in Wirtschaft und Gesellschaft – Untersuchung am Beispiel der Rechtsinstitution Anwalt des Kindes“. In dessen Fokus stand die Umsetzungspraxis des § 50 FGG bei den Familienrichter/innen und Verfahrenspfleger/innen sowie die Kooperation mit angrenzenden Professionen, wie beispielsweise dem Jugendamt; *Salgo* FPR 2011, 315; *Menne* ZKJ 2009, 68; *Salgo*, S. 213 f.

466 Vertiefend hierzu *Rabe* ZKJ 2007, 437 ff.; sowie *Hannemann/Stötzel* ZKJ 2009, 58 ff.; kritisch *Salgo* GJS 2009, 169 ff., der darauf verweist, dass auch Veränderungen an den Parametern der statistischen Erhebung die dargestellten Zahlen beeinflusst haben könnten.

467 Vgl. die regelmäßigen Zusammenstellungen bei: *Salgo* Kind-Prax 2002, 187; *ders.* Kind-Prax 2003, 22; *ders.* Kind-Prax 2005, 23; *Salgo/Stötzel* ZKJ 2006, 42; *dies.* ZKJ 2007, 243; *dies.* ZKJ 2008, 417.

	Deutschland	Früheres Bundesgebiet	Neue Bundesländer
1999	2.544	1.977	567
2000	3.757	2.921	836
2001	5.483	4.409	1.074
2002	6.418	5.132	1.286
2003	7.121	5.577	1.544
2004	7.868	6.147	1.721
2005	8.765	6.917	1.848
2006	12.525	9.855	2.670
2007	13.657	11.600	2.057

Aus diesen Zahlen lässt sich deutlich erkennen, dass von Jahr zu Jahr mehr Bestellungen erfolgten, die Einschaltung eines Verfahrenspflegers also augenscheinlich als grundsätzlich sinnvoll erachtet und das Institut an sich zunehmend akzeptiert wurde.

Dem Institut des Verfahrenspflegers als von zahlreichen Experten und nicht zuletzt den Minderjährigen selbst positiv wahrgenommene Entwicklung wurde jedoch aufgrund der Neuregelung im Zuge der FGG-Reform ein jähes Ende bereitet. Ob dem nunmehr Verfahrensbeistand genannten Nachfolger des Verfahrenspflegers die Fortsetzung der Erfolgsgeschichte seines Vorgängers gelingt oder er eher deren endgültiges „Aus“ bedeutet, bleibt abzuwarten;[468] die gesetzliche Regelung gestaltet sich nun jedenfalls wie folgt:

a) *Bestellung*

§ 158 I FamFG bestimmt nunmehr, dass das Gericht dem minderjährigen Kind in Kindschaftssachen, die seine Person betreffen, einen geeigneten Verfahrensbeistand zu bestellen hat, soweit dies zur Wahrung seiner Interessen erforderlich ist. Diese generalklauselartig formulierte grundsätzliche Verpflichtung stellt gegenüber der bisherigen Lage unter § 50 I FGG eine zu begrüßende Neuerung dar, da dort die Bestellung im Prinzip dem Ermessen des Gerichts überlassen war.[469]

---

468 Nach Inkrafttreten des FamFG im Jahr 2009 konnte bereits ein Anstieg in der Bestellpraxis festgestellt werden, vgl. Familiengerichtsstatistik 2010, S. 30 f. und Familiengerichtsstatistik 2011, S. 34 f.; äußerst kritisch hierzu noch *Salgo* GJS 2009, 178 ff.; bereits optimistischer *Lack/Salgo* FPR 2012, 353; so auch *Wacker* FPR 2011, 15.

469 Vgl. *Trenczek* ZKJ 2009, 197; *Menne* ZKJ 2009, 68; *Prenzlow* sieht den praktischen Nutzen der Neuregelung kritisch: zwar suggeriere die Formulierung in § 158 I FamFG, dass die Minderjährigen einen gesetzlichen Anspruch auf die Vertretung ihrer Interessen im familiengerichtlichen Verfahren erhielten – in der Praxis sehe dies jedoch ganz anders aus, vgl. *Prenzlow* ZKJ 2012, 93 ff.

Laut dem Gesetzentwurf der Bundesregierung zur Reform des Kindschaftsrechts[470], dessen Ausführungen zur Erforderlichkeit der Anordnung der Verfahrenspflegschaft auf die Situation bei der Verfahrensbeistandschaft übertragen werden können, hat das Gericht die Frage, ob und wann die Bestellung eines selbstständigen Interessenvertreters erforderlich ist, aufgrund aller Umstände des Einzelfalls zu entscheiden. Maßgeblich für die Erforderlichkeit einer eigenen Interessenvertretung für das Kind ist einerseits die aus konkreten Einzelumständen abzuleitende Gefahr, dass die Eltern oder gesetzlichen Vertreter eines Kindes wegen eigener Interessen nicht in der Lage sind, die berechtigten Interessen des Kindes hinreichend wahrzunehmen, und es andererseits wegen der Bedeutung des Verfahrens für das Kind einer solchen, auch nicht anderweitig – etwa durch Anhörung des Kindes und des Jugendamts – sichergestellten Interessenwahrnehmung bedarf.

Erforderlich ist die Bestellung eines Verfahrensbeistands danach (von den in § 158 II FamFG genannten Fallgestaltungen abgesehen) in den Fällen, in denen sich die Eltern eines Kindes als Antragsteller und Antragsgegner mit unterschiedlichen Auffassungen – geäußert durch die Stellung konträrer Anträge – gegenüberstehen, ohne dass von vornherein geklärt werden könnte, zu welchem der beiden Elternteile das Kind in einem Interessengegensatz steht oder ob dies gar im Verhältnis zu beiden Elternteilen der Fall ist.

Da gerade in einem Sorgerechts- bzw. Umgangsrechtsstreit oftmals zu Verfahrensbeginn noch nicht feststeht, ob zwischen dem Kind und dem allein sorgeberechtigten Elternteil ein Interessengegensatz besteht und sich dies häufig erst im Laufe des Verfahrens feststellen lässt, kann auch hier die Bestellung eines Verfahrensbeistands zu Beginn des Verfahrens erforderlich sein. Zweifel dürfen im Hinblick auf die Bedeutung der zu treffenden Entscheidung für das weitere Schicksal des Kindes nicht zulasten der Vertretung seiner Interessen gehen. In solchen Fällen wird dem Gericht nach dem Willen des Gesetzgebers durch die allgemeine Regelung in § 158 I FamFG die Bestellung eines Verfahrensbeistands zu Verfahrensbeginn ohne abschließende Feststellung zu der Frage ermöglicht, ob im Einzelfall das Interesse des Kindes etwa zu dem des Elternteils, der die Sorge alleine innehat, oder zu dem eines oder beider Elternteile, die gemeinsam Inhaber der Sorge sind, in erheblichem Gegensatz steht.[471]

Die Generalklausel des § 158 I FamFG wird ergänzt durch § 158 II FamFG, der Regelfälle enthält, in denen der Gesetzgeber die Bestellung für erforderlich gehalten hat, namentlich wenn die Interessen des Kindes zu denen seiner gesetzlichen Vertreter in erheblichem Gegensatz stehen, in Verfahren zur (vollständigen oder teilweisen) Entziehung der elterlichen Sorge nach §§ 1666 und 1666a BGB, bei einer beabsichtigten Trennung des Kindes von seiner Obhutsperson, in Verfahren zur Kindesherausgabe-/ Verbleibensanordnung sowie bei bestehender Möglichkeit des Ausschlusses bzw. der wesentlichen Beschränkung des Umgangsrechts. Die

470 BT-Drucks. 13/4899, S. 129 ff.
471 BT-Drucks. 13/4899, S. 131.

aufgeführten Einzelfälle sind nicht abschließend, erleichtern aber die Handhabung der Vorschrift in der Praxis, indem sie Hinweise darauf geben, wann nach der Vorstellung des Gesetzgebers die Vertretung der Kindesinteressen durch einen Verfahrensbeistand „erforderlich“ i.S.v. § 158 I FamFG ist.[472] Die Katalogfälle des § 158 II FamFG betreffen allesamt Verfahren, die die Lebensumstände des Kindes besonders stark tangieren und gestalten.[473] Im Einzelnen sind besonders die Regelbeispiele in § 158 II Nr. 1 FamFG und in § 158 II Nr. 3 FamFG hervorzuheben:

§ 158 II Nr. 1 FamFG erscheint im Vergleich zu den anderen Regelbeispielen insofern besonders, als er sich nicht auf eine bestimmte Verfahrenskonstellation oder -art bezieht, sondern vielmehr den Grundfall des § 158 I FamFG präzisiert, indem er die Bestellung eines Verfahrensbeistandes für den Fall vorschreibt, dass das Interesse des Kindes zu dem seiner gesetzlichen Vertreter in erheblichem Gegensatz steht. Anders als die endgültige Fassung des FamFG sah der Regierungsentwurf[474] noch vor, dass die Bestellung eines Verfahrensbeistandes in der Regel erforderlich sein sollte, wenn das Kind das 14. Lebensjahr vollendet und dies beantragt hätte. Der Rechtsausschuss des Bundestages hielt ausweislich seiner Begründung dieses Regelbeispiel für entbehrlich, weil das Aufgabenprofil des Verfahrensbeistands auf die Wahrnehmung der Interessen jüngerer Kinder zugeschnitten sei.[475] Angesichts der in der verfahrensrechtlichen Praxis gewonnenen Erkenntnis, dass auch ältere Kinder sehr von der entlastenden Wirkung des Verfahrensbeistands profitieren, erscheint dies jedoch nicht überzeugend. Vielmehr ist auch weiterhin das ursprünglich für die Einfügung der Vorschrift im Regierungsentwurf vorgebrachte Argument nicht von der Hand zu weisen, wonach die Bestimmung zu einer deutlichen Stärkung der Position des Kindes im Verfahren führen würde.[476] Jedoch ist der Begründung des Rechtsausschusses insofern zuzustimmen, als in Einzelfällen die Bestellung eines

---

472 Vgl. Röchling/*Lohrentz/Röchling*, § 3 Rn. 2; *Trenczek* ZKJ 2009, 197.

473 Vgl. *Leeb* ZKJ 2010, 392; Röchling/*Lohrentz/Röchling*, § 3 Rn. 3.

474 BT-Drucks. 16/6308.

475 BT-Drucks. 16/9733, S. 294; tatsächlich wird wohl eher die Befürchtung ausschlaggebend gewesen sein, durch die zunehmende Eigenständigkeit über 14-jähriger Minderjähriger könnte es zu einer starken Erhörung der anfallenden Kosten kommen, ein Argument, das – wie bei einigen anderen Änderungen auch – letztlich schwerer gewogen haben wird als das ursprünglich bekundete, ehrenwerte Ziel, den Interessen der Minderjährigen durch eine entsprechend starke verfahrensrechtliche Position bestmöglich zur Durchsetzung zu verhelfen, vgl. *Trenczek* ZKJ 2009, 197. Die Streichung dieser Bestimmung ist jedenfalls zu bedauern, da durch ein eigenes Antragsrecht des Kindes sein in Art. 12 UN-KRK niedergelegtes Recht auf Verfahrenspartizipation optimal umgesetzt worden wäre, so auch *Menne* ZKJ 2009, 69.

476 Zu den Vorteilen der Bestellung eines Verfahrensbeistandes *Krucsay/Pelikan* iFamZ 2008, 290 ff.; Blum/Cottier/Migliazza/*Stötzel*, S. 111 ff.; *Fegert*, Fragen des Kindeswohls, S. 49 ff.; *Stötzel* FPR 2006, 18 ff.; *Stötzel/Fegert* Kind-Prax 2005, 56 ff.; näher zum Erleben des Kindes Kap. C.I.2.d; zur Stärkung der verfahrensrechtlichen Position des Kindes BT-Drucks. 16/6308, S. 238; *Menne* ZKJ 2009, 69.

Verfahrensbeistands für ältere Kinder aufgrund der anderen Regelbeispiele nicht ausgeschlossen ist.[477] Zumal einem Kind, welches das 14. Lebensjahr erreicht hat, die Wahrnehmung eigener materieller Rechte durch die Erweiterung seiner Verfahrensfähigkeit gem. § 9 I Nr. 3 FamFG ermöglicht wird und ihm zur Unterstützung gegebenenfalls auch Verfahrenskostenhilfe bewilligt und ein Rechtsanwalt gem. § 78 FamFG beigeordnet werden kann.[478]

Bedeutsam für das Kindeswohl und die Wahrung der Kindesinteressen ist auch die Einführung des Regelbeispiels in § 158 II Nr. 3 FamFG wodurch letztlich der Rechtsprechung des Bundesverfassungsgerichts Rechnung getragen wurde. Dieses hatte bereits kurz nach Inkrafttreten des Kindschaftsrechtsreformgesetzes in einem Fall gegenläufiger Rückführungsanträge nach dem Haager Kindesentführungsübereinkommen festgestellt, dass sich aus der verfassungsrechtlichen Verankerung des Kindeswohls in Art. 6 II und 2 I GG i.V.m. mit dem Anspruch auf rechtliches Gehör (Art. 103 I GG) die Pflicht ergebe, das Kindeswohl verfahrensrechtlich dadurch zu sichern, dass den Kindern bereits im familiengerichtlichen Verfahren ein Pfleger zur Wahrnehmung ihrer Interessen zur Seite gestellt werde, wenn zu besorgen sei, dass die Interessen der Eltern in einen Konflikt zu denen ihrer Kinder geraten.[479] In einem späteren Beschluss aus dem Jahr 2006 wandte das BVerfG diese Maßstäbe auch auf ein Rückführungsverfahren an, das eine einseitige Kindesentführung betraf und stellte überdies fest, dass auch die Bestellung des Jugendamtes nicht eine Verfahrenspflegerbestellung ersetze, weil dieses kein reiner Interessenvertreter des Kindes sein könne.[480]

Auch in Abstammungs- und Adoptionssachen ist die Bestellung eines Verfahrensbeistandes grundsätzlich vorgesehen, vgl. §§ 174, 191 FamFG. Danach hat das Gericht einem minderjährigen Beteiligten einen Verfahrensbeistand zu bestellen, sofern dies zur Wahrnehmung seiner Interessen erforderlich ist. Im Unterschied zu § 158 FamFG verzichten diese Vorschriften jedoch auf den Zusatz, dass es sich um

---

477 BT-Drucks. 16/9733, S. 294.

478 Wie *Menne* (*ders.* ZKJ 2009, 69) feststellt, ist aus praktischer Sicht damit weniger die Frage des „Ob" der Beiordnung als vielmehr die Frage des „Wie" der Kenntniserlangung von dieser Möglichkeit entscheidend. Es ist unwahrscheinlich, dass ein Gericht dem entsprechend vorgetragenen Wunsch eines über 14-jährigen Kindes, ihm die Unterstützung eines Verfahrensbeistandes zuteil werden zu lassen, zurückweisen wird. Noch unklar ist jedoch, wie das Kind überhaupt von der Möglichkeit der Beiordnung eines Verfahrensbeistands erfahren soll. Denkbar wäre insofern, das Kind über dieses Recht entweder im Rahmen der Anhörung oder durch Merkblätter zu informieren.

479 BVerfG FamRZ 1999, 85; im Anschluss entsprechend LVerfG Brandenburg ZKJ 2010, 29 ff. mit Besprechung von *Rixe* ZKJ 2010, 63 f. Ebenso wie § 158 II Nr. 3 FamFG wurde auch das Regelbeispiel in § 158 II Nr. 5 FamFG in Umsetzung der Rechtsprechung des Bundesverfassungsgerichts (BVerfG FamRZ 2007, 1625 f.; BVerfG FamRZ 2008, 246 f.) eingeführt.

480 BVerfG FamRZ 2006, 1262 f.

einen „geeigneten" Verfahrensbeistand handeln muss. Der in beiden Vorschriften enthaltene Verweis auf § 158 FamFG beschränkt sich auf dessen Abs. 1 Nr. 1 und Abs. 3-7. Eine regelbeispielhafte Aufzählung wie in § 158 II FamFG existiert hier nicht. Es obliegt daher der familiengerichtlichen Praxis, diejenigen Fallkonstellationen herauszubilden, in denen eine Bestellung in Betracht kommt. Dies wird etwa im Verfahren zur Klärung der Abstammung der Fall sein, insbesondere wenn die Aussetzung des Klärungsverfahrens gem. § 1598a III BGB möglich erscheint, da andernfalls eine erhebliche Beeinträchtigung des Kindeswohls zu befürchten ist.[481]

Generell ist der Verfahrensbeistand so früh wie möglich zu bestellen (vgl. § 158 III 1 FamFG), was jedoch in der Sache keine Neuerung bringt. Ergab sich unter Geltung des FGG im Laufe des Verfahrens die Erforderlichkeit der Bestellung eines Verfahrenspflegers, war auch bislang allgemein anerkannt, dass die Bestellung baldmöglichst erfolgen sollte, damit eine sachgerechte Interessenwahrnehmung gewährleistet war.[482]

Indes könnte sich eine neue Problematik aus dem Zusammenspiel von § 155 FamFG und § 158 FamFG ergeben.[483] Nach dem durch das FamFG eingeführten Vorrang- und Beschleunigungsgebot sind bestimmte Kindschaftssachen vorrangig und beschleunigt durchzuführen, vgl. § 155 I FamFG. Einerseits ist das Gericht also gehalten, die Sache mit den Beteiligten in einem Termin zu erörtern, wobei der Termin spätesten einen Monat nach Beginn des Verfahrens stattfinden soll und eine Verlegung nur aus zwingenden Gründen zulässig ist, vgl. § 155 II 1, 2, 4 FamFG. Andererseits soll es der Gesetzesbegründung zufolge im Rahmen von § 158 FamFG unverändert dabei bleiben, dass vor der Bestellung des Verfahrensbeistands Anfangsermittlungen zur Erforderlichkeit der Bestellung erfolgen müssen. Diese Vorermittlungen erfordern beispielsweise das Beiziehen von Akten oder die Anhörung des Jugendamtes.[484]

Dieser vordergründige Widerspruch kann jedoch in der Praxis leicht dadurch gelöst werden, dass man sich den Rechtscharakter von § 155 II 2 FamFG als Soll-Vorschrift zunutze macht. Bei geringerer Bedeutung des Verfahrensgegenstandes oder in dem Fall, in dem das Jugendamt die Angelegenheit mittels eigener Maßnahmen selbst zu regeln in der Lage ist, kann nämlich davon ausgegangen werden, dass ein Beschleunigungsbedürfnis entfällt. Dies liegt darin begründet, dass die Neuregelung auf dem Bestreben beruht, eine Untätigkeit des Gerichts zu vermeiden. Wird das spiegelbildliche Ziel der Förderung der Sache anderweitig als durch

---

481 Vgl. Bamberger/Roth/*Hahn*, § 1598a Rn. 5; MünchKomm/*Wellenhofer*, § 1598a Rn. 17; *Menne* ZKJ 2009, 69.

482 Vgl. Keidel/Kuntze/Winkler/*Engelhardt*, § 50 Rn. 34; Röchling/*Röchling*, § 4 Rn. 4.

483 Vgl. *Stötzel*/*Balloff* ZKJ 2009, 331; *Menne* ZKJ 2009, 69; *Rüntz*/*Viefhues* FamRZ 2010, 1287.

484 BT-Drucks. 16/6308, S. 239; OLG Dresden FamRZ 2000, 1297; OLG Frankfurt/M. FamRZ 1999, 1293; Keidel/Kuntze/Winkler/*Engelhardt*, § 50 Rn. 34; *Menne* ZKJ 2009, 69, m.w.N.

einen Gerichtstermin gefördert, kann daher von der Anberaumung eines solchen abgesehen werden.[485]

Weder die Bestellung eines Verfahrensbeistands noch deren Aufhebung oder die Ablehnung einer derartigen Maßnahme sind selbstständig anfechtbar, vgl. § 158 III 4 FamFG.[486] Diese Bestimmung ist als sinnfälliger Ausdruck des Beschleunigungsgebots grundsätzlich begrüßenswert.[487] Allerdings sind, wie die Praxis lehrt, auch Konstellationen denkbar, in denen ausnahmsweise die isolierte Anfechtbarkeit von Bestellungsentscheidungen wünschenswert erschiene.[488]

Im Gegensatz dazu kann jedoch die Endentscheidung des Gerichts gem. § 58 II FamFG auch künftig aus dem Grund mit der Beschwerde angegriffen werden, dass die Entscheidung über die Bestellung oder Abberufung des Verfahrensbeistands verfahrensfehlerhaft sei.

Die Bestellung eines Verfahrensbeistands soll regelmäßig unterbleiben, wenn die Interessen des Kindes von einem Rechtsanwalt oder von einem anderen geeigneten Verfahrensbevollmächtigten angemessen vertreten werden. Dies folgt aus § 158 V FamFG, auf den auch § 174 S. 2 und § 191 S. 2 FamFG Bezug nehmen. Ist das Kind anwaltlich vertreten, schließt dies die Bestellung eines Verfahrensbeistands daher in aller Regel aus. Die Regelung stellt damit systematisch einen Spezialfall fehlender Erforderlichkeit i.S.v. § 158 I FamFG dar.

Wurde im Falle eines mindestens 14 Jahre alten Minderjährigen der Rechtsanwalt durch diesen selbst mandatiert, wird die Bestellung eines Verfahrensbeistands regelmäßig zu unterbleiben haben. Im Falle der Mandatierung durch die Eltern (was bei einem unter 14 Jahre alten Minderjährigen die einzige Möglichkeit ist) ist jedoch zu beachten, dass die Gefahr der Instrumentalisierung des Rechtsanwalts durch die Eltern besteht. Hier sollte das Gericht mangels angemessener Interessenvertretung vorsichtshalber einen Verfahrensbeistand bestellen.[489]

---

485 Vgl. *Rüntz/Viefhues* FamRZ 2010, 1287, die ergänzend darauf hinweisen, dass dies gegebenenfalls in der Akte kurz begründet werden sollte und sinnvollerweise die Alternativmaßnahmen zu nennen sind.

486 Für den Akt der Bestellung ist im Gesetz keine besondere Form vorgeschrieben. In der Praxis erfolgt die Bestellung jedoch i.d.R. durch Beschluss.

487 Der Gesetzgeber hat damit eine Streitfrage entschieden, die zu zahlreichen, sich untereinander widersprechenden Gerichtsentscheidungen geführt hatte; vgl. zuletzt etwa OLG Nürnberg ZKJ 2008, 119; KG ZKJ 2008, 119, wo eine isolierte Anfechtung für unstatthaft erklärt wurde; Keidel/Kuntze/Winkler/*Engelhardt*, § 50 Rn. 35 ff.; *Menne* ZKJ 2008, 111 ff., m.w.N.; *ders.* ZKJ 2009, 70; VAK, Stellungnahme vom 10.10.2005, 4. Spiegelstrich, www.v-a-k.de (Zugriff am 06.06.2013).

488 Vgl. *Menne* ZKJ 2009, 70, der u.a. auf die Fälle verweist, in denen zwischen Kind und Verfahrensbeistand keine Vertrauensbasis zustande kommt, das Handeln des Verfahrensbeistands eindeutig und offensichtlich dem Kindeswohl widerspricht, der Verfahrensbeistand nicht über ausreichend Kompetenz verfügt oder gar von Missbrauch gesprochen werden kann.

489 Vgl. MünchKommFamFG/*Schumann*, § 158 Rn. 15; Röchling/*Lohrentz*, § 6 Rn. 9 f.

Die Verfahrensbeistandschaft endet automatisch, nämlich entweder gem. § 158 VI Nr. 1 FamFG mit der Rechtskraft der das Verfahren abschließenden Entscheidung oder gem. § 158 VI Nr. 2 FamFG mit dem sonstigen Abschluss des Verfahrens. Dies hat zur Folge, dass der Verfahrensbeistand auch für das Rechtsmittelverfahren zuständig bleibt.

b) Aufgaben

Während in § 50 FGG eine Aufgabenbeschreibung des Verfahrenspflegers nicht enthalten war, wurde der Aufgaben- und Kompetenzbereich des Verfahrensbeistandes in § 158 IV FamFG näher bestimmt.[490] Danach hat der Verfahrensbeistand das Interesse des Kindes festzustellen und im gerichtlichen Verfahren zur Geltung zu bringen und das Kind über Gegenstand, Ablauf und möglichen Ausgang des Verfahrens in geeigneter Weise zu informieren. Soweit nach den Umständen des Einzelfalls ein Erfordernis besteht, kann das Gericht dem Verfahrensbeistand die zusätzliche Aufgabe übertragen, Gespräche mit den Eltern und weiteren Bezugspersonen des Kindes zu führen sowie am Zustandekommen einer einvernehmlichen Regelung über den Verfahrensgegenstand mitzuwirken. Das Gericht hat dabei Art und Umfang der Beauftragung konkret festzulegen und die Beauftragung zu begründen.

Aus der Formulierung, dass der Verfahrensbeistand „das Interesse des Kindes festzustellen" hat, ergibt sich zweierlei:

Erstens kann aus der Verwendung des Wortes „Interesse" anstatt des Wortes „Wille" geschlossen werden, dass grundsätzlich ein objektiver Maßstab gelten soll und der Verfahrenspfleger jedenfalls dem Kindeswohl verpflichtet ist. Der Verfahrensbeistand hat daher bei seiner Stellungnahme ausweislich der Begründung des Regierungsentwurfs sowohl das subjektive Interesse des Kindes (Kindeswille) als auch das objektive Interesse des Kindes (Kindeswohl) einzubeziehen.[491]

Zweitens weist die Verwendung des Wortes „feststellen" darauf hin, dass das Eruieren des Kindeswillens allein nicht genügen kann, da es insofern keiner „Feststellung" bedürfte. Es kann daher davon ausgegangen werden, dass der Verfahrensbeistand berechtigt und gegebenenfalls auch verpflichtet ist, tatsächliche Ermittlungen anzustellen. Der Regierungsentwurf führt dazu aus, dass der Verfahrensbeistand zwar den Kindeswillen in jedem Fall deutlich zu machen und in das Verfahren einzubringen habe, es ihm jedoch freistehe, darüber hinaus weitere

---

490 Vgl. *Stötzel*/*Balloff* ZKJ 2009, 332; Röchling/*Röchling*, § 5 Rn. 1; *Bode*, Standards für Verfahrensbeistände, www.v-a-k.de (Zugriff am 05.06.2013); *Trenczek* ZKJ 2009, 198; vgl. zu den Rechten und Pflichten des Verfahrensbeistands die Zusammenstellung bei *Salgo* FPR 2011, 318 f.; zur kindgerechten Vermittlung der Aufgaben des Verfahrensbeistandes *Prenzlow* ZKJ 2011, 128 ff.

491 BT-Drucks. 16/6308, S. 239; *Zorn* Rpfleger 2009, 426 f.; *Rabe* ZKJ 2007, 440 ff.; näher zu diesen Begriffen Kap. A. a.E.

Gesichtspunkte und auch etwaige Bedenken vorzutragen.[492] Das deutsche Recht hat hierdurch eine Anpassung an die internationale Terminologie des *best interest of the child* i.S.v. Art. 3 I UN-KRK erfahren.[493] Der Verfahrensbeistand nimmt eine Art Hybridfunktion wahr, indem er bei seiner Aufgabenerfüllung Elemente der Funktionen des gem. §§ 1 I, 3 SGB VIII allein dem Kindeswohl verpflichteten Jugendamts und des primär dem selbstbestimmten Willen seines Mandanten dienenden Rechtsanwalts vereinigt.

Einer Klärung bedarf dagegen weiterhin die Frage, auf welche Weise der Verfahrensbeistand die Kindesinteressen zur Geltung bringen kann, insbesondere ob er die Möglichkeit hat, dies schriftsätzlich zu tun. Es ist anzunehmen, dass sowohl betreffend die jeweilige Kommunikationsform als auch betreffend den Inhalt der Stellungnahme dem Verfahrensbeistand ein einzelfallabhängiger Ermessensspielraum zuzubilligen ist.[494] Der Stellungahme des Verfahrensbeistands kommt als „Krönung der Verfahrensbeistandschaft" in der Praxis bereits heute – und so wohl auch in Zukunft – in Form der vorläufigen (im Unterschied zur endgültigen) Stellungnahme besondere Bedeutung zu, da mithilfe einer solchen die aufzuklärenden Punkte aufgezeigt werden, wodurch sichergestellt werden soll, dass die Gerichtsentscheidung auf einem umfassend ermittelten Sachverhalt beruht.[495]

Nichtsdestotrotz beschränkt sich die Funktion des Verfahrensbeistands nicht darauf, als reines „Sprachrohr" zu fungieren. Vielmehr wird er – ähnlich einem Rechtsanwalt, daher auch die Bezeichnung „Anwalt des Kindes"[496] – als aktiver Berater und Begleiter des Kindes im Verfahren tätig. Ihm obliegt die weisungsunabhängige Wahrnehmung der Rechte des Minderjährigen. In einer neueren Entscheidung hat der BGH beispielsweise in diesem Zusammenhang festgestellt, dass das Familiengericht dem für das Kind bestellten Verfahrensbeistand regelmäßig die Möglichkeit zu geben habe, an der Kindesanhörung teilzunehmen, damit dieser seine Aufgabe, die Kindesinteressen zu vertreten, sinnvoll erfüllen könne. Anders könne nur verfahren werden, wenn konkrete Gründe dafür sprächen, dass die Sachaufklärung durch die Teilnahme des Verfahrenspflegers beeinträchtigt würde.[497]

Aus der Tätigkeit des Verfahrensbeistands als Berater und Begleiter des Kindes ergeben sich besondere Anforderungen an die für die Übernahme einer Verfahrensbeistandschaft erforderliche Qualifikation, da eine Information über Ablauf,

---

492 BT-Drucks. 16/6308, S. 239; *Menne* ZKJ 2009, 70; *Bode*, Standards für Verfahrensbeistände, www.v-a-k.de (Zugriff am 05.06.2013); *Trenczek* ZKJ 2009, 198; *Stötzel/Balloff* ZKJ 2009, 332.

493 Vgl. *Trenczek* ZKJ 2009, 199.

494 Vgl. *Leeb* ZKJ 2010, 395; *Bode*, Standards für Verfahrensbeistände, www.v-a-k.de; *Stötzel/Balloff* ZKJ 2009, 332.

495 Vgl. näher dazu *Raack* ZKJ 2009, 76.

496 Vgl. *Menne* ZKJ 2009, 68; *DIJuF*, Stellungnahme vom 28.10.2009, S. 5, www.dijuf.de (Zugriff am 04.06.2013); kritisch zu diesem Begriff *Hornikel* GJS 2009, 146; *Salgo*, S. 289; *Kuleisa-Binge* FPR 2012, 363.

497 BGH NJW 2010, 2805; vgl. auch *Lack/Salgo* FPR 2012, 356.

möglichen Verfahrensausgang und Verfahrensgegenstand nur leisten können wird, wer über fundierte Kenntnisse der prozessualen und materiell-rechtlichen Rahmenbedingungen des kindschaftsrechtlichen Verfahrens verfügt.[498] Diesbezüglich ist jedoch einschränkend aus dem einschlägigen Beschluss des Bundesrates[499] zu entnehmen, dass dieser der Auffassung war, für die berufsmäßige Tätigkeit von Verfahrensbeiständen sei eine so hohe Qualifikation wie die eines Rechtsanwalts weder Voraussetzung, noch könne sie regelmäßig für das Verfahren nutzbar gemacht werden.[500]

Unbestritten ist der Verfahrensbeistand auch dem Prinzip der Förderung einvernehmlicher Regelungen verpflichtet (vgl. § 158 IV 3 FamFG). Betreffend die Frage, inwieweit dem Verfahrensbeistand in diesem Zusammenhang selbst eine Vermittlerfunktion zukommt, weist *Trenczek*[501] warnend darauf hin, dass der Verfahrensbeistand nicht selbst als unparteiischer Vermittler/Mediator auftreten dürfe, sondern sich vielmehr absolut parteiisch auf die Seite des Kindes zu stellen habe. Die eigenständige Interessenvertretung von Minderjährigen im Rahmen auf die Erzielung von Einvernehmen gerichteter Verfahren sei nicht weniger wichtig als in streitigen Verfahren. Zu beachten sei besonders im Zusammenhang mit Mediationsverfahren, dass entgegen dem Bestreben, die Autonomie der Beteiligten zu aktivieren, die Subjektstellung der Kinder gewahrt werde. Die explizite Zuerkennung einer Vermittlerstellung stellt sich im Ergebnis als tiefgreifende Änderung dar, da ein solches Tätigwerden des Verfahrensbeistands bisher weder in Rechtsprechung noch Literatur allgemein anerkannt, sondern – wie angedeutet – höchst umstritten war. Nicht von der Hand zu weisen ist, dass von nun an profunde Kenntnisse der Sozialpädagogik und Psychologie für die Erfüllung der neudefinierten Aufgaben eines Verfahrensbeistandes unerlässlich sind, wobei zusätzliche mediative und

---

498 Vgl. *Stötzel/Balloff* ZKJ 2009, 331; *Menne* ZKJ 2009, 71; *Zorn* Rpfleger 2009, 427; *Bode*, Standards für Verfahrensbeistände, www.v-a-k.de (Zugriff am 05.06.2013); VAK, Stellungnahme vom 10.10.2005, www.v-a-k.de (Zugriff am 06.06.2013); *Rabe* ZKJ 2007, 438.

499 BT-Drucks. 16/6308, S. 386.

500 In vergütungsrechtlicher Hinsicht entschied das OLG Schleswig (OLG Schleswig ZKJ 2009, 83) in einem Fall, in dem eine Rechtsanwältin als Verfahrenspflegerin bestellt worden war, dass diese sich auf die bei ihrer Bestellung getroffene Feststellung des Familienrichters, ihre in Anspruch genommene Tätigkeit sei als anwaltliche Tätigkeit zu werten, verlassen dürfe. Sie könne daher Vergütung nach dem RVG verlangen.

501 Vgl. *Trenczek* ZKJ 2009, 199, m.w.N.; in diesem Zusammenhang hatte das OLG Koblenz (OLG Koblenz ZKJ 2009, 84 f.) noch unter Geltung des FGG entschieden, dass nur die zur Erfüllung der Aufgabe des Verfahrenspflegers, nämlich der Ermittlung des Kindeswillens und der Vertretung des Kindes gegenüber dem Gericht, erforderlichen Zeiten zu vergüten seien. Der Verfahrenspfleger, der nicht Mediator sei, habe nicht die Aufgabe, selbst auf eine Konfliktlösung zwischen den Verfahrensbeteiligten hinzuwirken. Eine Schlichtertätigkeit im Rahmen einer Krisenintervention sei nicht vergütungsfähig.

therapeutische Kenntnisse und Fertigkeiten von Vorteil sein werden.[502] Jedoch ist das Mitwirken an einer einvernehmlichen Regelung gem. § 158 IV 3 FamFG äußerst präzise von jeder Form der Psychotherapie oder psychologischen Beratung, sowie von einer Mediation mit Eltern, Kind und gegebenenfalls anderen Personen zu unterscheiden, um eine Vermischung der den Verfahrensbeteiligten zugedachten Rollen zu vermeiden.[503]

Einen Hinweis darauf, dass der Gesetzgeber sich über die erhöhten Anforderungen an die Tätigkeit und die Ausbildung des Verfahrensbeistandes bewusst war, liefert die in den Gesetzestext aufgenommene Präzisierung, dass ein „geeigneter" Verfahrensbeistand zu bestellen ist. Aus den Gesetzesmaterialien geht diesbezüglich hervor, dass das Gericht nach dem Willen des Gesetzgebers nur eine Person zum Verfahrensbeistand bestimmen soll, die persönlich und fachlich geeignet ist, das Interesse des Kindes festzustellen und sachgerecht in das Verfahren einzubringen.[504] Leider wurden die Qualifikationsanforderungen trotz wiederholter Aufforderungen[505] nicht im Einzelnen niedergelegt.

In Ermangelung einer gesetzlichen Regelung hat infolgedessen *Salgo*, beruhend auf zahlreichen in- und vor allem ausländischen Erfahrungen, das nachfolgend wiedergegebene Anforderungsprofil[506] erstellt, bei dessen Erfüllung seiner Ansicht nach eine effektive, eigenständige Interessenvertretung des Kindes im Verfahren sichergestellt wäre. Danach sollte ein Verfahrensbeistand über folgende Qualifikationen verfügen:

- Solide Rechtskenntnisse auf dem Gebiet des Familien- und insbesondere des Kindschaftsrechts
- Gründliche Kenntnisse auf dem Gebiet des einschlägigen Sozialrechts (SGB VIII)
- Beherrschung der Komplexität des für Kinder und Jugendliche relevanten Familienverfahrensrechts
- Kenntnisse der sozialen und psychischen Lebenssituation von Minderjährigen, die auf eigenständige Interessenvertretung angewiesen sind
- Grundkenntnisse in Entwicklungspsychologie
- Techniken und Kompetenzen, um Minderjährige zu verstehen und mit ihnen zu kommunizieren

---

502 Vgl. zu all dem *Bode*, Standards für Verfahrensbeistände, www.v-a-k.de (Zugriff am 05.06.2013) – dort ist von einer „wahrhaft revolutionären Aufgabenstellung" die Rede; *Stötzel/Balloff* ZKJ 2009, 333; *Trenczek* ZKJ 2009, 199; zum methodischen Vorgehen des Verfahrenspflegers *Balloff/Koritz*, S. 172 ff.

503 Vgl. BT-Drucks. 16/9733, S. 294; *Stötzel/Balloff* ZKJ 2009, 333; *Trenczek* ZKJ 2009, 199; *Vogel* FamRZ 2010, 1871 f.

504 BT-Drucks. 16/6308, S. 238.

505 Vgl. *Rabe* ZKJ 2007, 438 f.; *Walter* FPR 2006, 33 ff.; *Salgo* FPR 2006, 15 f.; Salgo et al./BAG Verfahrensbeistandschaft, Rn. 1514 ff.; *Veit* GJS 2009, 206; *Balloff/Koritz*, S. 16 f.; *Bode*, S. 56 ff.; *Menne* ZKJ 2009, 68; *Rabe* ZKJ 2007, 438.

506 Vgl. *Salgo* ZKJ 2009, 55; *ders.* GJS 2009, 183 f.

- Vermittlungskompetenzen
- Kenntnisse der Angebote öffentlicher und freier Träger der Kinder- und Jugendhilfe vor Ort[507]

Zusätzlich sind gerade in den in Zeiten der Globalisierung zunehmenden Fällen grenzüberschreitender Sorgerechts- und Umgangsverfahren bzw. Rückführungsverfahren nach dem HKÜ

- die Kenntnis der verfahrensleitenden Grundsätze – damit auch der internationalen Abkommen und der kindschaftsrechtlichen Regelungen in den beteiligten Staaten – sowie
- Kenntnisse der Muttersprache des Kindes

so gut wie unabdingbar.

Kritik an der gesetzlichen Regelung des Aufgabenbereichs eines Verfahrensbeistands ist m.E. vor allem insofern angebracht, als die durch die Empfehlung des Rechtsausschusses[508] vorgegebene und schließlich vom Bundestag abgesegnete Fassung des § 158 IV 3 FamFG im Gegensatz zu der noch im Regierungsentwurf[509] vorgesehenen Fassung strikt zwischen originärem und erweitertem Aufgabenkreis des Verfahrensbeistands differenziert.

§ 158 IV 3 RegE-FamFG lautete: *„Zur Erfüllung seiner Aufgaben kann er (sic: der Verfahrensbeistand) auch Gespräche mit den Eltern und weiteren Bezugspersonen des Kindes führen sowie am Zustandekommen einer einvernehmlichen Regelung über den Verfahrensgegenstand mitwirken.“*[510] Der Regierungsentwurf überließ es also „in erfreulicher, aus Sicht der Praxis sehr zu begrüßender Deutlichkeit“[511] dem Verfahrensbeistand selbst, ob er von seinen Befugnissen nach § 158 IV 3 RegE-FamFG Gebrauch machen wollte.

Im Gegensatz dazu normiert § 158 IV 3, 4 FamFG nun Folgendes: *„Soweit nach den Umständen des Einzelfalls ein Erfordernis besteht, kann das Gericht dem Verfahrensbeistand die zusätzliche Aufgabe übertragen, Gespräche mit den Eltern und weiteren Bezugspersonen des Kindes zu führen sowie am Zustandekommen einer einvernehmlichen Regelung über den Verfahrensgegenstand mitzuwirken. Das Gericht hat Art und Umfang der Beauftragung konkret festzulegen und die Beauftragung zu begründen.“*[512]

---

507 Vgl. Salgo et al./*Schweppe*, Rn. 1416 f.

508 BT-Drucks. 16/9733.

509 BT-Drucks. 16/6308.

510 Nach dem Regierungsentwurf sollte der Verfahrensbeistand selbst entscheiden können, ob er von den erweiterten Befugnissen Gebrauch macht. Soweit er sich dafür entschieden hätte, hätte er im Rahmen seiner – fakultativen – Aufgaben gehandelt. Die Regelung wäre insbesondere vor dem Hintergrund der vergütungsrechtlichen Vorschriften zu sehen gewesen, vgl. BT-Drucks. 16/6308, S. 240.

511 Vgl. *Menne* ZKJ 2009, 71.

512 Nach der Beschlussempfehlung des Rechtsausschusses geht die Änderung des Regierungsentwurfs auf eine diesbezügliche Stellungnahme des Bundesrates

Die vorgenommene Differenzierung widerspricht dem „advokatorischen Charakter“[513] der Verfahrensbeistandschaft. Schon aus der Bezeichnung „Anwalt des Kindes“ geht hervor, dass der Verfahrensbeistand in der Gestaltung seiner Tätigkeit in Bezug auf Umfang und Ausmaß ebenso frei sein sollte wie ein Rechtsanwalt und insofern nicht von einer gerichtlichen Genehmigung bzw. Aufgabenzuweisung abhängig sein darf. Der Verfahrensbeistand ist kein Gerichtsgehilfe. Es ist deshalb nicht einzusehen, warum er der gerichtlichen Aufsicht oder Anleitung unterliegen soll. Das Tätigkeitsbild des Verfahrensbeistandes verlangt m.E. eine unabhängige Arbeitsweise, die allein durch die gesetzlichen Bestimmungen begrenzt wird.[514]

In der Praxis wird jedoch das richterliche Ermessen ohnehin in vielen Fällen eingeschränkt bzw. auf null reduziert und die Eröffnung des erweiterten Aufgabenkreises regelmäßig geboten sein, da im Umkehrschluss zur Rechtsprechung des BVerfG[515] davon auszugehen ist, dass das Elterngespräch zumindest bei jüngeren Kindern zum Kernbestand des Aufgabenbereichs eines Verfahrensbeistandes gehört.[516] BAG und VAK führen dazu in ihrem Positionspapier[517] anschaulich aus, dass es nicht nachvollziehbar ist, wie der Gesetzgeber ernsthaft davon ausgehen kann, dass sich Gespräche mit Betreuungspersonen – besonders bei jüngeren Kindern – vermeiden ließen.[518] Ein in einer angespannten und belastenden Familiensituation lebendes und unter Loyalitätskonflikten leidendes Kind werde allein von sich

zurück, wonach die originäre Aufgabe des Verfahrensbeistands darin besteht, die Interessen des Kindes im familiengerichtlichen Verfahren wahrzunehmen. Die Erweiterung des Aufgabenkreises des Verfahrensbeistands um Gespräche mit Eltern und anderen Bezugspersonen und um die Mitwirkung an der Herstellung von Einvernehmen sollte, um eine Vermischung der den Verfahrensbeteiligten zugedachten Rollen möglichst zu vermeiden, von einer nach Art und Umfang präzise festgelegten zusätzlichen Beauftragung durch das Gericht abhängen, deren Notwendigkeit das Gericht begründen muss, vgl. BT-Drucks. 16/9733, S. 294.

513 Vgl. *Menne* ZKJ 2009, 71; hierzu auch *Stötzel/Balloff* ZKJ 2009, 333; ähnlich *Balloff/Koritz*, S. 87 ff.

514 Vgl. Salgo et. al./*Bauer*, Rn. 231 ff.; *Willutzki* ZKJ 2006, 7; *Veit* GJS 2009, 201; Schulz/Hauß/*Schulz* Anhang zur ZPO – Das FamFG, S. 1783 ff. Rn. 82; *Menne* ZKJ 2009, 71; *Trenczek* ZKJ 2009, 199.

515 BVerfG FamRZ 2004, 1270.

516 AK 10, 18. Dt. Familiengerichtstag, S. 117; *Büchner/Gartenhof*, Das Kind im Familiengerichtsverfahren, S. 5, www.justiz.bayern.de (Zugriff am 05.06.2013); weiterführend dazu *Willutzki* ZKJ 2009, 231; Salgo et al./*Salgo*, Rn. 18; *Menne* ZKJ 2009, 71; ähnlich auch *Stötzel/Balloff* ZKJ 2009, 333; *Stötzel* FPR 2009, 29; Meysen et al./*Stötzel*, § 158 Rn. 21; anders MünchKommFamFG/*Schumann*, § 158 Rn. 33, der beispielsweise für Erstgespräche und bei Kleinkindern die Aufgabe, Gespräche mit den Eltern zu führen, vom originären Aufgabenkreis umfasst sehen will, da derartige Gespräche in diesen Fällen zur Ermittlung der Kindesinteressen erforderlich seien.

517 *BAG/VAK* ZKJ 2009, 284.

518 So auch *Leeb* ZKJ 2010, 396; *Veit* GJS 2009, 199 ff.

aus zu einer fremden Person kaum Vertrauen fassen. Als schlicht nicht vorstellbar wird beispielhaft die Aufgabe bezeichnet, ohne vorheriges Gespräch zumindest mit dem betreuenden Elternteil mit einem fünf- oder sechsjährigen Kind in Kontakt zu kommen und erst recht sei es fast unmöglich, sich etwa bei einem Säugling ein Bild von dessen Bindungen und Beziehungen zu machen, ohne je ein Wort mit seinen Bezugspersonen gesprochen zu haben. Diese Kritik ist m.E. dem Grunde nach und auch in der gewählten Schärfe angesichts des Ernstes der Regelungsmaterie durchaus berechtigt.

Der VAK hat unter Berücksichtigung der konzeptionellen Neuerungen die folgenden Standards für Verfahrensbeistände[519] erlassen:

- „Der Verfahrensbeistand ist – nach gerichtlicher Bestellung – der geborene parteiische Interessenvertreter des Kindes im kindschaftsrechtlichen Verfahren. Er tritt als weiterer Interessenvertreter neben den oder die Personensorgeberechtigten. Er hat den subjektiven Kindeswillen ebenso wie das objektive Wohl des von ihm vertreten Kindes zu ermitteln und diesen im gerichtlichen Verfahren das gebotene Gehör zu verschaffen.
- Der Verfahrensbeistand ist echter Verfahrensbeteiligter und im Interesse des von ihm vertretenen Kindes berechtigt und erforderlichenfalls auch verpflichtet, durch inhaltliche Beiträge und/oder Antragstellungen auf eine dem Kindeswohl objektiv dienende Verfahrensbeendigung hinzuwirken. Auswahl und Gestaltung inhaltlicher Beiträge zum Verfahren und die Antragstellung, auch hinsichtlich etwaiger Rechtsmittel, stehen in seinem pflichtgemäßen Ermessen.
- Der Verfahrensbeistand ist sachlich und fachlich unabhängig und an Weisungen Dritter, insbesondere des Gerichts, des oder der Personensorgeberechtigten oder des von ihm vertretenen Kindes nicht gebunden.
- Der Verfahrensbeistand ist berechtigt und verpflichtet, das Kind über den Gegenstand und Gang des Verfahrens und die möglichen Ergebnisse in einer kindes- und altersangemessenen Weise zu informieren. Hierzu bedarf der Verfahrensbeistand dezidierter Kenntnisse des geltenden materiellen und Prozessrechts und seiner Anwendung.
- Der Verfahrensbeistand ist berechtigt und verpflichtet, mit allen Beteiligten des kindschaftsrechtlichen Verfahrens und sonstigen sozialen Bezugspersonen des von ihm vertretenen Kindes Gespräche zu führen und zu versuchen, zwischen den konfligierenden Beteiligten eine einvernehmliche, konsensuale Lösung herbeizuführen. Hierzu bedarf der Verfahrensbeistand dezidierter Kenntnisse in der

---

519 *Bode*, Standards für Verfahrensbeistände, www.v-a-k.de (Zugriff am 05.06.2013): Der Genannte hat als Familienrichter und Vorstandsmitglied des Verbandes Anwalt des Kindes Standards ausgearbeitet, die von den Mitgliedern im Rahmen der Bundesmitgliederversammlung des VAK am 20.05.2006 verabschiedet wurden; ähnliche Standards finden sich auch in Salgo et al./*BAG Verfahrensbeistandschaft*, Rn. 1514 ff.

Sozialpädagogik und der Psychologie. Zusatzqualifikationen in der Mediation bzw. Therapeutik sind von ihm anzustreben.

- Der Verfahrensbeistand ist nicht privatrechtlicher Vertreter des Kindes. Zwischen ihm und dem Kind bestehen keine vertraglichen oder quasivertraglichen Beziehungen, insbesondere keine, die das fachliche und sachliche Ermessen des Verfahrensbeistandes hinsichtlich der von ihm für erforderlich gehaltenen Maßnahmen beschränken oder ausweiten könnten.
- Der Verfahrensbeistand bekennt sich zu der Tatsache, dass seine Aufwendungen in der weit überwiegenden Zahl der Fälle nicht nur zunächst aus der Staatskasse verauslagt werden, sondern in aller Regel auch endgültig als Aufwand bei dieser verbleiben. Er verpflichtet sich auf eine effiziente und ressourcenschonende Arbeitsweise, ohne hierbei die Interessen des Kindes aus dem Auge zu verlieren.
- Der Verfahrensbeistand ist nur im Rahmen geltenden Strafrechts (vor allem §§ 353b, 353d, 356, 201, 203 StGB) zur Verschwiegenheit verpflichtet. Damit ist er vor allem nicht befugt, seine im Verfahren gemachten Wahrnehmungen – gleich welcher Art und woher – außerhalb des gerichtlichen Verfahrens öffentlich zu machen. Die inhaltliche Ausgestaltung innerhalb des Verfahrens jedoch unterliegt keiner Schweige- oder Offenbarungspflicht."

§ 158 III 2 FamFG bestimmt nun ausdrücklich, dass der Verfahrensbeistand Beteiligter des Verfahrens ist, was insbesondere für die Gewährung der Akteneinsicht nach § 13 FamFG und das Zustimmungserfordernis des § 156 II FamFG für die Wirksamkeit eines gerichtlich gebilligten Vergleichs von Bedeutung ist. Mit seiner Hinzuziehung zum Verfahren gehen die Zuerkennung aller Rechte und die Auferlegung aller Pflichten eines Beteiligten einher.[520] Eine Ausnahme bildet jedoch die Vorschrift des § 158 VIII FamFG, die vorsieht, dass dem Verfahrensbeistand im Unterschied zu den anderen Beteiligten keine Kosten auferlegt werden können. Dies ist damit zu begründen, dass er nicht im eigenen, sondern ausschließlich im fremden Interesse, nämlich dem des Kindes, tätig wird.

Zudem ist er nun gem. § 158 IV 5 FamFG explizit befugt, im Interesse des Kindes Rechtsmittel einzulegen. Jedoch ist er nicht gesetzlicher Vertreter des Kindes, vgl. § 158 IV 6 FamFG, was sich – wie bereits im Rahmen der Vertretung von Minderjährigen in den verschiedenen Verfahrenstypen herausgearbeitet wurde[521] – als ausgesprochen konfliktträchtig erweist.

c) *Vergütung*

Alsbald nach der Einführung des Instituts des Verfahrenspflegers durch das Kindschaftsrechtsreformgesetz zeigte sich das Phänomen, dass die anfängliche Euphorie von einer ungeahnten Kontroverse überschattet wurde. Bezeichnenderweise

520 Vgl. hierzu umfassend Salgo et al./*Bauer*, Rn. 1520-1522; näher zu den Rechten und Pflichten eines Beteiligten s.o. Kap. B.II.3.

521 Vgl. hierzu Kap. B.III.1.b.bb.

war Anlass dafür nicht etwa die Frage, welches die für die Bestellung des Verfahrenspflegers notwendigen Voraussetzungen sind und auch nicht die Frage, welche Verpflichtungen, Aufgaben oder Qualifikationen er hat bzw. haben sollte, sondern vorrangig der Umstand, dass ungeklärt war, für welche seiner Tätigkeiten er aus der Staatskasse vergütet werden sollte.

Die durch die einschlägige Rechtsprechung der Obergerichte entwickelte Judikatur sprach dem Grundanliegen aller Beteiligten sowie des Gesetzgebers Hohn, dem Kind einen wirklich eigenständigen und nur seinen Interessen verpflichteten Vertreter in gerichtlichen Verfahren zur Seite zustellen. Danach erhielt der Verfahrenspfleger nämlich weder für über Gespräche mit dem Kind hinausgehende Ermittlungen in dessen Umfeld, die Erforschung des psychischen Befindens des Kindes, die Anbahnung bzw. Begleitung des Umgangs zwischen dem Kind und einem Elternteil oder Exploration, Ermittlung und Vermittlung in der Familienanamnese noch für das Studium von weiterführender Literatur eine Vergütung.[522]

Insofern ist die neue Vergütungsregelung[523] des § 158 VII FamFG wohl als die praktisch bedeutsamste Änderung anzusehen. § 158 VII FamFG sieht keine auf den Einzelfall bezogene Vergütung nach tatsächlichem Zeitaufwand mehr vor, sondern eine Vergütungspauschale. Diese Fallpauschale umfasst zum einen das Entgelt für die Tätigkeit als Verfahrensbeistand an sich und gilt zum anderen auch Ansprüche auf Ersatz anlässlich der Verfahrensbeistandschaft entstandener Aufwendungen sowie die auf die Vergütung anfallende Umsatzsteuer ab, vgl. § 158 VII 4 FamFG. Unberücksichtigt bleibt dagegen der tatsächliche Aufwand im konkreten Einzelfall.[524]

Der Rechtsausschuss des Bundestages berücksichtigte – ausweislich seiner Beschlussempfehlung[525] – bei der Einführung der Fallpauschale, dass eine auskömmliche Vergütung des Verfahrensbeistands verfassungsrechtlich geboten[526] ist, da der Verfahrensbeistand nicht durch eine unzureichende Vergütung davon abgehalten werden darf, die für eine effektive, eigenständige Interessenvertretung des Kindes im Verfahren erforderlichen Einzeltätigkeiten zu entfalten. Eine nach dem Umfang der Tätigkeit des Verfahrensbeistands gestaffelte Fallpauschale sei angemessen, um den verfassungsrechtlichen Vorgaben Genüge zu tun.[527] Die Handhabung der Fallpauschale gestalte sich insgesamt unaufwändig und unbürokratisch, erspare

---

522 Vgl. *VAK*, Mitteilung vom 09.06.2004, www.v-a-k.de (Zugriff am 06.06.2013).

523 Vgl. dazu im Einzelnen *Bode* ZKJ 2009, 410 ff.; *Oevermann* FPR 2012, 370 ff.; *Zorn* Rpfleger 2009, 427.

524 BGH NJW 2014, 157 f.; BGH NJW 2013, 3724.

525 BT-Drucks. 16/9733, S. 294.

526 BVerfG FamRZ 2004, 1269 f.

527 BT-Drucks. 16/9733, S. 294; das OLG München (OLG München FamRZ 2010, 1757) führte hierzu aus, dass die Vergütung gem. § 158 VII FamFG nur dann anfalle, wenn der Verfahrensbeistand über die bloße Entgegennahme des Bestellungsbeschlusses hinaus in Wahrnehmung seiner Aufgaben im Sinne von § 158 IV FamFG in irgendeiner Weise im Kindesinteresse tätig geworden sei; BGH, Beschl. v. 19.01.2011, XII ZB 400/10, www.beck-online.de (Zugriff am 25.07.2014); dies ist

sowohl dem Verfahrensbeistand als auch der Justiz erheblichen Abrechnungs- und Kontrollaufwand und ermögliche es dem Verfahrensbeistand, sich auf seine eigentliche Tätigkeit, die Wahrnehmung der Kindesinteressen zu konzentrieren.[528]

In erster Linie dürften jedoch fiskalische Interessen zur Aufnahme dieser Vorschrift in das FamFG geführt haben. Die Stellungnahme des Bundesrates[529] führt hierzu aus: Die Zunahme der Bestellungen von Verfahrenspflegern sei mit erheblichen finanziellen Auswirkungen für die Länder verbunden. Die Quote der Verfahrenspflegerbestellungen liege bei bis zu 7% aller maßgeblichen Familienverfahren mit steigendem Trend. Aufgrund der Schätzungen der Literatur sei mit einer deutlichen Steigerung mindestens um das Vierfache zu rechnen. Ausgehend von den bislang an die Verfahrenspfleger gezahlten Vergütungen beliefen sich die Mehrausgaben gerechnet auf die gesamte Bundesrepublik Deutschland auf 14,5-29 Mio. €. Die Kostensteigerungen allein in diesem Punkt überstiegen jeden vom Bundesministerium der Justiz angekündigten Entlastungseffekt des Gesetzesentwurfes.[530] Der Rechtsausschuss empfahl daher die Pauschalierung der Vergütung des Verfahrensbeistandes, „um die Belastung der Länderhaushalte infolge der Ausweitung der Bestellpflicht in kalkulierbaren Grenzen zu halten“[531].

Aus der Begründung des Rechtsausschusses geht weiter hervor, dass die Fallpauschale eine Annäherung der Vergütung des Verfahrensbeistands an die gebührenorientierte Vergütung der Rechtsanwälte bewirke, was als wünschenswert erachtet wurde. Die Höhe der Fallpauschale orientiere sich an den entsprechenden Gebührensätzen für einen in einer Kindschaftssache tätigen Rechtsanwalt unter Zugrundelegung des Regelstreitwerts von 3.000 €. Hierbei sei berücksichtigt worden, dass der Bundesrat sich aus fiskalischen Gründen, aber auch um einen Gleichlauf mit der Vergütung der Rechtsanwälte in Kindschaftssachen herzustellen, für eine Obergrenze der Vergütung in Höhe einer Gebühr mit dem Gebührensatz 2,0 ausgesprochen habe.[532]

---

nach Ansicht des BGH auch ausreichend für die Entstehung des Anspruchs auf die erhöhte Vergütung nach § 158 VII 3 FamFG, vgl. BGH NZFam 2014, 166.

528 BT-Drucks. 16/9733, S. 294.

529 BT-Drucks. 16/6308, S. 377 f.

530 BT-Drucks. 16/6308, S. 370; nach Ansicht von *Willutzki* beruht die Erwägung, durch die Beschränkung des originären Aufgabenkreises in Verbindung mit der Vergütung mittels einer Fallpauschale die Belastung der Länderhaushalte infolge der Ausweitung der Bestellungspflicht in kalkulierbaren Grenzen zu halten, auf einem Denkfehler; vgl. dazu im Einzelnen *Willutzki* ZKJ 2009, 230.

531 BT-Drucks. 16/9733, S. 294.

532 Vgl. BT-Drucks. 16/6308, S. 386; der Bundesrat führte im Einzelnen aus, dass einem Rechtsanwalt Vergütungsansprüche nach dem RVG, insbesondere nach Teil 3 Abschnitt 1 der Anlage 1 zu § 2 II RVG (Nr. 3100 ff.) zustünden, wobei es sich um feste Gebührensätze handele, die sich nach dem Gegenstandswert des Verfahrens und der Art der Tätigkeit anstatt der konkret aufgewandten Stunden richteten. Nicht einzusehen sei, dass einem Verfahrensbeistand bei entsprechender Stundenzahl

Bei der Vergütung ist zwischen berufsmäßig tätigen und ehrenamtlichen Verfahrensbeiständen zu unterscheiden. Der Rechtsausschuss des Bundestages hielt für die berufsmäßige Führung der Verfahrensbeistandschaft eine fallbezogene Vergütung in Höhe von 350 € inklusive Aufwendungsersatz und Umsatzsteuer für angemessen, die sich auf 550 € erhöht, wenn das Gericht einen erweiterten Aufgabenkreis nach § 158 IV 3 FamFG anordnet.[533] Der Ersatz von Aufwendungen des nicht berufsmäßigen Verfahrensbeistands richtet sich nach § 277 I FamFG entsprechend. Danach erhält er Ersatz seiner Aufwendungen nach § 1835 I, II BGB. Vorschuss kann er nicht verlangen. Eine Behörde oder ein Verein erhält als nicht berufsmäßiger Verfahrensbeistand keinen Aufwendungsersatz.[534] Kritik an der Einführung einer Fallpauschale kann aus folgenden Gründen geübt werden:

Erstens erscheint im Hinblick auf die Höhe der Vergütung fragwürdig, ob das angestrebte Ziel, die qualifizierte Vertretung der Kindesinteressen sicherzustellen, tatsächlich erreicht werden kann.[535] Der Gesetzgeber hat sich bei der Erarbeitung des FamFG nicht auf rechtstatsächliche Feststellungen zu Zeit- und damit korrespondierendem Kostenaufwand gestützt, wie er bislang bei Verfahrenspflegern für das Kind (§ 50 FGG) angefallen und erstattet wurde, insbesondere gibt es keine von staatlichen Stellen beauftragten Studien dazu. Zwar existiert keine aussagekräftige rechtstatsächliche Untersuchung zu den Kosten der Verfahrenspflegschaft, jedoch gibt es Schätzungen, die eine näherungsweise Bestimmung der notwendigen Aufwendungen möglich macht.[536] Aus Erhebungen von Verbänden, wissenschaftlichen Studien, Literaturstimmen und Untersuchungen ergibt sich folgendes Bild:

---

eine insgesamt höhere Vergütung bewilligt würde als einem Rechtsanwalt. Das Gesetz gehe davon aus, dass ein Rechtsanwalt die Aufgaben des Verfahrensbeistands ausfülle. Daher sei es sachgerecht, für die Vergütung des Verfahrensbeistands eine Höchstgrenze vorzusehen, die sich an den typischerweise relevanten Gebührentatbeständen des RVG orientiere. Das seien regelmäßig die Verfahrensgebühr von 1,3 (Nr. 3100 VV RVG) und die Terminsgebühr von 1,2 (Nr. 3104 VV RVG). Die sich danach ergebende Gebühr von 2,5 sei allerdings maßvoll auf 2,0 Gebühren zu reduzieren, da der Rechtsanwalt als Verfahrensbevollmächtigter für diese Aufgabe besonders qualifiziert sei, für die berufsmäßige Tätigkeit von Verfahrensbeiständen eine entsprechend hohe Qualifikation jedoch weder Voraussetzung sei noch regelmäßig für das Verfahren nutzbar gemacht werden könne.

533 BT-Drucks. 16/9733, S. 294.

534 Keidel/*Engelhardt*, § 158 Rn. 45 f.; MünchKommFamFG/*Schumann*, § 158 Rn. 44; *Bumiller/Harders*, § 158 Rn. 20; SBW/*Ziegler*, § 158 Rn. 39; vgl. zum Vergütungsanspruch eines Mitarbeiters eines Betreuungsvereins BGH NZFam 2014, 166.

535 Kritisch hierzu Menne ZKJ 2009, 72; *BAG/VAK*, Gutachten vom 02.06.2009, Punkt C.I.d.bb, www.v-a-k.de (Zugriff am 06.06.2013); *Salgo* GJS 2009, 186; optimistischer *Hornikel* GJS 2009, 149 f.

536 Vgl. zum Ganzen *BAG/VAK*, Gutachten vom 02.06.2009, Punkt B.IV, www.v-a-k.de (Zugriff am 06.06.2013).

- Vom Verein Anwalt des Kindes wurde 2004 noch zur alten Rechtslage ermittelt, dass ein Verfahrenspfleger pauschal etwa 870 € erhalten müsse, um seine auskömmliche Vergütung sicherzustellen. Unter Zugrundelegung des Höchststundensatzes aus § 3 I VBVG entsprach dies knapp 26 Stunden.[537]
- Eine Mitgliederbefragung der Bundesarbeitsgemeinschaft Verfahrenspflegschaft ergab, dass die Betreuung eines Kindes im Jahr 2007 durchschnittlich mit 725 € (ohne Umsatzsteuer) zuzüglich eines Aufwendungsersatzes von 60 € vergütet wurde, woraus ein durchschnittlicher und bezahlter Zeitaufwand von knapp 22 Stunden errechnet wurde.[538]
- Im Jahr 2008 wurde von Professor Dr. Ludwig Salgo in einer Modellrechnung ein durchschnittlicher Zeitaufwand von 25 Stunden je Fall ermittelt. Daraus wurde bei Ansetzung des Höchstsatzes aus § 3 I VBVG ein Aufwand von (netto) knapp 840 € je Fall abgeleitet.[539]
- Im OLG-Bezirk Karlsruhe lagen im Jahr 2009 die Mittelwerte der einzelnen Amtsgerichte zwischen 876 € und 1.049 € (ohne Umsatzsteuer). In den Amtsgerichten in den OLG-Bezirken Brandenburg und Hamm lagen die Mittelwerte ohne Umsatzsteuer bei 347-606 €.[540]

Diese Zahlen vermitteln ein recht stimmiges Bild. Sowohl die Schätzungen als auch die in verschiedenen OLG Bezirken tatsächlich bezahlten Beträge liegen deutlich über der Pauschale des § 158 VII FamFG. Die Differenz zwischen den ermittelten Werten und den gesetzlich fixierten Pauschalen lässt eine auskömmliche Entschädigung der Verfahrensbeistände und damit die Einhaltung der verfassungsrechtlichen Gebote äußerst zweifelhaft erscheinen, weshalb vermehrt berechtigte Zweifel an der Verfassungsmäßigkeit der gesetzlichen Regelung aufkommen.[541] Jedenfalls in Bezug auf Art. 12 I GG hat der BGH nun entschieden, dass die durch § 158 VII FamFG geregelte Abrechnung nach Fallpauschalen im Hinblick auf die Berufsfreiheit des Verfahrensbeistandes nicht zu beanstanden ist.[542]

537 Vgl. *VAK*, Mitteilung vom 09.06.2004, www.v-a-k.de (Zugriff am 06.06.2013).

538 Vgl. hierzu auch *Menne* ZKJ 2009, 72 mit Verweis auf die besagte unveröffentlichte Mitgliederbefragung aus dem Jahr 2007.

539 Vgl. *Salgo* GJS 2009, 186 ff.; Blum/Cottier/Migliazza/*Salgo*, S. 81 f.

540 *BAG/VAK*, Gutachten vom 02.06.2009, Punkt B.IV, www.v-a-k.de (Zugriff am 06.06.2013).

541 *Salgo* ZKJ 2009, 53-57; AK 11, 18. Dt. Familiengerichtstag, S. 120; Salgo et al./*Salgo*, Rn. 25 ff.; *Trenczek* ZKJ 2009, 199; *Stötzel/Balloff* ZKJ 2009, 331; *Menne* ZKJ 2009, 72; *BAG/VAK*, Gutachten vom 02.06.2009, Punkt C, www.v-a-k.de (Zugriff am 06.06.2013); *Salgo* GJS 2009, 182 f., 186; a.A. *Hornikel* GJS 2009, 149 f.; *Wacker* FPR 2011, 16 f.

542 BGH NJW 2013, 3724.

Zweitens bestehen offenkundige Diskrepanzen im Verhältnis zur Vergütung des Umgangspflegers[543] i.S.v. § 1684 III 3 FamFG[544] und zur Vergütung des gerichtlichen Sachverständigen nach den Vorgaben des JVEG.[545]

Während der Verfahrensbeistand wie eben dargestellt mittels einer Fallpauschale vergütet wird, richtet sich der Ersatz von Aufwendungen und die Vergütung des Umgangspflegers nach § 277 FamFG (vgl. § 1684 III 6 BGB). Danach gilt für den Umgangspfleger praktisch das Entschädigungssystem, das bislang für den Verfahrenspfleger galt. Er erhält eine aufwandsbezogene Vergütung und zusätzlich Ersatz seiner Aufwendungen. Für diese unterschiedliche Behandlung ist eine Begründung weder offensichtlich noch argumentativ zu erschließen. Auch in den Gesetzesmaterialien findet sich insofern keine Rechtfertigung. Regelrecht paradox erscheint diese vergütungsrechtliche Differenzierung überdies, wenn man sich die verbreitete Praxis bewusst macht, den das Kind im Verfahren begleitenden Verfahrenspfleger (nicht anders jetzt im Falle des Verfahrensbeistandes) aufgrund der erworbenen Vertrauensstellung anschließend zum Umgangspfleger zu bestellen.[546]

Auch im Verhältnis zur Vergütung des gerichtlichen Sachverständigen nach dem JVEG erscheint die Fallpauschale unangemessen, denn der gerichtliche Sachverständige erhält nach wie vor gem. § 8 JVEG ein Honorar für seine Leistungen, Fahrkostenersatz, Aufwandsentschädigung und Ersatz für sonstige und für besondere Aufwendungen. In den (zur Honorargruppe M3 zählenden) Sorge- und Umgangsrechtsverfahren beträgt der Stundensatz für das Sachverständigenhonorar gem. § 9 I, II i.V.m Anlage 1 JVEG 85 €. Aus berufsständischer Sicht erscheint diese Diskrepanz angesichts der ebenso schwierigen wie verantwortungsvollen Tätigkeit des Verfahrensbeistandes nicht akzeptabel.

Drittens wird der erwünschte Gleichlauf zwischen Verfahrensbeistandsvergütung und Rechtsanwaltshonorar insofern nicht erreicht, als die festgelegten Pauschalen schon dem Betrag nach hinter dem Anwaltshonorar zurückbleiben.[547]

543 Die Umgangspflegschaft nach § 1684 BGB wurde gleichzeitig mit Inkrafttreten des FamFG im BGB verankert. Ziel dieser Regelung ist es, eine Möglichkeit zu schaffen, bei schwerwiegenden Umgangskonflikten ohne Entzug der elterlichen Sorge nach § 1666 BGB eingreifen zu können; vgl. näher zu diesem Konstrukt *Kuleisa-Binge* FPR 2012, 364 ff.

544 Nach § 1684 III 3 FamFG kann das Familiengericht im Falle der dauerhaften oder wiederholten erheblichen Verletzung der Pflicht, alles zu unterlassen was das Verhältnis des Kindes zum jeweils anderen Elternteil beeinträchtigt oder die Erziehung erschwert, eine Pflegschaft für die Durchführung des Umgangs anordnen; vgl. hierzu *Menne* ZKJ 2009, 72 f.

545 Vgl. *Stötzel/Balloff* ZKJ 2009, 333; *Koritz* FPR 2012, 273.

546 Vgl. z.B. OLG Köln ZKJ 2009, 73.

547 Vgl. *Salgo* ZKJ 2009, 57; *Menne* ZKJ 2009, 73, der darauf verweist, dass selbst bei einem reduzierten Gebührensatz von 2,0 das Anwaltshonorar etwa 473 € beträgt und damit höher ausfällt als die Fallpauschale für die Tätigkeit im originären Aufgabenkreis.

Dagegen hat der Gesetzgeber[548] das anfängliche Problem der instanzenunabhängigen Gewährung der Fallpauschale (der Rechtsanwalt verdient von jeher in der zweiten Instanz ein zusätzliches Honorar) durch Art. 8 Nr. 1 lit. p des Gesetzes zur Modernisierung von Verfahren im anwaltlichen und notariellen Berufsrecht, zur Errichtung einer Schlichtungsstelle der Rechtsanwaltschaft sowie zur Änderung der Verwaltungsgerichtsordnung der Finanzgerichtsordnung und kostenrechtlicher Vorschriften gelöst, indem er klargestellt hat, dass der Verfahrensbeistand „für die Wahrnehmung seiner Aufgaben nach Abs. 4 in jedem Rechtszug jeweils“[549] eine einmalige Vergütung in Höhe von 350 € erhält. Der Beschlussempfehlung des Rechtsausschusses zufolge sollte die Änderung dem im zweiten und dritten Rechtszug tätigen Verfahrensbeistand einen zusätzlichen Vergütungsanspruch verschaffen. Als Grund für die Änderung wurde folgende Erwägung angeführt: Da nach § 158 VI Nr. 1 FamFG die Bestellung eines Verfahrensbeistands erst mit der Rechtskraft der das Verfahren abschließenden Entscheidung ende und die Einlegung der Beschwerde den Eintritt der Rechtskraft hindere, sei eine hieran anschließende Tätigkeit des Verfahrensbeistands von der im ersten Rechtszug angefallenen Vergütung erfasst. Aus diesem Grund erhalte der Verfahrensbeistand auch in Kindschaftsverfahren, die über mehrere Instanzen ausgetragen würden, nur eine Fallpauschale, was insbesondere in arbeitsintensiven hochstreitigen Kindschaftsverfahren keine ausreichende Vergütung darstelle.

Allerdings soll der nunmehr vorgesehene zusätzliche Vergütungsanspruch gem. § 158 VII 2 FamFG nicht bereits durch die Einlegung eines Rechtsmittels, sondern erst durch die Wahrnehmung der Aufgaben des Verfahrensbeistands nach § 158 IV FamFG in dem jeweiligen Rechtszug anfallen, wodurch sichergestellt werden soll, dass der Verfahrensbeistand nur dann eine Mehrvergütung erhält, wenn er in der Rechtsmittelinstanz zur Unterstützung des Kindes tätig wird.[550] Zwar enthält § 158 IV 5 FamFG implizit auch die Befugnis des Verfahrensbeistands zur Vertretung im Rechtsmittelverfahren, jedoch hat er die kindlichen Interessen in der zweiten Instanz angepasst an die aktuelle Lebenssituation des Kindes wahrzunehmen, was vergütungsrechtlich das Anfallen einer neuen Fallpauschale zur Folge haben muss.[551]

Im Übrigen lässt auch die Frage, ob das Verfahren einvernehmlich beendet wird oder sich als langwierig und schwierig erweist, die Fallpauschale an sich unberührt, d.h. etwaiger Mehraufwand wird nicht berücksichtigt. Die gesetzlichen Regelungen betreffend die Vergütung von Rechtsanwälten erlauben es dagegen, auf besondere Situationen flexibel zu reagieren und auch überdurchschnittlichen Einsatz zu

548 BGBl. 2009, Teil 1 Nr. 50, S. 2471.

549 BT-Drucks. 16/11385 in der Fassung der Beschlussempfehlung des Rechtsausschusses vom 22.04.2009, BT-Drucks. 16/12717, S. 50.

550 BT-Drucks. 16/11385 in der Fassung der Beschlussempfehlung des Rechtsausschusses vom 22.04.2009, BT-Drucks. 16/12717, S. 61; vgl. außerdem zu dieser Frage *Lack/Salgo* FPR 2012, 354.

551 Vgl. *Stötzel/Balloff* ZKJ 2009, 333; a.A. *Salgo* ZKJ 2009, 57; *Menne* ZKJ 2009, 71; *BAG/VAK*, Gutachten vom 02.06.2009, Punkt B.V, www.v-a-k.de (Zugriff am 06.06.2013).

honorieren. Zusätzliche Schwierigkeiten ergeben sich aus der Vergütung mittels Fallpauschale in bestimmten Verfahrenskonstellationen.

Zum einen ist fraglich, wie abgerechnet werden muss, wenn in einem Verfahren von einem Verfahrensbeistand mehrere Kinder (Geschwister) vertreten werden. Ausgehend von der Bestimmung des § 158 I FamFG, wonach der Verfahrensbeistand zur Wahrnehmung der Interessen des Kindes bestellt wird, erscheint es bei unterschiedlichen Interessenlagen von Geschwisterkindern und verschiedenen Lebensumständen (z.B. Wohnort, Entwicklungsphase) angemessen, dem durch eine – jeweils unabhängig gem. § 158 VII FamFG zu vergütende – eigenständige Vertretung Rechnung zu tragen.[552] Dies ist mittlerweile herrschende Meinung.[553]

Zum anderen stellt sich die (bislang unbeantwortete) Frage, wie es sich vergütungsrechtlich auswirkt, wenn mehrere Verfahrensgegenstände geltend gemacht werden[554] oder wenn zusätzlich zu einem Hauptsacheverfahren der Erlass einer einstweiligen Anordnung beantragt wird.[555] Noch nicht geklärt ist letztlich auch die Frage, wie bei Wiederaufnahme eines Verfahrens nach dessen Aussetzung bzw. Ruhen vorzugehen ist.[556]

---

552 Vgl. dazu *Stötzel/Balloff* ZKJ 2009, 333; *Menne* ZKJ 2009, 74; *Willutzki* ZKJ 2009, 231.

553 Vgl. BGH FamRZ 2010, 1896 mit Anm. *Stößer* FamRZ 2010, 1976 und Anm. *Viefhues* FamRZ 2010, 2064 f.; OLG München FamRZ 2010, 1757; OLG Celle ZKJ 2010, 211; OLG Stuttgart FamRZ 2010, 1003; OLG Frankfurt/M. FamRZ 2010, 666; AG Holzminden FamRZ 2010, 322; AK 10, 18. Dt. Familiengerichtstag, S. 116; *Weinreich* FuR 2011, 304; *Büte* FuR 2011, 12; *Rüntz/Viefhues* FamRZ 2010, 1289; *Leeb* ZKJ 2010, 392; *BAG/VAK*, Gutachten vom 02.06.2009, Punkt B.V, www.v-a-k.de (Zugriff am 06.06.2013); *Lack/Salgo* FPR 2012, 354; *Koritz* FPR 2012, 273; *Oevermann* FPR 2012, 371 f.; *Wacker* FPR 2011, 16.

554 Dieses aus dem Bereich der Anwaltsvergütung bekannte Problem wird für den Verfahrensbeistand parallel dahingehend zu lösen sein, dass trotz des inneren Zusammenhangs beispielsweise der Regelung der Sorge und des Umgangs und der Möglichkeit der Verfahrensverbindung die Fallpauschale des § 158 VII 2, 3 FamFG für jeden Verfahrensgegenstand gesondert anfällt; vgl. hierzu BGH NJW 2012, 3100; BGH NJW 2011, 1451; Anm. *Galinsky* FamFR 2012, 446 f.; *Menne* ZKJ 2009, 74; so wohl auch *Stötzel/Balloff* ZKJ 2009, 333.

555 Da bezüglich Hauptsacheverfahren und Verfahren auf Erlass einer einstweiligen Anordnung mittlerweile explizit festgestellt wurde, dass es sich um zwei voneinander unabhängige und selbstständige Verfahren handelt, fällt die Fallpauschale für beide Verfahren gesondert an; vgl. hierzu BGH FamRZ 2011, 199; AK 11, 18. Dt. Familiengerichtstag, S. 119; *Stötzel/Balloff* ZKJ 2009, 333; *Menne* ZKJ 2009, 74; *Weinreich* FuR 2011, 304; *Büte* FuR 2011, 12; Röchling/*Maaßen*, § 7 Rn. 77; *Lack/Salgo* FPR 2012, 355.

556 M.E. fällt keine erneute Pauschale an, wenn der Verfahrensbeistand nach dem Ende der Aussetzung bzw. des Ruhens erneut tätig wird, da es sich auch nach Ende der Aussetzung bzw. des Ruhens um ein und dasselbe Verfahren mit ein und demselben Gegenstand handelt.

d) Erleben des Kindes

Trotz beharrlich erhobener Forderungen aus Literatur und Rechtspraxis wurde vonseiten des BMJ vor der FGG-Reform keine wissenschaftlich repräsentative Begleitforschung zur Implementation der neuen „Rechtsfigur" des Verfahrenspflegers (§ 50 FGG) initiiert. Der Gesetzgeber konnte daher lediglich auf die Ergebnisse kleinerer, privat durchgeführter Untersuchungen zurückgreifen. Obwohl sich diese methodischen Einwänden ausgesetzt sehen, lassen sich ihnen Hinweise auf Entwicklungstendenzen entnehmen.[557]

In diesem Zusammenhang ist insbesondere auf die von *Manuela Stötzel* im Rahmen ihrer Dissertationsarbeit an der Klinik für Kinder- und Jugendpsychiatrie/Psychotherapie der Universität Ulm durchgeführte Untersuchung hinzuweisen, in deren Fokus das Erleben von Kindern stand, die in einem gerichtlichen Verfahren von einem Verfahrenspfleger vertreten wurden.[558] Da sich bis zu diesem Zeitpunkt nur eine Untersuchung diesem Thema gewidmet hatte, wurden von dieser ausgehend Fragestellungen und Hypothesen formuliert, die der Beschreibung des Verstehens und Erlebens von Kindern zu dem ihnen zur Seite gestellten Verfahrenspfleger dienen sollten.[559]

Die Befragung zielte darauf ab, einen Einblick in die kindliche Wahrnehmung zu gewinnen und erfolgte aus Gründen der besseren Realisierbarkeit mittels eines Fragebogens. Folgende Fragestellungen[560] wurden untersucht:

- Welches Verständnis haben Kinder von der Verfahrenspflegschaft?
- Wie nehmen Kinder die Problematik Kindeswille – Kindeswohl wahr?
- Wie erleben und bewerten Kinder die Vertretung durch einen Verfahrenspfleger?
- Welche Zusammenhänge zwischen der Tätigkeit des Verfahrenspflegers und dem Verstehen und Erleben des Kindes sind identifizierbar?
- Welche Schlussfolgerungen für die Tätigkeit des Verfahrenspflegers sind ableitbar?

Die im Rahmen der genannten Untersuchung gesammelten Stellungnahmen der Minderjährigen betreffend die ihnen als Verfahrenspfleger(innen) zur Seite gestellten Personen bestätigten die an die Einführung der Verfahrenspflegschaft geknüpften Erwartungen, indem aus ihnen hervorging, dass den Minderjährigen das gerichtliche Geschehen durch den Verfahrenspfleger erklärt wurde und sie auch

557 Vgl. *Salgo* GJS 2009, 173 f.; *Lack/Salgo* FPR 2012, 357 f.

558 Vgl. *Stötzel*, S. 1 ff., 221 ff.; die vor dieser Untersuchung weltweit publizierten Forschungen zum kindlichen Erleben der Vertretung ihrer Interessen durch einen Verfahrenspfleger bleiben laut *Salgo* GJS 2009, 174 größtenteils hinter dem methodischen Niveau der vorgenannten Arbeit zurück, zumal nie zuvor vergleichbar viele Kinder und Jugendliche einbezogen worden waren.

559 Vgl. *Stötzel/Fegert* Kind-Prax 2005, 53 ff.; Salgo et al./*Stötzel*, Rn. 146 ff.; *Stötzel* FPR 2006, 17; *Stötzel*, S. 221.

560 Vgl. *Stötzel*, S. 24 ff.; Salgo et al./*Stötzel*, Rn. 147.

in die tatsächlichen Entscheidungsprozesse einbezogen wurden, d.h. es wurde ihnen zugehört und sich mit ihnen beraten.[561] Wie die Ergebnisse der Untersuchung zeigten, hatte die Mehrheit der befragten Kinder eine zutreffende Vorstellung von Zweck und Tätigkeit eines Verfahrenspflegers.

Die Vertretung ihrer Interessen durch den Verfahrenspfleger bewerteten die Kinder im Großen und Ganzen positiv, obwohl durchaus auch problematische Gesichtspunkte angeführt wurden. Positiv wurde die beistehende und unterstützende Tätigkeit des Verfahrenspflegers und seine Stellung als persönlicher Vertrauter bewertet. Negativ wurden vorrangig einzelfallspezifische Probleme, wie etwa Kommunikationsschwierigkeiten oder persönliche Eigenschaften des Verfahrenspflegers, aber auch generell die mangelnde Effektivität der Verfahrenspflegschaft und die Unsicherheit bezüglich eines möglichen Verrates bewertet.[562] Auffallend ist insbesondere, dass die Zufriedenheit der Kinder eng mit der Unterstützung bei der Anhörung vor dem Richter verbunden war und umso höher ausfiel, je mehr sie ihre Meinung durch den Verfahrenspfleger gegenüber dem Gericht zur Geltung gebracht sahen.

e) Fazit

Gelungen ist die Neukonzeption der Verfahrensbeistandschaft m.E. jedenfalls insofern, als die Bestellungsvoraussetzungen, der Aufgabenkreis und die Rechtsstellung des Verfahrensbeistandes dadurch einer klaren Regelung zugeführt wurden. Auch von den vertretenen Kindern wird die Unterstützung durch einen Verfahrenspfleger (jetzt Verfahrensbeistand) überwiegend positiv wahrgenommen.[563]

Dagegen ist die Unterscheidung von originärem und erweitertem Aufgabenkreis kritisch zu betrachten. Auch die diesbezügliche Notwendigkeit eines gesonderten gerichtlichen Beschlusses erscheint bedenklich. Zudem ist die Regelung betreffend die Vergütung der Arbeit des Verfahrensbeistandes m.E. als ungenügend zu bewerten.

Insgesamt ist festzustellen, dass der vielfach zu Gehör gebrachte Appell an den Gesetzgeber, den mit der Implementierung des Instituts des Verfahrenspflegers eingeschlagenen Weg konsequent bis zur tatsächlichen Gewährleistung einer eigenständigen Interessenvertretung des Kindes im gerichtlichen Verfahren weiterzugehen, weitgehend ungehört verhallt ist und sich enttäuschenderweise größtenteils in unzureichenden Lippenbekenntnissen und nur vordergründigen Verbesserungen niedergeschlagen hat.

---

561 Vgl. *Salgo* GJS 2009, 173 ff.

562 Vgl. *Stötzel/Fegert* Kind-Prax 2005, 53 ff.; *Stötzel* FPR 2006, 17; Salgo et al./*Stötzel*, Rn. 165; *Salgo* GJS 2009, 177.

563 Zur Kritik an der Neukonzeption vgl. *Menne* ZKJ 2009, 74.

3. Vergleich

Vergleicht man die beiden Institute „Verfahrensbeistandschaft“ und „Ergänzungspflegschaft“ sind folgende Besonderheiten hervorzuheben:

a) Bestellung

Die Bestellung zum Ergänzungspfleger bedarf eines eigenständigen zweistufigen Verfahrens in Form eines gerichtlichen Anordnungsbeschlusses gefolgt von einem förmlichen Bestellungsakt, der sich aus der Verpflichtung zu treuer und gewissenhafter Führung der Ergänzungspflegschaft mittels Handschlags an Eides statt (vgl. § 1789 i.V.m. § 1915 BGB) und der Aushändigung einer Bestallungsurkunde (vgl. § 1791 i.V.m. § 1915 BGB) zusammensetzt. Mit der Berufung zum Ergänzungspfleger geht die Inhaberschaft des entsprechenden öffentlichen Amtes einher. Im Vergleich dazu ist für die Bestellung eines Verfahrensbeistandes kein eigenständiges Verfahren notwendig. Diese erfolgt direkt durch das verfahrensführende Gericht mittels unanfechtbaren Beschlusses, vgl. § 158 III 4 FamFG.

Die sachliche Zuständigkeit für das Verfahren zur Bestellung eines Ergänzungspflegers steht nach der Neufassung des § 1629 II 3 BGB dem Familiengericht zu. Daran ändert auch § 1915 I 3 Hs. 1 BGB nichts, da dieser gem. § 1915 I 3 Hs. 2 BGB bei der Pflegschaft für Minderjährige nicht gilt. Funktionell sind §§ 3-5 RPflG zu beachten. Für die Bestellung zum Verfahrensbeistand ist ebenfalls das Familiengericht sachlich zuständig, vgl. § 158 I 1 FamFG. Auch hier sind betreffend die funktionelle Zuständigkeit §§ 3-5 RPflG zu beachten.

Im Gegensatz zur Erforderlichkeit i.S.v. § 158 I FamFG, für welche die bloße Möglichkeit eines Interessenkonfliktes genügt, muss der für die Bestellung eines Ergänzungspflegers gem. §§ 1795, 1796 BGB notwendige Interessengegensatz konkret festgestellt werden. Diese unterschiedliche Handhabung ist durch den Umstand begründet, dass die Entziehung der Vertretungsmacht der gesetzlichen Vertreter einen schwerwiegenden Eingriff in das Sorgerecht darstellt, während durch die Bestellung eines Verfahrensbeistands gem. § 158 FamFG ein solcher gerade vermieden werden soll.[564]

b) Aufgaben

Der Ergänzungspfleger i.S.v. §§ 1909 ff. BGB ist gesetzlicher Vertreter des Kindes. Im Gegensatz dazu ist der Verfahrensbeistand i.S.v. § 158 FamFG lediglich als „Vertreter eigener Art“ zu bewerten, auf den die Vorschriften des BGB betreffend Ergänzungspflegschaft, Vormundschaft oder Betreuung keine Anwendung finden, was bereits durch die Bezeichnung als „Verfahrensbeistand“ zum Ausdruck kommt.[565]

564 Vgl. *Salgo* FPR 2011, 317.

565 Vgl. *Balloff/Koritz*, S. 18 f.

Im Hinblick auf die Rechtsstellung des Verfahrensbeistandes bestimmt § 158 IV 6 FamFG ausdrücklich: *„Er ist nicht gesetzlicher Vertreter des Kindes"*.

Die Unterscheidung hat durchaus Auswirkungen auf die praktische Tätigkeit des Ergänzungspflegers bzw. Verfahrensbeistands: Während der Ergänzungspfleger als gesetzlicher Vertreter des Kindes im Wirkungskreis der Pflegschaft alle Aufgaben übernimmt, die ohne die Anordnung der Pflegschaft von dem bisherigen gesetzlichen Vertreter wahrgenommen hätten werden müssen, stehen dem Verfahrensbeistand die Rechte eines gesetzlichen Vertreters nicht zu.[566] Solche Rechte sind in materiell-rechtlicher Hinsicht insbesondere die Befugnis, rechtsgeschäftliche Willenserklärungen gegenüber Dritten mit bindender Wirkung für und gegen das vertretene Kind abzugeben und von diesen entgegenzunehmen, sowie die Befugnis, die Zustimmung zu genehmigungsbedürftigen Rechtsgeschäften zu erteilen oder zu versagen. In verfahrensrechtlicher Hinsicht sind insbesondere die Befugnis, in eine psychologische Begutachtung oder medizinische Untersuchung des Kindes einzuwilligen, und die Befugnis, einer Aussage des Kindes vor einem Richter zuzustimmen, zu nennen.[567] Die Aufgabe des Verfahrensbeistands besteht – wie aus § 158 I 1 FamFG hervorgeht – grundsätzlich in der Wahrnehmung der Interessen des Minderjährigen im gerichtlichen Verfahren. Im Gegensatz zur Rechtslage bei einer Ergänzungspflegschaft können dem Verfahrensbeistand zwar gem. § 158 IV 3, 4 FamFG vom Gericht bei entsprechender Erforderlichkeit zusätzliche Aufgaben zugewiesen, nicht aber einzelne Aufgaben entzogen werden.

Mit den umfassenden Befugnissen eines Ergänzungspflegers korrespondieren auf der anderen Seite die Aufsichts- und Kontrollbefugnis des Gerichts gem. §§ 1837 II-IV, 1915 BGB) sowie die Genehmigungsvorbehalte der §§ 1631b, 1800, 1810 ff, 1915 BGB und die Pflicht zu Auskunft, Berichterstattung und Rechnungslegung gem. §§ 1839 ff. BGB. Der Verfahrensbeistand ist entsprechend dem geringeren Umfang von Rechten dagegen weder der Kontrolle und Aufsicht des Gerichts unterworfen, noch ist er diesem gegenüber zu Auskunft oder Rechenschaft verpflichtet.

c) Vergütung

Während der berufsmäßige Ergänzungspfleger gem. § 1915 I 2 BGB – sogar im Vergleich zu einem Betreuer oder Vormund privilegiert – nicht nach den Regelsätzen des § 3 I VBVG vergütet wird, sondern einzelfallbezogen entsprechend seiner für die Führung der Pflegschaftsgeschäfte nutzbaren Fachkenntnisse und dem Umfang und der Schwierigkeit der Pflegschaftsgeschäfte, erhält der berufsmäßige Verfahrensbeistand gem. § 158 VII 2, 3 FamFG, je nachdem ob er im originären oder erweiterten Aufgabenkreis tätig wird, 350 € bzw. 550 €. Zusätzlich kann der berufsmäßige Ergänzungspfleger, nicht aber der berufsmäßige Verfahrensbeistand (vgl. § 158 VII 1

566 Abgesehen von der Befugnis zur Einlegung der in §§ 57, 59 ff. FamFG vorgesehenen Rechtsmittel im Interesse des Kindes, vgl. § 158 IV 5 FamFG.

567 Vgl. Salgo et al./*Bauer*, Rn. 268 f.

FamFG *e contrario*) Ersatz seiner zum Zwecke der Ergänzungspflegschaft gemachten Aufwendungen verlangen, vgl. § 1835 f. BGB.[568]

Die Tätigkeit des nicht berufsmäßigen Ergänzungspflegers wird grundsätzlich nicht vergütet, vgl. § 1836 I 1, 2 BGB. Von diesem Grundsatz kann jedoch ausnahmsweise gem. § 1836 II BGB abgewichen werden. Zum Zwecke der Führung der Ergänzungspflegschaft gemachte Aufwendungen kann der nicht berufsmäßige Ergänzungspfleger nach §§ 669, 670 BGB verlangen, vgl. § 1835 BGB; alternativ kann er sich diesen Anspruch gem. § 1835a BGB pauschal mittels einer Aufwandsentschädigung abgelten lassen.[569] Der nicht berufsmäßige Verfahrensbeistand erhält für seine Tätigkeit ebenfalls keine Vergütung, vgl. § 158 VII 2, 3 FamFG *e contrario*. Jedoch erhält auch er Ersatz für die im Rahmen der Ausübung der Verfahrensbeistandschaft angefallenen Aufwendungen, § 158 VII 1 FamFG i.V.m. § 277 I FamFG.[570]

Der Aufwendungsersatz und die Vergütung des Verfahrensbeistands sind stets aus der Staatskasse zu zahlen, vgl. § 158 VII 5 FamFG. Im Fall des Ergänzungspflegers richten sich die Ansprüche auf Vergütung (§ 1836 I 3 BGB i.V.m. §§ 1, 3 VBVG) und Ersatz der Aufwendungen (§§ 1835 f. BGB) dagegen grundsätzlich gegen den Pflegebefohlenen. Lediglich bei dessen Mittellosigkeit kann der Ergänzungspfleger die Vergütung ausnahmsweise aus der Staatskasse verlangen, wie sich aus §§ 1 II 2 VBVG, 1835 IV, 1835a III BGB ergibt.[571]

d) Erleben des Kindes

Empirische Studien zum Erleben des Kindes existieren lediglich in Bezug auf das Institut des Verfahrenspflegers im Sinne des FGG. Was das Erleben des Kindes bei Anordnung einer Ergänzungspflegschaft betrifft, wurden diesbezüglich noch keine

568 Vgl. zur Situation des Ergänzungspflegers MünchKomm/*Schwab*, § 1915 Rn. 19; Palandt/*Götz*, § 1915 Rn. 7; zur Situation des Verfahrensbeistandes SBW/*Ziegler*, § 158 Rn. 38 f.; Prütting/Helms/*Hammer*, § 158 Rn. 61; Keidel/*Engelhardt*, § 158 Rn. 47.

569 Vgl. MünchKomm/*Wagenitz*, § 1836 Rn. 5; MünchKomm/*Wagenitz*, § 1835 Rn. 1; MünchKomm/*Wagenitz*, § 1835a Rn. 1 f.; Palandt/*Götz*, § 1836 Rn. 2 f.; Palandt/*Götz*, § 1835 Rn. 1; Palandt/*Götz*, § 1835a Rn. 2.

570 SBW/*Ziegler*, § 158 Rn. 39; Prütting/Helms/*Hammer*, § 158 Rn. 56; Keidel/*Engelhardt*, § 158 Rn. 45 f.; *Bumiller*/*Harders*, § 158 Rn. 20, der darauf hinweist, dass die Verfahrensbeistandschaft grundsätzlich ehrenamtlich und nur ausnahmsweise berufsmäßig wahrgenommen wird.

571 Vgl. zur Situation bei einer Ergänzungspflegschaft MüKo/*Wagenitz*, § 1835 Rn. 9 ff.; zur Situation bei einer Verfahrensbeistandschaft *Bumiller*/*Harders*, § 158 Rn. 20; Keidel/*Engelhardt*, § 158 Rn. 47; Prütting/Helms/*Hammer*, § 158 Rn. 62; SBW/*Ziegler*, § 158 Rn. 38; da die Kosten zunächst vom Staat aufgebracht werden müssen, fallen sie nicht dem ohnehin oftmals mittellosen Kind zur Last. In der Folge werden die Auslagen dann vom Staat nach Maßgabe der Kostenvorschriften (KV 2013) gegenüber den Verfahrensbeteiligten als Gerichtskosten erhoben.

solchen Studien durchgeführt. Aus diesen Gründen bleiben folgende Schlussfolgerungen – wenn auch sie recht wahrscheinlich sind – i.E. rein spekulativ:

Im Hinblick auf das Nachfolgerinstitut des Verfahrenspflegers, den Verfahrensbeistand, ist m.E. davon auszugehen, dass sich die Neuregelung der rechtlichen Grundlagen nicht negativ auf das tatsächlich-psychologische Erleben des Kindes auswirken werden, zumal die neuen Regelungen gerade der Verbesserung der verfahrensrechtlichen Situation und Position des Kindes dienen sollten und der Verfahrensbeistand nun ausdrücklich sowohl das subjektive als auch das objektive Interesse des Kindes vertritt.[572] Unter Berücksichtigung der Funktion, der Aufgaben und der Befugnisse des Verfahrensbeistands wird dieser wohl von den Kindern wohl weiter größtenteils als Unterstützung und Hilfe wahrgenommen werden. Ihm obliegt es, dem Kind zu helfen das gerichtliche Verfahren zu begreifen, es bei der Meinungsbildung zu unterstützen, es auf die Anhörung vor Gericht vorzubereiten und es zu begleiten, wobei besonders hervorzuheben ist, dass ihm als einzigem Beteiligten ein Anwesenheitsrecht zusteht.[573] Insgesamt kommt dem Verfahrensbeistand die verantwortungsvolle Aufgabe zu, die Belastungen eines Gerichtsverfahrens für das Kind zu minieren. Nie tritt der Verfahrensbeistand dabei jedoch an die Stelle der Eltern des Kindes. Er wird prinzipiell immer nur als weitere Bezugsperson neben den Eltern tätig. Aufgrund seiner engen Beziehung zu dem Kind ist er überdies Fachkraft i.S.v. § 36 II 1 SGB VIII.

Gerade diese enge Beziehung ist es auch, die den Verfahrensbeistand vom Ergänzungspfleger unterscheidet. Diesem wird es zumeist nicht gelingen, eine entsprechende Nähe zu dem Kind herzustellen. Vielmehr ist m.E. davon auszugehen, dass das Kind sein Tätigwerden als Eindringen in die Eltern-Kind-Beziehung empfindet. Seine Funktion besteht schließlich *per definitionem* primär darin, die Eltern des Kindes in ihren rechtlichen Befugnissen als gesetzliche Vertreter zu substituieren, nicht jedoch darin, dem Kind bei der Bewältigung der durch das Gerichtsverfahren entstehenden Probleme zu helfen.

Abschließend erscheint zum Verhältnis von Ergänzungspflegschaft und Verfahrensbeistandschaft noch folgende Klarstellung angebracht: Wie bereits unter Geltung der Vorgängerregelung, § 50 FGG, ist durchaus ein Nebeneinander dieser Institutionen denkbar. Selbst wenn bereits ein Ergänzungspfleger bestellt wurde, wird die Bestellung eines Verfahrenspflegers durch keine gesetzliche Vorschrift und auch durch keinen einer gesetzlichen Vorschrift immanenten Rechtsgedanken gehindert. Insbesondere steht dem nicht § 158 V FamFG (vormals § 50 III FGG) entgegen, da die Vertretung durch einen Ergänzungspfleger nicht mit der in § 158 V FamFG ausdrücklich genannten Vertretung durch einen Rechtsanwalt

572 Vgl. BT-Drucks. 16/6308, S. 239; ausführlich Keidel/*Engelhardt*, § 158 Rn. 1, 20 f.; SBW/*Ziegler*, § 158 Rn. 29; Prütting/Helms/*Hammer*, § 158 Rn. 41; *Bumiller/Harders*, § 158 Rn. 1.

573 Vgl. *Büchner/Gartenhof*, Das Kind im Familiengerichtsverfahren, S. 6, www.justiz.bayern.de (Zugriff am 05.06.2013).

oder anderen geeigneten Verfahrensbevollmächtigten vergleichbar ist. Hierbei handelt es sich nämlich nicht um gesetzliche Vertreter, sondern um rechtsgeschäftlich Bevollmächtigte.[574]

II. Kindesvertretung im österreichischen und schweizerischen Recht

Auf internationaler bzw. europäischer Ebene werden die prozessualen Rechte des Kindes seit Längerem durch zwei Konventionen sichergestellt: zum einen durch das Übereinkommen über die Rechte des Kindes vom 20. November 1989 (ratifiziert am 06. März 1992, in Kraft seit 05. April 1992) – UN-KRK – und zum anderen durch das Europäische Übereinkommen über die Ausübung von Kinderrechten vom 25. Januar 1996 (ratifiziert am 10. April 2002, in Kraft seit 01. August 2002) – EuKRK.[575]

Nach Art. 1 Nr. 2 EuKRK ist Ziel dieses Übereinkommens, zum Wohl von Kindern deren Rechte zu fördern, ihnen prozessuale Rechte zu gewähren und die Ausübung dieser Rechte zu erleichtern, indem sichergestellt wird, dass Kindern selbst oder mit Hilfe anderer Personen oder Stellen in Kinder berührenden Verfahren vor einer Justizbehörde Auskunft erteilt und die Teilnahme gestattet wird. Nach Art. 1 Nr. 3 EuKRK sind „Kinder berührende Verfahren vor einer Justizbehörde" im Sinn dieses Übereinkommens familienrechtliche Verfahren, insbesondere in Bezug auf die Ausübung der elterlichen Verantwortung, zum Beispiel die Bestimmung des Aufenthalts von Kindern und den persönlichen Umgang mit ihnen.

Gem. Art. 4 EuKRK hat ein Kind grundsätzlich das Recht, persönlich oder mit Hilfe anderer Personen oder Stellen einen besonderen Vertreter in einem es berührenden Verfahren vor einer Justizbehörde zu beantragen, soweit nach innerstaatlichem Recht die Träger elterlicher Verantwortung wegen eines Interessenkonflikts zwischen ihnen und dem Kind von der Vertretung des Kindes ausgeschlossen sind. Dabei steht es den Staaten frei, dieses Recht auf Kinder zu beschränken, die nach innerstaatlichem Recht als hinreichend verständig angesehen werden. Art. 5 EuKRK sieht weiter die Möglichkeit der Vertragsparteien vor, Kindern in Bezug auf sie berührende Verfahren vor einer Justizbehörde folgende zusätzlichen Verfahrensrechte zu gewähren:

1. *das Recht, den Beistand einer geeigneten Person ihrer Wahl zu beantragen, die ihnen hilft, ihre Meinung zu äußern;*
2. *das Recht, selbst oder mit Hilfe anderer Personen oder Stellen die Bestellung eines gesonderten Vertreters, in geeigneten Fällen eines Rechtsanwalts, zu beantragen;*
3. *das Recht, ihren Vertreter selbst zu bestellen;*
4. *das Recht, in diesen Verfahren die Rechte von Verfahrensparteien teilweise oder in vollem Umfang auszuüben.*

---

574 So auch BGH NJW 2011, 3456.

575 Vgl. zur Frage der allgemeinen (nicht spezifisch prozessualen) Gewährleistung der Kinderreche in Europa *Dethloff/Maschwitz*, FPR 2012, 190 ff.

Davon unberührt bleibt Art. 9 EuKRK, der vorsieht, dass in einem ein Kind berührenden Verfahren, in dem nach innerstaatlichem Recht die Träger elterlicher Verantwortung wegen eines Interessenkonflikts zwischen ihnen und dem Kind von der Vertretung des Kindes ausgeschlossen sind, die Justizbehörde befugt ist, für das Kind in diesem Verfahren einen besonderen Vertreter zu bestellen.[576]

Die Aufgaben des Vertreters regelt Art. 10 Nr. 1 EuKRK, indem er bestimmt, dass in einem ein Kind berührenden Verfahren vor einer Justizbehörde der Vertreter folgende Rechte hat, sofern dies nicht dem Wohl des Kindes offensichtlich widersprechen würde:

a. dem Kind, wenn es nach innerstaatlichem Recht als hinreichend verständig angesehen wird, alle sachdienlichen Auskünfte zu erteilen;
b. dem Kind, wenn es nach innerstaatlichem Recht als hinreichend verständig angesehen wird, Erläuterungen zu den möglichen Folgen einer Berücksichtigung seiner Meinung und zu den möglichen Folgen einer Handlung des Vertreters zu geben;
c. die Meinung des Kindes festzustellen und der Justizbehörde diese Meinung vorzutragen.

Die UN-KRK normiert ihrerseits in Art. 3 UN-KRK[577] die allgemeine Garantie des Kindeswohls.[578] Darüber hinaus findet sich in Art. 12 UN-KRK als zweite Leitidee die Berücksichtigung des Kindeswillens. Art. 12 UN-KRK lautet wie folgt:

(1) Die Vertragsstaaten sichern dem Kind, das fähig ist, sich eine eigene Meinung zu bilden, das Recht zu, diese Meinung in allen das Kind berührenden Angelegenheiten frei zu äußern, und berücksichtigen die Meinung des Kindes angemessen und entsprechend seinem Alter und seiner Reife.
(2) Zu diesem Zweck wird dem Kind insbesondere Gelegenheit gegeben, in allen das Kind berührenden Gerichts- oder Verwaltungsverfahren entweder unmittelbar oder durch einen Vertreter oder eine geeignete Stelle im Einklang mit den innerstaatlichen Verfahrensvorschriften gehört zu werden.

---

576 Für *Baer/Marx* (*dies.* FamRZ 1997, 1186) geht die Ausgestaltung der Figur des „Anwalts des Kindes" in Art. 4-10 der EU-KRK nicht weit genug. Insbesondere werde dieser in Art. 9 II EU-KRK lediglich in einer unverbindlichen Formulierung erwähnt, die noch nicht einmal Appellcharakter habe. In Art. 9 II EU-KRK heißt es wörtlich: „Die Vertragsparteien erwägen vorzusehen, daß die Justizbehörde in einem ein Kind berührenden Verfahren befugt ist, einen gesonderten Vertreter (...) zu bestellen, damit er das Kind vertritt"; ebs. *Dethloff/Maschwitz* FPR 2012, 193.

577 Die Verpflichtung der Vertragsstaaten zur Beachtung des Kindeswohls stellt den zentralen Gedanken der Konvention, ihren *raison d'être*, dar. Art. 3 UN-KRK wirkt unmittelbar auf alle Maßnahmen der Mitgliedstaten, schafft jedoch selbst keine konkreten Rechte oder Pflichten. Alle Konventionsrechte sind im Lichte des Kindeswohlprinzips auszulegen, vgl. *Schmahl*, § 3 Rn. 1, m.w.N.

578 Kind im Sinne der UN-KRK ist gem. Art. 1 UN-KRK jeder Mensch, der das 18. Lebensjahr noch nicht vollendet hat, soweit nicht die Volljährigkeit nach dem auf das Kind anzuwendenden Recht früher eintritt.

Insbesondere normiert Art. 12 II UN-KRK das Recht des Kindes auf Partizipation in gerichtlichen und behördlichen Verfahren – mit unmittelbaren Auswirkungen[579] auf das Kind. Zusätzlich statuiert Art. 9 II UN-KRK für Verfahren, welche die Trennung des Kindes von den Eltern und die Regelung des Umgangs zum Gegenstand haben, das Recht aller Verfahrensbeteiligten auf Teilnahme am Verfahren sowie auf freie Meinungsäußerung.[580]

Zusammenfassend ist festzustellen, dass die Gewährleistung der prozessualen Rechte des Kindes, insbesondere auf Beiordnung eines verfahrensrechtlichen Interessenvertreters, in den europäischen bzw. internationalen Kodifikationen naturgemäß wenig präzise und eher allgemein ausfällt. Ausgehend davon wird im Folgenden dargestellt, wie die Prozessfähigkeit des minderjährigen Kindes in Österreich und in der Schweiz ausgestaltet ist und wie diese Rechtsordnungen deren Interessenvertretung zu gewährleisten suchen.

1. Rechtslage in Österreich

a) Prozessfähigkeit Minderjähriger nach österreichischer ZPO und ABGB

In Österreich ist für die Bestimmung der Minderjährigkeit § 21 ABGB maßgeblich. Nach § 21 II Hs. 1 ABGB sind Minderjährige Personen, die das 18. Lebensjahr noch nicht vollendet haben.[581] Haben sie das 14. Lebensjahr noch nicht vollendet, sind sie gem. § 2 II Hs. 2 ABGB unmündig.[582]

Die Prozessfähigkeit bestimmt sich in Österreich grundsätzlich nach § 1 der österreichischen ZPO. Danach ist eine Person insoweit fähig, selbstständig vor Gericht als Partei zu handeln, als sie selbstständig gültige Verpflichtungen eingehen kann.[583] Das Vorhandensein dieser Verpflichtungsfähigkeit, die Notwendigkeit der Vertretung von Parteien, welchen die Prozessfähigkeit mangelt, sowie das Erfordernis einer besonderen Ermächtigung zur Prozessführung oder zu einzelnen Prozess-

---

579 Vgl. *Schmahl*, § 12 Rn. 11 ff.; CRC/C/GC/12, S. 9, www.ohchr.org (Zugriff am 30.07.2014).

580 Vgl. *Dethloff/Maschwitz* FPR 2012, 191; *Schmahl*, § 9 Rn. 8.

581 Vgl. Schwimann/Kodek/*Posch*, § 21 Rn. 2; für Rechtsprechung zu § 21 ABGB vgl. *Dittrich/Tades*, § 21, S. 37; durch das KindRÄG 2001 wurde § 21 II ABGB mit Wirkung ab 01.07.2001 geändert. Durch Absenkung des Volljährigkeitsalters um ein Jahr wurde dem neuen „Selbstbewusstsein der Heranwachsenden" Rechnung getragen; vgl. zur Rechtslage unter Geltung von § 21 II ABGB a.F. Rummel/*Reischauer/Aicher*, § 21 Rn. 2.

582 Vgl. Schwimann/Kodek/*Posch*, § 21 Rn. 3 ff.; im Gegensatz zur Rechtslage vor dem KindRÄG 2001 verzichtet § 21 II ABGB n.F. darauf, die Personengruppe, die noch vor der Vollendung des siebten Lebensjahres steht, als Kinder im engeren Sinn zu definieren; vgl. zur Rechtslage unter Geltung von § 21 II ABGB a.F. Rummel/*Reischauer/Aicher*, § 21 Rn. 8; Koziol/Welser/*Kletečka*, Bürgerliches Recht, S. 53 f.

583 Vgl. *Fasching*, Zivilprozeßrecht, Rn. 346 ff.; *Holzhammer*, Zivilprozeßrecht, S. 75 f.; Fasching//*Schubert*, § 1 Rn. 1 f.; *Rechberger/Simotta*, Zivilprozessrecht, Rn. 312 f.

handlungen ist, soweit nicht die Zivilprozessordnung abweichende Anordnungen enthält, nach den bestehenden gesetzlichen Bestimmungen[584] zu beurteilen, vgl. § 1 S. 2 der österreichischen ZPO. Nach § 2 der österreichischen ZPO bedarf ein mündiger Minderjähriger dagegen in Rechtsstreitigkeiten über Gegenstände, in denen er nach dem bürgerlichen Recht geschäftsfähig ist, nicht der Mitwirkung seines gesetzlichen Vertreters.

Gem. § 151 I ABGB kann ein minderjähriges Kind grundsätzlich ohne ausdrückliche oder stillschweigende Einwilligung seines gesetzlichen Vertreters rechtsgeschäftlich weder verfügen noch sich verpflichten. Nach erreichter Mündigkeit kann es jedoch über Sachen, die ihm zur freien Verfügung überlassen worden sind, und über sein Einkommen aus eigenem Erwerb so weit verfügen und sich verpflichten, als dadurch nicht die Befriedigung seiner Lebensbedürfnisse gefährdet wird, vgl. § 151 II ABGB.[585] Auch kann sich ein mündiges minderjähriges Kind gem. § 152 ABGB, soweit nichts anderes bestimmt ist, selbstständig durch Vertrag zu Dienstleistungen verpflichten, ausgenommen zu Dienstleistungen auf Grund eines Lehr- oder sonstigen Ausbildungsvertrags.[586]

Zusammenfassend ist also festzustellen, dass alle mündigen Minderjährigen im Rahmen ihrer zivilrechtlichen Geschäftsfähigkeit prozessfähig sind. Prozessunfähig sind demgegenüber Kinder unter sieben Jahren, unmündige Minderjährige und mündige Minderjährige außerhalb ihrer zivilrechtlichen Geschäftsfähigkeit.[587]

In materiell-rechtlicher Hinsicht stellt sich die Rechtslage betreffend die zivilrechtliche Geschäftsfähigkeit des Kindes nach Inkrafttreten des Kindschafts- und Namensrechtsänderungsgesetzes 2013 folgendermaßen dar:

Maßgeblich ist primär § 167 ABGB, der wie folgt lautet: *„Sind beide Eltern mit der Obsorge betraut, so ist jeder Elternteil für sich allein berechtigt und verpflichtet, das Kind zu vertreten; seine Vertretungshandlung ist selbst dann rechtswirksam, wenn der andere Elternteil mit ihr nicht einverstanden ist.“* Für zivilgerichtliche Verfahren gilt zusätzlich § 169 ABGB. Danach ist nur ein obsorgebetrauter Elternteil allein zur verfahrensrechtlichen Vertretung des Kindes berechtigt. Solange sich die Eltern nicht auf den anderen Elternteil einigen oder das Gericht nach § 181 ABGB diesen

---

584 Vgl. §§ 151, 152 ABGB.

585 Vgl. Rummel/*Stabentheiner*, § 151 Rn. 8; Schwimann/Kodek/*Nademleinsky*, § 151 Rn. 18; für Rechtsprechung zur Geschäftsfähigkeit Minderjähriger vgl. *Dittrich/Tades*, § 151, S. 295 ff.

586 Vgl. Schwimann/Kodek/*Nademleinsky*, § 152 Rn. 1 ff.; Rummel/*Stabentheiner*, § 152 Rn. 7; für Rechtsprechung zur Geschäftsfähigkeit Minderjähriger vgl. *Dittrich/Tades*, § 152, S. 297 f.

587 Vgl. *Kodek/Mayr*, S. 128; *Fasching/Konecny*, § 2 Rn. 1; *Fucik/Klauser/Kloiber*, § 2; *Rechberger/Simotta*, Zivilprozessrecht, Rn. 313; grundsätzlich zur Prozess- und Verfahrensfähigkeit minderjähriger Personen *Dullinger* RZ 1989, 6 ff. (unter Geltung des Rechts vor dem KindRÄG 2001); *Gitschthaler* RZ 2003, 175 ff. (unter Geltung des Rechts vor dem KindRÄG 2012); *Beck* EF-Z 2011/128, 211 f. (unter Geltung des Rechts vor dem KindNamRÄG 2013).

oder einen Dritten als Vertreter bestimmt, ist Vertreter derjenige Elternteil, der die erste Verfahrenshandlung setzt.

§ 177 ABGB regelt die Obsorge der Eltern entsprechend der Regelung der elterlichen Sorge in §§ 1626 ff. BGB in Deutschland: Für den Fall, dass die Eltern durch ihr Verhalten das Wohl des minderjährigen Kindes gefährden, hat das Gericht, von wem immer es angerufen wird, die zur Sicherung des Wohles des Kindes nötigen Verfügungen zu treffen. Besonders darf das Gericht die Obsorge für das Kind ganz oder teilweise entziehen, vgl. § 181 I ABGB. Die gänzliche oder teilweise Entziehung der Pflege und Erziehung oder der Verwaltung des Vermögens des Kindes schließt die Entziehung der gesetzlichen Vertretung in dem jeweiligen Bereich mit ein. Ist einem Elternteil, der mit der Obsorge für das Kind gemeinsam mit dem anderen Elternteil betraut war, die Obsorge ganz oder teilweise entzogen, so ist der andere Elternteil insoweit allein mit der Obsorge betraut, vgl. § 178 I 1 ABGB. Ist in dieser Weise der Elternteil, der mit der Obsorge allein betraut ist, betroffen, hat das Gericht unter Beachtung des Wohles des Kindes zu entscheiden, ob der andere Elternteil oder ob und welches Großelternpaar (bzw. welcher Großelternteil) oder Pflegeelternpaar (bzw. welcher Pflegeelternteil) mit der Obsorge zu betrauen ist. Letzteres gilt auch, wenn beide Elternteile betroffen sind, vgl. § 178 I 2 ABGB. Für den Fall eines Konflikts zwischen den Interessen des Kindes und den Interessen seines gesetzlichen Vertreters bestimmt § 271 ABGB:

(1) Widerstreiten einander in einer bestimmten Angelegenheit die Interessen einer minderjährigen oder sonst nicht voll handlungsfähigen Person und jene ihres gesetzlichen Vertreters, so hat das Gericht der Person zur Besorgung dieser Angelegenheiten einen besonderen Kurator zu bestellen.

(2) Der Bestellung eines Kurators bedarf es nicht, wenn eine Gefährdung der Interessen des minderjährigen Kindes oder der sonst nicht voll handlungsfähigen Person nicht zu besorgen ist und die Interessen des minderjährigen Kindes oder der sonst nicht voll handlungsfähigen Person vom Gericht ausreichend wahrgenommen werden können. Dies gilt im Allgemeinen in Verfahren zur Durchsetzung der Rechte des Kindes nach §§ 187, 188 und 231, auch wenn es durch den betreuenden Elternteil vertreten wird, sowie in Verfahren über Ansprüche nach § 229 Abs. 1 und 2 oder § 230.

Der Kollisionskurator entspricht im Wesentlichen dem deutschen Institut des Ergänzungspflegers i.S.v. §§ 1909 ff. BGB.[588]

Im Zuge der Novellierung des ABGB in Form des Kindschafts- und Namensrechtsänderungsgesetzes 2013 wurde – um einen weiteren Schritt zur Förderung des Kindeswohls zu setzen – in § 138 ABGB das Gebot der Kindeswohlorientierung ausdrücklich gesetzlich niedergelegt, da das Gesetz immer wieder das Wohl

588 Vgl. zu den Rechten und Pflichten eines Kollisionskurators die Gegenüberstellung zum Modell des Kinderbeistands bei *Barth/Haidvogl* RZ 2007, 17.

des Kindes zum wichtigen Kriterium einer kindschaftsrechtlichen Entscheidung macht.[589] § 138 ABGB lautet nun wie folgt:

> *In allen das minderjährige Kind betreffenden Angelegenheiten, insbesondere der Obsorge und der persönlichen Kontakte, ist das Wohl des Kindes (Kindeswohl) als leitender Gesichtspunkt zu berücksichtigen und bestmöglich zu gewährleisten. Wichtige Kriterien bei der Beurteilung des Kindeswohls sind insbesondere*
> 1. *eine angemessene Versorgung, insbesondere mit Nahrung, medizinischer und sanitärer Betreuung und Wohnraum, sowie eine sorgfältige Erziehung des Kindes;*
> 2. *die Fürsorge, Geborgenheit und der Schutz der körperlichen und seelischen Integrität des Kindes;*
> 3. *die Wertschätzung und Akzeptanz des Kindes durch die Eltern;*
> 4. *die Förderung der Anlagen, Fähigkeiten, Neigungen und Entwicklungsmöglichkeiten des Kindes;*
> 5. *die Berücksichtigung der Meinung des Kindes in Abhängigkeit von dessen Verständnis und der Fähigkeit zur Meinungsbildung;*
> 6. *die Vermeidung der Beeinträchtigung, die das Kind durch die Um- und Durchsetzung einer Maßnahme gegen seinen Willen erleiden könnte;*
> 7. *die Vermeidung der Gefahr für das Kind, Übergriffe oder Gewalt selbst zu erleiden oder an wichtigen Bezugspersonen mitzuerleben;*
> 8. *die Vermeidung der Gefahr für das Kind, rechtswidrig verbracht oder zurückgehalten zu werden oder sonst zu Schaden zu kommen;*
> 9. *verlässliche Kontakte des Kindes zu beiden Elternteilen und wichtigen Bezugspersonen sowie sichere Bindungen des Kindes zu diesen Personen;*
> 10. *die Vermeidung von Loyalitätskonflikten und Schuldgefühlen des Kindes;*
> 11. *die Wahrung der Rechte, Ansprüche und Interessen des Kindes sowie*
> 12. *die Lebensverhältnisse des Kindes, seiner Eltern und seiner sonstigen Umgebung.*

Zudem wurde das neue Konzept der „Familiengerichtshilfe“[590] weiter ausgebaut und zu diesem Zweck § 107 III AußStrG eingeführt.[591]

---

589 Erläuterungen zum Kindschafts- und Namensrechts-Änderungsgesetz 2013, S. 6, 8.

590 Dabei erhalten Familiengerichte eine mit Psychologen und Sozialarbeitern besetzte Stelle der Justiz zur Seite gestellt, die sie in kindschaftsrechtlichen Verfahren unterstützen. Ziel der Familiengerichtshilfe ist es, die Verfahrensdauer der Obsorge- und Kontaktrechtsstreitigkeiten zu verkürzen und die Rollenkonflikte der Familienrichter und Jugendwohlfahrtsträger zu entschärfen und dadurch die Qualität und Nachhaltigkeit dieser gerichtlichen Verfahren zu verbessern. Die Familiengerichtshilfe unterstützt das Gericht auf dessen Auftrag bei der Sammlung der Entscheidungsgrundlagen, der Anbahnung einer gütlichen Einigung und der Information der Parteien in Verfahren über die Obsorge oder die persönlichen Kontakte und erstattet dem Gericht schriftlich oder in der mündlichen Verhandlung Bericht, vgl. www.help.gv.at/Portal.Node/hlpd/public/content/234/Seite.234002.html (Zugriff am 31.07.2014).

591 Erläuterungen zum Kindschafts- und Namensrechtsänderungsgesetz 2013, S. 9.

b) Verfahrensfähigkeit nach dem Außerstreitgesetz (AußStrG)

Die vorstehenden Ausführungen zur Prozessfähigkeit gelten, wie sich aus § 2 III AußStrG ergibt, für das Verfahren nach dem Außerstreitgesetz[592] i.S.v. § 1 AußStrG entsprechend. Diese Vorschrift bestimmt, dass sich die Fähigkeit einer Partei, selbstständig vor Gericht zu handeln, und die Stellung des gesetzlichen Vertreters grundsätzlich nach den Bestimmungen der Zivilprozessordnung richten.

Bis zur Neuregelung der eigenständigen Verfahrensfähigkeit mündiger Minderjähriger in § 182a AußStrG a.F. im Rahmen des KindRÄG 2001, waren Minderjährige im Pflegschaftsverfahren nicht selbst verfahrensfähig.[593]Bereits vor Inkrafttreten der Neuregelung aber wurden Stimmen laut, die beschränkt geschäftsfähigen Personen im Pflegschaftsverfahren eigene Mitwirkungs- und Defensivrechte zuerkennen wollten. Gestützt wurde diese Forderung auf die Erwägung, dass sie nicht zum bloßen Verfahrensobjekt degradiert werden dürften. Diese Erwägung hatte durch die Ratifizierung der UN-KRK am 05. September 1992 wesentlich an Bedeutung gewonnen.[594] Die Befürworter einer eigenen familienrechtlichen Verfahrensfähigkeit waren in der Literatur von Anfang an zahlreich.[595] Aber auch in der Rechtsprechung fand sich nach und nach Zustimmung insofern, als Minderjährigen, die das 14. Lebensjahr bereits vollendet hatten, in Belangen des Obsorge- und Besuchsrechts mehr und mehr die Verfahrensfähigkeit für eine selbstständige Rechtsmittelerhebung zuerkannt wurde.[596] Zudem wurde im Bereich der Vollstreckung vermehrt die Durchsetzung des Besuchsrechts gegen den Willen des mündigen Minderjährigen abgelehnt[597].

Neuerdings sieht § 104 AußStrG eine besondere Verfahrensfähigkeit Minderjähriger in Verfahren zur Regelung der Obsorge und des persönlichen Verkehrs zwischen Eltern und minderjährigen Kindern vor. Nach § 104 I AußStrG können Minderjährige, die das 14. Lebensjahr vollendet haben, in Verfahren über Pflege und Erziehung oder über das Recht auf persönlichen Verkehr, selbstständig vor Gericht handeln. Soweit die Verständnisfähigkeit des Minderjährigen dies erfordert, hat das Gericht – spätestens anlässlich der Befragung – dafür zu sorgen, dass dieser seine Verfahrensrechte wirksam wahrnehmen kann; auf bestehende Beratungsmöglichkeiten ist er hinzuweisen. Die Befugnis des gesetzlichen Vertreters des Minderjährigen, auch in dessen Namen Verfahrenshandlungen vorzunehmen, bleibt gem. § 104 II 1 AußStrG unberührt. Stimmen Anträge, die der Minderjährige

592 Dabei handelt es sich um das dem FamFG entsprechende österreichische Gesetz.

593 Vgl. Rechberger/*Deixler-Hübner*, § 104 Rn. 1.

594 Vgl. Rechberger/*Deixler-Hübner*, § 104 Rn. 1 mit Verweis auf LG Salzburg, Gz.: 21R686/06p, EF-Slg. 118.880.

595 Vgl. Rechberger/*Deixler-Hübner*, § 104 Rn. 1, m.w.N.

596 OGH v.15.12.1998, Gz.: 10 Ob 406/98y, www.ris.bka.gv.at (Zugriff am 17.07.2014); OGH v. 27.04.1999, Gz.: 1 Ob 78/99y, www.ris.bka.gv.at (Zugriff am 17.07.2014).

597 OGH v. 29.06.1994, Gz.: 7 Ob 1547/94, www.ris.bka.gv.at (Zugriff am 17.07.2014); OGH v. 04.09.2002, Gz.: 9 Ob 201/02b, www.ris.bka.gv.at (Zugriff am 17.07.2014).

und der gesetzliche Vertreter gestellt haben, nicht überein, sind bei der Entscheidung alle Anträge inhaltlich zu berücksichtigen, vgl. § 104 II 2 AußStrG. In § 104 III AußStrG findet sich nun auch eine ausdrückliche Regelung zur Verfahrenshilfe und zur Beiordnung eines Rechtsanwalts.

c) Kindesbefragung gemäß § 105 AußStrG

Als allgemeine Möglichkeit zur Berücksichtigung des Willens von Kindern unter 14 Jahren – ältere Kinder sind wie gesehen selbst Partei und verfahrensfähig – sieht § 105 AußStrG zudem die Befragung des Minderjährigen vor:

> (1) *Das Gericht hat Minderjährige in Verfahren über Pflege und Erziehung oder das Recht auf persönlichen Verkehr persönlich zu hören. Der Minderjährige kann auch durch den Jugendwohlfahrtsträger, durch Einrichtungen der Jugendgerichtshilfe oder in anderer geeigneter Weise, etwa durch Sachverständige, gehört werden, wenn er das zehnte Lebensjahr noch nicht vollendet hat, wenn dies seine Entwicklung oder sein Gesundheitszustand erfordert oder wenn sonst eine Äußerung der ernsthaften und unbeeinflussten Meinung des Minderjährigen nicht zu erwarten ist.*
>
> (2) *Die Befragung hat zu unterbleiben, soweit durch sie oder durch einen damit verbundenen Aufschub der Verfügung das Wohl des Minderjährigen gefährdet wäre oder im Hinblick auf die Verständnisfähigkeit des Minderjährigen offenbar eine überlegte Äußerung zum Verfahrensgegenstand nicht zu erwarten ist.*

Die in § 105 I 1 AußStrG normierte Pflicht zur persönlichen Anhörung des Minderjährigen bleibt auch bei Bestellung eines Kinderbeistands bestehen. Der Kinderbeistand wird jedoch unter gewissen Umständen als „andere geeignete Weise der Anhörung" i.S.v. § 105 I 2 AußStrG anzusehen sein.[598]

d) Der Kinderbeistand gemäß § 104a AußStrG

Kernstück der Neuerung ist die Einführung des sog. Kinderbeistands in § 104a AußStrG. Aus Anlass einer eskalierten, zwangsweisen Kindesabnahme hatte sich eine Arbeitsgruppe mit der Frage auseinandergesetzt, wie eine Verbesserung der verfahrensrechtlichen Situation von Kindern in hochstrittigen Verfahren erreicht werden könnte. In der Folge wurde im Rahmen eines vom österreichischen Bundesjustizministerium (BMJ) und vom Bundesministerium für Gesundheit, Familie und Jugend (BGFJ) finanzierten wissenschaftlichen Modellprojekts das Rechtsinstitut der Kinderbeistandschaft untersucht. Dieses Modellprojekt führte zu einer

---

598 Vgl. *Fucik* iFamZ 2010, 229 ff.; *Prenzlow* ZKJ 2013, 19; hier besteht die Gefahr, dass eine wichtige Forderung der UN-KRK, die direkte Partizipation des Kindes, unterhöhlt wird. Zwar kann eine Übertragung der Anhörungsrechte auf den Kinderbeistand einerseits die Belastung für das Kind verringern; andererseits reduziert sich hierdurch die Subjektstellung des Kindes im Verfahren.

sehr positiven Resonanz, weshalb es letztlich zum Gesetz wurde.[599] § 104a AußStrG lautet nun wie folgt:

(1) *In Verfahren über die Obsorge oder über das Recht auf persönlichen Verkehr ist Minderjährigen unter 14 Jahren, bei besonderem Bedarf mit deren Zustimmung auch Minderjährigen unter 16 Jahren, ein Kinderbeistand zu bestellen, wenn es im Hinblick auf die Intensität der Auseinandersetzung zwischen den übrigen Parteien zur Unterstützung des Minderjährigen geboten ist und dem Gericht geeignete Personen zur Verfügung stehen. Das Gericht kann zum Kinderbeistand nur vom Bundesministerium für Justiz oder in dessen Auftrag von der Justizbetreuungsagentur namhaft gemachte Personen bestellen. Namhaft gemacht werden können nur Personen, die insbesondere nach ihrem Beruf, ihrer beruflichen Erfahrung im Umgang mit Kindern und Jugendlichen und ihrer Ausbildung für die Tätigkeit geeignet sind.*

(2) *Der Kinderbeistand hat mit dem Minderjährigen den erforderlichen Kontakt zu pflegen und ihn über den Gang des Verfahrens zu informieren. Er ist zur Verschwiegenheit über die ihm in Ausübung seiner Funktion anvertrauten oder bekannt gewordenen Tatsachen verpflichtet. Im Einvernehmen mit dem Minderjährigen hat er dessen Meinung dem Gericht gegenüber zu äußern.*

(3) *Der Kinderbeistand hat das Recht auf Akteneinsicht. Er ist von allen Terminen zu verständigen. Er darf an allen mündlichen Verhandlungen teilnehmen und den Minderjährigen zu Beweisaufnahmen außerhalb der mündlichen Verhandlung auf dessen Wunsch begleiten. Alle Anträge der Parteien sind ihm zu übersenden; von weiteren Personensorgeverfahren ist er durch Übersendung des verfahrenseinleitenden Antrags zu informieren.*

(4) *Für die Ablehnung des Kinderbeistands gelten die Bestimmungen über die Ablehnung eines Sachverständigen sinngemäß.*

(5) *Die Bestellung endet mit der rechtskräftigen Erledigung der Sache. Das Gericht kann den Kinderbeistand vorher entheben, wenn dies das Wohl des Minderjährigen erfordert. Im zeitlichen Zusammenhang mit der rechtskräftigen Erledigung der Sache hat der Kinderbeistand mit dem Minderjährigen das Verfahren und dessen Ergebnisse abschließend zu besprechen. Wird während der Bestellung eines Kinderbeistands ein weiteres in Abs. 1 erster Satz genanntes Verfahren dieselben Minderjährigen betreffend anhängig, so verlängert sich die Bestellung des Kinderbeistands längsten bis zum Abschluss dieses weiteren Verfahrens.*

(6) *Das Bundesministerium für Justiz und die Stelle, die den Kinderbeistand namhaft gemacht hat, können die Namhaftmachung eines Kinderbeistands aus wichtigen Gründen widerrufen. Liegt ein solcher Grund vor, hat ihn das Gericht zu entheben und unter den Voraussetzungen des Abs. 1 einen anderen zu bestellen.*

---

599 Vgl. *Lehner* iFamZ 2008, 276 f.; Rechberger/*Deixler-Hübner*, § 104a Rn. 1; *Krucsay/Pelikan* iFamZ 2008, 294; *Barth/Haidvogl* RZ 2007, 14 ff.; *Menne*, in: Festschrift für Rainer Frank, S. 454 f.; *Prenzlow* ZKJ 2013, 20; die Begleitforschung zum Modellprojekt hat gezeigt, dass die Beiziehung eines Kinderbeistands das Kind entlastet und sich sowohl auf das Befinden des Kindes als auch auf die gesamte Eltern-Kind-Konstellation positiv auswirkt.

Insgesamt lässt sich das Institut des Kinderbeistands aufgrund zweier Aspekte als positiv bewerten, nämlich der Außen- und der Innenwirkung. Unter Außenwirkung fallen die folgenden Effekte: der Kindeswille wird im Verfahren weitergegeben und bei der Entscheidungsfindung berücksichtigt. Dadurch gewinnen die von einem Kinderbeistand unterstützten Kinder im Bewusstsein der Eltern wieder Raum, da ihre Position im Gerichtsverfahren von einem Dritten zur Geltung gebracht wird und die Eltern somit aus ihrem Problemzirkel aufgerüttelt werden. Zur Innenwirkung zählt dagegen, dass Raum für die Bedürfnisse und Wünsche des Kindes geschaffen wird und die Kinder durch den Kinderbeistand emotional entlastet werden, was ihnen helfen soll, die Konfliktsituation der Eltern weitgehend unbeschadet zu durchleben.[600] Trotz der positiven Resonanz auf das Modellprojekt wurde seit der Gesetzeseinführung nur in 255 Verfahren ein Kinderbeistand bestellt. Gerechnet auf rund 21.000 Scheidungskinder pro Jahr entspricht das einer Bestellquote von nur 1,2%.[601]

Im Wesentlichen besteht die Aufgabe des Kinderbeistands darin, den Kontakt zum Kind herzustellen, eine Beziehung zu diesem aufzubauen und diese zu unterhalten. Darüber hinaus hat er es über die mit dem Verfahren verbundenen Schritte aufzuklären und es bei seiner Mitwirkung daran anzuleiten. Primär ist er Vertrauensperson des Kindes. In dieser Funktion hat er es zu den Terminen vor Gericht zu begleiten (wenn das Kind dies wünscht) und es generell vor traumatisierenden Situationen zu bewahren. Allgemein fungiert er lediglich als Übermittler der kindlichen Meinung, mithin als „Sprachrohr des Kindes"[602]. Was die Qualifikation des Kinderbeistands betrifft, sind die Voraussetzungen in § 104a I 2, 3 AußStrG klarer formuliert und insgesamt rigider als die Voraussetzungen zur Bestellung eines Verfahrensbeistands nach deutschem Recht, wo lediglich davon die Rede ist, dass ein „geeigneter" Verfahrensbeistand zu bestellen ist.[603]

Im Gegensatz zum deutschen Verfahrensbeistand i.S.v. § 158 FamFG vertritt der österreichische Kinderbeistand keine eigene Rechtsposition. Da das österreichische Recht bisher kein dem Kinderbeistand entsprechendes Institut vorsah und der Kinderbeistand weder gesetzlicher Vertreter des Kindes noch Verfahrensbeteiligter ist, ist dieser nach Ansicht des Gesetzgebers als Rechtsinstitut *sui generis* zu qualifizieren, der weder Verfahrens- noch rechtsgeschäftliche Handlungen für das Kind

600 Vgl *Krucsay/Pelikan* iFamZ 2008, 290; *Lehner* iFamZ 2008, 278; *Barth/Gröger* iFamZ 2010, 223; *Figdor* iFamZ 2010, 226.

601 Vgl. *Prenzlow* ZKJ 2013, 20 mit Quellenverweis auf die Justizbetreuungsagentur, Stand 17.02.2012.

602 Vgl. *Feil*, § 104a Rn. 2 f.; *Lehner* iFamZ 2008, 275 f.; *Barth* iFamZ 2009, 342; *Barth/Gröger* iFamZ 2010, 223 f.; *Figdor* iFamZ 2010, 226 f.; *Barth/Haidvogl* RZ 2007, 17 f.; *Prenzlow* ZKJ 2013, 17.

603 Vgl. *Figdor* iFamZ 2010, 227 f.; *Prenzlow* ZKJ 2013, 17 f.; *Barth/Gröger* iFamZ 2010, 222; *Lehner* iFamZ 2008, 276; *Barth/Haidvogl* RZ 2007, 18.

vornehmen kann und dem auch keine Parteirechte zukommen.[604] Jedoch ist der Kinderbeistand sehr wohl als „Vertreter" des Kindes i.S.v. Art. 12 UN-KRK anzusehen. Außerdem dient er der Durchsetzung der neuerdings durch das am 20. November 2011 vom Österreichischen Nationalrat beschlossene Bundesverfassungsgesetz (BVG)[605] verfassungsrechtlich verankerten Rechte des Kindes, insbesondere Art. 4 BVG, der Folgendes bestimmt:

> *Jedes Kind hat das Recht auf angemessene Beteiligung und Berücksichtigung seiner Meinung in allen das Kind betreffenden Angelegenheiten, in einer seinem Alter und seiner Entwicklung entsprechenden Weise.*

Ein weiterer Unterschied zum Institut des Verfahrensbeistands nach deutschem Recht liegt darin, dass der Kinderbeistand gem. § 104a I AußStrG nur im Obsorge- und Besuchsrechtsverfahren bestellt werden kann, zu dem gem. § 111a AußStrG auch das Verfahren nach dem HKÜ zählt, während ein Verfahrensbeistand in Kindschafts-, Adoptions- und Abstammungsverfahren bestellt werden kann. Obwohl der Bestellzeitpunkt nicht wie in § 158 III 1 FamFG gesetzlich geregelt ist, geht wohl auch das österreichische Recht davon aus, dass die Bestellung – wenn die beiden kumulativen Voraussetzungen von § 104a I 1 AußStrG vorliegen – möglichst frühzeitig erfolgen soll.[606]

Anders als im deutschen Recht normiert § 104a II 2 AußStrG ausdrücklich eine Verschwiegenheitspflicht des Kinderbeistands. Dadurch, dass sich der Kinderbeistand nur im Einvernehmen mit dem Kind äußern darf, soll sichergestellt werden, dass sich das Kind dem Kinderbeistand anvertrauen kann, ohne fürchten zu müssen, andere würden automatisch über das Anvertraute in Kenntnis gesetzt. Folgerichtig hat der Kinderbeistand daher auch ein Aussageverweigerungsrecht nach § 321 I Nr. 3 der österreichischen ZPO und § 157 I Nr. 3 der österreichischen StPO.[607]

Die Vergütung des Kinderbeistands ist ebenfalls mittels einer Fallpauschale geregelt, die gem. § 28 Nr. 9 des österreichischen Gerichtsgebührengesetzes von den Parteien zu bezahlen ist, wobei den Minderjährigen jedoch keine Gebührenpflicht trifft. Die Pauschale beträgt nach Tarifpost 12 lit. h des österreichischen Gerichtsgebührengesetzes 400 € für die ersten sechs Monate ab Bestellung eines oder mehrerer Kinderbeistände. Für jede weiteren begonnenen zwölf Monate Verfahrensdauer

604 Vgl. Rechberger/*Deixler-Hübner*, § 104a Rn. 2; *Barth* iFamZ 2009, 342 f.; *Prenzlow* ZKJ 2013, 19; Grund hierfür war die Befürchtung, dass etwa die Rechtsmittelbefugnis im Minderjährigen falsche Erwartungen über die „Macht" des Kinderbeistands bei Gericht wecken könnte.

605 Bundesverfassungsgesetz über die Rechte von Kindern, BGBl I Nr. 4/2011.

606 Vgl. *Barth* iFamZ 2009, 342; Rechberger/*Deixler-Hübner*, § 104a Rn. 5.

607 Vgl. *Barth/Gröger* iFamZ 2010, 223 f.; *Prenzlow* ZKJ 2013, 17 f.; *Barth/Haidvogl* RZ 2007, 17; eingehend zum Thema der Verschwiegenheitspflicht *Barth/Grössl* iFamZ 2010, 232; kritisch dazu *Figdor* iFamZ 2010, 226; vgl. insofern zum deutschen Recht *Lack/Salgo* FPR 2012, 357, die auf § 383 I Nr. 6 ZPO verweisen.

fallen zusätzlich jeweils 250 € für jede Partei an.[608] Der österreichische Gesetzgeber hat einer pauschalierten, im Gegensatz zu einer detaillierten Abrechnung den Vorzug gegeben, da so einerseits der Anreiz für die Eltern sinkt, die Kinder aus Kostengründen zu einer nur geringfügigen Inanspruchnahme ihres Kinderbeistands anzuhalten und andererseits für die Richter weniger Mehrarbeit entsteht.[609]

2. Rechtslage in der Schweiz

Durch die UN-KRK wurde in der Schweiz das Bewusstsein für das Recht des Kindes auf Gewährung rechtlichen Gehörs im Verfahren vor Behörden und Gerichten gestärkt. Dies gilt sowohl für die Gesetzgebungsorgane wie für die Eltern und Kinder selbst. Dem in Art. 22 UN-KRK verankerten Partizipationsrecht des Kindes liegt die Idee zugrunde, dass das Kind als Subjekt (und nicht bloßes Objekt) des Verfahrens unbedingt ernst zu nehmen ist und dass ihm das Recht auf Mitwirkung an der Gestaltung seiner Zukunft zukommt.[610]

Bereits bevor die UN-KRK durch die Schweiz ratifiziert wurde, hatte das Kind in behördlichen und gerichtlichen Verfahren einen Anspruch auf Gewährung rechtlichen Gehörs, der sich aus dem verfassungsrechtlich garantierten Grundrecht auf rechtliches Gehör ableitete. Seit 1978 bestimmt Art. 301 II Hs. 2 Schweizer Zivilgesetzbuch (ZGB) in diesem Sinn:

> *„(...) die Eltern gewähren dem Kind die seiner Reife entsprechende Freiheit der Lebensgestaltung und nehmen in wichtigen Angelegenheiten, soweit tunlich, auf seine Meinung Rücksicht.“*

Im Verhältnis zum deutschen Recht erstaunlich ist die allgemeinere Regelung des Art. 19c I Hs. 1 ZGB, der bestimmt, dass urteilsfähige handlungsunfähige Personen die Rechte, die ihnen um ihrer Persönlichkeit willen zustehen, selbstständig ausüben.[611] Was die Urteilsfähigkeit betrifft, bestimmt Art. 16 ZGB:

> *„Urteilsfähig im Sinne dieses Gesetzes ist jede Person, der nicht wegen ihres Kindesalters, infolge geistiger Behinderung, psychischer Störung, Rausch oder ähnlicher Zustände die Fähigkeit mangelt, vernunftgemäss zu handeln.“*

Für die Urteilsfähigkeit ist also nicht ein bestimmtes Alter entscheidend; vielmehr ist sie in Bezug auf die Wahrnehmung des konkreten in Frage stehenden Rechts relativ zu bestimmen.[612]

---

608 Vgl. *Prenzlow* ZKJ 2013, 19.
609 Vgl. *Barth*/*Gröger* iFamZ 2010, 225.
610 Vgl. Blum/Cottier/Migliazza/*Cottier*, S. 128.
611 Von der Rechtsausübung umfasst ist auch die Bestellung eines Vertreters.
612 Vgl. BSK/*Bigler-Eggenberger*, Art. 16 Rn. 3; danach ist die Urteilfähigkeit als Abwesenheit der Urteilsunfähigkeit oder – postiv – als Fähigkeit, vernunftgemäß zu handeln, zu definieren. Das heißt urteilfähig ist, wer einerseits über die Fähigkeit verfügt, den Sinn und Nutzen sowie die Wirkungen eines bestimmten Verhaltens

a) Rechtslage nach der Gesetzesänderung im Jahr 1998

Am 01. Januar 2000 trat die beschlossene Änderung des ZGB vom 26. Juni 1998 in Kraft, wodurch das Scheidungsrecht neu geregelt und die Kindesanhörung im Zuge der Umsetzung von Art. 12 UN-KRK sowohl im Scheidungsverfahren (vgl. Art. 144 ZGB), als auch im Kindesschutzverfahren (vgl. Art. 314 ZGB) einer ausdrücklichen Regelung zugeführt wurde. Art. 144 I, II ZGB[613] bestimmten nach besagter Revision des Scheidungsrechts:

> [1] *Sind Anordnungen über Kinder zu treffen, so hört das Gericht die Eltern persönlich an.*
> [2] *Die Kinder werden in geeigneter Weise durch das Gericht oder durch eine beauftragte Drittperson persönlich angehört, soweit nicht ihr Alter oder andere wichtige Gründe dagegen sprechen.*

Außerdem sah das ZGB sodann in Art. 146 ZGB explizit die Möglichkeit der Vertretung des Kindes durch einen Beistand vor:

> [1] *Das Gericht ordnet aus wichtigen Gründen die Vertretung des Kindes im Prozess durch einen Beistand an.*
> [2] *Es prüft die Anordnung der Beistandschaft insbesondere dann, wenn:*
> 1. *die Eltern bezüglich der Zuteilung der elterlichen Sorge oder wichtiger Fragen des persönlichen Verkehrs unterschiedliche Anträge stellen;*
> 2. *die Vormundschaftsbehörde es beantragt;*
> 3. *die Anhörung der Eltern oder des Kindes oder andere Gründe erhebliche Zweifel an der Angemessenheit der gemeinsamen Anträge der Eltern über die Zuteilung der elterlichen Sorge oder den persönlichen Verkehr erwecken oder Anlass geben, den Erlass von Kindesschutzmaßnahmen zu erwägen.*
>
> [3] *Auf Antrag des urteilsfähigen Kindes ist die Beistandschaft anzuordnen.*

Obligatorisch war die Anordnung der Beistandschaft lediglich nach Art. 146 III ZGB. Aus der einschlägigen Rechtsprechung des Bundesgerichts geht hervor, dass eine Verpflichtung zur Anordnung der Beistandschaft aus wichtigem Grund über Art. 146 III ZGB hinaus nicht bestand.[614] Überdies war der Anwendungsbereich von Art. 146 ZGB unscharf. Im Einzelnen war unklar und umstritten, ob Art. 146 ZGB auch für gerichtliche und behördliche Verfahren zur Abänderung des Scheidungsurteils oder für Eheschutzverfahren Anwendung beanspruchte. Einigkeit herrschte lediglich dahingehend, dass die Kindesvertretung jedenfalls in selbstständigen kindesrechtlichen Verfahren nicht auf Art. 146 ZGB gestützt werden konnte.[615]

---

einsehen und abwägen zu können (intellektuelles Element) und anderseits über die Fähigkeit, gemäß der Einsicht und nach freiem Willen handeln zu können (Willensmoment); vgl. in diesem Sinn auch Blum/Cottier/Migliazza/*Cottier*, S. 127.

613 Amtliche Sammlung AS 1999 1118 S. 17.

614 Vgl. Blum/Cottier/Migliazza/*Cottier*, S. 130 f.

615 Z.B. in Verfahren betreffend Kinder unverheirateter Eltern oder Kindesschutzverfahren ohne Bezug zu einem Scheidungsverfahren, vgl. Blum/Cottier/Migliazza/*Cottier*, S. 131.

In Art. 147 I-III ZGB waren schließlich die Bestellung und die Aufgaben des Kindesvertreters geregelt:

> [1] *Die Vormundschaftsbehörde bezeichnet als Beistand eine in fürsorgerischen und rechtlichen Fragen erfahrene Person.*
> [2] *Der Beistand des Kindes kann Anträge stellen und Rechtsmittel einlegen, soweit es um die Zuteilung der elterlichen Sorge, um grundlegende Fragen des persönlichen Verkehrs oder um Kindesschutzmaßnahmen geht.*
> [3] *Dem Kind dürfen keine Gerichts- oder Parteikosten auferlegt werden.*

Im Bundesrecht fanden sich keine näheren Vorgaben betreffend die fachliche Qualifikation eines Kindesvertreters und im Hinblick auf das Recht der einzelnen Kantone war festzustellen, dass nur der Kanton Basel-Stadt diesbezüglich eine Regelung getroffen hatte, indem eine entsprechende Ausbildungsverordnung erlassen worden war.

Vorangetrieben wurden die Professionalisierung und die Klärung der Einzelheiten dennoch, und zwar einerseits durch die Gründung des Vereins Kinderanwaltschaft Schweiz und andererseits durch die Implementierung eines Ausbildungsganges für Kindesvertreterinnen und -vertreter. Im Rahmen dieses Ausbildungsganges sollten sowohl rechtliche als auch psychologische Aspekte vermittelt werden. Bezweckt wurde damit neben der personellen Ausbildung die Etablierung von Standards entsprechend den Standards der BAG Verfahrensbeistandschaft in Deutschland.[616]

Aus der Schweizerischen Vormundschaftsstatistik aus dem Jahr 2006 geht hervor, dass in den Jahren 2000-2006 eine Zunahme der Anordnungen von Maßnahmen nach Art. 146 f. ZGB von ca. 55% stattgefunden hat. Während im Jahr 2000, dem Jahr der Einführung von Art. 146 f. ZGB, 112 solcher Maßnahmen neu angeordnet wurden, waren es im Jahr 2006 174.[617] In verschiedenen Kantonen, wie etwa Basel-Stadt, Tessin und Thurgau, wurde im Jahr 2006 keine einzige Kindesvertretung angeordnet.[618]

Als Gründe für den zurückhaltenden Umgang mit dem neuen Institut kommen der dem Richter nach Art. 146 I ZGB zustehende weite Ermessensspielraum und die Befürchtung in Betracht, das Verfahren werde durch die Bestellung eines Vertreters für das Kind insgesamt teurer und komplizierter. Hinzu kam der Umstand, dass die Anordnung der Beistandschaft durch das Gericht zu erfolgen hatte, während die tatsächliche Einsetzung durch die Vormundschaftsbehörde erfolgte. Außerdem war – wie bereits angesprochen – unklar, welche Qualifikationen der Kindesvertreter vorweisen können musste und welche Rechte ihm zustanden bzw. welche Pflichten

---

616 Vgl. Blum/Cottier/Migliazza/*Cottier*, S. 132; vgl. zu den in Deutschland existenten Standards Salgo et al./*BAG Verfahrensbeistandschaft*, Rn. 1514 ff. und *Bode*, Standards für Verfahrensbeistände, www.v-a-k.de (Zugriff am 05.06.2013).

617 Schweizerische Vormundschaftsstatistik 2006, S. 339.

618 Vgl. Blum/Cottier/Migliazza/*Schweighauser*, S. 154.

ihn trafen. Alles in allem schien der Kindesvertreter für die Gerichte oft ein zu fürchtendes „unbekanntes Wesen“ zu sein.[619]

b) Kindesschutzrecht nach der Gesetzesänderung im Jahr 2013

Betreffend das Kindesschutzrecht nach Art. 307 ff. ZGB stellt sich die Gesetzeslage nun überblicksartig wie folgt dar:

Gem. Art. 307 I ZGB trifft die Kindesschutzbehörde die geeigneten Maßnahmen zum Schutz des Kindes, wenn das Wohl des Kindes gefährdet ist und die Eltern nicht von sich aus für Abhilfe sorgen oder dazu außerstande sind. Nach Art. 307 III ZGB kann sie insbesondere die Eltern, die Pflegeeltern oder das Kind ermahnen, ihnen bestimmte Weisungen für die Pflege, Erziehung oder Ausbildung erteilen und eine geeignete Person oder Stelle bestimmen, der Einblick und Auskunft zu geben ist. Erfordern es die Verhältnisse, ernennt die Kindesschutzbehörde dem Kind gem. Art. 308 I ZGB einen Beistand, der die Eltern in ihrer Sorge um das Kind mit Rat und Tat unterstützt (sog. Erziehungsbeistandschaft).[620] Sie kann dem Beistand gem. Art. 308 II ZGB besondere Befugnisse übertragen, namentlich die Vertretung des Kindes bei der Wahrung seines Unterhaltsanspruchs und anderer Rechte und die Überwachung des persönlichen Verkehrs. Die elterliche Sorge kann überdies gem. Art. 308 III ZGB entsprechend beschränkt werden.[621] Art. 309 ZGB regelt einen weiteren Spezialfall der Bestellung eines Beistands im Rahmen der Feststellung der Abstammung des Kindes.[622] Diese in ihrer Eingriffsintensität relativ milden Maßnahmen dienen der Unterstützung der Eltern in der Wahrnehmung ihrer Betreuungs- und Erziehungsfunktion.

Eine stärker eingreifende Maßnahme sieht Art. 310 I ZGB vor, der bestimmt:

---

619 Vgl. *Menne* iFamZ 2008, 296 f.; Blum/Cottier/Migliazza/*Schweighauser*, S. 157 f.; *Menne*, in: Festschrift für Rainer Frank, S. 448, 453 f.

620 Die Verhältnisse erfordern die Bestellung eines Beistands in der Regel dann, wenn Anordnungen gem. Art. 307 ZGB nicht genügen. Die Beistandschaft zielt auf kontinuierliches Einwirken auf die Erziehungsarbeit der Eltern und das Gebaren des Kindes ab, vgl. BSK/*Breitschmid*, Art. 308 Rn. 1 f., 4.

621 Dieses Vorgehen ist insbesondere dann angezeigt, wenn es an der Kooperationsbereitschaft der Eltern mangelt; es wird die konkurrierende Vertretungsmacht von Eltern und Beistand ausgeschlossen, vgl. BSK/*Breitschmid*, Art. 308 Rn. 20 f.

622 Besteht ein Kindesverhältnis nur zur Mutter, etwa wenn eine unverheiratete Frau ein Kind zur Welt bringt (Abs. 1) oder das Kindesverhältnis infolge Anfechtung beseitigt worden ist (Abs. 2), ernennt die Vormundschaftsbehörde – auch gegen den Willen der Mutter – dem Kind einen Beistand, der für die Feststellung des Kindesverhältnisses zum Vater zu sorgen und die Mutter in der nach den Umständen gebotenen Weise zu beraten und zu betreuen hat, vgl. BSK/*Breitschmid*, Art. 309 Rn. 1, m.w.N.

„Kann der Gefährdung des Kindes nicht anders begegnet werden, so hat die Kindesschutzbehörde es den Eltern oder, wenn es sich bei Dritten befindet, diesen wegzunehmen und in angemessener Weise unterzubringen."

Die Anordnung des sog. Obhutsentzugs trifft die Kindesschutzbehörde gem. Art. 310 II ZGB auf Begehren der Eltern oder des Kindes auch dann, wenn das Verhältnis so schwer gestört ist, dass das Verbleiben des Kindes im gemeinsamen Haushalt unzumutbar geworden ist und nach den Umständen nicht anders geholfen werden kann.[623]

Den stärksten Eingriff sehen Art. 311 f. ZGB in Form der Entziehung der elterlichen Sorge vor. Diese einschneidende Maßnahme kann zum Schutz des Kindes von Amts wegen (Art. 311 ZGB) oder mit Einverständnis der Eltern (Art. 312 ZGB) dann angeordnet werden, wenn die Eltern wegen Unerfahrenheit, Krankheit, Gebrechen, Ortsabwesenheit oder ähnlichen Gründen außerstande sind, die elterliche Sorge pflichtgemäß auszuüben oder wenn die Eltern sich um das Kind nicht ernstlich gekümmert oder ihre Pflichten gegenüber dem Kind gröblich verletzt haben, vgl. Art. 311 I ZGB.[624]

Was die Stellung des Kindes im Kindesschutzverfahren angeht, ist in Rechtsprechung und Literatur die Meinung vorherrschend, dass das Kind selbst grundsätzlich nicht Partei ist. Lediglich in zwei Fällen, nämlich wenn das Kind gem. Art. 310 II ZGB den Antrag auf Aufhebung der elterlichen Obhut stellt oder wenn Eltern, Kind und involvierte Dritte (z.B. Pflegeeltern) unterschiedliche Interessen verfolgen, wird die Parteistellung des Kindes zuweilen bejaht.[625] Die Stellung als Partei des Verfahrens bringt mit sich, dass sich das Kind über das Anhörungsrecht des Art. 314 Nr. 1 ZGB[626] hinaus selbst oder durch einen selbst gewählten Vertreter jederzeit äußern und Anträge stellen kann. In diesem Zusammenhang forderte *Cottier*, dem urteilsfähigen Kind die Parteistellung im Kindesschutzverfahren auch in weiteren Fällen zuzuerkennen, nämlich immer dann, wenn eine Kindesschutzmaßnahme mit einem Eingriff in die persönliche Freiheit oder das Recht auf Familienleben verbunden ist, da dann das Kind automatisch in seinen höchstpersönlichen Rechten betroffen sei.[627]

---

623 Die Wegnahme ist nur zulässig, wenn der Gefährdung des Kindes nicht anders begegnet werden und das Kind in seiner körperlichen, geistigen und sittlichen Entwicklung nicht anders geschützt werden kann. Hierdurch wird dem Subsidiaritätsprinzip Ausdruck verliehen und der Vorrang ambulanter, die Familiengemeinschaft respektierender Maßnahmen vor stationären Maßnahmen verdeutlicht, vgl. BSK/*Breitschmid*, Art. 310 Rn 3.

624 Vgl. BSK/*Breitschmid*, Art. 311 Rn. 3.

625 Vgl. BSK/*Steck*, Art. 300 Rn. 3 ff., m.w.N.

626 Art. 314 Nr. 1 ZGB lautete wie folgt: *„Das Verfahren wird durch das kantonale Recht geordnet unter Vorbehalt folgender Vorschriften: 1. Vor dem Erlass von Kindesschutzmaßnahmen ist das Kind in geeigneter Weise durch die vormundschaftliche Behörde oder durch eine beauftragte Drittperson persönlich anzuhören, soweit nicht sein Alter oder andere wichtige Gründe dagegen sprechen."*

627 Vgl. Blum/Cottier/Migliazza/*Cottier*, S. 137.

Bis *dato* fehlte – wie bereits erwähnt – im Kindesschutzbereich eine Art. 146 f. ZGB entsprechende Vorschrift, die es der Vormundschaftsbehörde erlaubt hätte, eine unabhängige Vertretung des Kindes einzusetzen. Eine Analogie zu Art. 146 f. ZGB kam nicht in Betracht.[628] Damit blieb es für die Vertretung der Rechte des Kindes im Kindesschutzverfahren bei den allgemeinen Bestimmungen.

c) Vertretungsbeistandschaft nach der Gesetzesänderung im Jahr 2013

Nach der Änderung des Schweizer Zivilgesetzbuchs vom 19. Dezember 2008, die am 01. Januar 2013 in Kraft trat, stellt sich die Rechtslage in Bezug auf die prozessuale Vertretung der Kindesinteressen nun wie folgt dar:

Nach Art. 67 I Schweizer ZPO ist prozessfähig, wer handlungsfähig ist. Gem. Art. 13 ZGB besitzt die Handlungsfähigkeit, wer volljährig und urteilsfähig ist. Volljährig ist gem. Art. 14 ZGB, wer das 18. Lebensjahr zurückgelegt hat. Urteilsfähig im Sinne dieses Gesetzes ist gem. Art. 16 ZGB jede Person, der nicht wegen ihres Kindesalters, infolge geistiger Behinderung, psychischer Störung, Rausch oder ähnlicher Zustände die Fähigkeit mangelt, vernunftgemäß zu handeln.[629] *Per se* handlungsunfähig sind dagegen gem. Art. 17 ZGB urteilsunfähige Personen, Minderjährige sowie Personen unter umfassender Beistandschaft.

Minderjährige sind demnach unabhängig von ihrer Urteilsfähigkeit nicht handlungs- und damit grundsätzlich prozessunfähig. Für sie handelt gem. Art. 67 II Schweizer ZPO i.d.R. ihre gesetzliche Vertretung. Ausnahmsweise kann ein urteilsfähiger Minderjähriger trotz seiner Prozessunfähigkeit gem. Art. 67 III Schweizer ZPO selbstständig Rechte ausüben, die ihm um seiner Persönlichkeit willen zustehen und vorläufig selbst das Nötige vorkehren, wenn Gefahr in Verzug ist.[630]

Grundsätzlich vertreten die Eltern das Kind gem. Art. 304 I ZGB von Gesetzes wegen gegenüber Drittpersonen im Umfang der ihnen zustehenden elterlichen Sorge. Nach Art. 305 I ZGB kann das urteilsfähige Kind unter elterlicher Sorge lediglich im Rahmen des Personenrechts durch eigenes Handeln Rechte und Pflichten begründen und höchstpersönliche Rechte ausüben.

---

628 Bei der Beistandschaft gem. Art. 146 I ZGB handelte es sich um eine besondere Art der Beistandschaft, da der für gewöhnlich nachprozessuale bzw. prozessbegleitende Tätigkeitsschwerpunkt eines Beistands durch die Vertretung im Prozess ergänzt wurde. Ein Beistand gem. Art. 146 I ZGB war in jedem eherechtlichen Verfahren zu bestellen, welches die Interessen des Kindes derart berührte, dass die selbstständige prozessuale Wahrnehmung persönlichkeitsrechtlicher Anliegen aus wichtigen Gründen geboten war. In außereherechtlichen Verfahren war Art. 146 I ZGB dagegen nicht unmittelbar anwendbar. Hier waren Kindesschutzmaßnahmen i.S.v. Art. 307 ff. ZGB vorrangig; vgl. BSK/*Breitschmid*, Art. 146 Rn. 2, 6.

629 Die Urteilsfähigkeit ist eine relative und muss im Hinblick auf den konkreten Prozessgegenstand gegeben sein. Ist die Urteilsfähigkeit zu verneinen, entfällt die Handlungs- und damit die Prozessfähigkeit, vgl. BSK-ZPO/*Tenchio*, Art. 67 Rn. 4.

630 Vgl. zu den einzelnen höchstpersönlichen Rechten BSK-ZPO/*Tenchio*, Art. 67 Rn. 25 ff.

Im Falle eines Interessenkonflikts gilt nun jedoch Art. 306 II ZGB, wonach die Kindesschutzbehörde einen Beistand ernennt oder die betreffende Angelegenheit selbst regelt, wenn die Eltern am Handeln verhindert sind oder in einer Angelegenheit Interessen haben, die denen des Kindes widersprechen. Bei derartigen Interessenkollisionen entfallen gem. Art. 306 III ZGB von Gesetzes wegen die Befugnisse der Eltern in der entsprechenden Angelegenheit. Nach einhelliger Meinung[631] ist dem Kind in erbrechtlichen Auseinandersetzungen zwischen Eltern und Kind sowie in Abstammungsprozessen ein Vertretungsbeistand zu bestellen. Darüber hinaus sind aber auch im Bereich des Kindesschutzes eine Vielzahl von Konstellationen denkbar, in denen eine Interessenkollision die Einsetzung einer Verfahrensbeistandschaft angezeigt erscheinen lässt. Dies ist wohl unbestritten der Fall bei Art. 310 II ZGB, wenn das Kind die Aufhebung der elterlichen Obhut begehrt.[632]

Die Einzelheiten betreffend die Ausgestaltung der Beistandschaft sind nicht gesetzlich geregelt. Art. 390-425 ZGB, die allgemein die behördliche Maßnahme der Beistandschaft näher regeln, stehen im zweiten Abschnitt des elften Titels des ZGB, der dessen dritter Abteilung unterfällt. Diese Abteilung regelt den Erwachsenenschutz. Aus diesem Grund können sie nicht zur näheren Präzisierung der Beistandschaft für Minderjährige herangezogen werden. Dies wird durch die Gesetzesbegründung bestätigt, wonach lediglich die Regelung des Erwachsenenschutzes betreffend Verhinderung und Interessenkollision nach Art. 403 ZGB auch im Kindesrecht gelten soll.[633] Die nähere Ausgestaltung der Vertretungsbeistandschaft nach Art. 306 II ZGB ist gesetzlich auch an keiner anderen Stelle des ZGB geregelt.

Betreffend den Teilaspekt der Vergütung des Vertretungsbeistandes gilt Folgendes: In der Schweiz ist die Regelung der Kosten der Kindesvertretung dem kantonalen Recht vorbehalten.[634] Beispielsweise richtet sich die Entschädigung des Beistands im Kanton St. Gallen nach der Verordnung über die Entschädigung und den Spesenersatz bei Beistandschaften vom 11. Dezember 2012 (VO).

Deren Art. 1 bestimmt, dass die Kindesschutzbehörde die Höhe der Entschädigung der privaten Beiständinnen und Beistände sowie Berufsbeiständinnen und -beistände nach Abschluss der Berichtsperiode festlegt und dabei insbesondere den mutmaßlichen zeitlichen Aufwand für die Führung der Beistandschaft, die erforderlichen Fachkenntnisse, die Komplexität der Aufgaben und die Verantwortung, die mit der Beistandschaft verbunden ist, berücksichtigt.

Art. 2 VO sieht weiter vor, dass die Kindesschutzbehörde in der Regel für eine Berichtsperiode von zwei Jahren eine pauschale Entschädigung festlegt. Eine kürzere Dauer der Beistandschaft wird bei der Festlegung der Entschädigung berücksichtigt. Die pauschale Entschädigung beträgt wenigstens 1.000 SFR und höchstens

---

631 Vgl. BSK/*Schwenzer*, Art. 306 Rn. 5, m.w.N.; Blum/Cottier/Migliazza/*Cottier*, S. 139, m.w.N.

632 Vgl. Blum/Cottier/Migliazza/*Cottier*, S. 139 f.

633 BBl 2006, 7001, 7101.

634 Vgl. *Menne* iFamZ 2008, 301; *ders.* in: Festschrift für Rainer Frank, S. 460.

10.000 SFR (umgerechnet bedeutet das ungefähr 804-8.041 €). Die Beiständin oder der Beistand kann eine niedrigere Entschädigung beantragen oder auf die Entschädigung verzichten. Für Aufgaben, die besondere Fachkenntnisse erfordern, kann ein Zuschlag zur pauschalen Entschädigung berechnet werden.

Gem. Art. 5 I VO werden die Entschädigung und der Spesenersatz aus dem Vermögen der betroffenen Person oder der Inhaberin oder des Inhabers der elterlichen Sorge oder dem Kindesvermögen bezogen, bis die Vermögensfreibeträge erreicht sind, die gem. Art. 7 I VO 10.000 SFR (ungefähr 8.041 €) bei alleinstehenden Personen und 20.000 SFR (ungefähr 16.082 €) bei verheirateten Personen sowie bei minderjährigen Kindern betragen.

In verfahrensrechtlicher Hinsicht schützt nun Titel 7 der Schweizer ZPO[635] die Kinderbelange in familienrechtlichen Angelegenheiten. Das zweite Kapitel dieses Titels (Art. 297-301) widmet sich den eherechtlichen Verfahren. Nur für diese ist – soweit ersichtlich – auch eine Regelung der Kindesvertretung getroffen worden.

Art. 298 I Schweizer ZPO sieht vor, dass das Kind durch das Gericht oder durch eine beauftragte Drittperson in geeigneter Weise persönlich angehört wird, sofern sein Alter oder andere wichtige Gründe nicht dagegen sprechen.[636]

Art. 299 Schweizer ZPO entspricht im Wesentlichen dem bisherigen Art. 146 ZGB. Nach Art. 299 I Schweizer ZPO ordnet das Gericht wenn nötig die Vertretung des Kindes an und bezeichnet als Beiständin oder Beistand eine in fürsorgerischen und rechtlichen Fragen erfahrene Person. Es prüft die Anordnung der Vertretung insbesondere, wenn die Eltern bezüglich der Zuteilung der elterlichen Obhut oder Sorge oder bezüglich wichtiger Fragen des persönlichen Verkehrs unterschiedliche Anträge stellen, die Kindesschutzbehörde oder ein Elternteil eine Vertretung beantragen oder das Gericht aufgrund der Anhörung der Eltern oder des Kindes oder aus anderen Gründen erhebliche Zweifel an der Angemessenheit der gemeinsamen Anträge der Eltern über die Zuteilung der elterlichen Obhut oder Sorge oder über den persönlichen Verkehr hat, oder den Erlass von Kindesschutzmaßnahmen erwägt, vgl. Art. 299 II lit. a-c Schweizer ZPO. Stellt das urteilsfähige Kind Antrag auf eine Vertretung, so ist diese anzuordnen; das Kind kann die Nichtanordnung mit Beschwerde anfechten, vgl. Art. 299 III Schweizer ZPO.[637]

635 Bemerkenswert ist, dass die Schweizer ZPO gemäß Art. 1 lit. a und b das Verfahren vor den kantonalen Instanzen sowohl für streitige Zivilsachen als auch für gerichtliche Anordnungen der freiwilligen Gerichtsbarkeit regelt.

636 Bei dieser zum Schutz des Kindes erlassenen Ausnahmebestimmung handelt es sich um eine Generalklausel. Die Norm nennt keine konkrete Altersgrenze und auch in Bezug auf „andere wichtige Gründe" fehlen gesetzliche Hinweise, vgl. BSK/*Steck*, Art. 298 Rn. 14.

637 In Anlehnung an Art. 146 I und Art. 147 I ZGB a.F. bestimmt Art. 299 I ZGB n.F., dass die Anordnung der Kindesvertretung weiterhin dem Gericht obliegt und dafür nur eine in fürsorgerischen und rechtlichen Fragen erfahrene Person in Frage kommt. Im Unterschied zu Art. 147 I ZGB a.F. entfällt jedoch diesbezüglich die sachliche und örtliche Zuständigkeit der Vormundschaftsbehörde und hat

Gem. Art. 300 Schweizer ZPO kann die Vertretung des Kindes Anträge stellen und Rechtsmittel einlegen, soweit es um die Zuteilung der elterlichen Obhut oder Sorge, wichtige Fragen des persönlichen Verkehrs oder Kindesschutzmaßnahmen geht.[638] Darüber hinaus kann aufgrund von Art. 314a ZGB in behördlichen Kindesschutzverfahren, insbesondere bei Obhutsentzug und Unterbringung des Kindes in einer Pflegefamilie oder einer sozialpädagogischen Einrichtung ebenfalls eine Kindesvertretung bestellt werden. Zu beachten ist generell, dass es in der Schweiz bisher keine Familiengerichte gibt. Die Verfahren in Familiensachen finden daher vor den Zivilgerichten statt. Dabei werden Sorgerechtsregelungen im Verbund entschieden, während reine Umgangsstreitigkeiten von einer Behörde verhandelt werden.[639]

3. Ergebnisse des Rechtsvergleichs

Vergleicht man die vorstehenden Ausführungen zu den nationalen Instituten des Kinderbeistands in Österreich und des Vertretungsbeistands in der Schweiz mit dem deutschen Institut des Verfahrensbeistands, kommt man zu folgenden Ergebnissen.

a) Kinderbeistand vs. Verfahrensbeistand

Zusammenfassend ist festzustellen, dass sich das österreichische und das deutsche Modell der Kindesvertretung in einigen wesentlichen Punkten unterscheiden. Zunächst zielt das Institut des Kinderbeistands darauf ab, die Beziehung zum Kind wesentlich näher und intensiver zu gestalten. Charakteristisch dafür ist bereits die Aufgabenausrichtung: Während der Verfahrensbeistand zum Wohle des Kindes handelt, soll der Kindesbeistand ausschließlich dem Kindeswillen dienen. Seine Aufgabe ist es, sich um die Anliegen und Wünsche der Minderjährigen im Verfahren zu kümmern. Während der Verfahrensbeistand auch Vermittleraufgaben wahrnimmt und (manchmal auch) besser wissen darf, was für das Kind gut ist oder eine vom Kind nicht autorisierte Meinung äußern darf, ist die vordringliche Aufgabe des Verfahrensbeistandes darin zu sehen, herauszufinden wie es dem Kind in seiner Gesamtsituation geht. So wird gewährleistet, dass die Interessen des Kindes maximal zur Geltung kommen. Dagegen

---

neuerdings das Gericht diese Person zu ernennen. Während nach Art. 146 I ZGB a.F. eine Kindesvertretung aus wichtigen Gründen anzuordnen war, soll nach Art. 299 I ZGB n.F. eine Anordnung „wenn nötig“ erfolgen, vgl. BSK/*Steck*, Art. 299 Rn. 5.

638 Zur Rechtsstellung der Kindesvertretung vgl. BSK/*Steck*, Art. 300 Rn. 8 ff.

639 Vgl. *Blum*/*Prenzlow* ZKJ 2011, 398 f.; Kinderschutzverfahren werden in der Deutschschweiz vor einer Vormundschaftsbehörde auf Gemeindeebene verhandelt. In der französischen Schweiz liegt der Kinderschutz in der Regel in Kantonsverantwortung. Die Viersprachigkeit in der Schweiz führt insofern zu Schwierigkeiten, als sprach- und kulturbedingt unterschiedliche Grundansichten über Rechtsfragen existieren. Seit 01.01.2011 gibt es mittlerweile eine für die ganze Schweiz gültige, einheitliche Zivilprozessordnung. Auch ein übergreifendes Arbeiten der Kinderanwälte scheitert oft noch an der notwendigen Sprach- bzw. „Kultur“-Kompetenz.

ist das Institut des Verfahrensbeistands besser dazu geeignet, die Minderjährigen bei der Verwirklichung ihrer subjektiven Rechtspositionen zu unterstützen.[640]

Was die Qualifikation der Interessenvertreter betrifft, ist des Weiteren durch die Regelung im österreichischen Recht eine fundierte Ausbildung der in Betracht kommenden Personen stärker abgesichert. Das Gericht kann nach der Regelung in § 104a AußStrG zum Kinderbeistand nur vom Bundesministerium für Justiz namhaft gemachte Personen bestellen, wobei nur Personen namhaft gemacht werden können, die insbesondere nach ihrem Beruf, ihrer beruflichen Erfahrung im Umgang mit Kindern und Jugendlichen und ihrer Ausbildung für die Tätigkeit geeignet sind.[641] In Deutschland fehlt eine derartige Regelung.

Darüber hinaus unterscheiden sich die beiden Institute insofern, als dem Kinderbeistand keine Parteistellung zukommt, der Verfahrensbeistand jedoch nach der ausdrücklichen gesetzlichen Regelung Beteiligter des Verfahrens ist. Außerdem steht dem Kinderbeistand ein Aussageverweigerungsrecht sowohl in Zivil- als auch in Strafverfahren zu, wohingegen sich der Verfahrensbeistand nur im familiengerichtlichen Verfahren und gem. § 29 II FamFG i.V.m § 383 I Nr. 6 ZPO[642] gesichert auf seine Verschwiegenheitspflicht berufen kann. Die Frage des Zeugnisverweigerungsrechts in Strafverfahren kann nach den einschlägigen Regelungen im deutschen Recht nicht eindeutig beantwortet werden.

Schließlich sind zumindest die mit der etwas dürftigen finanziellen Ausstattung einhergehenden Probleme in beiden Ländern vergleichbar, da beide Rechtsordnungen eine relativ geringe Fallpauschale vorsehen.[643] Dagegen dürften die sich durch einen Mangel an ausgebildeten Fachkräften sowie an Vernetzung und Fortbildung ergebenen Schwierigkeiten eher in Österreich auftreten, da insofern in Deutschland durch die Gründung der Bundesarbeitsgemeinschaft (BAG) Verfahrensbeistand/Interessenvertretung für Kinder und Jugendliche e.V. entsprechende Vorkehrungen getroffen wurden.[644]

b) Vertretungsbeistand vs. Verfahrensbeistand

Das Schweizer Recht sieht sowohl im materiellen Recht (Art. 306 ZGB) als auch im Prozessrecht (Art. 299 f. ZPO) als besonderes Vertretungsorgan für die Interessen des

640 Vgl. *Prenzlow* ZKJ 2013, 17, 20.

641 Zusätzlich bedarf es natürlich einer stetigen Fortbildung und Supervision zum Zwecke der Qualitätssicherung; vgl. *Figdor* iFamZ 2010, 227 f.; *Prenzlow* ZKJ 2013, 17, 18 f.; *Barth/Gröger* iFamZ 2010, 222; *Lehner* iFamZ 2008, 276; *Barth/Haidvogl* RZ 2007, 18.

642 OLG Braunschweig FamFR 2012, 187.

643 Zudem sieht weder die deutsche, noch die österreichische Gesetzesregelung ein Kilometergeld vor, wodurch das Stadt/Land-Gefälle verstärkt wird, vgl. *Prenzlow* ZKJ 2013, 20.

644 Vgl. *Prenzlow* ZKJ 2013, 20; zum einen bietet die BAG Verfahrensbeistandschaft den Verfahrensbeiständen die Möglichkeit einer intensiven Vernetzung und zum anderen sind Weiter- und Fortbildungen für die Mitglieder verpflichtend.

Kindes die Beistandschaft vor. In ihrer Ausgestaltung ähnelt die materiell-rechtliche Vertretungsbeistandschaft der Ergänzungspflegschaft nach deutschem Recht, wohingegen die verfahrensrechtliche Beistandschaft mit der Verfahrensbeistandschaft i.S.d. FamFG vergleichbar ist.

Während die Möglichkeit der Anordnung einer materiell-rechtlichen Beistandschaft wie bei der Ergänzungspflegschaft nach deutschem Recht im Wesentlichen auf den Fall beschränkt ist, in dem die Interessen der Eltern mit denen des Kindes in Konflikt stehen, hat der verfahrensrechtliche Beistand wie der Verfahrensbeistand in Deutschland hauptsächlich die Aufgabe, die Perspektive des Kindes (im Verfahren) zur Geltung zu bringen und gegenüber den Behörden/dem Gericht dafür zu sorgen, dass das Verfahren so gestaltet wird, dass das Kind die seinem Alter entsprechenden Möglichkeiten erhält, daran teilzunehmen.

Was die Bestellung eines verfahrensrechtlichen Beistandes betrifft, ordnet ein Schweizer Gericht „wenn nötig" die Vertretung des Kindes an. Insofern ist die Schweizer Regelung weiter als die Regelung in § 158 FamFG, der bestimmt, dass ein Gericht dem Kind einen Verfahrensbeistand bestellt, „soweit dies zur Wahrnehmung seiner Interessen erforderlich ist". Dagegen ist die Regelung der notwendigen Qualifikation eines potentiellen Beistands im Schweizer Recht konkreter.[645] Dort soll als Beistand „eine in fürsorgerischen und rechtlichen Fragen erfahrene Person"[646] bezeichnet werden, wohingegen nach deutschem Recht ein „geeigneter" Verfahrensbeistand bestellt werden soll.

Trotz weniger intensiver Regelungsdichte im Schweizer Recht in Bezug auf den Aufgabenkreis des verfahrensrechtlichen Beistandes steht fest, dass dieser jedenfalls Anträge stellen und Rechtsmittel einlegen kann, soweit es um die Zuteilung der elterlichen Obhut oder Sorge, wichtige Fragen des persönlichen Verkehrs oder die Anordnung von Kindesschutzmaßnahmen geht, vgl. Art. 300 Schweizer ZPO.

Die Vergütung der Kindesverfahrensvertreter erfolgt nicht mittels einer Fallpauschale, sondern mittels stundenweiser Bezahlung. Die Vergütung beträgt für Juristen 150-200 CHF. Für Kindesverfahrensvertreter mit psychosozialem oder anderem Primärausbildungshintergrund 90-200 CHF und dürfte damit regelmäßig weit höher ausfallen als die pauschale Vergütung des Verfahrensbeistandes gem. § 158 FamFG.[647]

---

645 Hier haben der Verein „Kinderanwaltschaft Schweiz" und die Bundesarbeitsgemeinschaft Verfahrensbeistandschaft/Interessenvertretung für Kinder und Jugendliche e.V. die Aufgaben der Förderung des Instituts der unabhängigen und qualifizierten Kindesverfahrensvertretung und der Schulung potentieller Kindesverfahrensvertreter übernommen. Insbesondere vermittelt die Geschäftsstelle Kinderanwaltschaft Schweiz geeignete Kindesverfahrensvertreter, vgl. *Blum/Prenzlow* ZKJ 2011, 399.

646 Danach sind drei Prinzipien prägend für die Arbeit und Haltung eines Kinderverfahrensbeistandes: Unabhängigkeit, Multidisziplinarität und Professionalität, vgl. *Blum/Prenzlow* ZKJ 2011, 397.

647 Vgl. *Blum/Prenzlow* ZKJ 2011, 399.

D. Zusammenfassung und Ausblick

Ausgehend von dem einleitenden Gedanken, dass immer mehr Kinder durch die Trennung ihrer Eltern in die missliche Lage geraten, sich in einem Gerichtsverfahren wiederzufinden, wurde zunächst erörtert, wie die Beteiligung Minderjähriger unter Geltung des FamFG ausgestaltet ist.

Im Ergebnis wurde festgestellt, dass Kinder in den sie betreffenden Verfahren mittlerweile zumeist selbst die Stellung eines formell Beteiligten innehaben. Dies ist gem.§ 7 I, II Nr. 1 FamFG jedenfalls immer dann der Fall, wenn das Kind selbst Antragsteller oder zumindest in eigenen Rechten unmittelbar betroffen ist. Die Beteiligtenfähigkeit wiederum ergibt sich aus der Eigenschaft als natürliche Person und ist grundsätzlich gem. § 8 Nr. 1 Alt. 1 FamFG gegeben. Allerdings kann im Hinblick auf Unterhaltssachen nach § 112 Nr. 1 i.V.m. § 231 I FamFG sowie auf sonstige Familiensachen nach § 112 Nr. 3 i.V.m. § 266 I Nr. 3 und Nr. 5 FamFG wegen § 113 I 1 FamFG nicht auf diese Regelung zurückgegriffen werden. In diesen Fällen ergibt sich die Beteiligtenfähigkeit Minderjähriger aus § 113 V FamFG i.V.m. § 50 ZPO.

Die Beteiligtenstellung ist zwangsläufig mit der Gewährung von Rechten, aber auch mit der Auferlegung von Pflichten verbunden. Hervorzugeben sind an dieser Stelle das Recht des Kindes auf Akteneinsicht nach § 13 FamFG, das Recht auf Mandatierung eines Verfahrensbevollmächtigten nach § 10 FamFG und das Recht auf persönliche Bekanntgabe der Gerichtsbeschlüsse nach § 41 FamFG. Andererseits werden dem Kind aber durch seine Beteiligtenstellung auch Pflichten auferlegt bzw. hat die Beteiligtenstellung bedeutsame Konsequenzen für den weiteren Verfahrensverlauf. Besonders gilt dies für § 15 FamFG, der bestimmt, dass Dokumente, deren Inhalt eine Termins- oder Fristbestimmung enthält oder den Lauf einer Frist auslöst, den Beteiligten *in persona* bekannt zu geben sind, sowie für § 81 FamFG, der die Kostentragung regelt.

In diesem Zusammenhang ist allerdings darauf hinzuweisen, dass die zunächst drastisch anmutenden Folgen der Beteiligtenstellung dadurch abgemildert werden, dass das Kind zur Ausübung seiner Rechte und Pflichten, zumindest insoweit als es sich dabei um Verfahrenshandlungen handelt, der Verfahrensfähigkeit bedarf. Für den Fall jedoch, dass es sich bei dem einzelnen Recht oder der einzelnen Pflicht nicht um eine Verfahrenshandlung handelt, ist tatsächlich der Minderjährige selbst Adressat des- bzw. derselben, so etwa bei der Anordnung des persönlichen Erscheinens bzw. der persönlichen Anhörung.

Sodann wurde anknüpfend an die Ausführungen zur Beteiligtenstellung der Fokus auf die Verfahrensfähigkeit des Kindes gelegt und im Wesentlichen die allgemeine Regelung des § 9 FamFG untersucht. Mit Inkrafttreten des FamFG wurde mit § 9 I Nr. 3 FamFG die Möglichkeit eigener Verfahrensfähigkeit des Kindes geschaffen. So begrüßenswert diese Neuerung ist, so viele Schwierigkeiten bringt ihre praktische Handhabung mit sich.

Zum einen ist nicht geklärt, wie der Begriff „Verfahren, die die Person des Kindes betreffen" im Verhältnis zu den anderen Bestimmungen des FamFG zu verstehen ist, die ebenfalls auf diesen Begriff abstellen (§§ 60, 81 FamFG). Hier vertritt die Verfasserin die Ansicht, dass § 9 I Nr. 3 FamFG grundsätzlich weit auszulegen ist, sodass sowohl Kindschaftssachen als auch Abstammungs- und Adoptionssachen darunter zu subsumieren sind und dies auch für die übrigen Vorschriften gelten muss, die diesen Begriff verwenden. Eine Ausnahme ist nach Ansicht der Verfasserin für das Vaterschaftsanfechtungsverfahren zu machen, da insoweit wegen der Regelung des § 1600a III BGB, der die Vertretung des Kindes bei der Antragstellung verlangt, eine teleologische Reduktion von § 9 I Nr. 3 FamFG angezeigt ist.

Zum anderen ergeben sich Unklarheiten bei der Subsumtion der materiellen Vorschriften des BGB unter das Tatbestandsmerkmal der dem Kind nach bürgerlichem Recht zustehenden Rechte. Hier kam die Verfasserin zu dem Schluss, dass nicht abstrakt und allgemein gültig beantwortet werden kann, welche Vorschriften darunter fallen, sondern dies jeweils im Einzelfall zu entscheiden ist. Als Beispiele für Rechte nach bürgerlichem Recht, die unter § 9 I Nr. 3 FamFG fallen, sei an dieser Stelle auf die Widerspruchsrechte gem. §§ 1671 II Nr. 1, 1762 i, 1778 I Nr. 5 und 1887 II BGB sowie zusätzlich auf § 1684 I 1 BGB verwiesen. Im Gegensatz dazu vermitteln nach Ansicht der Verfasserin §§ 1684 IV, 1685 I, II und 1631 II 1 BGB keine subjektiven Rechte des Kindes i.S.v. § 9 I Nr. 3 FamFG.

Abgesehen von den Fällen eigener Verfahrensfähigkeit des Kindes bleibt es i.Ü. bei dem Grundsatz des § 9 II FamFG, der bestimmt, dass für das Kind seine gesetzlichen Vertreter handeln. Im Wesentlichen wird das Kind also von beiden Elternteilen gemeinsam vertreten.

Interessant bzw. problematisch stellt sich die Situation dann dar, wenn die Interessen der Eltern denjenigen des Kindes zuwiderlaufen. Hier stellt sich nämlich die Frage, ob die Eltern bei jedweder Art von Interessenkonflikt *per se* gem. §§ 1629 II 1, 1795 BGB von der Vertretung ausgeschlossen sind bzw. ihnen die Vertretungsmacht gem. §§ 1629 II 3 Hs. 1, 1796 BGB regelmäßig zu entziehen und ein Ergänzungspfleger zu bestellen ist, oder ob vielmehr die Vertretungsmacht bei den Eltern verbleibt und nur ergänzend zur Wahrung der Kindesinteressen ein Verfahrensbeistand zu bestellen ist. Diese Frage weist nach den Erkenntnissen der Verfasserin enormes Konfliktpotential auf.

Bei der Befassung mit den einschlägigen Materialien sah sich die Verfasserin einer schier undurchdringbaren Flut von Rechtsprechung und Literaturansichten gegenüber, die zum Zwecke der Systematisierung in zwei Hauptbereiche kategorisiert wurden, welche ihrerseits wiederum in Teilbereiche untergliedert wurden. Hauptsächlich wird demnach zwischen personen- und vermögensrechtlichen Angelegenheiten unterschieden. Während unter personenrechtlichen Angelegenheiten Kindschafts-, Abstammungs- und Adoptionsverfahren zu verstehen sind, werden Erbausschlagungs- und Erbscheinsverfahren den vermögensrechtlichen Angelegenheiten zugeordnet. Zusammenfassend stellt sich die Lage trotz aller Kategorisierungsbemühungen als sehr verworren und praktisch kaum handhabbar dar:

Zumindest für Kindschaftssachen hat die Rechtsprechung des BGH vom 07. September 2011[648] nun ein wenig Licht ins Dunkel gebracht. Danach ist die Vertretungsmacht der Eltern auch im Fall eines erheblichen Interessengegensatzes zwischen Eltern und Kind im Zusammenhang mit einem Kindschaftsverfahren dann nicht gem. § 1795 BGB ausgeschlossen, wenn bereits durch die Bestellung eines Verfahrensbeistands für eine wirksame Interessenvertretung des Kindes Sorge getragen werden kann. Im Übrigen bleibt die Möglichkeit unberührt, die elterliche Vertretungsmacht im speziellen Einzelfall gem. § 1796 BGB zu entziehen.

Diese Rechtsprechung verdient nach Ansicht der Verfasserin vollste Zustimmung. Wichtig ist v.a. zu erkennen, dass die Vertretungsbefugnis nicht bereits nach § 1629 II 1 i.V.m. § 1795 I Nr. 1, 3, II (ggf. i.V.m. § 181) BGB ausgeschlossen sein kann, da weder ein „Rechtsgeschäft" noch ein „Rechtsstreit" vorliegt und auch eine analoge Anwendung dieser Vorschriften nicht in Frage kommt. Auch eine konkrete Gefährdung des Kindesinteresses, die einen „erheblichen Interessengegensatz" und die Entziehung der elterlichen Vertretungsmacht nach § 1796 BGB rechtfertigen würde, kann weder allein mit der abstrakten Tatsache der Verfahrensbeteiligung beider oder eines Sorgeberechtigten noch mit bloß widersprechenden Verfahrensanträgen der Eltern bei gemeinsamer Sorgeberechtigung begründet werden. Vielmehr muss das Vorliegen einer konkreten Gefährdung, wie oben bereits erwähnt, im Einzelfall nachgewiesen werden. Dies folgt u.a. aus einem Umkehrschluss zu § 1629 IIa BGB. Von einem solchen erheblichen Interessengegensatz ist nach Ansicht der Verfasserin im Rahmen von Sorge- und Umgangsrechtsverfahren erst dann auszugehen, wenn das Interesse der Eltern bzw. eines Elternteils im konkreten Fall nachweislich nur zulasten des Kindes realisiert werden kann bzw. wenn die Interessen des Kindes von dem Streit zwischen den Eltern in einer Weise überlagert oder sogar verdrängt werden, dass eine Verteidigung der Kindesinteressen geboten erscheint. Im Ergebnis genügt daher zur Wahrung der Interessen des Kindes regelmäßig die in Kindschaftssachen gem. § 158 FamFG vorgesehene Bestellung eines Verfahrensbeistandes.

Auch in Bezug auf Abstammungssachen existiert mittlerweile höchstrichterliche Rechtsprechung zum Thema der Vertretung des Kindes im Verfahren.[649] Danach findet der Rechtsgedanke von § 1795 II i.V.m. § 181 BGB auf den Ausschluss des rechtlichen Vaters von der gesetzlichen Vertretung des Kindes weiter Anwendung. Die Mutter ist nach Ansicht des BGH gem. § 1795 I Nr. 3 BGB jedenfalls dann von der Vertretung des Kindes ausgeschlossen, wenn sie mit dem Vater verheiratet ist.

Diese Rechtsprechung ist ebenfalls grundsätzlich zustimmungswürdig, allerdings ist dem BGH hier in einem Punkt nicht zu folgen, nämlich insofern als nach Ansicht der Verfasserin klar zwischen den einzelnen Verfahrensarten und den jeweils eingenommenen Verfahrensrollen unterschieden werden muss. Für die sich ergebenden Konstellationen ist aufgrund ihrer Unterschiedlichkeit die Notwendigkeit der Anordnung der Ergänzungspflegschaft jeweils gesondert zu prüfen.

---

648 BGH NJW 2011, 3455 f.

649 BGH NJW 2012, 1731 ff.

Diese Notwendigkeit entfällt nicht – wie in Kindschaftssachen – grundsätzlich wegen der auch in Abstammungssachen gegebenen Möglichkeit der Bestellung eines Verfahrensbeistandes gem. § 174 FamFG, denn das Kind bedarf zur Stellung eines entsprechenden Antrags gem. § 1600a III BGB der Vertretung durch seinen gesetzlichen Vertreter. Aufgrund der vorstehenden Differenzierung ergeben sich für Vaterschaftsanfechtungs- und Vaterschaftsfeststellungsverfahren je nach Verfahrensrolle verschiedene Ergebnisse. Zur Vermeidung von Wiederholungen und zum Zwecke der besseren Übersichtlichkeit wird an dieser Stelle zusammenfassend auf die *Tabellen 1* und *2*[650] verwiesen.

Für Adoptionssachen ist bisher noch kaum Rechtsprechung zu dem behandelten Thema ergangen. Woran das liegt, entzieht sich der Kenntnis der Verfasserin; vermutlich ist dies schlicht in der relativen Seltenheit der Verfahrensart begründet. Hier wurde anhand argumentativer Gesetzesauslegung unter Rückgriff auf allgemeine Struktur- und Rechtsprinzipien ein Weg dargestellt, der dem geltenden Recht unter Berücksichtigung des Kindeswohlgedankens nach Auffassung der Verfasserin am besten gerecht wird. Im Ergebnis ist festzustellen, dass auch in Adoptionsverfahren ein abstrakt-genereller Entzug der elterlichen Vertretungsmacht gem. §§ 1629 II 1, 1795 BGB nicht in Betracht kommt, sondern die Vertretungsmacht grundsätzlich bei den Kindeseltern verbleibt und eine ausnahmsweise Entziehung im konkreten Einzelfall gem. §§ 1629 II 3 Hs. 1, 1796 BGB ausreichend ist.

Insbesondere liegt unter Geltung des Dekretsystems kein „Rechtsgeschäft" i.S.v. § 1795 I Nr. 1 BGB vor, da das Adoptionsverfahren als Antragsverfahren ausgestaltet ist, an dessen Ende ein staatlicher Hoheitsakt, nämlich der gerichtliche Ausspruch der Kindesannahme steht. Die erforderlichen Einwilligungserklärungen sind voneinander unabhängig und in ihrer Zielrichtung parallel, weisen nämlich als Empfänger jeweils das Gericht aus. Sie sind gerade nicht, wie es bei einem privatrechtlichen mehrseitigen Rechtsgeschäft der Fall wäre, aufeinander gerichtet. Dass weder ein genereller Ausschluss noch eine grundsätzliche Entziehung der elterlichen Vertretungsmacht angezeigt ist, wird zudem dadurch gestützt, dass das Gericht einem minderjährigen Beteiligten in Adoptionssachen gem. § 191 FamFG einen Verfahrensbeistand zu bestellen hat, sofern dies zur Wahrnehmung seiner Interessen erforderlich ist.

Anders stellt sich die Lage bei Erbausschlagungsverfahren dar. Hier stellte sich heraus, dass die Anordnung einer Ergänzungspflegschaft in keinem Fall unterbleiben darf. Grund hierfür ist, dass einerseits § 158 FamFG auf vermögensrechtliche Streitigkeiten aufgrund seines insofern eindeutigen Wortlauts weder direkt noch analog Anwendung findet und andererseits § 41 III FamFG im Wege eines abstrakt-generellen Vertretungsausschlusses bestimmt, dass der notwendige Genehmigungsbeschluss zusätzlich zur Bekanntgabe an den gesetzlichen Vertreter auch dem Kind selbst gegenüber bekannt zu geben ist. Insbesondere genügt für die Bekanntgabe an das Kind nicht die Bekanntgabe an die sorgeberechtigten Eltern(teile), denn nach

650 Siehe Kap. B.III.1.b.bb.(1).(c) a.E.

dem Wortlaut von § 41 III FamFG ist der Beschluss „auch" demjenigen bekannt zu geben, für den das Rechtsgeschäft genehmigt wird, sodass die Bekanntgabe des Beschlusses an die Eltern nur neben und nicht an die Stelle der Bekanntgabe an das Kind tritt. Bedauerlicherweise kann die Anordnung einer Ergänzungspflegschaft auch nicht durch die Bestellung eines Verfahrensbeistandes als milderes Mittel ersetzt werden, da bereits der insofern eindeutige Wortlaut des § 158 FamFG gegen eine Anwendung auf vermögensbezogene Verfahren spricht, indem er bestimmt, dass das zugrunde liegende Verfahren die Person des Kindes betreffen muss. Eine analoge Anwendung der Vorschrift scheitert an Sinn und Zweck der Regelung und der Intention des Gesetzgebers bei ihrer Einführung. Schließlich stellt der Verfahrensbeistand auch keinen tauglichen Ersatz für den Ergänzungspfleger dar, weil ersterer gem. § 158 IV 6 FamFG nicht gesetzlicher Vertreter des Kindes ist, worauf es jedoch in diesem speziellen Fall wegen des Bekanntgabeerfordernisses gem. §§ 41 III, 15 I, 9 II FamFG i.V.m. § 170 I ZPO gerade ankommt.[651]

Die vorgenannte Problematik im Hinblick auf § 41 III FamFG stellt sich für Erbscheinsverfahren nicht, sodass hier die Interessen des Kindes im Falle eines die Schwelle der Erheblichkeit i.S.v. § 1796 BGB nicht überschreitenden Interessenkonflikts grundsätzlich durch den verwitweten Elternteil vertreten werden können.

Was die Bestellung eines Verfahrensbeistandes betrifft, scheidet eine direkte Anwendung von § 158 FamFG auch im Erbscheinsverfahren als einem ebenfalls rein vermögensrechtlichen Verfahren aus. Allerdings ist zu beachten, dass dem zur Ablehnung einer Analogie in Erbausschlagungsverfahren herangezogenen Argument, der Verfahrensbeistand sei gem. § 158 IV 6 FamFG nicht gesetzlicher Vertreter des Kindes, bei Erbscheinsverfahren nicht dasselbe Gewicht zukommt, da die Regelung des § 41 III FamFG nur auf Beschlüsse Anwendung findet, die die Genehmigung eines Rechtsgeschäfts zum Gegenstand haben, was hier nicht der Fall ist. Eine Analogie zu § 158 FamFG scheitert jedoch i.E. daran, dass Sinn und Zweck der Verfahrensbeistandschaft dem entgegenstehen, da die Einführung des Vorgängerinstituts, des Verfahrenspflegers, zuvorderst dem Zweck diente, die Stellung des Kindes in einem seine Person betreffenden Verfahren zu stärken. Außerdem besteht in einem Erbscheinsverfahren kein Bedürfnis an einer beschleunigten Verfahrensabwicklung, sodass gegebenenfalls der Bestellung eines Ergänzungspflegers nichts entgegesteht.

Aufgrund der geschilderten Bedeutsamkeit der Verfahrensbeistandschaft wurde dieses Institut sodann einerseits im Vergleich zum Institut der Ergänzungspflegschaft und andererseits im Vergleich zu den entsprechenden Regelungen im österreichischen und schweizerischen Recht untersucht.

Die nationale Vergleichsuntersuchung führte zu dem Ergebnis, dass die aktuelle Regelung der Verfahrensbeistandschaft in § 158 FamFG grundsätzlich durchaus als gelungen bezeichnet werden kann. Durch den Verfahrensbeistand wird erstens dem Kindeswillen bestmöglich zur Durchsetzung verholfen, zweitens das Kindeswohl

---

651 BT-Drucks. 16/6308, S. 240; ebs. Keidel/*Engelhardt*, § 158 Rn. 39; *Maibach* jurisPR-FamR 7/2011 Anm. 4, m.w.N., www.beck-online.de (Zugriff am 03.05.2012).

gewährleistet und drittens werden die Kindesinteressen gewahrt. Problematisch erscheint allein die Ausgestaltung der Vergütungsregelung sowie die Regelung in § 158 IV 6 FamFG, wonach der Verfahrensbeistand nicht gesetzlicher Vertreter des Kindes ist.

Durch die vergleichsweise geringe Vergütung mittels einer Fallpauschale in Höhe von 350-550 € erscheint eine auskömmliche Entschädigung der (berufsmäßigen) Verfahrensbeistände und damit die Einhaltung der diesbezüglichen verfassungsrechtlichen Gebote äußerst zweifelhaft. Diese fordern, dass der Verfahrenspfleger nicht – durch eine unzureichende Vergütung – davon abgehalten werden darf, die für eine effektive, eigenständige Interessenvertretung des Kindes im Verfahren erforderlichen Einzeltätigkeiten zu entfalten. Aus diesem Grund bestehen nach Ansicht der Verfasserin berechtigte Zweifel an der Verfassungsmäßigkeit der momentanen Regelung des § 158 VIII FamFG und sollten die vorgesehenen Pauschalen unbedingt an die tatsächlichen Verhältnisse angepasst werden.

Außerdem ist die Regelung des § 158 IV 6 FamFG fragwürdig, die bestimmt, dass der Verfahrensbeistand nicht zur gesetzlichen Vertretung befugt ist. Schon vor Inkrafttreten des FamFG war diese oftmals als misslungen bezeichnet worden. Da für die eigentlichen gesetzlichen Vertreter durch ihre eigene Betroffenheit die erhöhte Gefahr besteht, in erhebliche Interessenkonflikte zu geraten, wurde das Institut des Verfahrensbeistands geschaffen. Aufgrund der Tatsache, dass dieser jedoch das Kind nicht gesetzlich vertreten kann, besteht *de lege lata* weiterhin die Notwendigkeit der Bestellung eines Ergänzungspflegers mit der teilweisen Folge der notwendigen Entziehung der Vertretungsmacht der Eltern. *De lege ferenda* wäre es begrüßenswert, den Verfahrensbeistand zur Vertretung eines Kindes im Verfahren zu ermächtigen und gleichzeitig zur Vermeidung unnötiger Eingriffe in die elterliche Sorge entsprechend der Regelung des § 173 FamFG auszugestalten. Handlungen des Verfahrensbeistands gingen dann (bezogen auf das Verfahren für das er bestellt wurde) solchen der eigentlichen gesetzlichen Vertreter vor, was gerade auch unter dem Aspekt der Verhältnismäßigkeit sinnvoll wäre.

Im Verhältnis zu den ausländischen Parallelinstituten fällt auf, dass der österreichische Kinderbeistand dem deutschen Verfahrensbeistand ähnlicher ist als der schweizerische Vertretungsbeistand.

Allerdings unterscheiden sich auch das österreichische und das deutsche Modell der Kindesvertretung in einigen wesentlichen Punkten. Das Institut des Kinderbeistands zielt darauf ab, die Beziehung zum Kind wesentlich näher und intensiver zu gestalten. Dies geht bereits daraus hervor, dass der Verfahrensbeistand zum Wohle des Kindes handelt, während der Kindesbeistand ausschließlich dem Kindeswillen dient. Das österreichische Recht gewährt dem Kinderbeistand darüber hinaus eine weniger starke Rechtsstellung, indem es bestimmt, dass dieser keine eigene Rechtsposition vertritt und somit weder Verfahrenshandlungen noch rechtsgeschäftliche Handlungen für das Kind vornehmen kann; außerdem stehen ihm auch keine Parteirechte zu. Zudem kommt die Bestellung eines Kinderbeistandes nur in Obsorge- und Besuchsrechtsverfahren in Betracht, die Bestellung eines Verfahrensbeistandes dagegen in allen personenrechtlichen Verfahren. Was die Qualifikation der Interessenvertreter betrifft, ist durch die Regelung im österreichischen Recht eine fundierte Ausbildung der in Betracht kommenden Personen stärker abgesichert. Vergleichbar sind die mit der etwas dürftigen finanziellen Ausstattung einhergehenden Probleme, da beide Rechtsordnungen eine relativ geringe Fallpauschale vorsehen.

Dagegen weist die Regelung im Schweizer Recht in struktureller Hinsicht kaum Ähnlichkeiten zur Regelung der Verfahrensbeistandschaft auf. Zwar hat der Vertretungsbeistand im Wesentlichen dieselbe Aufgabe wie der Verfahrensbeistand, nämlich diejenige, die subjektive Perspektive des Kindes im Verfahren zur Geltung zu bringen und sein rechtliches Gehör sicherzustellen. Die Schweizer Regelung ist jedoch im Hinblick auf die Bestellungsvoraussetzungen weiter als die Regelung in § 158 FamFG indem sie bestimmt, dass ein Gericht dem Kind „wenn nötig" einen Vertretungsbeistand beiordnet, wohingegen ein Verfahrensbeistand einem Kind nur bestellt wird, „soweit dies zur Wahrnehmung seiner Interessen erforderlich ist". Dagegen ist die Regelung der notwendigen Qualifikation eines potentiellen Vertretungsbeistands im Schweizer Recht konkreter. Darüber hinaus kann ein Vertretungsbeistand Anträge stellen und Rechtsmittel einlegen nur, soweit es um die Zuteilung der elterlichen Obhut oder Sorge, wichtige Fragen des persönlichen Verkehrs oder die Anordnung von Kindesschutzmaßnahmen geht; einem Verfahrensbeistand stehen diese Befugnisse im Interesse des Kindes uneingeschränkt zu. Gesetzlicher Vertreter des Kindes ist auch der Vertretungsbeistand nicht. Die Vergütung der Schweizer Kindesverfahrensvertreter erfolgt nicht mittels einer Fallpauschale, sondern mittels stundenweiser Bezahlung und fällt insgesamt höher aus.

Zu guter Letzt sei – solange der Gesetzgeber nicht reagiert und die (wenigen) geschilderten Unzulänglichkeiten der aktuellen Gesetzeslage beseitigt – dringend an die Rechtsprechung appelliert, das herrschende Chaos in Bezug auf die Vertretung des Kindes vor Gericht in den verschiedenen FamFG-Verfahren durch in sich konsistente und beständige Handhabung der Rechtspraxis zu minimieren. *De lege ferenda* dürfte insofern eine gesetzliche Klarstellung durch den Gesetzgeber im Wege einer an den Bedürfnissen der gerichtspraktischen Wirklichkeit orientierten Weiterbildung des geltenden Rechts jedoch unausweichlich sein, um die zur Gewährleistung des Kindeswohls unbedingt notwendige Rechtssicherheit zu schaffen.

Was die Gewährleistung der effektiven Vertretung der Kindesinteressen vor Gericht betrifft, ist u.a. angesichts der steigenden Scheidungsrate eine weitere Stärkung der verfahrensrechtlichen Position des minderjährigen Kindes wünschenswert. Gegebenenfalls ist eine zumindest europaweite Angleichung der verschiedenen nationalen Instrumente unter Berücksichtigung der Vorgaben der EU-KRK und der UN-KRK zu erwägen, um ein weiteres Zeichen von Achtung und Verantwortlichkeit gegenüber Kindern zu setzen. Ziel muss es sein, die Rechte und das Wohl von Kindern zu fördern und ihnen Gelegenheit zu geben, ihre Rechte insbesondere in sie berührenden familienrechtlichen Verfahren auszuüben. Zu diesem Zweck ist es unerlässlich, Kindern sachdienliche Auskünfte zuteil werden zu lassen und ihre Meinung gebührend zu berücksichtigen.

Die Verwirklichung des vorgenannten Ziels hat dabei in Anerkennung der Bedeutung der Rolle der Eltern beim Schutz und bei der Förderung der Rechte des Kindes und des Kindeswohls und in der Erwägung zu erfolgen, dass der Staat sich erforderlichenfalls auch an diesem Schutz und dieser Förderung zu beteiligen hat. Jedoch ist gleichzeitig hervorzuheben, dass es im Konfliktfall wünschenswert wäre, wenn Familien sich zunächst im Sinne familiärer Verständigung zu einigen versuchten, ehe sie staatliche Hilfe in Anspruch nehmen.

Literaturverzeichnis

Primärliteratur

Gesetzesbegründungen

Deutschland:

BR-Drucks. 309/07
vom 10.05.2007, *Gesetzentwurf der Bundesregierung* – Entwurf eines Gesetzes zur Reform des Verfahrens in Familiensachen und in den Angelegenheiten der freiwilligen Gerichtsbarkeit (FGG-Reformgesetz – FGG-RG), www.bundestag.de.

BT-Drucks. 13/892
vom 24.03.1995, *Gesetzentwurf der Bundesregierung* – Entwurf eines Gesetzes zur Abschaffung der gesetzlichen Amtspflegschaft und Neuordnung des Rechts der Beistandschaft (Beistandschaftsgesetz), www.bundestag.de.

BT-Drucks. 13/4899
vom 13.06.1996, *Gesetzentwurf der Bundesregierung* – Entwurf eines Gesetzes zur Reform des Kindschaftsrechts (Kindschaftsrechtsreformgesetz – KindRG), www.bundestag.de.

BT-Drucks. 15/4874
vom 16.02.2005, *Beschlussempfehlung und Bericht des Rechtsausschusses (6. Ausschuss)* zu dem Gesetzentwurf des Bundesrates – Drucksache 15/2494 – Entwurf eines Gesetzes zur Änderung des Betreuungsrechts (Betreuungsrechtsänderungsgesetz – BtÄndG), www.bundestag.de.

BT-Drucks. 16/6308
vom 07.09.2007, *Gesetzentwurf der Bundesregierung* – Entwurf eines Gesetzes zur Reform des Verfahrens in Familiensachen und in den Angelegenheiten der freiwilligen Gerichtsbarkeit (FGG-Reformgesetz – FGG-RG), www.bundestag.de.

BT-Drucks. 16/6561
vom 04.10.2007, *Gesetzentwurf der Bundesregierung* – Entwurf eines Gesetzes zur Klärung der Vaterschaft unabhängig vom Anfechtungsverfahren, www.bundestag.de.

BT-Drucks. 16/9733
vom 23.06.2008, *Beschlussempfehlung und Bericht des Rechtsausschusses (6. Ausschuss)* zu dem Gesetzentwurf der Bundesregierung – Drucksache 16/6308 – Entwurf eines Gesetzes zur Reform des Verfahrens in Familiensachen und in den Angelegenheiten der freiwilligen Gerichtsbarkeit (FGG-Reformgesetz – FGG-RG), www.bundestag.de.

BT-Drucks. 16/11385
vom 17.12.2008, *Gesetzentwurf der Bundesregierung* – Entwurf eines Gesetzes zur Modernisierung von Verfahren im anwaltlichen und notariellen Berufsrecht, zur

Errichtung einer Schlichtungsstelle der Rechtsanwaltschaft sowie zur Änderung der Verwaltungsgerichtsordnung, der Finanzgerichtsordnung und kostenrechtlicher Vorschriften, www.bundestag.de.

BT-Drucks. 16/12717

vom 22.04.2009, *Beschlussempfehlung und Bericht des Rechtsausschusses (6. Ausschuss)* zu dem Gesetzentwurf der Bundesregierung – Drucksache 16/11385 – Entwurf eines Gesetzes zur Modernisierung von Verfahren im anwaltlichen und notariellen Berufsrecht, zur Errichtung einer Schlichtungsstelle der Rechtsanwaltschaft sowie zur Änderung der Verwaltungsgerichtsordnung, der Finanzgerichtsordnung und kostenrechtlicher Vorschriften, www.bundestag.de.

BT-Drucks. 17/5335

vom 01.04.2011, *Gesetzentwurf der Bundesregierung* – Entwurf eines Gesetzes zur Förderung der Mediation und anderer Verfahren der außergerichtlichen Konfliktbeilegung, www.bundestag.de.

BT-Drucks. 17/8058

vom 01.12.2011, *Beschlussempfehlung und Bericht des Rechtsausschusses (6. Ausschuss)* zu dem Gesetzentwurf der Bundesregierung – Drucksachen 17/5335, 17/5496 – Entwurf eines Gesetzes zur Förderung der Mediation und anderer Verfahren der außergerichtlichen Konfliktbeilegung, www.bundestag.de.

Österreich:

Vorblatt und Erläuterungen zum Kindschafts- und Namensrechts-Änderungsgesetz 2013 (BGBl I Nr. 15/2013), www.parlament.gv.at.

Schweiz:

AS 1999 1118, BBl 1996 I 1, www.admin.ch.

AS 2011 725, BBl 2006 7001, www.admin.ch.

International:

Committee on the Rights of the Child, Fifty-first session, Geneva 25 May-12 June 2009, General Comment no. 12 (2009) – The right of the child to be heard, http://www2.ohchr.org/english/bodies/crc/docs/AdvanceVersions/CRC-C-GC-12.pdf (Zugriff am 30.07.2014) [kurz: CRC/C/GC/12, www.ohchr.org]

Gerichtsentscheidungen

AG Hameln FamRZ 2010

AG Hameln, Beschl. v. 18.01.2010, Az.: 40 XVII P 54, FamRZ 2010, 1272-1273.

AG Holzminden FamRZ 2010

AG Holzminden, Beschl. v. 02.10.2009, Az.: 12 F 481/09, FamRZ 2010, 322-323.

AG Ludwigslust FamRZ 2010
AG Ludwigslust, Beschl. v. 19.11.2009, Az.: 5 F 283/09, FamRZ 2010, 488-490.

AG Plettenberg IPRax 1994
AG Plettenberg, Beschl. v. 25.09.1992, Az.: 4 XVI 8/90, IPRax 1994, 218-219.

BayObLG DNotZ 1952
BayObLG, Beschl. v. 26.06.1951, Az.: BeschwReg. Nr. II 41/50, DNotZ 1952, 163-170.

BayObLGZ 1961
BayObLG, Beschl. v. 25.09.1961, Az.: BReg. 1 Z 141, 149/61, BayObLGZ 1961, 277-285.

BayObLG NJW 1962
BayObLG, Beschl. v. 09.01.1962, Az.: BReg. 2 Z 212/61, NJW 1962, 964-965.

BayObLG FamRZ 1975
BayObLG, Beschl. v. 19.11.1974, Az.: BReg. 1 Z 34/74, FamRZ 1975, 169-172.

BayObLG FamRZ 1977
BayObLG, Beschl. v. 17.03.1977, Az.: BReg. 1 Z 169/76, FamRZ 1977, 409-410.

BayObLG DAVorm 1980
BayObLG, Urt. v. 24.07.1980, Az.: BReg. 1 Z 63/80, DAVorm 1980, 859-860.

BayObLG FamRZ 1982
BayObLG, Beschl. v. 22.12.1981, Az.: BReg. 1 Z 62/81, FamRZ 1982, 640.

BGH FamRZ 1958
BGH, Urt. v. 05.02.1958, Az.: IV ZR 293/57, FamRZ 1958, 178-180.

BGH FamRZ 1972
BGH, Urt. v. 14.06.1972, Az.: IV ZR 53/71, FamRZ 1972, 498-501.

BGH FamRZ 1980
BGH, Beschl. v. 27.02.1980, Az.: IV ZB 167/79, FamRZ 1980, 675-676.

BGH FamRZ 2002
BGH, Urt. v. 27.03.2002, Az.: XII ZR 203/99, FamRZ 2002, 880-883.

BGH FamRZ 2005
BGH, Urt. v. 12.01.2005, Az.: XII ZR 60/03, FamRZ 2005, 342-344.

BGH NJW 2005
BGH, Urt. v. 12.01.2005, Az. XII ZR 227/03, NJW 2005, 497-499.

BGH FamRZ 2007
BGH, Urt. v. 06.12.2006, Az.: XII ZR 164/04, FamRZ 2007, 538-542.

BGH FamRZ 2008
BGH, Beschl. v. 14.05.2008, Az.: XII ZB 225/06, FamRZ 2008, 1334-1336.

BGH FamRZ 2009
BGH, Urt. v. 18.02.2009, Az.: XII ZR 156/07, FamRZ 2009, 861-865.

BGH NJW 2010
BGH, Urt. v. 28.04.2010, Az.: XII ZB 81/09, NJW 2010, 2805-2810.

BGH FamRZ 2010
BGH, Urt. v. 15.09.2010, Az.: XII ZB 268/10, FamRZ 2010, 1896.

BGH FamRZ 2011
BGH, Beschl. v. 17.11.2010, Az.: XII ZB 478/10, FamRZ 2011, 199-201.

BGH, Beschl. v. 19.01.2011, Az.: XII ZB 400/10
BGH, Beschl. v. 19.01.2011, Az.: XII ZB 400/10, www.beck-online.de (Zugriff am 25.07.2014).

BGH NJW 2011
BGH, Beschl. v. 19.01.2011, Az.: XII ZB 486/10, NJW 2011, 1451-1453.

BGH NJW 2011
BGH, Urt. v. 07.09.2011, Az.: XII ZB 12/11, NJW 2011, 3454-3456.

BGH FamRZ 2012
BGH, Urt. v. 18.01.2012, Az.: XII ZB 489/11, FamRZ 2012, 436-437.

BGH NJW 2012
BGH, Beschl. v. 21.03.2012, Az.: XII ZB 510/10, NJW 2012, 1731-1734.

BGH NJW 2012
BGH, Beschl. v. 01.08.2012, Az. XII ZB 456/11, NJW 2012, 3100-3101.

BGH NJW 2012
BGH, Urt. v. 23.11.2012, Az.: XII ZB 293/11, NJW 2012, 685-686.

BGH NJW 2013
BGH, Beschl. v. 09.10.2013, Az.: XII ZB 667/12, NJW 2013, 3724-3725.

BGH NZFam 2014
BGH, Beschl. v. 27.11.2013, Az.: XII ZB 682/12, NZFam 2013, 166-168.

BGH NJW 2014
BGH, Beschl. v. 13.11.2013, Az.: XII ZB 612/12, NJW 2014, 157-158.

BVerfG FamRZ 1981
BVerfG, Beschl. v. 05.11.1980, Az.: 1BvR 349/80, FamRZ 1981, 124-127.

BVerfGE 65
BVerfG, Beschl. v. 03.11.1983, Az.: 2 BvR 348/83, BVerfGE 65, 227-236.

BVerfG FamRZ 1994
BVerfG, Urt. v. 08.02.1994, Az.: 1 BvR 765/89, 1 BvR 766/89, FamRZ 1994, 493-496.

BVerfG NJW 1997
BVerfG, Beschl. v. 06.05.1997, Az.: 1 BvR 409/90, NJW 1997, 1769-1770.

BVerfG FamRZ 1999
BVerfG, Beschl. v. 29.10.1998, Az.: 2 BvR 1206/98, FamRZ 1999, 85-89.

BVerfG FamRZ 1999
BVerfG, Beschl. v. 31.03.1999, Az.: 2 BvR 559/99, FamRZ 1999, 777-778.

BVerfG NJW 2000
BVerfG, Beschl. v. 18.01.2000, Az.: 1 BvR 321/96, NJW 2000, 1709-1711.

BVerfG NJW 2003
BVerfG, Beschl. v. 20.08.2003, Az.: 1 BvR 1354/03, NJW 2003, 3544-3545.

BVerfG FamRZ 2004
BVerfG, Beschl. v. 09.03.2004, Az.: 1 BvR 455/02, FamRZ 2004, 1267-1270.

BVerfG FamRZ 2006
BVerfG, Beschl. v. 18.07.2006, Az.: 1 BvR 1465/05, FamRZ 2006, 1261-1263.

BVerfG, FamRZ 2006
BVerfG, Beschl. v. 09.05.2007, Az.: 1 BvR 1253/06, FamRZ 2007, 1625-1626.

BVerfG FamRZ 2008
BVerfG, Beschl. v. 13.11.2007, Az.: 1 BvR 1637/07, FamRZ 2008, 246-247.

BVerfG FamRZ 2008
BVerfG, Urt. v. 01.04.2008, Az.: 1 BvR 1620/04, FamRZ 2008, 845-853.

BVerfG FamRZ 2010
BVerfG, Beschl. v. 30.04.2010, Az.: 1 BvR 2797/09, FamRZ 2010, 1145-1147.

KG ZKJ 2008
KG, Beschl. v. 18.10.2007, Az.: 19 WF 232/07, ZKJ 2008, 119.

KG NJW-RR 2010
KG, Beschl. v. 04.03.2010, Az.: 17 UF 5/10, NJW-RR 2010, 1087-1090.

KG FamRZ 2010
KG, Beschl. v. 15.06.2010, Az.: 17 UF 65/10, FamRZ 2010, 1998-1999.

KG Rpfleger 2011
KG, Beschl. v. 21.09.2010, Az.: 16 UF 60/10, Rpfleger 2011, 157-158.

LVerfG Brandenburg, ZKJ 2010
LVerfG Brandenburg, Beschl. v. 17.09.2009, Az.: VfG Bbg 34/09, ZKJ 2010, 29-31.

LG Berlin FamRZ 1977
LG Berlin, Beschl. v. 21.04.1977, Az.: 83 T 76/77, FamRZ 1977, 660-661.

LG Bonn NJW 1977
LG Bonn, Beschl. v. 05.07.1977, Az.: 4 T 339/77, NJW 1977, 2168-2169.

LG Hamburg DAVorm 1982
LG Hamburg, Beschl. v. 28.10.1982, Az.: 1 T 299/80, 1 T 133/81, 1 T 136/81, DAVorm 1982, 693-697.

LG Saarbrücken DAVorm 1978
LG Saarbrücken, Beschl. v. 02.12.1977, Az.: 5 T 337/77, DAVorm 1978, 124-125.

OGH v. 29.06.1994, Gz.: 7 Ob 1547/94
OGH, Urt. v. 29.06.1994, Gz.: 7 Ob 1547/94, www.ris.bka.gv.at (Zugriff am 17.07.2014).

OGH v. 15.12.1998, Gz.: 10 Ob 406/98y
OGH, Urt. v. 15.12.1998, Gz.: 10 Ob 406/98y, www.ris.bka.gv.at (Zugriff am 17.07.2014).

OGH v. 27.04.1999, Gz.: 1 Ob 78/99y
OGH, Urt. v. 27.04.1999, Gz.: 1 Ob 78/99y, www.ris.bka.gv.at (Zugriff am 17.07.2014).

OGH v. 04.09.2002, Gz.: 9 Ob 201/02b
OGH, Urt. v. 04.09.2002, Gz.: 9 Ob 201/02b, www.ris.bka.gv.at (Zugriff am 17.07.2014).

OLG Brandenburg FamRZ 2010
OLG Brandenburg, Beschl. v. 21.10.2009, Az.: 9 WF 84/09, FamRZ 2010, 472-473.

OLG Brandenburg FamRZ 2011
OLG Brandenburg, Beschl. v. 06.12.2010, Az.: 9 UF 61/10, FamRZ 2011, 1305.

OLG Brandenburg FamRZ 2012
OLG Brandenburg, Beschl. v. 23.01.2012, Az.: 10 UF 243/11, FamRZ 2012, 1069-1070.

OLG Braunschweig FamFR 2012
OLG Braunschweig, Beschl. v. 20.02.2012, Az.: 1 WF 19/12, FamFR 2012, 187.

OLG Celle ZKJ 2010
OLG Celle, Beschl. v. 08.03.2010, Az.: 10 UF 44/10, ZKJ 2010, 211-212.

OLG Celle FamRZ 2010
OLG Celle, Beschl. v. 26.04.2010, Az.: 15 UF 40/10, FamRZ 2010, 1840-1841.

OLG Celle Rpfleger 2011
OLG Celle, Beschl. v. 04.05.2011, Az.: 10 UF 78/11, Rpfleger 2011, 436-438.

OLG Dresden FamRZ 2000
OLG Dresden, Beschl. v. 14.01.2000, Az.: 20 WF 608/99, FamRZ 2000, 1296-1297.

OLG Dresden NJW-RR 2010
OLG Dresden, Beschl. v. 12.03.2010, Az.: 24 UF 157/10, NJW-RR 2010, 1588.

OLG Düsseldorf NJW 2000
OLG Düsseldorf, Beschl. v. 12.11.1999, Az.: 6 WF 154/99, NJW 2000, 1274.

OLG Düsseldorf FamRZ 2008
OLG Düsseldorf, Beschl. v. 13.02.2008, Az.: II-8 UF 219/07, FamRZ 2008, 1363-1364.

OLG Düsseldorf FamRZ 2010
OLG Düsseldorf, Beschl. v. 24.09.2010, Az.: II-7 UF 112/10, FamRZ 2011, 232 – Leitsatzentscheidung ohne Entscheidungsgründe; Volltextveröffentlichung unter www.openjur.de (Zugriff am 26.07.2014).

OLG Düsseldorf JAmt 2010
OLG Düsseldorf, Beschl. v. 11.10.2010, Az.: 1 WF 133/10, JAmt 2010, 497.

OLG Düsseldorf FuR 2011
OLG Düsseldorf, Beschl. v. 10.01.2011, Az.: II-3 WF 148/10, FuR 2011, 239-240.

OLG Frankfurt/Main FamRZ 1999
OLG Frankfurt/Main, Beschl. v. 24.06.1999, Az.: 6 WF 96/99, FamRZ 1999, 1293-1295.

OLG Frankfurt/Main FamRZ 2010
OLG Frankfurt/Main, Beschl. v. 23.12.2009, Az.: 5 UF 316/09, FamRZ 2010, 666.

OLG Hamburg FamRZ 2010
OLG Hamburg, Beschl. v. 28.10.2009, Az.: 12 UF 110/09, FamRZ 2010, 745-746.

OLG Hamburg FamRZ 2010
OLG Hamburg, Beschl. v. 04.06.2010, Az.: 12 UF 224/09, FamRZ 2010, 1825-1826.

OLG Hamm FamRZ 1974
OLG Hamm, Beschl. v. 18.09.1973, Az.: 15 W 144/73, FamRZ 1974, 29-31.

OLG Hamm NJW 1979
OLG Hamm, Beschl. v. 29.09.1978, Az.: 15 W 148/78, NJW 1979, 49-51.

OLG Koblenz ZKJ 2009
OLG Koblenz, Beschl. v. 08.04.2008, Az.: 9 UF 552/07, ZKJ 2009, 84-85.

OLG Koblenz NJW 2011
OLG Koblenz, Beschl. v. 03.08.2010, Az.: 7 UF 513/10, NJW 2010, 236-237.

OLG Köln FamRZ 1973
OLG Köln, Beschl. v. 20.11.1972, Az.: 16 Wx 112/72, FamRZ 1973, 265-267.

OLG Köln FamRZ 2001
OLG Köln, Beschl. v. 28.02.2000, Az.: 27 UF 24/00, FamRZ 2001, 430-431.

OLG Köln ZKJ 2009
OLG Köln, Beschl. v. 20.08.2008, Az.: 4 WF 39/08, ZKJ 2009, 80-81.

OLG Köln FamRZ 2011
OLG Köln, Beschl. v. 10.08.2010, Az.: 4 UF 127/10, FamRZ 2011, 231.

OLG Köln FamRZ 2011
OLG Köln, Beschl. v. 01.03.2011, Az.: 4 UF 43/11, FamRZ 2011, 1305.

OLG Köln FamRZ 2012
OLG Köln, Beschl. v. 04.07.2011, Az.: 21 UF 105/11, FamRZ 2012, 579-581.

OLG Köln FamRZ 2012
OLG Köln, Beschl. v. 23.08.2011, Az.: 4 UF 139/11, FamRZ 2012, 42-44.

OLG München FamRZ 2010
OLG München, Beschl. v. 20.05.2010, Az.: 11 WF 570/10, FamRZ 2010, 1757-1758.

OLG München FamRZ 2012
OLG München, Beschl. v. 26.03.2012, Az.: 33 WF 1342/11, FamRZ 2012, 1505.

OLG Naumburg, Beschl. v. 07.12.2010, Az.: 3 UF 178/10
OLG Naumburg, Beschl. v. 07.12.2010, Az.: 3 UF 178/10, www.beck-online.beck.de (Zugriff am 14.07.2014).

OLG Nürnberg ZKJ 2008
OLG Nürnberg, Beschl. v. 12.07.2007, Az.: 9 WF 523/07, ZKJ 2008, 119.

OLG Oldenburg FamRZ 2009
OLG Oldenburg, Urt. v. 12.05.2009, Az.: 13 UF 19/09, FamRZ 2009, 1925-1927.

OLG Oldenburg NJW 2010
OLG Oldenburg, Beschl. v. 26.11.2009, Az.: 14 UF 149/09, NJW 2010, 1888-1890.

OLG Oldenburg FPR 2011
OLG Oldenburg, Beschl. v. 28.10.2010, Az.: 14 UF 114/10, FPR 2011, 342-344.

OLG Oldenburg, Beschl. v. 08.02.2011, Az.: 11 UF 195/10
OLG Oldenburg, Beschl. v. 08.02.2011, Az.: 11 UF 195/10, www.beck-online.de (Zugriff am 15.07.2014).

OLG Osnabrück, Beschl. v. 30.11.2010, Az.: 72 F 191/10
OLG Osnabrück, Beschl. v. 30.11.2010, Az.: 72 F 191/10, www.beck-online.beck.de (Zugriff am 15.07.2014).

OLG Schleswig FamRZ 2008
OLG Schleswig, Beschl. v. 19.12.2007, Az.: 10 UF 194/07, FamRZ 2008, 1363.

OLG Schleswig ZKJ 2009
OLG Schleswig, Beschl. v. 24.07.2008, Az.: 15 WF 172/08, ZKJ 2009, 83-84.

OLG Stuttgart FamRZ 1977
OLG Stuttgart, Beschl. v. 26.04.1977, Az.: 2 T 197/77, FamRZ 1977, 413-415.

OLG Stuttgart NJW-RR 2010
OLG Stuttgart, Beschl. v. 26.10.2009, Az.: 18 WF 229/09, NJW-RR 2010, 222-223.

OLG Stuttgart FamRZ 2010
OLG Stuttgart, Beschl. v. 21.01.2010, Az.: 8 WF 14/10, FamRZ 2010, 1003.

OLG Stuttgart FamRZ 2011
OLG Stuttgart, Beschl. v. 13.04.2011, Az.: 17 UF 82/11, FamRZ 2011, 1751-1752.

OVG Berlin FamRZ 1981
OVG Berlin, Urt. v. 21.02.1980, Az.: 5 B 13.78, FamRZ 1981, 87-90.

RGZ 143
Reichsgericht, Urt. v. 08.02.1934, Az.: IV 357/33, RGZ 143, 350-354.

Sonstige

Familiengerichtsstatistik 2010
Statistisches Bundesamt: Fachserie 10 Reihe 2.2, Rechtspflege – Familiengerichte, Wiesbaden 2011.

Familiengerichtsstatistik 2011
Statistisches Bundesamt: Fachserie 10 Reihe 2.2, Rechtspflege – Familiengerichte, Wiesbaden 2012.

Lempp/von Braunbehrens/Eichner/Röcker
Lempp, Reinhart; von Braunbehrens, Vera; Eichner, Ernst; Röcker, Doris: *Rechtstatsachenforschung – Die Anhörung des Kindes gem. § 50b FGG*, Bundesanzeiger, Köln 1987.

Scheidungsstatistik 2010
Statistisches Bundesamt: Fachserie 1 Reihe 1.4, Bevölkerung und Erwerbstätigkeit – Statistik der rechtskräftigen Beschlüsse in Eheauflösungssachen 2010, Wiesbaden 2012.

Schweizerische Vormundschaftsstatistik 2006
Konferenz der kantonalen Vormundschaftsbehörden: *Schweizerische Vormundschaftsstatistik 2006 (alle Kantone)*, ZVW 2007, 330-339.

Stötzel
Stötzel, Manuela: *Wie erlebt das Kind die Verfahrenspflegschaft? – Studie zum Qualitätsstand der Institution Verfahrenspflegschaft (gem. § 50 FGG) unter Berücksichtigung der Perspektive des Kindes*, in: Fegert, Jörg M.; Heinz, Wolfgang; Viehmann, Horst; Wiesner, Reinhard; Walter, Michael: Schriften zum Jugendrecht und zur Jugendkriminologie, Bd. 6, Herbolzheim 2005.

Sekundärliteratur

Kommentare

BeckOK
Bamberger, Heinz Georg; Roth, Herbert: *Bürgerliches Gesetzbuch § 1748*, 25. Aufl., Stand 01.11.2012.

Bamberger/Roth
Bamberger; Heinz Georg; Roth, Herbert: *Kommentar zum Bürgerlichen Gesetzbuch*, Bd. 3, 3. Aufl., München 2012.

BSK
Basler Kommentar:
- *Zivilgesetzbuch – Art. 1-456 ZGB*, Bd. 1, 4. Aufl., Basel 2010.
- *Zivilgesetzbuch – Art. 1-456 ZGB*, Bd. 1, 3. Aufl., Basel 2006.

BSK-ZPO
Basler Kommentar: *Schweizerische Zivilprozessordnung*, 2. Aufl., Basel 2013.

Bork/Jacoby/Schwab
Bork, Reinhard; Jacoby, Florian; Schwab, Dieter: *FamFG-Kommentar – Gesetz über das Verfahren in Familiensachen und in den Angelegenheiten der freiwilligen Gerichtsbarkeit*, 2. Aufl., Bielefeld 2013.

Bumiller/Harders
Bumiller, Ursula; Harders, Dirk: *FamFG freiwillige Gerichtsbarkeit – Gesetz über das Verfahren in Familiensachen und in den Angelegenheiten der freiwilligen Gerichtsbarkeit*, 10. Aufl., München 2011.

Dittrich/Tades
Dittrich, Robert; Tades, Helmuth: *Das Allgemeine bürgerliche Gesetzbuch*, Bd. 1, 36. Aufl., Wien 2003.

Erman
Westermann, Harm Peter; Grunewald, Barbara; Maier-Reimer, Georg: *Bürgerliches Gesetzbuch*, Bd. II, 13. Aufl., Köln 2011.

Fasching/Konecny (Österreich)
Fasching, Hans W.; Konecny, Andreas: *Kommentar zu den Zivilprozessgesetzen*, Bd. 2, Teilbd. 1, 2. Aufl., Wien 2002.

Feil (Österreich)
Feil, Erich: *Außerstreitgesetz – Kurzkommentar für die Praxis*, 2. Aufl., Wien 2013.

Fucik/Klauser/Kloiber (Österreich)
Fucik, Robert; Klauser, Alexander; Kloiber, Barbara: *Österreichisches und Europäisches Zivilprozessrecht*, 11. Aufl, Wien 2011.

Johannsen/Henrich
Johannsen, Kurt; Henrich, Dieter: *Familienrecht – Scheidung, Unterhalt, Verfahren*, 5. Aufl. München 2010.

Kaiser/Schnitzler/Friederici
Kaiser, Dagmar; Schnitzler, Klaus; Friederici, Peter: *AnwaltKommentar BGB*, Bd. 4 – Familienrecht, 3. Aufl., Bonn 2014.

Keidel
Keidel, Theodor; Engelhardt, Helmut; Sternal, Werner: *FamFG Kommentar*, 18. Aufl., München 2014.

Keidel/Kuntze/Winkler
Keidel, Theodor; Kuntze, Joachim; Winkler, Karl: *Freiwillige Gerichtsbarkeit – Kommentar zum FGG*, 15. Aufl., München 2005.

Kemper/Schreiber
Kemper, Rainer; Schreiber, Klaus: *Familienverfahrensrecht Handkommentar*, 2. Aufl., Baden-Baden 2012.

Meysen et al.
Meysen, Thomas; Balloff, Rainer; Finke, Fritz; Kindermann, Edith; Niepmann, Birgit; Rakete-Dombek, Ingeborg; Stötzel, Manuela: *Das Familienverfahrensrecht – FamFG Praxiskommentar*, 1. Aufl., Köln 2009.

MünchKomm
Münchner Kommentar:

- *Bürgerliches Gesetzbuch – Allgemeiner Teil*, Bd. 1, 6. Aufl., München 2012.
- *Bürgerliches Gesetzbuch – Familienrecht I*, Bd. 7, 6. Aufl., München 2013.
- *Bürgerliches Gesetzbuch – Familienrecht II*, Bd. 8, 6. Aufl., München 2012.
- *Bürgerliches Gesetzbuch – Erbrecht*, Bd. 9, 5. Aufl., München 2010.

MünchKommFamFG
Münchner Kommentar: *Zivilprozessordnung – FamFG*, Bd. 4, 3. Aufl., München 2010.

Musielak/Borth
Musielak, Hans-Joachim; Borth, Helmut: *Familiengerichtliches Verfahren, 1. und 2. Buch – Kommentar*, 3. Aufl., München 2012.

Palandt
Bürgerliches Gesetzbuch, 73. Aufl., München 2014.

Prütting/Helms
Prütting, Hanns; Helms, Tobias: *FamFG Kommentar*, 2. Aufl., Köln 2011.

Rechberger (Österreich)
Rechberger, Walter H.: *Kommentar zum Außerstreitgesetz*, 2. Aufl., Wien 2013.

Rummel (Österreich)
Rummel, Peter: *Kommentar zum Allgemeinen bürgerlichen Gesetzbuch*, 3. Aufl., Wien 2000.

SBW
Schulte-Bunert, Kai; Weinreich, Gerd: *FamFG – Kommentar*, 4. Aufl., München 2014.

Schmahl
Schmahl, Stefanie: *Kinderrechtskonvention mit Zusatzprotokollen – Handkommentar*, 1. Aufl., Baden-Baden 2013.

Schulz/Hauß
Schulz, Werner; Hauß, Jörn: *Familienrecht – Handkommentar*, 1. Aufl., Baden-Baden 2008 (Zitat der Erstauflage, da zitiertes Kapitel zum FamFG in 2. Aufl. aus dem Jahr 2011 nicht mehr vorhanden).

Schwimann/Kodek
Schwimann, Michael; Kodek, Georg: *ABGB – Praxiskommentar*, 4. Aufl., Wien 2011.

Soergel
Bürgerliches Gesetzbuch, Bd. 20, Familienrecht 4, §§ 1741-1921, 13. Aufl., Stuttgart 2000.

Staudinger
Staudinger, J. von:

- *Kommentar zum Bürgerlichen Gesetzbuch mit Einführungsgesetz und Nebengesetzen, I – §§ 164-240, 16. Aufl., Berlin 2009.*
- *Kommentar zum Bürgerlichen Gesetzbuch mit Einführungsgesetz und Nebengesetzen, IV* – §§ 1589-1600d, 16. Aufl., Berlin 2011.
- *Kommentar zum Bürgerlichen Gesetzbuch mit Einführungsgesetz und Nebengesetzen*, IV – §§ 1638-1683, 15. Aufl., Berlin 2009.
- *Kommentar zum Bürgerlichen Gesetzbuch mit Einführungsgesetz und Nebengesetzen*, IV – §§ 1684-1717, 14. Aufl., Berlin 2006.
- *Kommentar zum Bürgerlichen Gesetzbuch mit Einführungsgesetz und Nebengesetzen*, IV – §§ 1741-1772, 14. Aufl., Berlin 2007.
- *Kommentar zum Bürgerlichen Gesetzbuch mit Einführungsgesetz und Nebengesetzen*, IV – §§ 1773-1895, 15. Aufl., Berlin 2014.
- *Kommentar zum Bürgerlichen Gesetzbuch mit Einführungsgesetz und Nebengesetzen*, IV – §§ 1896-1921, 14. Aufl., Berlin 2006.

Thomas/Putzo
Thomas, Heinz; Putzo, Hans; Reichold, Klaus; Hüßtege, Rainer; Seiler, Christian: *Kommentar zu Zivilprozessordnung, FamFG, GVG und EU-Verfahrensrecht*, 34. Aufl., München 2013.

Anmerkungen

Anm. Galinsky FamFR 2012

Galinsky, Thorsten: *Anmerkung zur Entscheidung des BGH vom 01.08.2012, Az.: XII ZB 456/11, NJW 2012, 3100-3101*, FamFR 2012, 446-447.

Anm. Knittel JAmt 2010

Knittel, Bernhard: *Anmerkung zur Entscheidung des OLG Düsseldorf vom 11.10.2010, Az.: 1 WF 133/10, JAmt 2010, 497*, JAmt 2010, 497-500.

Anm. Lehmann DNotZ 1952

Lehmann, Heinrich: *Anmerkung zur Entscheidung des BayObLG vom 26.06.1951, Az.: BeschwReg. Nr. II 41/50, DNotZ 1952, 163-170*, DNotZ 1952, 170-172.

Anm. Rohmann/Karle ZKJ 2010

Rohmann, Josef A.; Karle, Michael: *Die Anhörung des Kindes aus kinderpsychologischer und kinderpsychiatrischer Sicht – Anmerkungen zum Beschluss des Bundesgerichtshofs vom 28.04.2010, Az.: XII ZB 81/09, NJW 2010, 2805-2810*, ZKJ 2010, 434-436.

Anm. Stößer FamRZ 2010

Stößer, Eberhard: *Anmerkung zur Entscheidung des BGH vom 15.09.2010, Az.: XII ZB 268/10, FamRZ 2010, 1896*, FamRZ 2010, 1976.

Anm. Viefhues FamRZ 2010

Viefhues, Wolfram: *Anmerkung zur Entscheidung des BGH vom 15.09.2010, Az.: XII ZB 268/10, FamRZ 2010, 1896*, FamRZ 2010, 2064-2065.

Anm. Weber DNotZ 1952

Weber, Oskar: *Anmerkung zur Entscheidung des BayObLG vom 26.06.1951, Az.: BeschwReg. Nr. II 41/50, DNotZ 1952, 163-170*, DNotZ 1952, 172-175.

Anm. Wellenhofer FamRZ 2009

Wellenhofer, Marina: *Anmerkung zum Urteil des BGH vom 18.02.2009, Az. XII ZR 156/07, FamRZ 2009, 861-865*, FamRZ 2009, 968.

Anm. Zorn Rpfleger 2011

Zorn, Dagmar: *Anmerkung zum Urteil des OLG Celle vom 04.05.2011, Az. 10 UF 78/11, Rpfleger 2011, 436-437*, Rpfleger 2011, 437-438.

Aufsätze

AFET ZKJ 2010

AFET – Bundesverband für Erziehungshilfe e.V., Fachausschuss Jugendhilferecht und Jugendhilfepolitik: *Das Kind im Mittelpunkt der FamFG-Reform*, ZKJ 2010, 28-29.

Althammer GJS 2012

Althammer, Christoph: *Brennpunkte" des familiengerichtlichen Verfahrens in Kindschaftssachen* in: Coester-Waltjen, Dagmar; Lipp, Volker; Schumann, Eva; Veit, Barbara: Alles zum Wohle des Kindes? Aktuelle Probleme des Kindschaftsrechts,

Göttinger Juristische Schriften, Bd. 12, 2. Familienrechtliches Forum, Göttingen 2012, 208-215.

Baer/Marx FamRZ 1997

Baer, Ingrid; Marx, Ansgar: *Das Europäische Übereinkommen über die Ausübung von Kinderrechten*, FamRZ 1997, 1185-1187.

Barth/Haidvogl RZ 2007

Barth, Peter; Haidvogl, Andrea: *Der Kinderbeistand – Ein Modellprojekt stellt sich vor*, RZ 2007, 14-20.

Barth iFamZ 2009

Barth, Peter: *Das deutsche FamFG und Verfahren in Kindschaftssachen – Der Verfahrensbeistand im Vergleich mit dem österreichischen Modell des Kinderbeistands*, iFamZ 2009, 340-343.

Barth/Gröger iFamZ 2010

Barth, Peter; Gröger, Katharina: *Das neue Kinderbeistand-Gesetz im Überblick – Bestellung, Einsatzbereich, Rechte und Pflichten, Dauer, Finanzierung*, iFamZ 2010, 221-225.

Barth/Grössl iFamZ 2010

Barth, Peter; Grössl, Ivonne: *Zur Verschwiegenheitspflicht des Kinderbeistands – Rechtsfragen rund um Reichweite und Wirkung*, iFamZ 2010, 232-237.

Beck EF-Z 2011/128

Beck, Susanne: *Gewaltschutz und prozessuale Handlungsfähigkeit – Die Wegweisung mündiger Minderjähriger – ein Schnellverfahren mit prozessualen Besonderheiten*, EF-Z 2011/128, 211-213.

Becker/Graumann ZKJ 2010

Becker, Rainer; Graumann, Michael: *Zur Befragungstechnik bei Kindeswohlgefährdung*, ZKJ 2010, 273-276.

Benesch, Kinder vor Gericht

Benesch, Birgit: Kinder vor Gericht in Trennungs- und Scheidungsverfahren, http://www.heiner-krabbe.de/fileadmin/daten/www.heiner-krabbe.de/Kinder_Gericht_Trennung_Scheidungsverfahren.pdf, (Zugriff am 06.06.2013).

Bergmann ZKJ 2009

Bergmann, Margarethe: *Jugendamt und Familiengericht beim Kindesschutz*, ZKJ 2009, 404-406.

Bergmann ZKJ 2010

Bergmann, Margarethe: *Die familiengerichtliche Beratungsauflage nach § 156 FamFG*, ZKJ 2010, 56-59.

Bestelmeyer FamRZ 2011

Bestelmeyer, Horst: *Die rechtlichen Voraussetzungen für die wirksame Bestellung eines Ergänzungspflegers – Erwiderung zu Keuter, FamRZ 2010, 1955*, FamRZ 2011, 950-954.

Blum/Prenzlow ZKJ 2011
Blum, Stefan; Prenzlow, Reinhard: Nachrichtenteil der Bundesarbeitsgemeinschaft Verfahrensbeistandschaft/Interessenvertretung für Kinder Jugendliche e.V. – *Kinderanwaltschaft in der Schweiz*, ZKJ 2011, 397-399.

Bode ZKJ 2009
Bode, Lutz: *Cui bono? Gedanken zur Verfassungsmäßigkeit der Vergütungsregelung für Verfahrensbeistände nach dem FamFG*, ZKJ 2009, 410-413.

Bork FamRZ 2002
Bork, Reinhard: *Sind §§ 50, 67 FGG verfassungskonform?*, FamRZ 2002, 65-73.

Brüggemann FamRZ 1977
Brüggemann, Dieter: *Anmerkung zu den Urteilen des BayObLG vom 17.03.1977, Az.: BReg. 1 Z 169/76 und des LG Stuttgart vom 26.04.1977, Az.: 2 T 197/77*, FamRZ 1977, 656-660.

Bruns NJW 2009
Bruns, Christian: *Die Beteiligten im Familienverfahren*, NJW 2009, 2797-2799.

BkE ZKJ 2011
Bundeskonferenz für Erziehungsberatung e.V.: *Stellungnahme zum Entwurf eines Mediationsgesetzes*, ZKJ 2011, 28-29.

Bolkart MittBayNot 2009
Bolkart, Johannes: *Die Reform des Verfahrens in Familiensachen und in den Angelegenheiten der freiwilligen Gerichtsbarkeit*, MittBayNot 2009, 268-276.

Büte FuR 2011
Büte, Dieter: *Streitpunkte im FamFG – Teil 2 –*, FuR 2011, 7-13.

Carl/Eschweiler NJW 2005
Carl, Eberhard; Eschweiler, Peter: *Kindesanhörung – Chancen und Risiken*, NJW 2005, 1681-1686.

Dethloff/Maschwitz FPR 2012
Dethloff, Nina; Maschwitz, Alexandra: *Kinderrechte in Europa – wo stehen wir?*, FPR 2012, 190-194.

Dressler Rpfleger 2010
Dressler, Alexander: *Zur Notwendigkeit der Bestellung eines Ergänzungspflegers in Abstammungssachen nach dem FamFG*, Rpfleger 2010, 297-348.

Dullinger RZ 1989
Dullinger, Silvia: *Zur Prozessfähigkeit minderjähriger und geistig behinderter Personen*, RZ 1989, 6-14.

Engler Rpfleger 1977
Engler, Helmut: *Kann bei der Stiefkindadoption der leibliche Elternteil das Kind vertreten?*, Rpfleger 1977, 274-275.

Fegert, Fragen des Kindeswohls
Fegert, Jörg M: *Fragen des Kindeswohls in Sorge- und Umgangsrechtsverfahren aus kinder- und jugendpsychiatrischer und psychotherapeutischer Sicht*, in: Schwenzer, Ingeborg; Büchler, Andrea: Dritte Schweizer Familienrechtstage – 23./24. Februar 2006 in Basel, Bern 2006, S. 27-53.

Figdor iFamZ 2010
Figdor, Helmuth: *Aufgabenstellung und Voraussetzungen für die Bestellung eines Kinderbeistands*, iFamZ 2010, 226-228.

Flemming ZKJ 2009
Flemming, Winfried: *Das aktive Jugendamt*, ZKJ 2009, 315-318.

Fucik iFamZ 2010
Fucik, Robert: *Kinderbeistand und Kindesanhörung – Differenzierung nach Fallgruppen*, iFamZ 2010, 229-231.

Gitschthaler RZ 2003
Gitschthaler, Edwin: *Prozess- und Verfahrensfähigkeit minderjähriger und besachwalteter Personen – Der Versuch einer möglichst umfassenden Darstellung unter Berücksichtigung der Änderungen durch das KindRÄG 2001*, RZ 2003, 175-184.

Götz NJW 2010
Götz, Isabell: *Das neue Familienverfahrensrecht – Erste Praxisprobleme*, NJW 2010, 897-960.

Gruber/Salzgeber ZKJ 2011
Gruber, Wolfgang; Salzgeber, Joseph: *Mediation als Intervention im Rahmen der familienpsychologischen Sachverständigentätigkeit*, ZKJ 2011, 404-409.

Günter, Kindeswohl
Günter, Michael: *Kindeswohl im familienrechtlichen Verfahren – Ideal und Realitäten*, 2010,

http://www.medizin.uni-tuebingen.de/ppkj/Studium/familienrecht_guenter_2010.pdf (Zugriff am 25.07.2012).

Hannemann ZKJ 2007
Hannemann, Anika: *Ansehen der Verfahrenspflegschaft nach § 50 FGG gestiegen*, ZKJ 2007, 330.

Hannemann/Stötzel ZKJ 2009
Hannemann, Anika; Stötzel, Manuela: *Die Verfahrenspflegschaft im deutschen Rechtssystem*, ZKJ 2009, 58-67.

Heiter FamRZ 2009
Heiter, Norbert: *Verfahrensfähigkeit des Kindes in personenbezogenen Verfahren nach dem FamFG*, FamRZ 2009, 85-156.

Helms/Balzer ZKJ 2009
Helms, Tobias; Balzer, Dominik: *Das neue Verfahren in Abstammungssachen*, ZKJ 2009, 348-352.

Hornikel GJS 2009
Hornikel, Dirk: *Verfahrensbeistand und Umgangspfleger – Was ändert die FGG-Reform?* in: Lipp, Volker; Schumann, Eva; Veit, Barbara: Reform des familiengerichtlichen Verfahrens, Göttinger Juristische Schriften, Bd. 6, 1. Familienrechtliches Forum, Göttingen 2009, 207-214.

Huber/Scherer FamRZ 2001
Huber, Dr. Peter; Scherer, Holger: *Die Neuregelung zur Ächtung der Gewalt in der Erziehung*, FamRZ 2001, 797-801.

Jacoby FamRZ 2007
Jacoby, Florian: *Der Regierungsentwurf für ein FamFG*, FamRZ 2007, 1703-1711.

Keuter NJW 2010
Keuter, Wolfgang: *Vertretung Minderjähriger in Kindschaftssachen des FamFG*, NJW 2010, 1851-1854.

Keuter FamRZ 2010
Keuter, Wolfgang: *Vergütungsanspruch des berufsmäßigen Ergänzungspflegers für Tätigkeiten vor Bestellung*, NJW 2010, 1955-1958.

Keuter FamRZ 2011
Keuter, Wolfgang: *Erwiderung zu Bestelmeyer, FamRZ 2011, 950 ff.*, FamRZ 2011, 954-955.

Kloster-Harz ZKJ 2010
Kloster-Harz, Doris: *Der Anwalt im kindschaftsrechtlichen Verfahren – Aufgaben, Verantwortung, Rollengestaltung*, ZKJ 2010, 312-314.

Koritz FPR 2012
Koritz, Nikola: *Die Vergütung des Verfahrensbeistands*, FPR 2012, 272-273.

Kriegel/Schmidt ZKJ 2009
Kriegel, Katharina; Schmidt, Klaus: *Mediation – eine (inter-)kulturelle Methode zur Konfliktbearbeitung am Beispiel binationaler Paare*, ZKJ 2009, 269-274.

Krucsay/Pelikan iFamZ 2008
Krucsay, Brita; Pelikan, Christa: *Aus dem Bericht der Begleitforschung zum Modellprojekt „Kinderbeistand" – Unterstützung und Entlastung für Kinder*, iFamZ 2008, 288-294.

Krumm FamFR 2013
Krumm, Carsten: *Die wichtigsten Praxisprobleme der persönlichen Kindesanhörung nach § 159 FamFG*, FamFR 2013, 265-268.

Kuleisa-Binge FPR 2012
Kuleisa-Binge, Ute: *Verfahrensbeistandschaft, Ergänzungspflegschaft und Umgangspflegschaft – Gemeinsamkeiten und Unterschiede / wann soll wer bestellt werden?*, FPR 2012, 363-366.

Lack/Salgo FPR 2012
Lack, Katrin: *Entwicklung der Verfahrensbeistandschaft seit Inkrafttreten des FamFG – Empirische Grundlagen, Rechte und Pflichten des Verfahrensbeistands*, FPR 2012, 353-358.

Landua ZKJ 2010
Landua, Kerstin: *Das aktive Jugendamt im familiengerichtlichen Verfahren: in verschiedenen Rollen gemeinsam zum Ziel... – Ein Tagungsbericht*, ZKJ 2010, 26-27.

Leeb ZKJ 2010
Leeb, Christina-Maria: *Der Verfahrensbeistand – „Anwalt des Kindes“*, ZKJ 2010, 391-398.

Lehner iFamZ 2008
Lehner, Barbara: *Dem Kind eine Stimme geben – Modellprojekt „Kinderbeistand“*, iFamZ 2008, 275-278.

Litzenburger RNotZ 2009
Litzenburger, Wolfgang: *Gestaltung von genehmigungspflichtigen Grundstückskaufverträgen nach Inkrafttreten des neuen FamFG*, RNotZ 2009, 380-384.

Löhnig FamRZ 2009
Löhnig, Martin: *Probleme des neuen Verfahrens in Abstammungssachen nach §§ 169 ff. FamFG*, FamRZ 2009, 1798-1800.

Maibach jurisPR-FamR 7/2011 Anm. 4
Maibach, Markus: *Abgrenzung zwischen Bestellung eines Ergänzungspflegers und Verfahrensbeistands im Zusammenhang mit Erbausschlagung*, jurisPR-FamR 7/2011 Anm. 4 vom 05.04.2011, www.beck-online.de, (Zugriff am 03.05.2012).

Menne iFamZ 2008
Menne, Martin: *Auf dem Weg zum „Anwalt des Kindes“ – Der österreichische Kinderbeistand im Vergleich mit funktional entsprechenden Institutionen des schweizerischen und deutschen Rechts*, iFamZ 2008, 295-302.

Menne ZKJ 2008
Menne, Martin: *Die Entpflichtung des Verfahrenspflegers*, ZKJ 2008, 111-113.

Menne, in: Festschrift für Rainer Frank
Menne, Martin: *Der „Anwalt des Kindes“ – Zur eigenständigen Vertretung von Kindern in familienrechtlichen Verfahren im deutschen, schweizerischen und österreichischen Recht*, in: Lebendiges Familienrecht – Festschrift für Rainer Frank zum 70. Geburtstag am 14. Juli 2008, Frankfurt am Main/Berlin 2008, 443-462.

Menne ZKJ 2009
Menne, Martin: *Der Verfahrensbeistand im neuen FamFG*, ZKJ 2009, 68-74.

VAK, Mitteilung vom 09.06.2004
Bode, Lutz; Müller, Rita; Feldbusch, Larry: *Der Verfahrenspfleger des § 50 FGG*, Treffen mit Landtagsabgeordneten des Landtages Dresden und den Vorsitzenden des Bundesverbandes des VAK am 28.11.2003, Eintrag vom 09.06.2004, www.v-a-k.de (Zugriff am 06.06.2013).

Müller-Magdeburg ZKJ 2009
Müller-Magdeburg, Cornelia: *Die Beteiligung des Jugendamtes – Plädoyer für ein aktives Jugendamt*, ZKJ 2009, 319-323.

Oevermann ZKJ 2009
Oevermann, Imke: *Vergütung des Verfahrensbeistands – Ist-Zustand und künftige Entwicklung*, FPR 2012, 370-374.

Perlwitz/Weber FamRZ 2011
Perlwitz, Jens; Weber, Oliver: *Gewährung rechtlichen Gehörs Minderjähriger im Verfahren nach dem FamFG in vermögensrechtlichen Angelegenheiten*, FamRZ 2011, 1350-1355.

Prenzlow ZKJ 2011
Prenzlow, Reinhard: *Die kindgerechte Vermittlung der Aufgaben des Verfahrensbeistands*, ZKJ 2011, 128-130.

Prenzlow ZKJ 2012
Prenzlow, Reinhard: *Gleiches Recht für alle Kinder!?*, ZKJ 2012, 93-97.

Prenzlow ZKJ 2013
Prenzlow, Reinhard: *Der Kinderbeistand in Österreich – Drei Länder, eine Sprache, große Unterschiede*, ZKJ 2013, 17-20.

Rabe ZKJ 2007
Rabe, Heike: *Die Verfahrenspflegschaft zwischen fortschreitender Umsetzung und Novellierung*, ZKJ 2007, 437-444.

Raack ZKJ 2009
Raack, Wolfgang: *Erwartungen an den Verfahrenspfleger aus der Sicht des Richters*, ZKJ 2009, 75-77.

Rieger ZKJ 2009
Rieger, Ingrid: *Das neue FamFG – Zur Rolle des Jugendamts – Kompetenzzuwachs oder Überforderung?*, ZKJ 2009, 312-314.

Rixe ZKJ 2010
Rixe, Georg: *Verfassungsrechtliche Anforderungen an die Bestellung des Verfahrensbeistands*, ZKJ 2010, 63-64.

Rüntz/Viefhues FamRZ 2010
Rüntz, Stefanie; Viefhues, Wolfram: *Erste Erfahrungen aus der Praxis mit dem FamFG*, FamRZ 2010, 1285-1293.

Salgo FPR 2006
Salgo, Ludwig: *Neue Perspektiven bei der Verfahrenspflegschaft für Kinder und Jugendliche – § 166 FamFG-E*, FPR 2006, 12-17.

Salgo ZKJ 2009
Salgo, Ludwig: *10 Jahre Verfahrenspflegschaft – eine Bilanz*, ZKJ 2009, 49-57.

Salgo GJS 2009
Salgo, Ludwig: *„Ein Schritt nach vorn, zwei Schritte zurück"?! – Kritische Anmerkungen zur Installierung des Umgangspflegers und zur Revision der Verfahrenspflegschaft im FGG-RG* in: Lipp, Volker; Schumann, Eva; Veit, Barbara: Reform des familiengerichtlichen Verfahrens, Göttinger Juristische Schriften, Bd. 6, 1. Familienrechtliches Forum, Göttingen 2009, 153-194.

Salgo FPR 2011
Salgo, Ludwig: *Ergänzungspfleger oder Verfahrensbeistand – zum Stand der Diskussion*, FPR 2011, 314-319.

Salgo/Stötzel ZKJ 2007
Salgo, Ludwig; Stötzel, Manuela: *Wieder deutlich mehr Verfahrenspflegerbestellungen im Jahr 2005*, ZKJ 2007, 243-244.

Salgo/Stötzel ZKJ 2008
Salgo, Ludwig; Stötzel, Manuela: *Ist die Zahl der Verfahrenspflegerbestellungen im Jahr 2007 tatsächlich gestiegen?!*, ZKJ 2008, 417-418.

Salzgeber FamRZ 2008
Salzgeber, Joseph: *Der Sachverständige als Hersteller des Einvernehmens, endlich der Garant für das Kindeswohl?*, FamRZ 2008, 656-660.

Salzgeber/Fichtner ZKJ 2009
Salzgeber, Joseph; Fichtner, Jörg: *Neue Aufgaben für den Sachverständigen*, ZKJ 2009, 334-338.

Schael FamRZ 2009
Schael, Wolfgang: *Minderjährige und ihre formelle Beteiligung in Verfahren über Kindschaftssachen nach dem FamFG*, FamRZ 2009, 265-269.

Scheiwe ZKJ 2009
Scheiwe, Kirsten: *Vom Objekt zum Subjekt? Kinderrechte zwischen Rechtsrhetorik und Realisierbarkeit*, ZKJ 2009, 7-12.

Schürmann FamFR 2009
Schürmann, Heinrich: *Stellung der Kinder im familiengerichtlichen Verfahren*, FamFR 2009, 153-159.

Schwonberg FuR 2010
Schwonberg, Alexander: *Die Beteiligten in Abstammungsverfahren*, FuR 2010, 441-451.

Sommer FPR 2012
Sommer, Anja: *Die Rechtsstellung des Kindes im familiengerichtlichen Verfahren*, FPR 2012, 374-377.

Sonnenfeld ZKJ 2010
Sonnenfeld, Susanne: *Die Vertretung des verfahrensunfähigen Kindes im Genehmigungsverfahren*, ZKJ 2010, 271-272.

Stößer FamRZ 2009
Stößer, Eberhard: *Das neue Verfahren in Abstammungssachen nach dem FamFG*, FamRZ 2009, 923-930.

Stötzel/Fegert Kind-Prax 2005
Stötzel, Manuela; Fegert, Jörg M.: *„Verfahrenspfleger sind wie Engel" – Verfahrenspflegschaft aus der Sicht der Kinder*, Kind-Prax 2005, 53-58.

Stötzel FPR 2006
Stötzel, Manuela: *Der Verfahrenspfleger im Erleben der Kinder*, FPR 2006, 17-20.

Stötzel FPR 2009
Stötzel, Manuela: *Verfahrensbeistand und Umgangspfleger – Aufgaben und Befugnisse*, FPR 2009, 27-30.

Stötzel/Balloff ZKJ 2009
Stötzel, Manuela; Balloff, Rainer: *Der Verfahrensbeistand aus rechtspsychologischer Sicht*, ZKJ 2009, 330-333.

Trenczek ZKJ 2009
Trenczek, Thomas: *Familiengerichtliches Verfahren und Mitwirkung der Jugendhilfe nach dem FGG-Reformgesetz*, ZKJ 2009, 97-106.

Trenczek ZKJ 2009
Trenczek, Thomas: *Der Verfahrensbeistand im FamFG*, ZKJ 2009, 196-200.

Veit GJS 2009
Veit, Barbara: *Verfahrensbeistand und Umgangspfleger nach dem FamFG – wahre Interessenvertreter des Kindes?* in: Lipp, Volker; Schumann, Eva; Veit, Barbara: Reform des familiengerichtlichen Verfahrens, Göttinger Juristische Schriften, Bd. 6, 1. Familienrechtliches Forum, Göttingen 2009, 195-206.

Vogel FamRZ 2010
Vogel, Harald: *Das Hinwirken auf Einvernehmen in strittigen Kindschaftssachen*, FamRZ 2010, 1870-1874.

Vogel FPR 2011
Vogel, Harald: *Die Erforderlichkeit der Bestellung eines Ergänzungspflegers für Kinder in Abstammungssachen?!*, FPR 2011, 353-356.

Wacker FPR 2011
Wacker, Annette: *Die Verfahrensbeistandschaft – Erfahrungen aus der Praxis*, FPR 2011, 15-17.

Walter FPR 2006
Walter, Eginhard: *Qualitätsentwicklung und -sicherung in der Verfahrenspflegschaft*, FPR 2006, 33-36.

Weber RpflStud 2009
Weber, Oliver: *Erbscheinserteilungsverfahren*, RpflStud 2009, 129-132.

Weinreich FuR 2011
Weinreich, Gerd: *Praktische Probleme im Umgang mit dem FamFG – ein Rechtsprechungsüberblick*, FuR 2011, 301-306.

Willutzki ZKJ 2006
Willutzki, Siegfried: *Der Anwalt des Kindes*, ZKJ 2006, 4-8.

Willutzki ZKJ 2009
Willutzki, Siegfried: *Die Justiz wird's schon richten?*, ZKJ 2009, 228-231.

Zimmermann FPR 2009
Zimmermann, Walter: *Die Beteiligten im neuen FamFG*, FPR 2009, 5-8.

Zorn Rpfleger 2002
Zorn, Dagmar: *Vorbescheid im FGG?*, Rpfleger 2002, 241-246.

Zorn Rpfleger 2009
Zorn, Dagmar: *Das Verfahren in Kindschaftssachen nach dem FamFG*, Rpfleger 2009, 421-436.

Zorn Rpfleger 2010
Zorn, Dagmar: *Anmerkung zu KG Beschluss vom 04.03.2010, Az.: 17 UF 5/10*, Rpfleger 2010, 425-426.

Hand- und Lehrbücher

Balloff/Koritz
Balloff, Rainer; Koritz, Nicola: *Handreichung für Verfahrenspfleger – Rechtliche und psychologische Schwerpunkte in der Verfahrenspflegschaft*, 1. Aufl., Stuttgart 2006.

Blum/Cottier/Migliazza
Blum, Stefan; Cottier, Michelle; Migliazza, Daniela: *Anwalt des Kindes – Ein europäischer Vergleich zum Recht des Kindes auf eigene Vertretung in behördlichen und gerichtlichen Verfahren*, 1. Aufl., Bern 2008.

Bode
Bode, Lutz: *Praxishandbuch Anwalt des Kindes – Das Recht des Verfahrenspflegers*, 1. Aufl., Heidelberg 2004.

Fasching, Zivilprozessrecht
Fasching, Hans W.: *Lehrbuch des österreichischen Zivilprozeßrechts*, 2. Aufl., Wien 1990.

Gerhardt/von Heintschel-Heinegg/Klein
Gerhardt, Peter; von Heintschel-Heinegg, Bernd; Klein, Michael: *Handbuch des Fachanwalts Familienrecht*, 8. Aufl., Köln 2011.

Holzhammer, Zivilprozessrecht
Holzhammer, Richard: *Österreichisches Zivilprozeßrecht*, 2. Aufl., Wien 1976.

Kodek/Mayr
Kodek, Georg E.; Mayr, Peter G.: *Zivilprozessrecht*, 1. Aufl., Wien 2011.

Koziol/Welser, Bürgerliches Recht
Koziol, Helmut; Welser, Rudolf: *Grundriss des bürgerlichen Rechts*, Bd. 1, 13. Aufl., Wien 2006.

Rechberger/Simotta, Zivilprozessrecht
Rechberger, Walter; Simotta, Daphne-Ariane: *Grundriss des österreichischen Zivilprozessrechts*, 8. Aufl., Wien 2010.

Röchling
Röchling, Walter: *Handbuch Anwalt des Kindes – Verfahrensbeistandschaft und Umgangspflegschaft für Kinder und Jugendliche*, 2. Aufl., Baden-Baden 2009.

Salgo et al.
Salgo, Ludwig; Zenz, Gisela; Fegert, Jörg M.; Bauer, Axel; Weber, Corina; Zitelmann, Maud: *Verfahrensbeistandschaft – Ein Handbuch für die Praxis*, 2. Aufl., Köln 2010.

Schnitzler
Schnitzler, Klaus: *Münchener Anwaltshandbuch Familienrecht*, 3. Aufl., München 2010.

Monografien/Dissertationen

Grün
Grün, Klaus-Jürgen: *Vaterschaftsfeststellung und Anfechtung*, 2. Aufl., Berlin 2010.

Heinemann
Heinemann, Jörn: *FamFG für Notare*, 1. Aufl., Köln 2009.

Helms/Kieninger/Rittner
Helms, Tobias; Kieninger, Jörg; Rittner, Christian: *Abstammungsrecht in der Praxis*, Bielefeld 2010.

Hommel
Hommel, Willy: *Die allgemeinen Voraussetzungen der Ergänzungspflegschaft (§ 1909 BGB) – Inaugural-Dissertation zur Erlangung der Doktorwürde bei der juristischen Fakultät der Universität Leipzig*, Leipzig 1910.

Klaß
Klaß, Hans: *Die Ergänzungspflegschaft (§ 1909 BGB) – Inaugural-Dissertation zur Erlangung der Doktorwürde bei der juristischen Fakultät der Friedrich-Alexander-Universität zu Erlangen*, Dortmund 1934.

Salgo
Salgo, Ludwig: *Der Anwalt des Kindes – Die Vertretung von Kindern in zivilrechtlichen Kindesschutzverfahren – eine vergleichende Studie*, Bundesanzeiger Jg. 45 Nr. 183a, Bonn 1993.

Zorn
Zorn, Dagmar: *Das Recht der elterlichen Sorge*, 2. Aufl., Berlin 2008.

Sonstige

AK 10, 18. Dt. Familiengerichtstag
Stötzel, Manuela; Söhnen, Rüdiger: *Verfahrensbeistand und Ergänzungspfleger im FamFG*, Arbeitskreis 10, 18. Deutscher Familiengerichtstag vom 16.-19.09.2009, 16. Brühler Schriften zum Familienrecht 2010, 116-117.

AK 11, 18. Dt. Familiengerichtstag
Heilmann, Stefan: *Das neue Verfahren in Kindschaftssachen*, Arbeitskreis 11, 18. Deutscher Familiengerichtstag vom 16.-19.09.2009, 16. Brühler Schriften zum Familienrecht 2010, 118-121.

Badenschier, Kindesanhörung
Badenschier, Franziska: *Kindesanhörung ist nicht schlimmer als Prüfungsangst*, 07.03.2011, www.zeit.de/wissen/2011-03/kind-anhoerung-gericht (Zugriff am 05.06.2013).

Bode, Standards für Verfahrensbeistände
Bode, Lutz: *Standards für Verfahrensbeistände (Verfahrenspfleger)*, Eintrag vom 21.05.2006, www.v-a-k.de (Zugriff am 05.06.2013).

Büchner/Gartenhof, Das Kind im Familiengerichtsverfahren
Büchner, Birgit; Gartenhof, Martina: *Workshop 5 – Das Kind im Familiengerichtsverfahren*, www.justiz.bayern.de (Zugriff am 05.06.2013).

BAG/VAK ZKJ 2009
Bundesarbeitsgemeinschaft Verfahrenspflegschaft für Kinder und Jugendliche e.V. (BAG), Verband Anwalt des Kindes e.V., Bundesverband (VAK): *Positionspapier zur zukünftigen Regelung des Verfahrensbeistandes gem. § 158 FamFG*, ZKJ 2009, 284-285.

BAG/VAK, Gutachten vom 02.06.2009
Bundesarbeitsgemeinschaft Verfahrenspflegschaft für Kinder und Jugendliche e.V. (BAG), Verband Anwalt des Kindes e.V., Bundesverband (VAK): *Rechtsgutachterliche Stellungnahme zur Frage der Verfassungsmäßigkeit der Vergütungsregelung* vom 02.06.2009, erstattet von RA Prof. Dr. Christoph Lenz und Oppenländer Rechtsanwälte, www.v-a-k.de (Zugriff am 06.06.2013).

BAG, Standards Vormundschaft/Ergänzungspflegschaft
Bundesarbeitsgemeinschaft Verfahrenspflegschaft für Kinder und Jugendliche e.V.: *Standards Vormundschaft/Ergänzungspflegschaft*, beschlossen am 24.04.2012 in Hofgelsmar, www.verfahrensbeistand-bag.de (Zugriff am 06.06.2013)

DIJuF, Stellungnahme vom 28.10.2009
Deutsches Institut für Jugendhilfe und Familienrecht e.V.: *Stellungnahme –Erforderlichkeit einer Ergänzungspflegschaft für Kinder und Jugendliche als Beteiligte in familiengerichtlichen Verfahre vom 28.10.2009*, www.dijuf.de (Zugriff am 04.06.2013).

Hornikel, Impulsreferat
Hornikel, Dirk: *Arbeitsgruppe 1: Das FGG-Reformgesetz: Auswirkungen und Chancen für das Projekt Elternkonsens – Impulsreferat*, www.amtsgericht-ulm.de (Zugriff am 28.05.2013).

VAK, Stellungnahme vom 10.10.2005
Verband Anwalt des Kindes e.V.: *Stellungnahme des VAK zum Entwurf des FamFG vom 10.10.2005*, www.v-a-k.de (Zugriff am 06.06.2013).

Schriften zum Verfahrensrecht

Herausgegeben von Jens Adolphsen, Christoph Althammer, Peter Gottwald und Ulrich Haas

Band 1 Matthias Rauscher: Die neue Berufung in Zivilsachen. 2002.

Band 2 Jörn-Christian Schulze: Grenzen der objektiven Schiedsfähigkeit im Rahmen des § 1030 ZPO. Eine Betrachtung des Rechts der Schiedsfähigkeit nach der Schiedsverfahrensrechtsform. 2003.

Band 3 Roman Rodloff: Das vereinfachte Verfahren zur Festsetzung von Kindesunterhalt nach §§ 654 ff. ZPO. Zugleich ein Beitrag zur Unterhaltsannexklage nach § 653 ZPO und zum vereinfachten Abänderungsverfahren nach § 656 ZPO. 2003.

Band 4 Helia-Verena Daubach: Kammer oder Einzelrichter? Ist die Kammer ein Qualitätselement des Zivilprozesses? 2003.

Band 5 Thomas Gemmeke: Beweisverwertungsverbote im arbeitsgerichtlichen Verfahren. 2003.

Band 6 Wolfgang Kreißig: Der Sportverein in Krise und Insolvenz. 2004.

Band 7 Alexander M. Krämer: Leasingverträge in der Insolvenz. 2005.

Band 8 Timo Christian Walther: Das Verfahren bei Masseunzulänglichkeit nach den §§ 208 ff. InsO. 2005.

Band 9 Henning Müller: Die Lebensversicherung in der Zwangsvollstreckung. 2005.

Band 10 Oliver Hilsbos: Die Mitwirkungspflicht von Personenstandsbehörden in Nachlassverfahren. 2006.

Band 11 Matthias Holla: Der Einsatz von Schiedsgerichten im organisierten Sport. 2006.

Band 12 Matthias Hofmann: Die Eigenverwaltung in der Insolvenz. Darstellung eines Rechtsinstituts unter besonderer Berücksichtigung der Gesellschaftsinsolvenz. 2006.

Band 13 Christian Schindler: Rechtskraft und Innenbindung von Beschlüssen nach der ZPO-Reform. 2006.

Band 14 Carola Reimann-Dittrich: Die Finanzierungsfolgenverantwortung des Gesellschafters. 2006.

Band 15 Viktoria Kress: Internationale Zuständigkeit für elterliche Verantwortung in der Europäischen Union. Das neue europäische Familienverfahrensrecht in Fragen der elterlichen Verantwortung im Kontext der Haager Abkommen. 2006.

Band 16 Frank Martin Herget: Die internationale Zuständigkeit im Electronic Commerce in der Europäischen Union. 2006.

Band 17 Cornelia Drenckhahn: Urkundsvorlagepflichten im Zivilprozess und im arbeitsgerichtlichen Verfahren nach der ZPO-Reform unter besonderer Berücksichtigung der Neufassung des § 142 ZPO. 2007.

Band 18 Walter Boeckh: Beschwerde und Rechtsbeschwerde im Zivilverfahren. 2007.

Band 19 Gökçe Nazar Uzar: Rechtsmittel gegen Schiedssprüche nach dem neuen deutschen und türkischen Schiedsverfahrensrecht. 2007.

Band 20 Christa Kraemer: Eigenkapitalersatz und Insolvenz. Klassische und moderne Fallgruppen. 2007.

Band 21 Martin Beckmann: Statutarische Schiedsklauseln im deutschen Recht und internationalen Kontext. 2008.

Band 22 Ulf Pechartscheck: Entgeltansprüche aus Altersteilzeitarbeit in der Arbeitgeberinsolvenz. Analyse gegenwärtiger Sicherungsmodelle in Deutschland. 2008.

Band 23 Thomas Baumann: Patentstreitigkeiten vor Schiedsgerichten. Eine rechtsvergleichende Betrachtung ausgewählter Probleme nach deutschem und schweizerischem Recht. 2008.

Band 24 Désirée Cimmino: Das UNCITRAL-Modellgesetz über internationale ADR-Verfahren in Wirtschaftsstreitigkeiten. 2008.

Band 25 Ralf Burkhard: Der Einfluss der Schuldrechtsreform auf von § 103 InsO erfasste Kaufverträge. 2010.

Band 26 Stefan Roßkopf: Die Aufrechnung im deutschen und englischen Insolvenzrecht. Eine rechtsvergleichende Untersuchung. 2008.

Band 27 Thomas Rothammer: Die insolvenzrechtliche Restschuldbefreiung – Probleme und Lösungen. 2008.

Band 28 Franziska Schmalenberg: Anerkennung von Patenten in Europa. 2009.

Band 29 Michael Schaumann: Reform des Eigenkapitalersatzrechts im System der Gesellschafterhaftung. Unter Berücksichtigung der Änderungen durch das MoMiG. 2009.

Band 30 Hengliang Shen: Das Absonderungsrecht in der Insolvenz. Erfahrungen aus Deutschland und die Praxis in China. 2009.

Band 31 Alexander Panier: Der Grundsatz der Schadenseinheit. 2009.

Band 32 Ming-Sheng Liu: Die richterliche Hinweispflicht. Dogmatik und Rechtskultur. 2009.

Band 33 Lothar Czaja: Umsetzung der Kooperationsvorgaben durch die Europäische Insolvenzverordnung im deutschen Insolvenzverfahren. 2009.

Band 34 Stefanie Reiche: Die prozessualen Folgen eines Betriebsübergangs nach § 613a BGB. 2009.

Band 35 Christoph Stieber: Der gesicherte Geld- und Warenkredit in der Insolvenz. Das Insolvenzverwalterwahlrecht nach § 103 InsO und dessen Wirkungen auf die Sicherungsübereignung und den Eigentumsvorbehalt. 2009.

Band 36 Miguel Teixeira de Sousa: Die Zulässigkeitsprüfung im Zivilprozess. 2010.

Band 37 Michael Schulze: Das Besteuerungsverfahren der Personengesellschaft bei Insolvenz. 2010.

Band 38 Ulrich Hönle: Die deliktische Grundanknüpfung im IPR und IZVR. Auswirkungen der Kollisionsrechtsvereinheitlichung auf europäischer Ebene. 2011.

Band 39 Hilke Schapp: Die Präklusion von Gestaltungsrechten nach § 767 Abs. 2 ZPO. Eine kritische Untersuchung der Rechtsprechung unter besonderer Berücksichtigung der Rechtskraft und der materiellen Rechtslage. 2011.

Band 40 Moritz Büchele: Eingriff in Gesellschafterrechte im Insolvenzplan. 2011.

Band 41 Markus Wimmer: Unternehmenssanierung mittels Transfergesellschaften. 2011.

Band 42 Christoffer Bortz: Urheberrechtliche Lizenzen in nationaler und internationaler Insolvenz. 2012.

Band 43 Martin Wigand: Verzicht, Vergleich und sonstige Haftungsbeschränkungen im Gesellschaftsrecht. 2012.

Band 44 Michael Schick: Die Zwischenfeststellungsklage des § 256 Abs. 2 ZPO. 2013.

Band 45 Olaf Benning: Internationale Prinzipien für grenzüberschreitende Insolvenzverfahren. 2013.

Band 46 Gero von Jhering: Die Wirkung von Schiedsvereinbarungen, Schiedsklauseln und Schiedssprüchen im Gesellschaftsrecht. Eine Zusammenführung von Schiedsverfahrens- und Gesellschaftsrecht. 2013.

Band 47 Anne Hoßfeld: Die Abtretung schieds- und gerichtsstandsgebundener Forderungen. 2013.

Band 48 Fabian Camek: Das Schutzschirmverfahren nach § 270b InsO und seine Funktionalität im internationalen Rechtsvergleich. 2014.

Band 49 Silvio Kupsch: Grenzüberschreitende Insolvenzverfahren in Südafrika. 2014.

Band 50 Martina Daus: Die insolvenzrechtliche Einordnung der betrieblichen Altersversorgung in der Insolvenz des Arbeitgebers. 2014.

Band 51 Fabian J. Hohl: Die richterliche Unabhängigkeit bei der Auswahl des (vorläufigen) Insolvenzverwalters nach dem ESUG. Vereinbarkeit mit Art. 97 GG und Auswirkung auf die Justiziabilität der Auswahlentscheidung. 2015.

Band 52 Carmen Schauberger: Die Partizipation Minderjähriger im Verfahren der freiwilligen Gerichtsbarkeit. Eine Analyse der Beteiligung und der Verfahrensfähigkeit in Familien- und Erbrechtsverfahren. 2015.

www.peterlang.com

www.ingramcontent.com/pod-product-compliance
Ingram Content Group UK Ltd.
Pitfield, Milton Keynes, MK11 3LW, UK
UKHW021850290926
8980IPUK00005B/752

9 783631 670033